FISCALITÉ

CHEZ LE MEME EDITEUR

Dans la même collection :

C. Chancel
Nippon
Géo-Economie d'une grande puissance

D.W. Curran
TIERS-MONDE
Evolution et stratégies de développement

J.F. Eck
Le monde en 30 cartes

Autres ouvrages :

M. Albouy
Financement et coût du capital des entreprises

P.L. Bescos
Le redressement d'une entreprise

S. Evraert
Analyse et diagnostic financiers
Méthodes et cas

S. Griffiths
Gestion financière

G. Hirigoyen et J.G. Degos
Comptabilité financière des sociétés et des groupes

F. Le Bihan
Les placements de la trésorerie d'entreprise

F. Paulhac
L'évaluation des actifs immobiliers

G. Raimbault
Comptabilité générale et analyse financière
Outils de gestion

*Collection **ESG** (Ecole Supérieure de Gestion)*
dirigée par Pierre AZOULAY et Annie SLAMA

FISCALITÉ

Manuel Pratique

Elisabeth VIROL
avec la collaboration
d'Alain SENANEDSCH

2ème édition mise à jour
1991-1992

EYROLLES

AVANT-PROPOS

Cet ouvrage, consacré à l'étude du système fiscal français en vigueur depuis la loi de finances pour 1991, est actualisé au 3 juin 1991. Il étudie les deux aspects de la fiscalité : celle des ménages et celle des entreprises, en appréhendant les diverses formes de l'imposition relative à chacune d'elles.
En pratique, certains particuliers sont aussi entrepreneurs, et notre présentation tient compte de l'interférence possible entre ces deux fiscalités.

Notre objectif a été de dégager les règles de base du système fiscal afin de répondre aux questions pratiques de tout contribuable confronté à un problème de fiscalité.
Nos prochaines éditions développeront les spécificités de chacune des impositions étudiées ici.

Loin de s'ériger en manuel théorique de fiscalité, cet ouvrage constitue un outil de travail, un guide pratique permettant de se retrouver dans les méandres de la fiscalité française.
Ce guide s'adresse plus particulièrement aux élèves d'Ecoles de Commerce, aux étudiants préparant le DPECF, les concours administratifs ainsi qu'aux étudiants de premier cycle universitaire. Il illustre largement les principes fiscaux par des études de cas et des exemples pratiques.

Je tiens à remercier tout particulièrement Annie SLAMA pour son aide efficace et chaleureuse.

Je dédie ce livre à mon mari, Thierry.

NOTA :
Dans la mesure où les impôts français sont de nature très variée et frappent toutes sortes de revenus ou de biens, on distingue habituellement :

- les impôts directs, qui frappent une matière imposable se renouvelant régulièrement, et dont le recouvrement se fait individuellement et nominativement ;

- les impôts indirects, qui visent des actes intermittents et des opérations ponctuelles ;

- Les droits d'enregistrement et timbre ainsi que l'impôt de solidarité sur la fortune.

- Enfin, le contrôle du contentieux et les conventions fiscales font l'objet de chapitres spécifiques.

Elisabeth VIROL

ABREVIATIONS

BA	:	Bénéfices Agricoles
BIC	:	Bénéfices Industriels et Commerciaux
BNC	:	Bénéfices Non Commerciaux
CGA	:	Centre de Gestion Agréé
IFA	:	Impôt Forfaitaire Annuel
IR	:	Impôt sur le Revenu
IS	:	Impôt sur les Sociétés
ISF	:	Impôt de Solidarité sur la Fortune
LPF	:	Livre de Procédure Fiscale
PV	:	Plus-Values
RES	:	Rachat d'Entreprise par ses Salariés
RCM	:	Revenus de Capitaux Mobiliers
TRBO	:	Taux de Rendement Brut des Obligations privées à l'émission
TVA	:	Taxe sur la Valeur Ajoutée

SOMMAIRE

2ème Partie : Les impôts indirects

3èmePartie : Les droits d'enregistrement et de timbre
L'impôt de solidarité sur la fortune

4ème Partie : Le contrôle fiscal et le contentieux

5ème Partie : Les conventions fiscales internationales

1ERE PARTIE

LES IMPÔTS DIRECTS

CHAPITRE I

IMPÔT SUR LE REVENU

1 - LES PERSONNES IMPOSABLES

A. LA NOTION DE DOMICILE FISCAL

B. L'IMPOSITION PAR FOYER FISCAL

C. L'IMPOSITION DES SOCIETES DE PERSONNES

2 - LE REVENU IMPOSABLE

A. DEFINITION DU REVENU IMPOSABLE

B. CARACTERES SPECIFIQUES DU REVENU IMPOSABLE

C. LES REVENUS EXCEPTIONNELS ET LES REVENUS DIFFERES

3 - LES DIFFERENTES CATEGORIES DE REVENUS

A. TRAITEMENTS, SALAIRES, PENSIONS ET RENTES VIAGERES

B. BENEFICES NON COMMERCIAUX

C. BENEFICES AGRICOLES

D. REVENUS FONCIERS

E. PLUS-VALUES DES PARTICULIERS

F. REVENUS DE CAPITAUX MOBILIERS

G. BENEFICES INDUSTRIELS ET COMMERCIAUX

H. REMUNERATIONS DES DIRIGEANTS

4 - CALCUL DE L'IMPÔT

A. CHARGES DEDUCTIBLES

1. Pensions alimentaires

2. Investissements en actions françaises

3. Frais d'accueil de personnes âgées

4. Autres charges

5. Abattements spéciaux

B. APPLICATION DU BAREME DE L'IMPÔT

1. Quotient familial

2. Plafonnement du quotient familial

C. CHARGES OUVRANT DROIT A REDUCTION D'IMPÔT

1. Dépenses relatives à l'habitation principale

2. Primes de contrats d'assurance-vie ou de rente-survie

3. Investissements dans l'immobilier locatif neuf

4. Investissements dans les DOM-TOM

5. Frais de garde des jeunes enfants

6. Dons aux oeuvres

7. Frais d'emploi d'une aide à domicile

8. Souscription au capital de sociétés nouvelles

9. Cotisation à des syndicats professionnels

10. Frais de comptabilité engagés par les adhérents de Centres de Gestion Agréés

D. DISPOSITIONS SPECIFIQUES PREVUES PAR LE LEGISLATEUR

1. Décote

2. Franchise

3. Minorations d'impôt

4. Cotisations supplémentaires

5. Crédits d'impôt et avoirs fiscaux

5 - PAIEMENT DE L'IMPÔT

A. LES ACOMPTES PROVISIONNELS

B. LE PAIEMENT MENSUEL

L'IMPÔT SUR LE REVENU EN CHIFFRES

12 taux d'imposition en France
de 5 % à 56,8 %.

50 % des foyers fiscaux sont exonérés d'IR
et 10 % payent les 2/3

Taux maximum d'imposition :

France : 56,8 %

USA : 33 %
Grande-Bretagne : 40 % **avec seulement 2 taux**
RFA : 54 %

IR = 20 % des recettes fiscales de l'Etat

1 - LES PERSONNES IMPOSABLES

(Art. 4A à 8 CGI)

L'impôt sur le revenu frappe, en principe, **toutes les personnes physiques ayant des revenus de source française**. Cependant, il n'atteint pas de la même façon celles qui ont leur domicile en France et celles qui ont leur domicile à l'étranger.
C'est donc cette notion de domicile fiscal qui "fait la différence" et qui définit le régime d'imposition applicable aux deux catégories de personnes.

L'impôt sur le revenu vise également les **sociétés de personnes** qui n'ont pas opté pour l'impôt sur les sociétés, ainsi que les **SARL à caractère familial** établies sur le territoire français.

A - LA NOTION DE DOMICILE FISCAL (Art. 4B CGI)

Une personne est considérée comme **fiscalement domiciliée** en France dès lors qu'elle répond à l'une des quatre conditions suivantes :

1) Elle a, en France, son **foyer**, c'est-à-dire l'endroit où, elle-même ou sa famille (son conjoint, ses enfants) réside de façon habituelle.
Ce critère personnel permet de domicilier en France une personne travaillant à l'étranger dès lors que sa famille vit sur le territoire national.

2) Elle a, en France, le **lieu de son séjour principal**. Ici, seul compte le temps passé, au cours d'une année civile, en France. Peu importe le mode de séjour ; il suffit que la personne ait passé au moins 183 jours en France pour y être fiscalement domiciliée.

3) Elle exerce son **activité professionnelle en France** (salariée ou non). Ce critère strictement professionnel ne tient pas compte de la situation familiale de la personne concernée.
Donc, à moins qu'elle n'apporte la preuve que son activité professionnelle en France n'est qu'accessoire, toute personne y travaillant est considérée comme domiciliée en France.

4) Elle a, en France, **le centre de ses intérêts économiques**. Sont visées ici, toutes les personnes qui effectuent leurs principaux investissements en France ou qui y ont le siège de leurs affaires ou, enfin, celles qui y tirent la majorité de leurs revenus.

La détermination du domicile fiscal est très importante puisque c'est elle qui permet d'établir **l'étendue de l'obligation fiscale du contribuable** :

- *Contribuable domicilié en France* : Toute personne fiscalement domiciliée en France y est imposable sur la totalité de ses revenus, de source française ou étrangère. C'est le principe de l'imposition mondiale.

- *Contribuable non domicilié en France* : Toute personne domiciliée fiscalement hors de France n'y est imposable qu'à raison de ses revenus de source française. C'est le principe mais il faut cependant distinguer 2 situations :
. *le contribuable a, en France, une ou plusieurs résidences* : il est imposable soit sur un revenu global forfaitaire, égal à trois fois la valeur locative de sa ou (ses) résidence(s), soit sur ses revenus de source française s'ils sont supérieurs au forfait.

. *le contribuable n'a pas, en France, de résidence* : on applique le principe de l'imposition des seuls revenus de source française.

Précision :
Ces règles s'appliquent sous réserve des dispositions des conventions fiscales internationales, qui, souvent, dérogent aux principes énoncés : la plupart des conventions excluent l'application de la méthode forfaitaire de taxation pour les contribuables domiciliés hors de France mais y ayant une résidence.

Ainsi, dès lors qu'un contribuable est domicilié en France, il est soumis à une imposition mondiale, illimitée territorialement. Cette imposition joue pour la totalité de ses revenus personnels mais aussi pour ceux de sa *"famille"* entendue stricto sensu : son conjoint et éventuellement ses enfants. C'est ce que l'on appelle la règle de **l'imposition par *"foyer fiscal"***.

B - L'IMPOSITION PAR "FOYER FISCAL"

Un contribuable marié est assujetti à l'impôt sur le revenu en commun avec son conjoint. Cette règle est obligatoire et joue quel que soit le régime matrimonial adopté par les époux.

Cependant, trois dérogations sont expressément et limitativement prévues par la loi, entraînant l'imposition séparée des époux :
- Les époux ne vivent pas sous le même toit et sont séparés de biens.
- Les époux sont en instance de divorce ou de séparation de corps et ont obtenu l'autorisation de vivre dans des lieux différents.
- Un des conjoints a déserté le domicile conjugal et tous deux ont des revenus propres.

En dehors de ces trois hypothèses, tout contribuable marié doit obligatoirement englober les revenus de son conjoint dans sa déclaration d'impôt sur le revenu.

Trois précisions doivent être apportées à ce principe :

1) *La règle de l'imposition par foyer ne s'applique pas au concubinage*. Ainsi, chacun des concubins est considéré fiscalement comme célibataire, et doit donc établir une déclaration de revenus personnelle (et ce, même si le concubinage est "notoire"). Précisons qu'en pratique, il peut être plus "avantageux" de ne pas se marier : c'est le cas lorsque chacun des concubins dispose de revenus élevés car la progressivité de l'impôt est moindre ; c'est surtout le cas lorsqu'il y a un enfant puisque le concubin qui le prend à sa charge fiscalement bénéficie d'une part supplémentaire (au lieu d'une demi-part pour un couple marié).

2) *Depuis une loi du 29 décembre 1982, la femme mariée est devenue un contribuable à part entière*, disposant des mêmes prérogatives que son mari. Ainsi , la notion de "chef de famille" a disparu et il existe désormais une parfaite égalité fiscale entre les époux.
Conséquence : la signature de la déclaration de revenus par les deux époux est, en principe exigée. Toutefois, certains auteurs considèrent cette nouvelle obligation comme une condition formelle et affirment qu'une déclaration signée par un seul des époux est opposable à l'autre conjoint. L'administration ne s'est pas prononcée de façon précise à ce sujet ; la pratique apportera sans doute la solution.
En sens inverse, la femme est solidaire de son mari pour le paiement de l'impôt : le fisc peut donc lui demander d'acquitter, seule, l'impôt dû.

3) Il existe un régime d'imposition particulier pour les contribuables qui, au cours de l'année, se marient, divorcent ou décèdent :

L'année du mariage
3 déclarations doivent être remplies (dans l'hypothèse où les deux futurs époux ont perçu des revenus) :
- Les deux premières sont remplies individuellement par chacun des époux, pour ses revenus perçus entre le 1er janvier et le jour du mariage. L'imposition est alors la même que celle d'un célibataire avec un quotient familial d'une part.
- La troisième déclaration est souscrite par les deux époux, conjointement, à raison des revenus perçus par eux, entre la date du mariage et le 31 décembre. L'imposition est la même que celle d'un couple, avec un quotient familial de deux parts (majoré éventuellement en cas d'augmentation des charges familiales au cours de cette période).

L'année du divorce ou de la séparation : les modalités d'imposition et de déclaration sont les mêmes que pour l'année du mariage.

- Une première déclaration doit être souscrite conjointement par les deux époux, à raison de leurs revenus perçus entre le 1er janvier et la date de séparation ou de divorce. L'imposition se fait avec un quotient familial de 2 parts (majoré à raison des personnes à charge).
- Deux déclarations doivent ensuite être établies, individuellement par chacun des époux, pour ses propres revenus perçus entre la date de séparation ou de divorce et le 31 décembre.

Dans l'hypothèse où le couple a des enfants, seul le conjoint à qui est confiée la garde bénéficie d'une majoration de son quotient familial. L'autre conjoint est imposé, lui, comme un célibataire.

Enfin, **l'année du décès de l'un des conjoints** : deux déclarations doivent être souscrites, selon les mêmes principes que précédemment :

- Une première déclaration, établie à partir de celle rédigée par les ayants droit du défunt, mentionnant les revenus perçus par les deux conjoints entre le 1er janvier et la date du décès. L'imposition se fait sur la base de deux parts plus, éventuellement, les personnes à charge (au 1er janvier ou à la date du décès).
- Une seconde déclaration, souscrite par le conjoint survivant, à raison des revenus qu'il a perçus entre la date du décès de sont conjoint et le 31 décembre. L'imposition se fait sur la base d'un quotient familial d'une part (majoré éventuellement des personnes à charge).

Exemple d'imposition l'année du mariage *: l'influence de la date du mariage sur le montant de l'impôt à payer :*

Un couple perçoit au cours de l'année 1990 :
- le conjoint : un salaire = 240.000 F
- la conjointe : un salaire = 60.000 F

1) Le couple se marie le 1er juillet : 3 déclarations d'IR à produire :

- **La première**, par le conjoint, pour la période du 1er janvier au 30 juin :
. salaire perçu : 120.000 F
. salaire imposable : 86.400 F
(après déductions 10 % et 20 %)

. impôt dû (1 part) = 16.500 F

- **La seconde**, par la conjointe, pour la même période :
. salaire perçu : 30.000 F
. salaire imposable : 21.600 F
(après déductions 10 % et 20 %)

. Impôt dû (1 part) = 294 F - Aucun impôt n'est dû en raison de la franchise.

- **La troisième**, par les 2 conjoints de façon commune pour la période du 1er juillet au 31 décembre :
. salaires perçus : (120.000 + 30.000) F = 150.000 F
. salaire imposable : (86.400 - 21.600) F = 108.000 F
(après déductions 10 % et 20 %)

. Impôt dû (2 parts) = 12.411 F

- **Impôt global** à payer par les 2 conjoints pour l'année civile entière :
1 R global = (16.500 + 0 + 12.411) F soit : **28.911 F**

2) Le couple se marie le 1er septembre :

- **Première déclaration**, du conjoint pour la période du 1er janvier au 31 août :
. salaire perçu : 160.000 F
. salaire imposable : 131.200 F
(après déductions 10 % et 20 %)

. Impôt dû (1 part) = 33.703 F

- **Deuxième déclaration**, de la conjointe, pour la même période :
. salaire perçu : 40.000 F
. salaire imposable : 28.800 F
(après déductions 10 % et 20 %)

. Impôt dû (1 part) = 1.289 F - Aucun impôt n'est dû.

- **Troisième déclaration**, commune, pour la période du 1er septembre au 31 décembre :
. salaires perçus : (80.000 + 20.000) F = 100.000 F
. salaire imposable : (57.600 + 14.400) F = 72.000 F
(après déductions 10 % et 20 %)

. Impôt dû (2 parts) = 4.698 F

- **Impôt global** dû par les 2 conjoints pour l'année civile entière :
(33.703 + 0 + 4.698) F soit **38.401 F**

Commentaire : Le choix du 1er juillet comme date du mariage, au lieu du 1er septembre, entraîne une **économie** d'impôt pour le couple égale à
(38.401 - 28.911) F, soit : **9.490 F**

C. L'IMPOSITION DES SOCIETES DE PERSONNES

Les sociétés de personnes (SNC, Société en commandite par actions...) qui n'ont pas opté pour l'impôt sur les sociétés relèvent de l'impôt sur le revenu.

Plus précisément, ce sont les associés qui, directement, sont imposables à raison des revenus produits par la société, en proportion de leurs droits sociaux.

De même, les **SARL à caractère familial** peuvent en vertu de l'article 239 AA CGI et à certaines conditions, opter pour le régime d'impôt sur le revenu.

- **Les conditions de l'option**

Deux conditions doivent être remplies :

. la société est créée exclusivement entre parents en ligne directe ou entre frères et soeurs ou, enfin entre conjoints.
. la société doit avoir une activité de nature industrielle, commerciale ou artisanale.

- **Les modalités de l'option**

L'option doit être demandée par **tous les associés** et être notifiée au service des impôts avant le début de l'activité.

L'option s'applique pendant toute la durée d'existence de la société, à moins que l'une des deux conditions visées ci-dessus ne soit plus respectée, ou que les associés décident d'y renoncer.

L'option pour l'assujettissement à l'impôt sur le revenu entraîne l'imposition des bénéfices de la société directement entre les mains de chaque associé, en proportion de leur participation dans la société.

2 - LE REVENU IMPOSABLE

A. DEFINITION DU REVENU IMPOSABLE

Il n'existe aucune loi fiscale qui définisse le revenu de façon générale. Néanmoins, les textes propres à chaque catégorie de revenus composant le revenu imposable du contribuable, ainsi que les décisions jurisprudentielles permettent de caractériser précisément le ***"revenu imposable"*** :

- La première caractéristique est la **périodicité :** La notion de revenu implique une certaine constance, ou, au moins, un possible renouvellement.
Mais ce seul critère est insuffisant, parfois même inopérant : on considère, dans certains cas, qu'un gain occasionnel, unique, peut être assimilé à un revenu imposable (c'est le cas notamment, des plus-values réalisées par des particuliers).

- La deuxième caractéristique est **l'existence d'une contrepartie** : la notion de revenu implique l'exercice d'une activité ou d'un service réalisés au profit de la partie versante (cas du salaire, qui rémunère un travail effectué au profit de l'employeur, partie versante).

Ainsi, la conjugaison de ces deux critères est-elle nécessaire à la qualification de "revenu imposable", au sens de la loi fiscale.

B. CARACTERES SPECIFIQUES DU REVENU IMPOSABLE

- **C'est un revenu annuel** : Le principe de l'annuité de l'impôt est expressément mentionné dans le CGI, qui dispose que l'impôt est établi sur "le montant total du revenu net annuel dont dispose le contribuable" (Art. 156 CGI).
Généralement, c'est l'année civile qui sert de référence ; néanmoins, lorsqu'un exploitant individuel a un exercice dont les dates d'ouverture et de clôture ne coïncident pas avec celles du calendrier, il est imposable sur les bénéfices réalisés au cours de l'exercice clos le 31 décembre de l'année considérée.

Exemple : Une entreprise individuelle dont le bilan est clos le 31 août de chaque année est imposable en 1990, au titre de 1989, sur les bénéfices réalisés lors de l'exercice ouvert le 1er septembre 1988 et clos le 31 août 1989.

- **C'est un revenu global** : Nous avons vu que le revenu imposable englobe tous les revenus perçus par le contribuable, de source française ou étrangère, dès lors que celui-ci est fiscalement domicilié en France, c'est le principe de l'imposition mondiale.

En revanche, le caractère géographiquement illimité est exclu de la définition du revenu imposable lorsque le contribuable est domicilié hors de France. Dans ce cas, seuls sont soumis à l'impôt français, les revenus de source française.

Sont considérés comme tels par la loi fiscale (Art. 164 B CGI) :
. les revenus d'immeubles sis en France ou de droits attachés à ces immeubles,
. les revenus de valeurs mobilières françaises et les capitaux placés en France,
. les revenus provenant d'une activité professionnelle exercée en France (salariée ou non),
. les revenus d'exploitations situées en France,
. les plus-values immobilières ou mobilières trouvant leur origine dans des biens situés en France,
. les revenus provenant d'opérations lucratives réalisées en France,
. à la condition que le débiteur soit établi en France : les pensions et rentes viagères ; les produits de la propriété industrielle ; les rémunérations de prestations de toutes natures fournies ou utilisées sur le territoire français.

- **C'est un revenu familial** : c'est l'application de la règle de l'imposition par foyer fiscal. Dès lors que le contribuable est marié, le revenu imposable se compose de ses propres revenus, plus ceux de sont conjoint, plus ceux, éventuellement de ses enfants à charge.
Cependant, le contribuable peut toujours demander à ce que l'un de ses enfants (même mineur) soit détaché du foyer fiscal et imposé séparément à raison de ses revenus propres ; notamment lorsque ce dernier dispose de revenus élevés.

- **C'est un revenu disponible** : un revenu n'est imposable qu'à la condition que le contribuable puisse en disposer, c'est-à-dire qu'il ne dépende plus que de lui d'en avoir la jouissance.
Ainsi, un salaire viré sur le compte bancaire du contribuable est un revenu "disponible", et donc imposable.

- **C'est un revenu net** : le revenu imposable est égal au revenu brut, diminué de toutes les *"dépenses engagées en vue de son acquisition ou de sa conservation"*.
Des précisions relatives à la détermination du revenu net et des charges déductibles sont données dans les différentes catégories de revenus.

C. LES REVENUS EXCEPTIONNELS ET LES REVENUS DIFFERES

En application du principe d'annuité, les revenus sont imposables au cours de l'année de leur réalisation.
Toutefois, lorsqu'un contribuable dispose au cours d'une année **de revenus d'un montant *"exceptionnel"*** ou de **revenus dont la perception est différée**, il peut bénéficier d'un régime particulier d'imposition.
Le législateur a voulu éviter, en instituant ce régime dérogatoire, que la charge fiscale d'une année ne soit trop lourde pour le titulaire de tels revenus.

Les revenus exceptionnels

Un revenu est considéré comme *"exceptionnel"* au point de vue fiscal lorsque :
. d'une part il n'a pas vocation à se renouveler tous les ans.
. d'autre part, son montant dépasse le montant moyen des revenus nets perçus par le contribuable au cours des trois dernières années.

En pratique, les plus courants sont : les indemnités de licenciement, les primes de départ à la retraite, les "pas de-porte" ou indemnités d'éviction...

Les revenus exceptionnels peuvent faire l'objet d'un étalement sur plusieurs années.

Les revenus différés

Les revenus différés sont des revenus qui doivent normalement être perçus sur plusieurs années, mais qui font l'objet d'un versement unique, au cours d'une seule année. Ce sont notamment : les arrierés de loyers, les rappels de salaires...

Tous ces revenus peuvent, comme les revenus exceptionnels, faire l'objet d'un étalement sur plusieurs années (quel que soit leur montant).

Principe de l'étalement

Le système de l'étalement n'est jamais automatique et doit faire l'objet d'une demande expresse, jointe à la déclaration de revenus.

- **Les revenus exceptionnels** : l'étalement se fait sur quatre années : l'année de réalisation du revenu plus les trois précédentes. Ainsi l'administration, rétroactivement, répercute par quart le montant du revenu sur chacune de ces années, et calcule le supplément d'impôt correspondant à chacune d'elles.

L'intérêt de ce système est que la progressivité de l'impôt est très largement atténuée. En effet, seul un quart du montant du revenu exceptionnel est pris en compte, chacune des quatre années, pour le calcul de l'impôt.

Le supplément d'impôt est déterminé à partir des éléments propres à chaque année d'imputation, aussi bien en ce qui concerne la situation familiale du contribuable que les modalités d'imposition (taux, abattements, minorations d'impôt...).

- **Les revenus différés** : ils suivent le même système d'étalement que les revenus exceptionnels, sauf en ce qui concerne la durée de l'étalement. En principe, ils doivent être étalés sur la période normale de leur perception.

3 - LES DIFFERENTES CATEGORIES DE REVENUS

A. TRAITEMENTS, SALAIRES, PENSIONS ET RENTES VIAGERES
(Art. 79 à 81 CGI)

- Les *"traitements et salaires"* sont toutes les rémunérations perçues par une personne à l'occasion d'une profession salariée exercée dans le secteur public ou privé.

A côté de ces traitements et salaires stricto sensu, **la loi range dans cette catégorie d'autres types de rémunérations** :
- Les rémunérations versées aux dirigeants de sociétés anonymes et aux gérants minoritaires de SARL, dans la mesure où elles ne sont pas excessives.
- Les gains perçus par des représentants de commerce.
- Les rémunérations des journalistes titulaires de la carte professionnelle.
- Les commissions perçues par les agents généraux d'assurance et leurs sous-agents.
- Les droits d'auteur perçus par les compositeurs et écrivains, lorsqu'ils sont déclarés intégralement par les personnes versantes.

- Les *"pensions et rentes viagères"* comprennent :
- Les pensions de retraite et invalidité.
- Les pensions alimentaires versées à titre obligatoire.
- Les rentes viagères constituées à titre gratuit ou onéreux.

Elles suivent, en règle générale, le même régime d'imposition que les traitements et salaires.

1. Traitements et salaires

Ce sont toutes les rémunérations perçues à raison d'une profession salariée : les salaires plus, éventuellement, les avantages en espèces ou en nature accordés au salarié.

a) Le salaire à déclarer

Le salaire à déclarer au titre d'une année comprend toutes les rémunérations effectivement payées soit en espèces, soit par virement, soit enfin par inscription au crédit d'un compte.
salaire brut = toutes rémunérations en espèces + avantages en nature.

En revanche, **ne doivent pas être prises en compte, pour la détermination du salaire brut** :
- Les allocations ou indemnités pour frais d'emploi, dès lors qu'elles correspondent à des dépenses réelles liées à l'emploi et que le salarié n'opte pas pour la déduction des frais réels ni pour la déduction supplémentaire.
- Certaines prestations à caractère social : indemnités journalières de maternité.

- Les indemnités de rupture de contrat de travail.
- Certaines primes et avantages divers.

Enfin, s'agissant des cotisations sociales, elles viennent en déduction du salaire brut, à la condition que les versements correspondent à une affiliation obligatoire pour le salarié.
En fait, ces cotisations sont directement prélevées par l'employeur, sur le salaire brut du salarié. Elles figurent sur chaque fiche de paie ; elles sont actuellement égales à environ 19 % du salaire brut.

Salaire net = salaire brut - cotisations sociales.

Précisions :
- Les rémunérations perçues par un apprenti sont exonérées d'impôt pour leur montant annuel inférieur à 39.300 F ;
- Les indemnités de stage perçues par les étudiants de l'enseignement supérieur sont exonérées d'impôt à deux conditions :
a) le stage a une durée maximum de trois mois,
b) il entre dans le cadre obligatoire de l'école.

b) La déduction des frais professionnels

Tout salarié a le droit de déduire de son salaire imposable les frais engagés par lui à l'occasion de son travail. En principe, cette déduction s'effectue de façon forfaitaire, mais le salarié peut choisir la déduction de ses "frais réels" à charge pour lui d'en justifier les montants.
Enfin, certaines professions bénéficient d'une déduction forfaitaire supplémentaire, accordée expressément par la loi.

Les déductions forfaitaires :

Deux situations sont à distinguer :
- celle générale, d'un salarié n'ayant pas droit à une déduction supplémentaire ;
- celle, particulière, d'un salarié exerçant une profession bénéficiant de cette déduction.

- **Salarié "ordinaire"** :
Il bénéficie de deux déductions :
. une **première déduction forfaitaire** pour frais professionnels égale à **10 %** de son salaire net, charges sociales déduites et indemnités pour frais d'emploi exclues.
Cette déduction comporte un **minimum** : 2.000 F et un **maximum** : 66.950 F (pour 1990) (chiffres réévalués tous les ans en fonction de l'élévation du barème de l'impôt sur le revenu).

. une **deuxième déduction** : un **abattement spécial de 20 %**, applicable au montant de son salaire après déduction de 10 %. (Ainsi, en fait, le salarié n'est imposable que sur 72 % de sa rémunération).
Comme la précédente, cette réfaction de 20 % est **plafonnée** : elle ne s'applique qu'à hauteur d'un salaire maximum de 607.000 F (pour 1990).

De plus, l'abattement est réduit à 10 % sur la fraction de salaire comprise entre 426.400 F et 607.000 F lorsque le bénéficiaire est un dirigeant salarié détenant plus de 35 % des parts ou actions de la société qui l'emploie.

Exemples de calcul des déductions forfaitaires de frais professionnels :

1er cas :
Salarié non dirigeant, ayant perçu en 1990 un salaire de 750.000 F, auquel s'ajoutent des indemnités d'emploi de 62.000 F

Salaire imposable :	750.000 F	
	- 66.950 F	Abattement 10 % (plafonné 66.950 F)
	683.050 F	
	- 121.400 F	Abattement 20 % plafonné (20 % x 607.000 F)
Salaire imposable :	561.650 F	

2ème cas :
Mêmes données que précédemment, mais avec un ***salarié dirigeant*** détenant plus de 35 % des parts de sa société :

Salaire imposable :	750.000 F		
	- 66.950 F	Déduction 10 % plafonné	
	683.050 F		
	85.280 F	Abattement 20 % plafonné	20 % x 426.400
	+ 18.060 F		+ 10 % (607.000 - 426.400)
	103.340 F		
Salaire imposable :	597.710 F		

Dans ces deux hypothèses, où le salarié ne bénéficie d'aucune déduction supplémentaire, le salaire qui sert de base aux abattements ne comprend pas les éventuelles indemnités pour frais d'emploi.

- Salarié bénéficiant d'une déduction supplémentaire :
Il doit exercer, par hypothèse, l'une des professions expressément visées par la loi, et récapitulées dans le tableau ci-après.

DESIGNATION DES PROFESSIONS	% de la réduction supplémentaire
Artistes dramatiques, lyriques, cinématographiques ou chorégraphiques	25
Artistes musiciens, choristes, chefs d'orchestre, régisseurs de théâtre	20
Aviation marchande, personnel navigant comprenant : pilotes, radios, mécaniciens navigants des compagnies de transports aériens : pilotes et mécaniciens employés par les maisons de construction d'avions et de moteurs pour l'essai des prototypes ; pilotes moniteurs d'aéro-clubs et des écoles d'aviation civile	30
Casinos et cercles :	
- personnel supportant des frais de représentation et de veillée	8
- personnel supportant des frais de double résidence	12
- personnel supportant à la fois des frais de représentation et de veillée et des frais de double résidence	20
Chauffeurs et receveurs convoyeurs de cars à services réguliers ou occasionnels, conducteurs démonstrateurs et conducteurs convoyeurs des entreprises de construction d'automobiles. Chauffeurs et convoyeurs de transports rapides routiers ou d'entreprises de déménagements par automobiles.	20
Commis d'agent de change (place de Paris). Sur les émoluments variables de toute nature.	20
(En ce qui concerne les émoluments fixes, la seule déduction applicable est la déduction normale de 10 %).	
Couture (personnel des grandes maisons parisiennes de) :	
- modélistes	20
- mannequins	10
Fonctionnaires ou agents des assemblées parlementaires.	20
Inspecteurs d'assurances des branches vie, capitalisation et épargne.	30
Internes des hôpitaux de Paris.	20
Journalistes, rédacteurs, photographes, directeurs de journaux. Critiques dramatiques et musicaux.	30
Ouvriers d'imprimeries de journaux travaillant la nuit.	5
Ouvriers du bâtiment visés aux paragraphes 1er et 1 du décret du 17 novembre 1936, à l'exclusion de ceux qui travaillent en usine ou en atelier.	10
Ouvriers forestiers.	10
Ouvriers horlogers, lorsqu'ils sont personnellement propriétaires des outils et petites machines nécessaires à l'exercice de leur métier.	5
Ouvriers mineurs travaillant au fond des mines	10
Ouvriers scaphandriers.	10
Représentants en publicité.	30
Annonceurs de la radiodiffusion ou de la télévision française.	20
Voyageurs, représentants et placiers de commerce ou d'industrie.	30
Ouvriers à domicile relevant des industries ci-après :	
Armurerie et limeurs de cadres de bicyclette du département de la Loire.	20
Bonneterie :	
- de la région de Ganges (Hérault) :	
Travaux de fabrication effectués à l'aide d'un outillage mécanique.	15
Travaux de finition effectués à l'aide d'un outillage mécanique.	5
- des départements de l'Aube et de la Loire :	
Travaux de fabrication sur métiers	15
- des départements du Rhône, de l'Ain et de l'Isère (ouvriers bonnetiers)	
- du département de Saône-et-Loire	5
Broderie :	
Brodeurs de la région lyonnaise utilisant des métiers pantographes.	20
Brodeurs du département de l'Aisne.	10
Cartonnage de la région de Nantua.	5
Confection et couture en gros pour dames, fillettes et enfants.	5
Cotonnade de la région du Sud-Est :	
Départements de l'Ain, de l'Ardèche, de la Drôme, du Gard, de la Haute-Loire, de la Haute-Savoie, de l'Isère, de la Loire, du Puy-de-Dôme, du Rhône, de la Savoie, de Saône-et-Loire et du Vaucluse.	
Tisseurs sur métiers mécaniques fournissant le matériel nécessaire au tissage.	30
Départements du Var : tricoteurs.	30
Coutellerie de la région de Thiers (Puy-de-Dôme) :	
Emouleurs, polisseurs et trempeurs.	15
Diamant de la région de Saint-Claude (Jura).	10
Eponges métalliques du département de l'Ain.	15
Galoches de la région de Lavente (Pas-de-Calais) :	
Piqueurs non propriétaires de leurs machines, monteurs.	10
Piqueurs propriétaires de leurs machines.	15
Lapideries du Jura et de l'Ain :	
Lapidaire.	25
Limes de la Loire.	20
Lunetterie de la région de Morez (Jura) :	
Monteurs en charnières et monteurs en verre.	15
Polisseurs-ponceurs.	25
Matériel médico-chirurgical et dentaire et coutellerie de la région de Nogent-en-Bassigny (Hte-Marne) :	
Forgerons, mouleurs, monteurs et polisseurs employant un outillage mécanique.	15
Matières plastiques de la région de Saint-Lupicin (Jura) :	
Monteurs, ébarbeurs, petites-mains.	5
Polisseurs, éclaircisseurs.	10
Tourneurs, fraiseurs, guillocheurs.	20
Métallurgie :	
- de la région de Hautes-Rivières (Ardennes) :	
Forgerons à domicile.	20
Tourneurs, fraiseurs, presseurs, limeurs-ébarbeurs à la meule, outilleurs :	15
- de Saint-Martin-la-Plaine (Loire) :	
Ouvriers chaîniers et ouvriers ferronniers.	15
Ouvriers bottiers de la région parisienne	5
Peignes et objets en matière plastique d'Oyonnax (Ain) :	
Ponceurs, mouleurs, entrecoupeurs et rogneurs.	25
Autres professions.	20
Pipes de la région de Saint-Claude (Jura) :	
Eclaircisseuses.	5
Polisseurs, monteurs.	20
Rubannerie des départements de la Loire et de la Haute-Loire.	20
Textiles :	
de la région de Lavelanet (Ariège).	25
de la région de Vienne (Isère).	30
de Sainte-Marie-aux-Mines (haut-Rhin).	30
Tissage de la région de Fourmies, de Cambrai et du Cambrésis :	
Ourdisseurs, bobineurs et caneteurs.	25
Tissage de la soierie de la région du Sud-Est (départements de l'Ain, de l'Ardèche, de la Droôme, du Gard, de la Haute-Loire de la Haute-Savoie, de l'Isère, de la Loire, du Puy-de-Dôme, du Rhône, de la Savoie, de Saône-et-Loire et du Vaucluse) :	
- Dorure	20
- Passementiers et guimpiers :	
Non propriétaires de leur métier	30
Propriétaires de leur métier	40
- Tisseurs à bras de gaze à soie à bluter de la région de Panissières (Loire)	20
- Tisseurs à bras de la soierie lyonnaise	40
- Tisseurs non propriétaires de leur métier :	
Tissus façonnés	30
Tissus unis	20
- Tissus propriétaires de leur métier	
Tissus façonnés	40
Tissus unis	30
Tissage mécanique des départements de l'Aisne, du Nord, de la Somme :	
Tisseurs à domicile utilisant des métiers mus par la force électrique lorsque les frais de force motrice restent à leur charge.	25
Tissage sur métiers à bras dans les départements de l'Aisne, du nord de la Somme.	10

La déduction supplémentaire s'applique après la déduction de 10 % accordée à tous les salariés, mais sur la base du salaire augmenté des éventuelles indemnités de frais d'emploi.
Elle est **plafonnée à 50.000 F** et ce, quel que soit le taux applicable. Elle ne fait pas obstacle à l'abattement spécial de 20 %.

Précision : La prise en compte de la déduction supplémentaire n'est pas obligatoire : un salarié peut en effet y renoncer, notamment lorsque ses indemnités de frais d'emploi sont élevées. Dans ce cas, il ne bénéficie plus que de la première déduction de 10 %, mais n'est imposable que sur son salaire, à l'exclusion des indemnités.

Exemple :
Mêmes données que précédemment, mais le salarié est journaliste et a donc droit à une déduction supplémentaire de 30 %.

Salaire imposable :	750.000 F	
	+ 62.000 F	indemnités de frais d'emploi
	812.000 F	
	- 66.950 F	déduction 10 % plafonnée
	745.050 F	
	- 50.000 F	déduction supplémentaire plafonnée
	695.050 F	
	- 121.400 F	abattement 20 % plafonné (20 % x 607.000 F)
Salaire imposable :	573.650 F	

Si l'on compare cet exemple avec le 1er cas exposé (salarié ordinaire) on constate qu'il est plus avantageux de renoncer à la déduction supplémentaire et d'être imposé, normalement, sur la base du seul salaire, à l'exclusion des indemnités de frais d'emploi.
Ceci est dû à la limitation de la déduction supplémentaire à 50.000 F.

c) La déduction des "frais réels"

Un salarié peut opter pour la déduction des frais qu'il a réellement engagés dans le cadre de son travail, plutôt que pour la déduction forfaitaire de 10 % (plus éventuellement celle supplémentaire accordée par la loi).
Il n'y a intérêt, en pratique, que lorsqu'il estime que ses frais sont largement supérieurs au montant de la déduction forfaitaire, et qu'il est certain de pouvoir en justifier les montants auprès de l'administration fiscale. En effet, la déduction des frais réels n'est admise que sur présentation de tous les justificatifs prouvant la réalité des dépenses.
Cependant, dès lors que cette condition est remplie, sont déductibles toutes les dépenses professionnelles, c'est-à-dire occasionnées par l'exercice de la profession, à l'exception de celles engagées pour "convenance personnelle".

Sont déductibles :

- Frais de transport entre le domicile et le lieu de travail, dans la mesure où la distance est normale (30 km environ).
- Frais de repas pris sur le lieu de travail quand ils ne sont pas trop élevés (l'administration fixe le plafond à 1,5 fois le montant minimum horaire garanti par repas).
- Frais d'usage et d'entretien du véhicule servant à des fins professionnelles (kilométrage, vignette, assurance, garage...).
- Frais de double résidence.
- Frais vestimentaires professionnels.

La déduction des frais réels se calcule sur la base du salaire augmenté de tous les remboursements et indemnités de frais d'emploi.
Elle ne fait pas obstacle à l'application de l'abattement spécial de 20 %.

En pratique, il faut comparer, pour chaque cas particulier, les deux méthodes de déduction des frais professionnels ; il est en effet impossible, a priori, de déterminer la plus favorable.

Exemple :
Un salarié perçoit au titre de l'année 1990 une rémunération de 310.000 F, à laquelle s'ajoutent des indemnités d'emploi pour un montant de 24.000 F. Il peut, par ailleurs, justifier d'un montant de frais professionnels de 68.000 F.
Quelle est la solution la plus favorable ?

- Déduction forfaitaire :

	310.000 F	
-	31.000 F	(10 %)
	279.000 F	
-	55.800 F	(20 %)
	223.200 F	

- Frais réels :

	310.000 F	
+	24.000 F	
	334.000 F	
-	68.000 F	(frais réels)
	266.000 F	
-	53.200 F	(20 %)
	212.800 F	

Dans cette hypothèse, la déduction des frais réels s'avère la plus avantageuse.

Commentaire : Si ce salarié exerce une profession ouvrant droit à une déduction supplémentaire, il doit procéder à un troisième calcul avant de choisir une solution. Il doit en effet calculer son salaire imposable, en retenant la solution forfaitaire, combinée avec la déduction supplémentaire à laquelle il a droit.

Cas où le salarié est un journaliste bénéficiant d'une déduction supplémentaire de 30 %

Salaire imposable :	310.000 F
	+ 24.000 F
	334.000 F
	- 33.400 F (10 %)
	300.600 F
	- 50.000 F (déduction supplémentaire)
	250.600 F
	- 50.120 F (20 %)
Salaire imposable :	200.480 F

Des trois méthodes de calcul, c'est cette dernière qui est la plus favorable au salarié. Celui-ci n'a donc aucun intérêt à opter pour la déduction de ses frais réels.

Précisions :
- Les **limites** et plafonds des divers **abattements ou déductions s'appliquent individuellement**, pour chaque membre du foyer fiscal ;
- Lorsqu'un contribuable exerce, au cours d'une même année, plusieurs professions dont certaines bénéficient d'une déduction supplémentaire, il doit les distinguer et n'appliquer cette déduction qu'au montant des salaires y afférents.

- Situation des salariés détachés à l'étranger (envoyés par un employeur installé en France) :

Dans la mesure où ces salariés restent au plan fiscal domiciliés en France, ils sont **en principe redevables de l'impôt sur le revenu en France**. Cependant l'article 81 CGI prévoit des **dérogations**:

- Les rémunérations sont exonérées si le salarié prouve qu'elles ont été soumises à un impôt sur le revenu à l'étranger, au moins égal aux 2/3 de l'impôt normalement dû en France ;

- Dans les autres cas, les salaires sont également exonérés d'impôt sur le revenu, à deux conditions:
. le détachement à l'étranger dure plus de 183 jours,
. l'activité exercée est soit la prospection, la recherche ou l'extraction de ressources naturelles, soit des chantiers de travaux publics ou de montage, ou des installations d'ensembles industriels (avec mise en route et exploitation).

- Enfin, même si le salarié détaché à l'étranger n'entre dans aucune des deux hypothèses précédentes, il est toutefois exonéré d'impôt sur le revenu en France pour la fraction de salaire correspondant aux avantages spécifiques accordés en raison de l'expatriation. En fait, ce salarié n'est imposé que sur le montant d'un salaire égal à celui qu'il aurait perçu, en France, pendant une période identique.

2. Pensions et rentes viagères

Il faut distinguer les pensions et rentes viagères constituées à titre gratuit et celles constituées à titre onéreux. Les premières sont perçues sans aucune contrepartie (pension de retraite...) ; les secondes, au contraire, le sont à raison, pour le débirentier, soit du versement d'un capital en espèces, soit de l'aliénation d'un bien meuble ou immeuble (viager stricto sensu ; versement d'un capital auprès d'une compagnie d'assurance en échange d'une rente).

- Les pensions et rentes à titre gratuit

Elles sont imposables comme les salaires :
- La déduction de 10 % est applicable, avec un minimum de 1.800 F et un maximum de 28.400 F par foyer fiscal (et non plus individuellement).
- L'abattement de 20 % joue également, dans les mêmes conditions que pour les salaires : plafonnement à hauteur d'une pension (ou rente) d'un montant de 607.000 F.

- Les pensions et rentes à titre onéreux

Elles obéissent à des règles particulières :
- Elles ne sont imposées que pour une fraction de leur montant, calculée en fonction de l'âge du crédirentier au jour de l'entrée en jouissance de la rente. Cette fraction imposable est de :

. 70 % de leur montant si le crédirentier est âgé de moins de 50 ans,
. 50 % si le crédirentier a entre 50 et 59 ans,
. 40 % si le crédirentier a entre 60 et 69 ans,
. 30 % si le crédirentier est âgé de plus de 69 ans.

- Les rentes et pensions à titre onéreux ne bénéficient pas de l'abattement spécial de 20 %.
- Elles sont soumises à un prélèvement social supplémentaire de 1 % dû au titre des revenus et plus-values du patrimoine.

B. BENEFICES NON COMMERCIAUX (BNC)
(Art. 92 à 10 A CGI)

Les bénéfices non commerciaux sont les **bénéfices provenant d'une profession libérale ou** "***de toutes autres occupations ou exploitations lucratives***" ne se rattachant pas à une autre catégorie de bénéfices ou de revenus.

1. Domaine d'application des BNC

Sont **visés** par cette définition :

- Les bénéfices des professions libérales (médecins, architectes, avocats, experts-géomètres...).

- Les bénéfices des charges et offices dont les titulaires n'ont pas la qualité de commerçant (notaires, huissiers, commissaires-priseurs).

- Les bénéfices de toutes occupations, exploitations lucratives et sources de profits ne se rattachant à aucune autre catégorie de revenus (écrivains, auteurs, inventeurs...).

- Les rémunérations des dirigeants de sociétés dans les situations suivantes :
. les rémunérations sont perçues par des administrateurs de SA à l'occasion de fonctions non salariées (ingénieur-conseil...).
. les rémunérations sont perçues par des membres du Conseil de Surveillance d'une société en commandite par actions ou d'une SA avec directoire.

L'activité peut être exercée à titre individuel ou par une société de personnes soumise à l'impôt sur le revenu. Dans cette dernière hypothèse, chaque associé est imposé directement et personnellement sur la part de bénéfices qui lui revient en proportion de ses droits dans la société.

- ***Précisions relatives aux artistes, auteurs et sportifs*** :

Les rémunérations perçues par des auteurs, des artistes ou des sportifs sont imposables selon trois méthodes :

. Dans la catégorie des "traitements et salaires", à la condition que les rémunérations soient déclarées pour leur totalité par la partie versante. Dans cette hypothèse, les bénéficiaires ont droit à une déduction supplémentaire de 25 % (plafonnée à 50.000 F).

. Dans la catégorie des BNC, selon les modalités de droit commun.

. Depuis la loi de finances pour 1990 (art 30.I CGI) par le biais d'une retenue à la source de 15 %, prélevée directement par la partie versante au profit du Trésor.

La base de calcul de la retenue est constituée du montant brut de toutes les sommes versées aux bénéficiaires quelle que soit leur nature (salaires, droits d'auteur...).

La demande d'imposition selon la méthode de la retenue à la source doit être adressée directement à la personne qui verse les revenus, par l'artiste, l'auteur ou le sportif qui opte pour ce système.

2. Détermination du bénéfice imposable

Le bénéfice imposable est égal à la différence entre le montant des recettes perçues au cours de l'année **et le montant des dépenses engagées**.

Ce bénéfice peut être modifié par les gains (ou pertes) exceptionnels réalisés à l'occasion de la cession d'éléments d'actif immobilisé.

a) Les recettes

Les recettes à retenir dans la détermination du bénéfice imposable sont celles **effectivement perçues au cours de l'année civile**.

Elles comprennent :

- Les recettes proprement dites, perçues à l'occasion de l'activité professionnelle, quelle que soit leur dénomination (honoraires, commissions, vacations).

- Les recettes accessoires.

- Les sommes représentant des remboursements de frais d'emploi (frais kilométriques...)

b) Les dépenses professionnelles

Les dépenses à retirer sont celles **effectivement payées au cours de l'année civile**, et nécessitées par l'exercice de la profession.

Elles **comprennent** :

- Les achats de fourniture et produits revendus à la clientèle ou entrant dans la composition des produits (films radiographiques, médicaments...).

- Les dépenses de personnel : salaires, indemnités et avantages en nature, cotisations sociales. La rémunération du conjoint est déductible s'il participe effectivement à l'exercice de l'activité professionnelle (la déduction connaît les mêmes limites qu'en matière de BIC).

- Les impôts et taxes liés à l'activité (taxes sur les salaires, impôts locaux dûs à raison des locaux professionnels...).

- Les frais divers de gestion : fournitures, dons et subventions, frais financiers.

- Les frais de transport sur véhicules (essence, péage...). Lorsque le contribuable utilise sont automobile pour son usage professionnel et son usage personnel, il a l'obligation de "ventiler" les dépenses, en proportions des deux utilisations. Seules les dépenses à caractère professionnel peuvent être déduites.

- Les services extérieurs : dépenses d'entretien et de réparation ; loyers des matériels et des locaux professionnels.

- Les dotations aux amortissements : tous les biens achetés dans le but de les conserver dans l'exploitation doivent faire l'objet d'amortissements (et non pas de déduction). Cela concerne les immobilisations. Les règles applicables sont les mêmes que celles prévues en matière de BIC (CF BIC : amortissements).

c) Les plus-values professionnelles

Les plus-values professionnelles sont les **gains réalisés à l'occasion de la cession d'éléments d'actif affectés à l'exploitation.**
Leur montant est égal à la différence entre le prix de cession et la valeur résiduelle du bien (coût d'achat - amortissement pratiqués).

Le régime d'imposition des plus-values professionnelles réalisées par un contribuable relevant des BNC est le même que celui applicable en matière de BIC (CF BIC : plus-values professionnelles). Depuis la loi de finances pour 1991, le taux d'imposition des plus-values à long terme est également aligné sur celui des BIC. Il est porté de 11 % à 16 % (ou 26 %).

3. Régime d'imposition des BNC

Il existe deux régimes d'imposition :
- la déclaration contrôlée,
- l'évaluation administrative

a) Le régime de la déclaration contrôlée

- Ce régime s'applique automatiquement aux contribuables dont le montant annuel des recettes excède 175.000 F. Il peut également être choisi, sur option, par les contribuables normalement soumis au régime de l'évaluation administrative.
Les recettes retenues pour l'appréciation du seuil de 175.000 F sont les recettes brutes, avant déduction des dépenses professionnelles.

- Les contribuables relevant de la déclaration contrôlée ont **deux obligations** :
. tenir un livre journal et un registre spécial des immobilisations et amortissements,
. souscrire une déclaration de résultats (2035 plus les annexes 2035 A et B) détaillant le montant des recettes et des dépenses, le montant des plus-values nettes, le nombre de salariés...

La déclaration doit être souscrite chaque année, **avant le 1er mars.** Elle porte sur les résultats de l'année précédente (la déclaration 2035 produite le 1er mars 1991 retrace les revenus perçus au cours de l'année 1990).
La déclaration doit être déposée au Service des impôts du lieu d'exercice de la profession.

- Les **contribuables** qui relèvent de ce régime d'imposition **ont la possibilité d'adhérer à une association de gestion agréée** et donc de bénéficier d'avantages fiscaux (CF centres et associations de gestion agréés).

b) *Le régime de l'évaluation administrative*

Sont soumis au régime de l'évaluation administrative :
. les contribuables qui ne relèvent pas de plein droit de la déclaration contrôlée ,
. les contribuables qui n'ont pas opté pour la déclaration contrôlée.

Les contribuables relevant de l'évaluation administrative **doivent obligatoirement** :

- Tenir un livre journalier des recettes, relatant les seules recettes (et non plus les dépenses) professionnelles. Aucun formalisme n'est imposé pour ce livre, qui doit pouvoir être présenté à tout moment au Service des impôts.

- Produire une déclaration (2037) simplifiée mentionnant l'activité, le montant brut des recettes, le nombre d'employés...
C'est à partir de cette déclaration de résultats simplifiée **que l'inspecteur des impôts évalue le forfait** du contribuable, c'est-à-dire son bénéfice imposable.

Une fois ce forfait établi, le contribuable dispose d'un délai de 30 jours pour donner son accord ou contester le montant ainsi fixé. L'absence de réponse du contribuable dans ce délai équivaut à une acceptation tacite.
Le contribuable peut contester le montant du forfait : dans ce cas, il doit motiver sa position. Si l'administration rejette ses observations et si le litige persiste, il doit être porté devant la Commission départementale des impôts indirects.

4. Cas particulier des bénéfices non commerciaux accessoires

Les contribuables qui exercent une autre activité principale et ne perçoivent des revenus non commerciaux qu'à titre accessoire peuvent, **à certaines conditions**, ne pas souscrire de déclaration spéciale (et intégrer directement ces revenus dans leur déclaration générale).

Les conditions :

- Les bénéfices non commerciaux ne doivent pas se rattacher à une activité industrielle ou commerciale exercée à titre principal (CF BIC) ;

- Les revenus non commerciaux doivent être déclarés par la partie versante.

- **Les recettes brutes ne doivent pas excéder 21.000 F pour l'année** (TVA comprise).

Lorsque ces trois conditions sont remplies, le revenu non commercial accessoire est réputé égal au montant brut des recettes, sous déduction d'un abattement forfaitaire de 25 % (avec minimum de déduction de 2.000 F).

5. Le sort des déficits

Lorsque l'activité non commerciale génère, au cours d'une année, **un déficit, celui-ci est imputable sur le revenu global** du contribuable, dans les conditions de droit commun.

C. BENEFICES AGRICOLES
(Art. 63 à 78 CGI)

Les bénéfices agricoles **proviennent de l'exploitation de biens ruraux**, principalement de la culture et de l'élevage. Ils peuvent être réalisés par toute personne "exploitant" réellement : fermier, métayer ou propriétaire lui-même.
Deux régimes d'imposition sont prévus pour ces revenus :
- le forfait,
- le bénéfice réel.

1. Le régime du forfait

Il s'applique de plein droit aux agriculteurs dont les recettes, évaluées sur deux années consécutives, ne dépassent pas **500.000 F**, TVA incluse.

Chaque année, dans tous les départements français, une commission départementale des impôts procède à la détermination des éléments de calcul du forfait agricole : elle distingue les différentes cultures et, pour chacune d'elles, fixe un bénéfice moyen à l'hectare, en retenant la valeur des récoltes ou autres produits ainsi que les charges correspondantes. La commission peut également, en raison de la spécificité d'une région ou d'une exploitation, adapter les règles du forfait en prenant en compte (en plus de la surface exploitée) l'importance du cheptel pour l'élevage ou le nombre de litres produit, pour les exploitations vinicoles.

Une fois établi par l'administration, le forfait s'impose à tous les exploitants agricoles. Le revenu imposable est alors déterminé par le montant du forfait, multiplié par le nombre d'éléments de calcul (hectares, nombre d'animaux...) correspondant à la situation personnelle de chaque exploitant.
Il faut noter que, dans la majorité des départements, les forfaits agricoles sont évalués de façon très modérée afin de tenir compte des exploitations dont le rendement est très faible. Ils doivent en effet pouvoir être supportés par tous les agriculteurs, quel que soit le montant de leurs revenus.

2. Le régime du bénéfice réel

Il s'applique de plein droit aux agriculteurs dont le montant moyen des recettes est supérieur à 500.000 F, TVA incluse. Les agriculteurs normalement soumis au forfait peuvent également opter pour ce mode d'imposition ; ils bénéficient alors d'un régime *"super simplifié"*.
Enfin, dans certains cas, l'administration peut placer, d'office, un agriculteur relevant normalement du forfait sous ce régime de bénéfice réel :
- l'exploitant est assujetti à la TVA pour au moins un quart de ses recettes, à titre obligatoire,
- il dispose de revenus soumis au bénéfice réel,
- il exerce des activités agricoles spécifiques n'ayant pas fait l'objet de forfait.

Il existe **deux types** de **bénéfice réel** :

- **Le réel simplifié** : il concerne les agriculteurs dont les recettes annuelles sont comprises entre 500.000 F et 1.800.000 F et ceux ayant opté pour le bénéfice réel.
Il a pour caractéristique d'alléger les obligations comptables et fiscales des exploitants relatives à la détermination de leur revenu imposable (évaluation forfaitaire des stocks ; comptabilité par recettes et dépenses).

- **Le réel normal** : il s'applique aux agriculteurs dont les recettes excèdent le plafond du réel simplifié. La détermination du revenu imposable se fait selon les mêmes règles que celles relatives aux bénéfices industriels et commerciaux, et les obligations comptables sont plus contraignantes et strictes que précédemment (comptabilité d'engagement).

Les agriculteurs relevant du réel peuvent adhérer à un **centre de gestion agréé** : ils bénéficient alors d'un abattement de 20 % (parfois limité à 10 %) sur leur revenu imposable.

S'agissant maintenant des **plus-values** dégagées à l'occasion de la **cession d'éléments servant à l'exploitation**, elles suivent les mêmes règles qu'en matière de bénéfices industriels et commerciaux:

- Les plus-values réalisées par un exploitant dont le montant moyen des recettes (apprécié sur deux années consécutives) est supérieur à un million de francs sont soumises au régime des plus-values professionnelles (distinction court terme/long terme).

- Les plus-values réalisées par un exploitant dont le montant des recettes est inférieur à un million de francs obéissent aux règles suivantes :

. L'exploitation existe depuis au moins cinq ans : les plus-values (autres que celles dégagées sur terrains à bâtir) sont exonérées.

. L'exploitation a moins de cinq ans : les plus-values relatives à la cession de terre à usage agricole ou forestier suivent les règles propres aux plus-values de particuliers.

. Quelle que soit la durée d'exercice de l'activité, les plus-values sur terrains à bâtir sont imposables comme les plus-values des particuliers.

D. REVENUS FONCIERS
(Art. 14 à 33 quater CGI)

Les revenus fonciers sont les **revenus tirés de la location d'immeubles** dont le contribuable (ou un membre de son foyer fiscal) est propriétaire.

Les **biens visés** sont :

- les propriétés bâties,
- les propriétés non bâties,
- les parts de sociétés immobilières, SCI ou SCPI. Toutefois, lorsque les revenus versés à raison de ces parts sont les seuls "revenus fonciers" du contribuable, celui-ci n'est pas tenu de produire une déclaration spécifique n° 2044 ; il peut les mentionner directement dans sa déclaration générale de revenus (2042), dans la rubrique "revenus fonciers".

En revanche, **sont exclus** de la catégorie des revenus fonciers :

- Les revenus tirés de la location d'immeubles que le contribuable affecte à son entreprise ou à une activité professionnelle non commerciale. Ces revenus sont imposables dans la rubrique correspondant à la nature de l'activité : commerciale, industrielle, agricole ou libérale.

- Les revenus provenant de la location d'appartements ou de maisons *"en meublés"*, imposables au titre des bénéfices industriels et commerciaux.

- Les immeubles dont le propriétaire se réserve la jouissance, ainsi que ceux mis à la disposition gratuite d'un tiers, sans contrat de location.

Les **revenus imposables au titre d'une année sont tous ceux effectivement encaissés**, à l'exclusion des loyers échus mais impayés au 31 décembre. Les charges déductibles sont, de la même façon, celles effectivement payées par le propriétaire pendant l'année d'imposition.

1. Détermination du revenu foncier imposable

Le revenu foncier imposable est égal à la différence entre le revenu brut foncier et les charges afférentes aux immeubles.

a) Le revenu brut foncier

Il est constitué, à titre principal, du montant total des loyers perçus au cours de l'année par le propriétaire auxquels s'ajoutent :

- Les recettes exceptionnelles : pas-de-porte et droit d'entrée (non imposables toutefois si le propriétaire prouve que ces versements ne constituent pas un complément de loyer, mais sont destinés à compenser la dépréciation des locaux). Egalement les indemnités perçues d'un locataire lors du renouvellement de son bail.

- Les recettes accessoires : droit d'affichage publicitaire, droit de chasse, concession du droit d'exploitation d'une carrière ; en fait, toutes les recettes liées directement ou indirectement à la location d'immeubles.

- Les charges incombant normalement au propriétaire mais supportées effectivement par le locataire (grosses réparations).

A l'inverse, doivent être retranchées de ce revenu brut :

- Les charges incombant au locataire mais payées par le propriétaire (travaux de nature locative..)
- La taxe additionnelle versée par le propriétaire à l'Agence Nationale pour l'Amélioration de l'Habitat (ANAH). Taxe égale à 3,5 % pour les immeubles construits avant le 1er septembre 1948 ; 0,50 % pour ceux achevés entre cette date et le 31 décembre 1975, supprimée pour les immeubles construits à partir de 1976.

b) Frais et charges déductibles

Sont admis en déduction du revenu brut foncier, lorsqu'ils ont été réellement engagés au cours de l'année d'imposition :

- Une déduction forfaitaire, égale à 8 % du revenu brut et représentant les frais divers (frais de gestion et d'assurance, amortissement de l'immeuble) à la charge du propriétaire.
Pour les investissements réalisés dans des immeubles neufs, en vertu de la loi Méhaignerie, cette déduction est portée à 35 % ou 25 % selon que l'acquisition a eu lieu avant ou après le 1er janvier 1990. Cet avantage est accordé au titre des dix premières années de location.

- Les frais de gérance et rémunération des concierges.

- Les frais d'entretien et de réparation, ainsi que ceux d'amélioration du bien-être (interphone, ascenseur...). Les premiers concernent les travaux autres que ceux à caractère locatif, et payés réellement par le propriétaire (ravalement des façades, remise en état du chauffage...).

Précision : tous les travaux, quelle que soit leur nature, réalisés par le propriétaire avant l'arrivée d'un locataire sont déductibles.

- Les intérêts d'emprunt contracté pour l'acquisition, la conservation ou la réparation des immeubles, sans limitation de durée ni de montant.

- La taxe foncière payée au titre de l'année d'imposition.

- La taxe sur les bureaux de la région Ile-de-France.

2. Précisions relatives aux propriétés rurales

Les règles de détermination du revenu foncier imposable relatives aux propriétés urbaines s'appliquent aux propriétés rurales avec quelques **différences** :

- On ne parle plus de loyers mais de fermages perçus sur des exploitations agricoles ;

- Les parties de la propriété autres que celles affectées à l'exploitation ou à l'habitation (domaines de chasse, étangs...) et dont le propriétaire se réserve la jouissance doivent être déclarées pour leur valeur locative ; elles sont imposables ;

- La déduction forfaitaire pour frais divers est dans la majorité des cas fixée à 10 % ; elle est cependant de 15 % pour les immeubles donnés en bail pour une durée de 18 ans ;

- Les primes d'assurance ne sont pas, comme en matière de propriété urbaine, comprises dans la déduction de 10 %. Elles sont déductibles du revenu imposable.

3. Sort des déficits fonciers

Les déficits fonciers ne sont pas imputables sur les autres catégories du revenu global du contribuable. Ils peuvent seulement être imputés sur les revenus de même nature réalisés au cours des années ultérieures :
- 5 années pour les immeubles urbains,
- 9 années pour les immeubles ruraux.

4. Déclaration des revenus fonciers

Les revenus fonciers doivent faire l'objet d'une **déclaration particulière**, sur l'imprimé 2044, détaillant pour chaque immeuble les revenus perçus et les frais engagés.
Le revenu net ainsi dégagé doit être reporté sur la déclaration générale du contribuable (2042).

Les revenus fonciers sont soumis au titre de l'année 1990, à un **prélèvement spécial supplémentaire de 1 %.**

E. PLUS-VALUES DES PARTICULIERS
(Art. 150 A à 150 T CGI)

Ce sont les **profits réalisés par des personnes physiques à l'occasion de la cession, à titre onéreux, d'éléments de leur patrimoine privé.** Au vu de cette définition, on peut déterminer les opérations, les biens et les personnes soumis à cet impôt.

Les plus-values des particuliers sont, depuis une loi du 19 juillet 1979, soumises à l'impôt, sauf exceptions. Cependant, une loi intervenue le 29 décembre 1982 est venue assouplir et alléger les modalités de leur imposition.

- Opérations imposables

Seules sont visées les plus-values réalisées à l'occasion d'une **cession *"à titre onéreux"***, c'est-à-dire d'un transfert de propriété pouvant résulter d'une vente, d'une expropriation, d'un apport en société ou encore d'un échange.

A l'inverse, **échappent à l'impôt** : les plus-values provenant de mutations à titre gratuit (donations ou successions), les gains en capital ne provenant pas de la cession de biens (indemnité d'assurance, loto...), les plus-values "latentes", c'est-à-dire non encore réalisées.

- Personnes imposables

Sont concernées uniquement **les personnes physiques et les sociétés de personnes** visées à l'article 8 CGI (SNC, sociétés en commandite simple, sociétés civiles, sociétés en participation et SARL ayant opté pour le régime fiscal des sociétés de personnnes), dans la mesure où elles ont leur **domicile fiscal ou leur siège social en France.**
A l'inverse sont exclues, bien sûr, les sociétés relevant de l'IS, lesquelles sont soumises au régime des plus-values professionnelles pour les cessions d'éléments de leur actif immobilisé.

- S'agissant des exploitants individuels, il faut distinguer deux patrimoines, qui ne sont pas forcément soumis aux mêmes règles d'imposition :
- le patrimoine privé,
- le patrimoine professionnel, affecté à l'entreprise.

En vertu du principe de la liberté d'affectation, un exploitant individuel peut toujours choisir d'affecter à son activité professionnelle un bien lui appartenant ou, au contraire, de le maintenir dans son patrimoine privé. Il est cependant évident que, selon l'option retenue, le sort de ces biens sera totalement différent ; notamment au niveau des plus-values de cession :

• On appliquera le régime des plus-values professionnelles dans la première hypothèse, avec toutes ses conséquences (distinction court terme/long terme ; imposition privilégiée à 16 % des plus-values long terme ; possibilité d'étalement des plus-values court terme sur 3 ans...)

• On appliquera le régime des particuliers dans la deuxième hypothèse, où les biens sont restés dans le patrimoine privé. Ce n'est donc que dans ce cas que jouera le régime des plus-values que nous étudions maintenant.

Le régime des plus-values réalisées par les particuliers diffère selon la nature des biens cédés : immeubles ou meubles.

1. Plus-values immobilières

a) Le champ d'application

Seules les personnes physiques et les sociétés de personnes n'ayant pas opté pour l'IS sont soumises à ce régime de plus-values.

Les sociétés civiles immobilières y sont également assujetties, pour les plus-values qu'elles réalisent à raison de la cession d'immeubles leur appartenant, l'imposition se faisant directement entre les mains de chaque associé.

S'agissant des **règles de territorialité**, et en vertu du principe de mondialité de l'IR, les contribuables fiscalement domiciliés en France sont imposables sur les cessions de tous leurs biens, (ou droits immobiliers) situés en France ou à l'étranger.
A l'inverse, un contribuable domicilié hors de France n'est imposable que sur les plus-values réalisées à l'occasion de cessions d'immeubles sis en France.
Ces règles de droit interne peuvent être modifiées par les dispositions des conventions fiscales internationales.

- Les biens visés sont :

- les immeubles bâtis ou non bâtis ;
- les droits relatifs à ces immeubles : usufruit, nue-propriété, servitudes...
- les titres de sociétés non cotées à prépondérance immobilière (actif composé à hauteur de plus de 50 % d'immeubles),
- les droits sociaux de sociétés transparentes.

Nous l'avons dit en présentation, la loi de finances de 1982 a sensiblement allégé l'impôt sur les plus-values des particuliers, notamment en posant de nombreux cas d'exonérations.

- Les exonérations
Elles touchent certaines opérations, certaines personnes et certains biens :

- Opérations exonérées :

. les remembrements, urbains ou ruraux ;
. l'encaissement d'une indemnité d'assurance consécutive au sinistre d'un bien personnel.
. l'encaissement d'une indemnité d'expropriation pour cause d'utilité publique, à la condition que le contribuable remploie celle-ci, dans un délai de 6 mois, à l'achat de biens ou droits immobiliers.
. les cessions d'immeubles dont le montant total, au cours de l'année, n'excède pas 30.000 F. Pour apprécier ce plafond, il est fait masse de toutes les cessions réalisées par le foyer fiscal, exception faite de celles déjà couvertes par une autre exonération.

- Personnes exonérées :

- les particuliers dont le patrimoine immobilier ne dépasse pas 400.000 F sont exonérés d'impôt à raison des plus-values de cessions qu'ils réalisent à deux conditions :
. leur patrimoine immobilier familial n'excède pas 400.000 F, plus 100.000 F par enfant à charge à compter du 3ème. La limite est appréciée en fonction de la valeur vénale des biens possédés au jour de la cession, y compris celui cédé, y compris ceux de conjoint et ceux des enfants éventuellement ;
. ils doivent faire la demande d'exonération auprès de l'administration fiscale, en joignant à celle-ci un "état du patrimoine" établi sur un formulaire spécial (imprimé n° 2049).

- Les bénéficiaires d'une pension de retraite-vieillesse, dès lors qu'ils ne sont pas assujettis à l'IR au titre de l'année de réalisation de la plus-value.

- Biens exonérés :

- La résidence principale :
La plus-value réalisée lors de la cession d'une résidence principale est exonérée, à deux conditions :
. Au moment de la cession, l'immeuble sert effectivement de résidence principale au propriétaire cédant ;
. Son occupation était "réelle". Cela signifie que, dans l'hypothèse où le propriétaire n'utilisait pas l'immeuble comme résidence principale depuis son acquisition, il devait néanmoins l'avoir affecté à cet usage au minimum 5 ans.

- Un logement autre que la résidence principale (résidence secondaire, immeuble loué...) :
L'exonération de la plus-value de cession est soumise à des conditions plus strictes dans ce cas que dans celui de la résidence principale :
. il ne peut s'agir que d'une première cession d'un tel logement ;
. l'immeuble cédé a été détenu au moins 5 ans depuis son acquisition ou son achèvement par le propriétaire cédant. Ce délai n'est cependant pas exigé lorsque la vente est justifiée par des événements familiaux, personnels ou professionnels (décès, changement de lieu de travail...) ;
. le contribuable (ou son conjoint) n'est pas propriétaire de sa résidence principale, directement ou indirectement, au jour de la vente ;
. la cession de ce logement intervient au minimum 2 ans après celle (éventuelle) de la résidence principale, lorsque le contribuable en était propriétaire.

- Les biens détenus depuis plus de 22 ans ou plus de 32 ans à compter du 1er janvier 1991 :
Cette exonération est particulière puisqu'elle résulte de l'application d'un abattement de 5 % (3,33 % à compter du 1er janvier 1991) par année de détention au-delà de la deuxième. Les années se comptant par période de douze mois, depuis la date d'acquisition jusqu'à celle de cession. Nous reviendrons sur cet abattement dans la suite de cette étude.

b) La détermination de la plus-value

- La plus-value brute

La plus-value immobilière est égale à la différence entre le prix de cession et le prix d'acquisition du bien, les deux composantes de la formule subissant quelques correctifs.

- Le prix de cession :
Le prix à retenir est celui stipulé dans l'acte (même s'il n'a pas été entièrement payé), augmenté des charges en capital et indemnités prévues en faveur du vendeur.
En cas d'échange, le prix est constitué par la valeur réelle du bien acquis en contrepartie, augmenté éventuellement du montant de la soulte.
En cas de cession "en viager", le prix de cession est égal à la valeur en capital de la rente.

Le prix de cession ainsi défini doit être diminué des frais supportés par le vendeur (indemnité d'éviction ; commission versée à un intermédiaire...).

- Le prix d'acquisition :
Le prix à retenir est celui stipulé dans l'acte d'achat, augmenté des charges en capital et indemnités versées au profit de l'ancien propriétaire.
En cas d'acquisition à titre gratuit, le prix est constitué par la valeur vénale du bien au jour de la mutation.
En cas de cession d'un droit immobilier, (nue-propriété, usufruit, servitude...) le prix d'achat est calculé par rapport à la valeur de ce droit en pleine propriété.

Au prix d'acquisition ainsi défini, doivent être apportés des correctifs :

. Une majoration pour frais d'acquisition, qui peuvent être retenus soit pour leur montant réel (avec justifications) soit pour un montant forfaitaire de 10 % du prix d'achat, quand le bien a été acquis à titre onéreux. On ne retient que le montant des frais propres à la donation ou succession quand le bien a été acquis à titre gratuit, à l'exclusion des droits de mutation.

. La prise en compte, à certaines conditions, des dépenses de construction, d'agrandissement ou de rénovation relatives à l'immeuble.
Les conditions : les frais ne doivent pas avoir été déjà déduits du revenu imposable ; ils ne doivent pas avoir le caractère de dépenses locatives. Si tel n'est pas le cas, les dépenses peuvent s'ajouter au prix d'acquisition de l'immeuble, soit pour leur montant réel avec justifications, soit pour un montant forfaitaire égal à 15 % du prix d'acquisition.

. la prise en compte de divers frais : frais de voirie ; honoraires versés à l'occasion d'expertise ou de consultation fiscale, intérêts d'emprunts contractés en vue de l'acquisition ou de la réparation de la résidence principale à condition qu'ils n'aient pas déjà été déduits du revenu imposable (ils sont alors pris en compte dans les mêmes limites que celles retenues pour la réduction d'impôt en matière d'habitation principale). (CF Barème à "réduction d'impôt").

- La plus-value nette imposable

Une fois déterminé le montant de la plus-value brute immobilière et afin d'en préciser les modalités d'imposition, la loi fait une **distinction fondamentale entre 2 types de plus-values** :

. les **plus-values à court terme**, réalisées moins de 2 ans après l'acquisition du bien.

. les **plus-values à long terme**, réalisées plus de 2 ans après l'acquisition du bien.

- Les **plus-values à court terme** sont assimilées à des **revenus ordinaires** et sont taxées par application du barème progressif de l'IR, après l'abattement général annuel de 6.000 F ;

- Les **plus-values à long terme** suivent un régime d'imposition spécifique, tant pour la détermination de la plus-value nette imposable que pour le calcul de l'impôt.

- **Spécificités de l'imposition des plus-values à long terme** :

- Le prix d'acquisition (ou la valeur vénale) de l'immeuble fait l'objet d'une revalorisation par application d'un coefficient d'érosion monétaire fixé chaque année par l'administration (CF tableau ci-dessous).

Coefficient de variation de l'indice moyen des prix à la consommation entre l'année d'acquisition ou de la dépense et l'année 1990. Le tableau concerne les cessions réalisées en 1990.

Année de l'acquisition ou de la dépense	Coefficient à appliquer au prix d'acquisition ou aux dépenses	Année de l'acquisition ou de la dépense	Coefficient à appliquer au prix d'acquisition ou aux dépenses
1968	5,18	1980	1,84
1969	4,86	1981	1,62
1970	4,62	1982	1,45
1971	4,38	1983	1,32
1972	4,12	1984	1,23
1973	3,85	1985	1,16
1974	3,38	1986	1,14
1975	3,02	1987	1,10
1976	2,76	1988	1,07
1977	2,52	1989	1,03
1978	2,31	1990	1,00
1979	2,09		

- La plus-value est ensuite réduite par l'application d'un **abattement de 5 % ou 3,33 % (loi de finances pour 1991, applicable aux cessions intervenues depuis le 1er janvier 1991) par année de détention** du bien, au-delà de la deuxième année (comptée par 12 mois).

- **Le calcul de l'impôt :**
On applique la règle de la "***division par 5***". Afin de limiter la progressivité de l'impôt dû au titre de la plus-value, le législateur a prévu un mode d'imposition qui permet de fractionner le montant imposable de la plus-value et de n'en soumettre au barème de l'IR qu' 1/5è.

Concrètement, le mécanisme est le suivant :

- dans un premier temps, le contribuable calcule en fonction du barème de l'administration, l'IR dont il est redevable sans prendre en compte le montant de la plus-value dans son revenu global imposable ;
- dans un deuxième temps, le contribuable divise le montant de sa plus-value nette imposable par 5 et ajoute cette fraction à son revenu global imposable. Il calcule l'IR dont il est alors redevable ;
- enfin, dans un troisième temps, le contribuable fait la différence entre : [le montant de l'IR sur le revenu global avec plus-value] - [le montant de l'IR dû sur le revenu global sans plus-value].

Le résultat équivaut à l'impôt dû au titre d'1/5è de la plus-value. Il ne reste plus alors, au contribuable, qu'à multiplier ce montant par 5 ; il obtient ainsi le montant d'IR dû au titre de la plus-value totale.

L'impôt relatif à la plus-value doit être ajouté au montant de l'IR dû l'année de sa réalisation. Cependant, il est possible de demander l'étalement de son paiement, sur 5 ans, par voie de réclamation. Dans ce cas, le contribuable doit payer au cours de chacune des cinq années, 1/5è de l'impôt total correspondant à la plus-value. Un intérêt légal est dû.

- Enfin, le législateur a prévu, pour les plus-values immobilières, des abattements ayant pour effet de réduire le montant imposable :

- **Un abattement général annuel de 6.000 F**, applicable sur le total des plus-values immobilières réalisées au cours de l'année (à court terme ou long terme) ;

- **Un abattement pour la première cession d'une résidence secondaire** imposable : lorsque le propriétaire a disposé librement de cette résidence pendant au moins cinq ans, la plus-value est réduite dans les proportions suivantes :
20.000 F pour chacun des époux,
30.000 F pour un célibataire, veuf ou divorcé,
10.000 F pour chaque enfant vivant, quels que soient son âge et sa situation de famille ;

- **Un abattement pour cause d'expropriation** : lorsque la plus-value réalisée à raison d'une indemnité d'expropriation n'est pas exonérée, elle bénéficie d'un abattement de 75.000 F.
Certains de ces abattements peuvent se cumuler :
- abattement général de 6.000 F et abattement pour première cession d'une résidence secondaire ;
- abattement pour expropriation de 75.000 F et abattement pour première cession d'une résidence secondaire.

Exemple d'imposition d'une plus-value à long terme :

Un contribuable marié sans enfant à charge vend en juillet 1990 un immeuble sis à Biarritz 280.000 F.
Cet immeuble avait acquis, en janvier 1983, 110.000 F.
- ce contribuable a un revenu global imposable égal à 100.000 F.
- il est propriétaire de sa résidence principale et ne bénéficie d'aucun abattement.
- coefficient de revalorisation d'immeubles acquis en 1983 : 1,32.

Détermination de la plus-value nette imposable :

Prix d'acquisition :		110.000 F
Frais d'acquisition (10 %)	+	11.000 F
Coût d'acquisition :		121.000 F
Actualisation (121.000 x 1,32) :		159.720 F
Prix de cession :		280.000 F
Prix d'achat actualisé :	-	159.720 F
Plus-value brute :		120.280 F
Abattement (5 % x 5) :		30.070 F
Plus-value :		90.210 F
Abattement général :	-	6.000 F
Plus-value nette	=	**84.210 F**

- Calcul de l'impôt dû :

. calcul de l'impôt sans prendre en compte la plus-value :

Revenu imposable :	100.000 F
Nombre parts :	2
Impôt dû :	10.491 F

. calcul de l'impôt en intégrant la plus-value dans le revenu imposable : on applique la règle de la division par 5 :

1/5è de la plus-value :	16.842 F
Revenu imposable :	(100.000 + 16.842) F
Impôt dû (2 parts) :	14.639 F

Impôt dû au titre d' 1/5è de la plus-value nette = (14.639 - 10.491) F = 4.148 F

Impôt total dû au titre de la plus-value : (4.148 x 5) F = 20.740 F

Impôt sur le revenu dû par le foyer fiscal : (10.491 + 20.740) F = 31.231 F

2. Plus-values mobilières

Les plus-values mobilières concernent à la fois les **cessions de bien mobiliers** et les cessions de **valeurs mobilières et droits sociaux**.

a) Les plus-values de cessions de biens meubles

La loi ne taxe les cessions de biens meubles (autres que les valeurs mobilières) que lorsque leur montant excède 20.000 F par an. Les biens concernés sont : bateaux de plaisance, chevaux de course, ... sans que la liste soit exhaustive.

~~**Les modalités d'imposition**~~ sont, à défaut de textes spécifiques, les mêmes que celles relatives aux plus-values immobilières, avec quelques différences :
- Les frais d'acquisition sont pris en compte pour leur montant réel ; ils peuvent inclure les frais de restauration et de remise en état des meubles.
- Les plus-values sont réputées à court terme ou à long terme selon que les biens ont été cédés moins ou plus d'un an après leur acquisition (au lieu de deux ans en matière immobilière).
- Dans l'hypothèse où la plus-value est à long terme, on fait application du coefficient d'érosion monétaire et de l'abattement de 5 % (3,33 % au 1er janvier 1991) par année de détention au-delà de la première. Ainsi, comme en matière immobilière, la plus-value est totalement exonérée lorsque le bien a été cédé après un certain nombre d'années de possession : ici, 21 ans (31 ans à compter du 1er janvier 1991).

Enfin, les plus-values ne sont imposables qu'après l'abattement de 6.000 F, s'appliquant à l'ensemble des plus-values, mobilières et immobilières.

A côté de ces règles générales relatives aux cessions de biens meubles, existe un **régime spécial d'imposition pour les objets et métaux précieux.**

Les plus-values de cessions de métaux et objets précieux :

Les ventes de métaux précieux (or, platine, argent, monnaies en or...), sont soumises à une taxation forfaitaire, proportionnelle au prix de vente, lorsque leur montant excède 20.000 F.

La taxe forfaitaire est calculée sur le prix de vente (ou valeur en douane). Elle est de :
. 7,5 % pour les métaux précieux ;
. 6,5 % pour les bijoux, objets d'art ou de collection exportés ou cédés autrement que par enchères publiques ;
. 4,5 % pour ces mêmes objets, vendus par enchères publiques.

Une décote s'applique aux bijoux et objets d'art lorsque ceux-ci ont une valeur comprise entre 20.000 F et 30.000 F. Elle est égale à la différence entre le prix du bien et 30.000 F.
La taxe forfaitaire est à la charge du vendeur, qui doit l'acquitter dans un délai de trente jours à compter de la cession.

Mais ces opérations peuvent également bénéficier du régime d'imposition ordinaire des plus-values, sur option du vendeur. Ce choix est intéressant lorsque celui-ci peut justifier de la possession du bien cédé pendant de nombreuses années : il bénéficie alors de l'abattement de 5 % (3,33 % au 1er janvier 1991) par année de détention et de la réactualisation du prix d'achat du bien.

b) *Les plus-values de cessions de valeurs mobilières et droits sociaux*

Les modalités d'imposition des plus-values de valeurs mobilières varient en fonction de la nature de chacune d'elles.

- **Plus-values sur titres de sociétés non cotées** en bourse à prépondérance immobilière :

Elles suivent le régime des plus-values immobilières tel qu'il vient d'être défini.

- **Plus-values sur titres de sociétés cotées en bourse :**

Les plus-values boursières sont imposables depuis 1978, mais la loi de finances pour 1983 en a nettement allégé la charge d'impôt.

En effet, depuis cette date, les plus-values ne sont **soumises à l'impôt** que lorsque le **montant annuel des cessions est supérieur** à un plafond, fixé pour 1990 à **307.600 F**.
Le **taux** d'imposition, dans ce cas, est de **16 %** sur le profit réalisé (plus les cotisations supplémentaires).

Les opérations visées sont :
- les ventes de valeurs cotées ou assimilées, ainsi que celles de droits y attachés,
- les ventes de titres représentatifs de telles valeurs (SICAV, Fonds commun de placement),
- les ventes d'actions de SICOMI, même non cotées.

A l'inverse sont **exonérées** :
- les cessions portant sur des valeurs dont le prix est inférieur à 307.600 F,
- les cessions réalisées par les SICAV dans le cadre de leur gestion, ou par des fonds communs de placement en application des textes sur la participation des salariés aux fruits de l'entreprise,
- les cessions effectuées par des personnes domiciliées hors de France,
- les cessions d'emprunt d'Etat incluant une clause d'exonération,
- à certaines conditions, les cessions de titres intervenues dans le cadre de la participation des salariés.

Précisions sur les plus-values réalisées par les clubs d'investissement :
Elles échappent à l'impôt tant qu'elles restent capitalisées et si elles répondent aux conditions suivantes :
- le club d'investissement comprend moins de vingt membres,
- les achats de titres par membre et par mois n'excèdent pas 2.000 F,
- les membres sont adhérents d'un seul club,
- le club d'investissement est constitué pour une durée de vie inférieure à dix ans.

En revanche, les plus-values réalisées par un adhérent lors du rachat de ses parts sont taxables lorsque le montant des cessions dépasse 307.600 F au taux de 16 %.

Enfin, les **moins-values** dégagées lors de la cession de valeurs boursières peuvent s'imputer sur les plus-values de même nature réalisées au cours de la même année ou des cinq années suivantes ; elles ne peuvent jamais s'imputer sur le revenu global du contribuable.

Les plus-values de cessions de droits sociaux :

sont visées ici les cessions réalisées par des **actionnaires ou associés détenant plus de 25 % du capital de la société**. C'est l'article 160 du CGI qui définit expressément les conditions et les modalités d'imposition de ces plus-values.

La plus-value est imposable au taux de **16 %** lorsque les conditions suivantes sont remplies :

- La société émettrice des titres cédés relève de l'impôt sur les sociétés.
- Le cédant détient, au jour de la cession (ou a détenu au cours des cinq années antérieures), plus de 25 % des droits sociaux de la société.
L'appréciation de ce pourcentage se fait en tenant compte des droits détenus par le cédant lui-même ainsi que de ceux possédés par son conjoint, ascendants et descendants. Il suffit donc, en pratique, que le cédant ait détenu seul ou avec un membre de son foyer plus de 25 % des droits de la société à un moment quelconque des cinq années précédant la cession pour que la plus-value soit imposée.
- La cession est faite au profit d'une personne extérieure à la famille.

Précision : Toutefois, depuis l'entrée en vigueur de la loi de finances pour 1991, même lorsque le seuil de 25 % n'est pas atteint, il peut y avoir imposition : il suffit que le montant des cessions de titres excède 307.600 F (pour 1990).

Lorsque la cession est faite au profit d'un membre de la famille, elle est exonérée d'impôt, quel que soit le montant des droits cédés.

F. REVENUS DE CAPITAUX MOBILIERS

1. Les revenus d'actions françaises

Les dividendes ont une définition stricte et précise : ce sont les **sommes distribuées** par une société française **passible de l'IS**, sur le **bénéfice net après impôt** réalisé par celle-ci au cours d'un exercice.

Les dividendes ne doivent pas, en conséquence, être confondus avec d'autres "***revenus distribués***" par une société, qui ne sont pas prélevés sur les bénéfices.

Toutefois en règle générale, ces deux sortes de revenus suivent les mêmes modalités d'imposition.

Enfin, les dividendes et revenus assimilés doivent également être distingués des revenus distribués de façon officieuse ou irrégulière (du point de vue fiscal) qui ne sont pas soumis aux mêmes principes d'imposition.

a) Dividendes et revenus assimilés

Les dividendes sont imposables entre les mains de leurs bénéficiaires (personne physique ou morale) au titre des revenus de capitaux mobiliers dès lors que ceux-ci ont leur domicile fiscal (ou leur établissement) en France.

Ils suivent un régime d'imposition particulier, dû à la présence d'un ***"avoir fiscal"***.

- L'avoir fiscal est une ***"remise d'impôt"*** accordée aux bénéficiaires, personnes physiques ou morales fiscalement domiciliées ou établies en France, de dividendes distribués par des sociétés françaises passibles de l'IS. Il est **égal à 50 % du montant des dividendes.**

- **Le fondement de l'avoir fiscal** : les bénéfices distribués par une société passible de l'IS ont, avant leur distribution, subi de l'impôt au niveau de la société puisque c'est le bénéfice net après IS qui est retenu comme base.

Au niveau des bénéficiaires, ces revenus sont également imposés puisque le contribuable doit les inclure dans son revenu global imposable et les soumettre au barème progressif de l'IR (ou à l'IS lorsque le bénéficiaire est une société passible de l'IS).

On est donc dans une situation de *"double imposition"*.
C'est pour éviter cela que le législateur a prévu d'accorder un avoir fiscal aux bénéficiaires de revenus distribués, qui se traduit par une réduction d'impôt. Toutefois, l'avoir fiscal tel qu'il est régi actuellement n'efface pas totalement le phénomène de double imposition puisqu'il est inclus, au même titre que le dividende lui-même, dans le revenu imposable du contribuable, et soumis à l'impôt. L'avoir fiscal "atténue" simplement l'impôt.

Modalités de l'imposition

- Les revenus distribués sont inclus dans le revenu imposable du contribuable, pour leur montant brut: dividende + avoir fiscal (50 %) correspondant.

- Au moment du calcul final de l'impôt, l'avoir fiscal est déduit de l'impôt exigible, dans sa totalité. Plus, si le montant de l'avoir fiscal est supérieur au montant de l'impôt, le contribuable peut obtenir le remboursement de l'excédent.
Cette règle ne joue toutefois que pour les contribuables personnes physiques. Les sociétés passibles de l'IS n'ont pas droit au remboursement ; l'excédent d'avoir fiscal est définitivement perdu pour elles.

Exemple : dividendes de société française passible de l'IS perçus par un contribuable pour un montant de 9.000 F. Avoir fiscal correspondant = 50 % x 9.000 F = 4.500 F
Montant à inclure dans le revenu imposable : (9.000 + 4.500) F = 13.500 F
Avoir fiscal à déduire de l'impôt sur le revenu dû par le contribuable : 4.500 F.

Précisions :

- Les dividendes ne sont imposables qu'après déduction et application d'un abattement annuel (et commun avec les intérêts d'obligations) de :
. 8.000 F pour un célibataire,
. 16.000 F pour un couple marié.

- Le remboursement d'excédent d'avoir fiscal n'est accordé qu'aux titulaires de dividendes personnes physiques ou sociétés de personnes relevant de l'IR. Les sociétés passibles de l'IS sont exclues de cette règle ; pour elles l'excédent d'avoir fiscal est définitivement perdu, même lorsqu'elles sont en période déficitaire.

- Les personnes domiciliées hors de France qui perçoivent des revenus distribués de source française sont soumises à des règles d'imposition particulières :
. Les revenus subissent, en France, une "retenue à la source" égale à 25 % de leur montant brut prélevée par la société distributrice, au profit du Trésor français. Cette retenue est, en pratique, souvent réduite voire supprimée par les conventions fiscales internationales signées par la France.

. L'avoir fiscal ne leur est pas accordé : il est réservé aux seuls titulaires de revenus domiciliés ou établis en France. Toutefois, certaines conventions fiscales signées par la France prévoient l'extension de l'avoir fiscal aux résidents de l'autre Etat signataire.

- Les distributions de dividendes et revenus assimilés entraînent dans certains cas, pour la société qui distribue, l'exigibilité d'un impôt de distribution : le "précompte mobilier" (CF imposition des sociétés : impôt de distribution).

- Les sociétés relevant du régime des sociétés *"mères-filiales"* ne peuvent pas utiliser l'avoir fiscal attaché aux dividendes provenant de leurs filiales pour le calcul de l'impôt dont elles sont redevables (CF régime "mère-filiales"). Elles peuvent seulement, en cas de distribution ultérieure de ces revenus, transférer l'avoir fiscal aux bénéficiaires de la distribution.

b) Les autres revenus distribués. Ce sont :

- les distributions occultes,
- les rémunérations occultes,
- les avances, prêts ou acomptes versés à des associés, lorsqu'ils ne correspondent pas à une opération réelle effectuée dans l'intérêt de l'entreprise.

Tous ces revenus, irrégulièrement distribués, sont imposables entre les mains de leurs titulaires, selon le barème progressif de l'IR, mais n'ouvrent jamais droit à l'avoir fiscal, ni à l'abattement annuel applicable aux seuls revenus régulièrement distribués.

2. Produits des placements à revenu fixe

a) Définition : les produits de placement à revenu fixe englobent :

Les revenus d'obligations et autres titres d'emprunt négociables

- Les revenus d'obligations sont définis comme les intérêts, lots,primes de remboursement et tous autres produits d'obligations, de titres participatifs, d'effets publics ou encore de titres d'emprunt négociables émis par l'Etat, les collectivités locales, les établissements publics, les sociétés ou entreprises françaises de toute nature.

- Ces **revenus sont soumis**, lorsqu'ils proviennent d'obligations émises avant le 1er janvier 1987, à une "*retenue à la source*" de 10 %, prélevée par la personne émettrice.
Tous les intérêts d'obligations visés ci-dessus sont donc "*amputés*" de l'impôt de source, mais ils ouvrent droit, en contrepartie, à un crédit d'impôt d'un égal montant.
Ils doivent être inclus dans le revenu imposable pour leur montant brut, c'est-à-dire avant retenue à la source.

Exemple : obligation émise le 1er janvier 1986. Un contribuable perçoit, au cours de l'année 1990, des intérêts pour un montant de 9.000 F, sur lequel a été prélevée une retenue de 1.000 F :
. intérêt imposable : 10.000 F
. crédit d'impôt : 1.000 F.

Les intérêts d'obligations, quel que soit le mode d'imposition choisi, ne sont imposables qu'après application d'un abattement commun avec les revenus d'actions, de 8.000 F ou 16.000 F.

Intérêts des titres d'emprunt 8,80 % 1977
Ils ne sont soumis à l'impôt qu'après application d'un abattement annuel de 1.000 F.

Les revenus de créances, dépôts, cautionnements et comptes courants
Ce sont tous les intérêts, arrérages et autres revenus provenant des créances productrices d'intérêts (sauf titres d'emprunt négociables) de dépôts de somme d'argent, de cautionnements en numéraire et de comptes courants.

Bons de caisse, bons du Trésor, bons et contrats de capitalisation

- Les bons de caisse et du Trésor comprennent :

. les bons émis par le Trésor,
. les bons de la caisse nationale du Crédit Agricole,
. les bons d'épargne des P.T.T.,
. les bons du Crédit Foncier de France (émis à 5 ans),
. les bons des groupements régionaux d'épargne,
. les bons de caisse émis par les banques,
. les bons de caisse émis par des entreprises.

On englobe dans les contrats de capitalisation les contrats d'assurance-vie.

b) Modalités d'imposition

Les produits des placements à revenu fixe peuvent être imposés de deux façons différentes :

- Comme des revenus de capitaux mobiliers ordinaires

Ils sont inclus dans le revenu imposable du contribuable pour leur montant brut (avant retenue à la source pour les obligations émises avant le 1er janvier 1987) et soumis au barème progressif de l'impôt. Ils ouvrent droit, éventuellement, à un crédit d'impôt lorsqu'ils ont subi une retenue à la source.

- **Par le système du "*prélèvement libératoire forfaitaire*"**

La société émettrice prélève, avant de distribuer les produits de placements à ses bénéficiaires, l'impôt dû à raison de ces revenus.

Ainsi, les produits perçus par chaque titulaire sont "***nets d'impôt***" ; ils n'ont plus à être inclus dans le revenu imposable. Ils sont "*libérés*" de tout impôt.

Le régime du prélèvement libératoire n'est pas applicable automatiquement : le contribuable qui souhaite soumettre ses produits de placement à cette imposition doit en faire la demande expresse.

Les taux de prélèvement libératoire varient selon la nature des placements et la date de perception :

	1990	1991
- ***Obligations*** et autres titres d'emprunts négociables non indexés	16 %	15 %
- ***Bons du Trésor*** sur formule, bons de caisse nationale du Crédit Agricole, bons d'épargne des P.T.T., bons émis par les Groupements régionaux d'épargne et de prévoyance, bons du Crédit Foncier de France, bons de caisse émis par les banques et assimilés :		
. émis de 1983 à 1989 :		
bénéficiaire identifié	46 %	45 %
bénéficiaire non identifié	51 %	50 %
. émis à compter de 1990 :		
bénéficiaire identifié	36 %	35 %
bénéficiaire non identifié	51 %	50 %
- ***Bons ou contrats de capitalisation***		
. émis de 1983 à 1989		
bons de moins de 2 ans	46 %	45 %
bons de 2 à 4 ans	26 %	25 %
bons de 4 à 6 ans	16 %	15 %
bons de plus de 6 ans	exo.	exo.
. émis à compter de 1990 :		
bons de moins de 2 ans	36 %	35 %
- ***Créances, dépôts, cautionnements et comptes courants : intérêts courus***		
. de 1983 à 1989	46 %	45 %
. à compter de 1990	36 %	35 %
- ***Comptes bloqués d'actionnaires ou d'associés : intérêts courus***	16 %	15 %

Précisions :

- Les taux indiqués sont majorés d'un point en raison du prélèvement social de 1 % dû sur les revenus perçus jusqu'au 31 décembre 1990.

- Majoration de 3,1 % à compter du 1er janvier 1991 (1 % prélèvement social, 1 % contribution, 1,1 % contribution sociale généralisée).

- Le prélèvement libératoire s'applique obligatoirement lorsque le bénéficiaire est un non-résident.

- En outre, il s'applique d'office, sauf option contraire du contribuable, aux intérêts des bons à cinq ans au plus du Trésor et de la caisse nationale du Crédit Agricole.

- Lorsque les produits ont subi une retenue à la source, le prélèvement est calculé sous déduction de celle-ci.

- Une société soumise à l'IS, titulaire de produits d'obligations, ne peut jamais opter pour le prélèvement libératoire : elle doit inclure ces revenus dans son résultat imposable. Toutefois, elle a le droit d'imputer le crédit d'impôt (lorsqu'il y a retenue à la source) sur son montant d'IS à payer.

c) Intérêts de l'option pour le prélèvement libératoire

Un contribuable a intérêt à opter pour ce système d'imposition lorsque son taux marginal d'impôt sur le revenu est supérieur au taux du prélèvement libératoire : dans ce cas, il échappe à une imposition trop lourde et bénéficie, pour ces produits, d'un "taux priviliégié".

Il appartient donc à chaque contribuable de comparer le taux d'impôt sur le revenu auquel il est soumis à raison de l'ensemble de ses revenus avec celui du prélèvement libératoire applicable à la nature de ses produits de placement, avant de décider du mode d'imposition.

3. L'abattement annuel sur les revenus d'actions et d'obligations

Les revenus d'actions de sociétés françaises soumises à l'IS et les produits d'obligations ne sont imposables qu'après application d'un abattement. **Cet abattement** présente les **caractéristiques suivantes** :
. il est **annuel**,
. **global** : il s'applique au montant cumulé des revenus d'actions et des produits d'obligations perçus par un même contribuable (ou tout le foyer fiscal),
. son montant varie en fonction de la situation familiale du contribuable. Il est, depuis le 1er janvier 1988, égal à :
* **8.000 F** pour un célibataire, un veuf ou un divorcé.
* **16.000 F** pour un couple marié, quel que soit le nombre d'enfants.
. il est **imputé** sur le **montant brut** des revenus :
* avoir fiscal compris pour les dividendes,
* avant retenue à la source pour les obligations (autrement dit : crédit d'impôt inclus).

- Utilisation de l'abattement annuel global

Nous venons de le voir, l'abattement joue de façon unique et commune sur les dividendes et les produits d'obligations perçus au cours d'une année par un contribuable. L'affectation de cet abattement étant libre, le contribuable qui dispose de revenus des deux sortes a intérêt à l'utiliser de la façon la plus avantageuse fiscalement pour lui, c'est-à-dire en l'imputant en priorité sur les revenus les plus fortement taxés.

Le critère du choix d'imputation est le taux marginal d'imposition auquel le contribuable est soumis sur l'ensemble de son revenu imposable :

. Si ce taux est inférieur au taux du prélèvement libératoire il a intérêt à ne pas opter pour ce régime de taxation. Il imputera l'abattement sur n'importe lesquels des revenus car tous sont soumis à l'impôt avec un taux identique.

. En revanche, si le taux marginal du contribuable est supérieur au taux du prélèvement libératoire, celui-ci doit, bien sûr, opter pour ce régime d'imposition. S'agissant de l'abattement, le contribuable doit l'imputer en priorité sur ses revenus d'actions, qui sont les plus fortement taxés.

Ce n'est que dans l'hypothèse où le montant de ses actions est inférieur au montant de l'abattement qu'il pourra utiliser ce dernier pour les obligations. Dans le cas contraire, les obligations subiront le prélèvement libératoire.

Exemple : Un contribuable célibataire a perçu au cours de l'année 1990 un salaire égal à 280.000 F (après abattements) ; des dividendes de sociétés françaises pour 3.000 F ; des revenus d'obligations pour 7.000 F.

Célibataire, il dispose d'un abattement annuel au titre de ses revenus mobiliers de 8.000 F, qui ne couvre pas l'ensemble des produits perçus.
Au vu de son salaire et de sa situation familiale, on sait que son taux d'imposition est élevé, environ 56 % (formule : (0,568 x revenu) - 51.500,83 x 1).

- *Deux conséquences* :
. Le contribuable doit opter pour le prélèvement libératoire au titre des obligations. Elles ne sont taxées qu'au taux de 16 %.

. Le contribuable doit imputer le montant de son abattement (8.000 F) en priorité sur ses revenus d'actions, soumis au taux marginal d'IR.

- *Situation du contribuable au regard de l'impôt* :
. salaire net imposable : 280.000 F
. revenus d'actions : (3.000 + 1.500)

Imputation de l'abattement : (8.000 - 4.500) F, soit un reliquat d'abattement : 3.500 F et un IR calculé sur le seul salaire, soit [(0,568 x 280.000) - 51.500,83] = 107.539 F.

Ainsi, les dividendes échappent en totalité à l'impôt.
Le reliquat d'abattement s'impute sur le montant des revenus d'obligations, soit : (7.000 - 3.500) F.
Restent donc 3.500 F de produits d'obligations, qui vont subir le prélèvement libératoire au taux de 16 %, soit un impôt égal à 16 % x 3.500 = 560 F.

- *Gain d'impôt du fait de l'option pour le prélèvement libératoire* :

Si le contribuable avait soumis les produits d'obligations au taux marginal de l'IR, ceux-ci auraient subi une imposition égale à :
[(0,568 x 283.500) - 51.500,83] - [(0,568 x 280.000) - 51.500,83]

Soit (109.527 - 107.539) F = 1.988 F

D'où un gain d'impôt égal à : (1.988 - 560) F = 1.428 F.

4. Les revenus de capitaux mobiliers exonérés. Ce sont :

. les intérêts du premier livret A de Caisse d'épargne,
. les intérêts des livrets d'épargne populaire,
. les intérêts des CODEVI,
. les intérêts des comptes d'épargne-logement ou des plans d'épargne-logement,
. les intérêts des livrets d'épargne-entreprise,
. les intérêts des bons de capitalisation et des contrats d'assurance-vie (si revente ou retrait après 5 ou 8 ans)

5. Règles particulières d'imposition

a) Revenus de capitaux mobiliers perçus dans le cadre d'un club d'investissement

Les clubs d'investissement ont pour objet la constitution d'un portefeuille collectif de valeurs mobilières, déposé dans un établissement financier et géré par leurs membres.

Au plan fiscal, ces clubs bénéficient d'une totale transparence fiscale. Ainsi, ce sont les adhérents qui sont directement imposables pour leur quote-part de revenus mobiliers perçus au cours de l'année (avec la possibilité d'imputer les avoirs fiscaux et crédits d'impôt correspondant aux revenus).

- Les plus-values réalisées par le club d'investissement (pendant son existence)

Elles ne sont pas soumises à l'impôt tant qu'elles restent capitalisées. Des conditions sont posées au bénéfice de cette exonération :
. le club ne doit pas compter plus de 20 membres,
. les versements mensuels effectués par chaque participant ne doivent pas excéder 2.000 F,
. le club doit avoir une durée de vie maximum de 10 ans.

En revanche, lorsqu'un contribuable réalise une plus-value à l'occasion du rachat de ses parts (ou de la dissolution du club), ce gain est imposé au taux de 16 % auquel s'ajoute une contribution sociale supplémentaire de 1 %.

Toutefois, l'imposition ne joue que si le montant total annuel des cessions de valeurs boursières est supérieur à 307.600 F (CF plus-values boursières).

b) Revenus de Fonds Communs de Placement (FCP) et de SICAV

- **Le Fonds Commun de Placement** se définit comme une copropriété de valeurs mobilières et de sommes placées à court terme (ou à vue), dont l'actif doit se composer, à hauteur d'au moins 40 %, de : parts, actions, obligations convertibles ou titres participatifs de sociétés non cotées.

- **Une SICAV** est une société d'investissement à capital variable, dont l'objet est d'assurer la gestion d'un portefeuille de valeurs mobilières.

- Les revenus distribués aux porteurs de parts sont soumis à l'impôt sur le revenu selon les règles propres à chaque type de produits qui composent le fonds (actions, billets de trésorerie, obligations...) et en proportion de leur quote-part dans le portefeuille ; les avoirs fiscaux et crédits d'impôt correspondant aux différents produits s'imputent sur l'IR, selon le même système de quote-part.

- Les produits de placement à revenu variable ou à revenu fixe encaissés par le fonds peuvent être capitalisés, depuis la loi de finances pour 1990. Conséquence : ils échappent à l'impôt entre les mains des actionnaires ou porteurs de parts (qui perdent toutefois le bénéfice des avoirs fiscaux et crédits d'impôt).

- Ainsi, seules les plus-values réalisées par un porteur de parts à l'occasion de la revente de ses parts sont désormais imposables.
L'imposition ne joue (comme pour les revenus perçus par un club d'investissement) que dans la mesure où le montant total des cessions n'excède pas 307.600 F pour l'année 1990. Le taux est de 16 %.

G. BENEFICES INDUSTRIELS ET COMMERCIAUX
(Art. 34 à 61.A CGI)

1. Domaine d'application des BIC

Revenus et activités relevant des BIC :

- Les BIC concernent, en premier lieu, **les revenus tirés de l'exploitation d'une entreprise industrielle et commerciale** (art. 34 CGI).

- Mais, en application de l'article 35 CGI, la **loi assimile également à des BIC** :

. Les profits réalisés par des personnes qui ont pour activité principale d'acheter, en vue de les revendre, des immeubles, des fonds de commerce, des actions ou parts de sociétés immobilières, c'est-à-dire des "marchands de biens".

. Les revenus tirés de la location d'établissements industriels et commerciaux dotés du matériel et du mobilier nécessaires à l'exploitation.

. Les profits tirés de la location de meublés à titre habituel.

. Les profits réalisés par des intermédiaires exerçant dans le domaine immobilier.

. Les opérations d'achat et de revente d'immeubles ou de droits immobiliers effectués par des particuliers, lorsqu'elles revêtent un caractère habituel.

. Les activités bancaires, financières et d'assurance.

. Les profits réalisés par des adjudications, concessionnaires et fermiers de droits communaux.

. Enfin, lorsqu'une entreprise industrielle ou commerciale réalise à titre accessoire des opérations de nature agricole ou libérale, l'ensemble de ses activités est imposable dans la catégorie des BIC.
Cette règle, posée par l'article 155 CGI, est une exception au principe selon lequel chaque catégorie de revenus doit être calculée distinctement, en application des dispositions propres à chacune d'elles.
Toutefois, trois conditions doivent être satisfaites pour l'imposition de ces revenus accessoires au titre des BIC :

- Les opérations relevant des différentes catégories de revenus doivent être effectuées au sein d'une seule et même exploitation.
- L'activité industrielle et commerciale doit être prédominante : elle doit produire l'essentiel des recettes de l'entreprise.
- Les activités agricoles ou non commerciales doivent être l'accessoire ou le complément de l'activité industrielle ou commerciale.

Exemples :
- Un loueur de voitures automobiles qui exploite, à titre accessoire, une école de conduite automobile ;
- Une personne qui achète, en vue de les revendre, de jeunes chiots et qui, accessoirement, élève des chiens nés sur l'exploitation.

Il faut encore préciser que toutes **les activités visées ci-dessus relèvent également des BIC lorsqu'elles sont exercées par une société de personnes non soumise à l'IS.** Dans cette hypothèse, ce sont les associés qui, à titre individuel et en proportion de leur participation dans la société, sont imposables directement au titre des BIC.

Ainsi, les règles applicables aux entreprises individuelles qui font l'objet de cette étude sont également valables pour ces sociétés de personnes relevant de l'IR.

Les particularités propres aux sociétés de personnes sont évaluées à la fin du chapitre concerné aux BIC.

2. Notion de bénéfice imposable

Avant de déterminer le bénéfice imposable, il faut poser quelques principes de base.

a) Période d'imposition

Comme pour toutes les catégories de revenus relevant de l'IR, le bénéfice industriel et commercial à retenir pour l'assiette de l'impôt est celui réalisé au cours de l'année civile.

- Toutefois, **lorsque l'exercice comptable ne coïncide pas avec l'année civile**, le résultat à retenir est celui réalisé lors de l'exercice clos en cours ou au 31 décembre de l'année d'imposition.

Exemple :
Un exercice comptable est clos au 30 septembre de chaque année.
Pour l'imposition 1991, portant sur les revenus réalisés en 1990, le résultat pris en compte est celui déterminé lors de l'exercice ouvert le 1er octobre 1989 et clos le 30 septembre 1990.

- Lorsqu'un entreprise ne clôt pas d'exercice au cours de l'année d'imposition (son exercice comptable a une durée supérieure à 12 mois), on retient le bénéfice perçu entre la date de clôture du dernier exercice et le 31 décembre de l'année d'imposition.

- Enfin, lorsqu'une entreprise clôt deux exercices au cours de l'année d'imposition, le résultat à retenir pour l'assiette de l'impôt est égal à la somme algébrique des résultats de ces deux exercices.

b) La référence au résultat comptable

C'est **le résultat comptable qui sert de point de départ à la détermination du résultat fiscal imposable.**

Néanmoins, on distingue les deux notions car la loi fiscale déroge souvent aux principes comptables et oblige les entreprises à "corriger" le résultat comptable en vue de déterminer le résultat fiscal. Concrètement, cette contradiction s'illustre de trois façons :

- D'une part, **la loi fiscale refuse la déduction de certaines charges déductibles en comptabilité**:
. dépenses de nature personnelle des associés inscrites en charges,
. charges et dépenses somptuaires,
. amendes et pénalités,
. amortissements non déductibles,
. provisions non déductibles,
. moins-values nettes à long terme,
. fraction imposable des plus-values à court terme réalisées au cours d'exercices antérieurs et bénéficiant de l'étalement,
. quote-part de bénéfices des sociétés de personnes non comptabilisée,
. tous autres éléments non déductibles en vertu de la loi fiscale.

- D'autre part, **la loi fiscale exclut de l'impôt de droit commun certains éléments** :
. plus-values nettes à long terme,
. investissements réalisés dans les DOM-TOM,
. provisions comptables réintégrées dans le résultat comptable et ayant déjà subi l'impôt,
. les autres déductions.

- Enfin, **le résultat fiscal ainsi déterminé subit encore des correctifs ; il est diminué des éléments suivants** :
. les déficits dégagés au cours d'exercices antérieurs,
. les amortissements réputés différés relatifs aux déficits antérieurs.

c) La notion d'actif de l'entreprise

Lorsqu'une activité est exercée sous la forme d'une entreprise individuelle, il faut absolument distinguer les éléments qui sont affectés à l'exploitation et ceux qui restent dans le patrimoine privé de l'exploitant.

Cette règle est essentielle car elle conditionne toute l'imposition de l'une et l'autre catégorie d'éléments.
Ainsi, l'imposition des plus-values réalisées suit le régime des plus-values des particuliers si les biens cédés sont restés dans le patrimoine privé de l'exploitant et, à l'inverse, celui des plus-values professionnelles si les biens sont affectés à l'exploitation.

De même, les charges et produits relatifs à des biens faisant partie du patrimoine privé de l'exploitant ne doivent jamais être retenus pour la détermination du bénéfice imposable.

L'affectation des biens à l'actif de l'entreprise est totalement libre et l'exploitant choisit ceux qu'il entend soumettre au régime d'imposition des BIC, en examinant pour chacun d'eux les conséquences de l'option.

d) Notion de "bénéfice imposable"

Il existe **deux formules** qui permettent de définir le bénéfice imposable :

- Le bénéfice imposable est le bénéfice net, déterminé d'après les résultats d'ensemble des opérations de toute nature réalisés par une entreprise, pendant une période d'imposition, et tenant compte des éventuelles plus ou moins-values dégagées en cours d'exercice.

- Le bénéfice net est égal à la différence entre les valeurs de l'actif net à la clôture et à l'ouverture de la période d'imposition dont les résultats servent de base de calcul à l'impôt, diminuée des suppléments d'apports et augmentée des prélèvements opérés pendant cette période.

S'agissant de "l'actif net", il est égal à la différence entre les valeurs d'actif et le montant du passif constitué des provisions, des amortissements et des créances sur les tiers.

3. Détermination du bénéfice imposable

Le bénéfice imposable est égal au bénéfice d'exploitation augmenté des profits accessoires et diminué des frais et charges supportés par l'entreprise au cours de l'exercice.

a) Le bénéfice d'exploitation

Le bénéfice d'exploitation ou "*bénéfice brut professionnel*" est égal à la différence entre les recettes et les achats, augmentée ou diminuée de la variation (positive ou négative) des stocks.

Recettes et achats

En application des principes de la comptabilité d'engagement, on ne retient pas les recettes et achats perçus ou payés en cours d'exercice, mais les créances et dettes générées au cours de l'exercice.

Plus précisément, on ne retient que les créances acquises et les dettes certaines dans leur principe et leur montant, sans tenir compte du paiement.

Notion de créance *"acquise"*

- Lors de la livraison des biens, en matière de vente.
- Lors de l'achèvement des prestations en matière de prestation de services.
- Au fur et à mesure de leur exécution pour les prestations continues (loyers, contrat d'entretien...).
- A la date de réception pour les travaux d'entreprise, même si celle-ci est provisoire (ou à la date de mise à disposition du maître de l'ouvrage).
- Lors de la remise matérielle du bien en matière de vente avec clause de réserve de propriété, alors même que le transfert de propriété est retardé.

Méthode d'évaluation des créances et dettes

- Lorsqu'elles sont **libellées en francs**, les créances et dettes sont retenues pour leur valeur nominale. Toutefois, lorsqu'elles sont "douteuses ou litigieuses", elles peuvent faire l'objet de provisions (CF provision pour créances douteuses).

- Lorsqu'elles sont **libellées en devises étrangères**, elles doivent être retenues pour leur valeur réelle au jour de leur inscription au bilan.
De telles créances ou dettes doivent en outre faire l'objet d'une estimation à la clôture de chaque exercice, en fonction du dernier cours du change.
Les écarts de conversion positifs ou négatifs ainsi constatés doivent obligatoirement être pris en compte dans le résultat imposable, contrairement aux principes comptables et fiscaux.
Lorsque l'évaluation annuelle fait apparaître une dépréciation de la créance (ou dette) l'entreprise a le droit de constituer une provision.

Les stocks

- **La notion de stock englobe** :
. les marchandises,
. matières premières,
. fournitures,
. production en cours,
. produits intermédiaires,
. produits résiduels et emballages perdus,
. produits finis,
lorsqu'ils appartiennent à l'entreprise et génèrent, par leur vente, les bénéfices de l'exploitation.

Les méthodes d'évaluation des stocks

Les stocks sont évalués, à la clôture de chaque exercice :
. soit à leur **coût de revient,**
. soit au **cours du jour** s'il est inférieur.

- **Le coût de revient** : il a une définition différente selon que les produits ont été achetés ou créés par l'entreprise.
. Si les biens ont été achetés, le prix de revient est égal au prix d'acquisition majoré des frais accessoires.
. Si les biens ont été produits par l'entreprise, le coût de revient est égal au prix des matières et fournitures nécessaires à la fabrication, augmenté des charges directes et indirectes de production.

- **Le cours du jour** : il est égal à la valeur que retirerait l'entreprise de la vente des produits dans les conditions normales du marché, à la date de l'inventaire. Il peut aussi se définir comme la *"valeur probable de réalisation"*.

Enfin, il faut préciser que les stocks peuvent faire l'objet d'une provision lorsque leur évaluation à la clôture d'un exercice fait apparaître une dépréciation (CF provisions pour dépréciation).

b) Les profits accessoires

Ce sont tous les gains accessoires réalisés à l'occasion de l'activité ou s'y rattachant.

Les revenus fonciers

Tous les revenus tirés de la location d'immeubles figurant à l'actif de l'entreprise font partie du résultat imposable de l'entreprise. Ils doivent être retenus au titre de l'exercice au cours duquel ils sont perçus.

Les bénéfices non commerciaux et les bénéfices agricoles accessoires

Lorsque les activités non commerciales ou agricoles sont le prolongement direct de l'activité principale commerciale ou industrielle et ne constituent qu'une fraction minime du chiffre d'affaires de l'entreprise, leurs revenus sont assimilés à des BIC, et imposés en tant que tels.

Les subventions

Les subventions perçues par une entreprise sont normalement imposables au cours de l'exercice au cours duquel elles ont été reçues. Seules les subventions d'équipement peuvent bénéficier d'un échelonnement de leur imposition dans le temps :
. échelonnement sur la durée de l'amortissement lorsque le bien financé par la subvention est un bien amortissable,
. échelonnement sur la période d'inaliénabilité du bien (ou sur 10 ans) lorsque le bien n'est pas amortissable.

Les produits financiers

Les produits financiers sont en principe imposables dans les résultats de l'exercice au cours duquel ils sont perçus, sous réserve de dérogations :

Les revenus de valeurs mobilières ouvrant droit à avoir fiscal ou crédit d'impôt (revenus d'actions, d'obligations...) ne sont pas imposables au titre des BIC, mais directement entre les mains de l'exploitant individuel.
En effet, pour que l'exploitant individuel (ou l'associé d'une société de personnes soumise à l'IR) puisse bénéficier des avoirs fiscaux et crédits d'impôt attachés aux valeurs mobilières, il faut imposer celles-ci dans la catégorie des revenus de capitaux mobiliers.
En pratique donc, ces revenus mobiliers sont déduits du résultat imposable de l'entreprise.

Les produits de créances, dépôts et cautionnements doivent être inclus dans le bénéfice imposable et ne peuvent jamais bénéficier du prélèvement libératoire.

Les gains de change résultant de la fluctuation des cours des devises étrangères dans lesquelles des créances ou dettes sont libellées doivent être pris en compte dans la détermination du résultat fiscal. Cette règle déroge aux principes comptables et aux règles fiscales dans la mesure où elle a pour effet d'imposer une plus-value non réalisée.

c) Régime des frais et charges

Le bénéfice imposable est un bénéfice net, calculé sous déduction de toutes les dépenses effectuées "en vue de son acquisition ou de sa conservation".

En application de l'article 39 CGI, les dépenses déductibles en matière de BIC sont regroupées en quatre rubriques :
- Achats,
- Frais généraux,
- Amortissements,
- Provisions.

Les achats

Les achats effectués par les entreprises sont déductibles du résultat imposable dès l'exercice au cours duquel ils ont été effectués, même s'ils n'ont pas été payés à la clôture de cet exercice.
Les achats sont retenus pour le prix d'acquisition proprement dit, majoré des frais accessoires (assurance, transports...), prix hors TVA.
Ils portent sur : les matières premières, les marchandises et les matières consommables.

De plus, la loi assimile à des achats déductibles immédiatement, certains biens de faible valeur, normalement amortissables lorsque leur valeur unitaire hors taxe n'excède pas 2.500 F :
. matériel et outillage,
. matériel de bureau,
. meubles meublants de bureaux et mobilier de magasins commerciaux.

Frais généraux

Les frais généraux se définissent comme les dépenses engagées en vue de l'acquisition du revenu et se traduisant par une diminution de l'actif net de l'entreprise.
On oppose traditionnellement les frais généraux aux dépenses d'immobilisations, qui ont pour contrepartie de faire entrer un élément dans l'actif immobilisé.

- **La déduction** du résultat imposable de ces frais et charges est subordonnée à trois conditions :

. Les frais doivent se rattacher à la gestion normale de l'entreprise et être engagés dans l'intérêt de celle-ci. D'où exclusion des dépenses à caractère personnel et des dépenses d'agrément dites "somptuaires".

. Les frais doivent être régulièrement comptabilisés et justifiés. L'administration exige, en plus de l'inscription des charges en comptabilité, des pièces justificatives prouvant leur réalité. Notamment, des factures sont demandées à raison de tous les achats effectués.
En outre, pour certains frais généraux, l'administration impose l'établissement de relevés spéciaux (plus fortes rémunérations, frais de déplacement et de réception...).

. Les frais doivent se traduire par une diminution de l'actif net de l'entreprise.

- Exercice de rattachement des frais

Les **dépenses doivent être rattachées à l'exercice au cours duquel elles ont été engagées, dès lors qu'elles présentent le caractère de dettes certaines** (dans leur principe et leur montant). En application de ce principe, doivent donc être retenues toutes les charges exigibles, même si elles n'ont pas été payées à la date de clôture de l'exercice.

Enfin, lorsqu'une charge trouve son origine au cours d'un exercice, mais n'acquiert pas le caractère d'une dette certaine, elle peut faire l'objet, à certaines conditions, d'une provision (CF provisions).

Les différents frais déductibles

Les frais généraux admis en déduction du résultat imposable sont de natures très variées. Les principaux sont les suivants :

- Les charges de personnel

En principe, toutes les dépenses de personnel sont admises en déduction du bénéfice imposable. Elles regroupent :
. les salaires et appointements,
. les indemnités pour frais d'emploi,
. les avantages en nature,
. les gratifications et participations au chiffre d'affaires (ou aux bénéfices) lorsqu'elles ont le caractère de compléments de salaires,
. les dépenses de congés payés,
. les indemnités de licenciement et dommages-intérêts,
. les charges sociales,
. les pensions de retraite,
. les dépenses à caractère social engagées dans l'intérêt du personnel (dons et subventions au profit des œuvres du personnel, versements au comité d'entreprise, actionnariat salarial...).

- La rémunération de l'exploitant

La rémunération de l'exploitant individuel ou du chef d'entreprise n'est pas déductible ; elle se confond en effet avec le bénéfice.

- La rémunération du conjoint de l'exploitant individuel

Il faut distinguer le statut sous lequel le conjoint exerce son activité :

. le conjoint a la qualité de collaborateur (ou co-exploitant) non salarié : sa rémunération n'est pas déductible car, comme pour l'exploitant lui-même, elle se confond avec le résultat.

. le conjoint est salarié : la déduction de sa rémunération dépend du régime matrimonial sous lequel les époux sont mariés :
régime de la séparation de biens : la rémunération est déductible sans limite.
régime de la communauté de biens : le salaire est déductible à hauteur de 17.000 F pour l'année, ou 18 fois le SMIC si l'exploitant est adhérent d'un centre de gestion agréé, plafond porté à 24 fois le SMIC pour les exercices ouverts au 1er janvier 1991.

- **La rémunération des autres membres de la famille de l'exploitant**

Les rémunérations des membres de la famille autres que le conjoint de l'exploitant sont déductibles à condition qu'elles correspondent à un travail effectif et qu'elles ne soient pas exagérées. Si tel est le cas, la fraction "exagérée" du salaire doit être réintégrée au résultat.

- **Les charges sociales afférentes aux rémunérations de la famille de l'exploitant**

Toutes les cotisations sociales versées au titre du régime obligatoire sont déductibles du bénéfice imposable.

Cela concerne :
. les cotisations d'assurance maladie,
. les cotisations d'assurance vieillesse,
. les cotisations d'allocations familiales,
. les cotisations d'assurance chômage.

- **La participation des salariés aux fruits de l'entreprise et autres formes d'intéressement**

Première forme de participation :la participation des salariés aux fruits de l'entreprise

Domaine d'application

Les entreprises concernées par la participation :
Les entreprises obligatoirement soumises à la participation sont toutes celles qui emploient habituellement **plus de cent salariés**, quelle que soit leur forme juridique ou leur activité.

Pour les autres entreprises (de moins de 100 salariés) le régime de la participation est facultatif.

Les salariés bénéficiaires de la participation :
Par définition, la participation aux résultats de l'entreprise doit bénéficier à **tous les salariés** sans distinction entre leur qualification ou leur fonction.
Ainsi, il suffit d'avoir la qualité de salarié.
Toutefois, les accords posant les règles de la participation peuvent insérer une **condition d'ancienneté** dans l'entreprise, pour l'octroi d'une partie des résultats. Cette condition, qui ne peut jamais excéder 6 mois, est la seule admise par les textes.

Mise en application de la participation

La participation aux résultats de l'entreprise repose sur des accords passés entre le chef d'entreprise et ses salariés pour une durée d'un an.
Ces accords peuvent être conclus :
. soit dans le cadre d'une convention collective ou d'un accord collectif de travail,
. soit entre les organisations syndicales représentatives et le chef d'entreprise,
. soit enfin, par ratification du projet déposé par le chef d'entreprise, par les 2/3 des salariés.

Dans tous les cas où l'entreprise dispose d'un comité d'entreprise, celui-ci doit donner son avis sur les accords de participation.

L'accord de participation doit, après signature des parties concernées, être déposé auprès de la direction départementale du travail et de l'emploi du lieu de sa conclusion. En l'absence de cette formalité, l'accord ne peut produire les effets normalement attendus : avantages, exonérations d'ordre social et fiscal.

Dispositions obligatoires dans l'accord de participation

L'accord doit, pour être valable, contenir certaines dispositions :

- Date de conclusion et d'effet de l'accord : l'accord doit être conclu dans le délai d'un an à compter de la clôture de l'exercice au cours duquel les droits des salariés sont nés.
- Durée de conclusion de l'accord.

- Formule servant de base au calcul de la participation.

- Limite du montant global de la réserve spéciale.

- Modalités de répartition de la réserve entre les bénéficiaires : les sommes affectées à la participation sont réparties entre tous les salariés, proportionnellement à leur salaire, avec un plafond individuel égal à 4 fois le plafond de la sécurité sociale.

- Modalités d'information des salariés : l'information est individuelle et collective. Chaque salarié doit être avisé, lors d'une répartition de la participation :
. du montant global de la réserve spéciale
. du montant des droits individuels auxquels il a droit
. de la date à laquelle ces droits deviendront négociables ou exigibles
. des cas exceptionnels dans lesquels il peut débloquer de façon anticipée les sommes (mariage, cessation du contrat de travail...).

Le personnel dans son ensemble doit être informé des résultats de l'entreprise et des accords proposés par le chef d'entreprise, soit par voie d'affichage soit, quand il existe, par le biais du comité d'entreprise.

- Modalités de gestion de la réserve spéciale : les sommes bloquées au titre de la participation doivent être employées selon l'une des méthodes suivantes :
. versement à un plan d'épargne entreprise,
. acquisition d'actions, de SICAV ou de parts de fonds commun de placement,
. versement à des comptes courants bloqués ouverts aux salariés,
. attribution d'actions ou de coupures d'actions émises par l'entreprise.

Calcul de la réserve spéciale de participation

Le texte relatif à la participation prévoit un **mode de calcul légal, qui constitue un minimum obligatoire** pour les entreprises.

Ce calcul est fait à partir de différents éléments propres à l'entreprise :

- **Le bénéfice net** (B) : bénéfice fiscal imposable au taux de droit commun.

- **Les capitaux propres** (C) : ils englobent le capital et les primes qui y sont liées, les réserves, le report à nouveau et les provisions ayant déjà supporté l'impôt (ou constituées en franchise d'impôt). Plus, pour les sociétés de personnes, on inclut les sommes laissées à la disposition de la société en comptes courants.

- **Les salaires bruts versés aux salariés** (S) : on retient la définition du salaire brut applicable aux taxes sur les salaires (CF taxes sur les salaires).

- **La valeur ajoutée** (VA) par l'entreprise : elle est constituée des frais de personnel, frais financiers, impôts et taxes, dotations aux amortissements et aux provisions, bénéfice d'exploitation de l'exercice avant impôt.

Elle correspond, en fait, à la marge brute de l'entreprise.

La formule de calcul est la suivante :

$$\text{Réserve spéciale de participation} = \frac{1}{2}(B - 5\ \%\ C) \times \frac{S}{VA}$$

Cette formule a un caractère de minimum, mais elle n'est pas obligatoire.
Ainsi, des accords dérogatoires peuvent prévoir un autre procédé de calcul. Une condition toutefois: les modalités dérogatoires doivent obligatoirement entraîner des résultats supérieurs à ceux obtenus par la formule légale.

Avantages fiscaux attachés à la participation

Avantages au profit des salariés :
Les sommes attribuées aux salariés au titre de la participation sont exonérées d'impôt sur le revenu entre les mains de leurs bénéficiaires, à condition qu'elles restent indisponibles un certain temps.
Ainsi :
- L'exonération est totale si les sommes restent indisponibles pendant une période de 5 ans.

- L'exonération ne joue qu'à hauteur de la moitié des sommes lorsque celles-ci ne restent indisponibles que pendant 3 ans.

Précisions : même dans l'hypothèse d'une indisponibilité pendant seulement 3 ans, l'exonération totale joue dès lors que les sommes sont, à la demande des salariés, affectées à un plan d'épargne entreprise.
Enfin l'exonération d'impôt sur le revenu s'applique non seulement aux sommes provenant directement de la participation, mais également aux revenus de ces sommes lorsqu'ils sont réinvestis pendant la période d'indisponibilité.

Avantages au profit des entreprises :
- Les sommes affectées à la réserve spéciale de participation constituent une charge déductible pour l'entreprise.
Toutefois, dans la mesure où la réserve spéciale ne peut être constituée qu'après la clôture des comptes de l'exercice, les sommes ne peuvent être déduites que du résultat de l'exercice suivant.

- Les sommes ne sont soumises ni aux cotisations sociales, ni aux taxes sur les salaires.

- Lorsque la participation est calculée en application d'accords dérogatoires plus favorables, l'entreprise peut, pour l'excédent des sommes affectées à la réserve (par rapport au calcul légal) constituer une provision pour investissement, en franchise d'impôt.
Le montant de la provision varie en fonction de la date de conclusion des accords :
- Accords signés avant le 1er octobre 1973 : le montant de la provision est égal à 50 % de la différence entre les deux méthodes de calculs.

- Accords signés après le 1er octobre 1973 : la provision est égale à 30 % de l'excédent des sommes versées, pour les exercices ouverts après le 23 octobre 1986.
Ce taux est réduit à 15 % lorsque les accords prévoient une période d'indisponibilité de 3 ans.

Deuxième forme de participation : le Plan d'Epargne Entreprise
Le plan d'épargne entreprise (P.E.E.) instauré par la loi du 21 octobre 1986 **est une forme de participation** des salariés aux résultats de l'entreprise.

Il se définit comme un **système d'épargne collectif** donnant aux salariés la possibilité de participer, avec l'aide de l'entreprise, à la constitution d'un portefeuille de valeurs mobilières.

Domaine d'application du P.E.E

Les entreprises concernées :
Toutes les entreprises employant des salariés (même moins de 100 salariés) peuvent décider de créer un plan d'épargne entreprise au profit de leurs salariés.

L'initiative doit émaner du chef d'entreprise d'un accord passé entre celui-ci et le personnel.

En principe, un seul P.E.E. peut être ouvert par entreprise.

Les salariés bénéficiaires du P.E.E. :
En principe, comme en matière de participation, **tous les salariés** peuvent bénéficier du plan d'épargne entreprise, sous réserve d'une condition d'ancienneté (maximale de 6 mois) pour pouvoir effectuer des versements.
De plus, les salariés de l'entreprise partis en retraite (ou pré-retraite) peuvent continuer à participer au plan d'épargne, en effectuant des versements.

Mise en application du P.E.E

- **La création du plan d'épargne entreprise peut se faire** :
. à l'initiative du chef d'entreprise
. par accord conclu entre le chef d'entreprise et les organisations syndicales représentatives
. après ratification du projet déposé par le chef d'entreprise, par les 2/3 du personnel.

- **La durée minimale du P.E.E.** est d'**un an,** renouvelable par tacite reconduction.

- **L'alimentation du P.E.E. peut se faire de divers moyens** :
. par le versement des sommes attribuées aux salariés au titre de la participation, ou au titre de l'intéressement,
. par des **versements spontanés des salariés**, dont le montant ne peut excéder le quart de leurs rémunérations annuelles.
Doivent être prises en compte pour la détermination de ce plafond les sommes perçues au titre de l'intéressement et affectées au P.E.E. (mais pas celles provenant de la participation).

. par des **versements complémentaires de l'entreprise**, limités à 10.000 F par an et par salarié, et au triple de la contribution du salarié.
Ces versements prennent le nom ***"d'abondement"***, ils ne peuvent pas être effectués au profit des anciens salariés de l'entreprise.

Dispositions obligatoires dans le P.E.E.

Le législateur a posé à peu près les mêmes obligations pour le contenu du plan d'épargne entreprise que pour celui de la participation :

. date d'effet de conclusion de l'accord

. modalités de répartition des sommes affectées au P.E.E.

. modalités de gestion du P.E.E. : les sommes destinées au P.E.E. peuvent être utilisées de l'une des façons suivantes :
- acquisition de titres de SICAV ou de parts de fonds communs de placement (lesquels peuvent être gérés directement par l'entreprise),
- acquisition de valeurs mobilières émises par l'entreprise.

Dans l'un et l'autre cas, les sommes doivent être employées dans un délai de quinze jours.

. modalités d'information des salariés : aucune règle impérative n'est posée en matière d'information, sauf dans l'hypothèse de création d'un fonds commun de placement. Dans ce cas, un rapport annuel doit être fourni aux salariés ;

. période d'indisponibilité des valeurs acquises par le biais du P.E.E. : en principe, la période d'indisponibilité est de 5 ans, mais elle peut être prolongée.

Comme en matière de participation, il existe des cas pour lesquels la durée d'indisponibilité peut être réduite (CF participation des salariés aux résultats de l'entreprise).

Avantages fiscaux du P.E.E.

Avantages au profit des salariés :
Les sommes versées volontairement par les salariés ne sont pas déductibles de leur revenu imposable. Toutefois, les revenus du portefeuille collectif sont exonérés d'impôt s'ils sont réinvestis dans le plan d'épargne entreprise.

Enfin, les avoirs fiscaux et crédits d'impôt attachés aux valeurs mobilières acquises dans le cadre du plan doivent être versés aux organismes gestionnaires, à charge pour ces derniers de les réinvestir.

Avantages au profit de l'entreprise :
Les sommes versées au titre de *"l'abondement"* par l'entreprise sont exonérées d'impôt sur les sociétés, (ou d'impôt sur le revenu pour une société de personnes) ainsi que de cotisations sociales. Elles ne peuvent pas donner lieu à la constitution d'une provision pour investissement.

Troisième forme de participation : L'intéressement des salariés

L'intéressement des salariés instauré par la loi du 21 octobre 1986 est également une **forme de participation des salariés aux bénéfices**, au même titre que la participation proprement dite ou le plan d'épargne entreprise. Il se définit comme une **rémunération collective**.

Domaine d'application de l'intéressement

Les entreprises concernées :
Toutes les entreprises, quels que soient leur effectif ou leur forme juridique, peuvent instaurer un régime d'intéressement, toujours facultatif.

Les salariés bénéficiaires :
Tous les salariés de l'entreprise ont vocation à bénéficier de l'intéressement, sous réserve d'une condition d'ancienneté ou de durée de présence au cours de l'exercice.

Toutefois, pour le calcul des sommes attribuées à chaque salarié, il peut y avoir des différences selon les catégories de salariés.

Mise en application de l'intéressement

- **L'intéressement naît d'un accord conclu** :
. dans le cadre d'une convention collective (ou d'un accord collectif),
. entre le chef d'entreprise et les organisations syndicales représentatives,
. après ratification du projet déposé par le chef d'entreprise, par les 2/3 du personnel.

- L'accord est conclu pour une durée de 3 ans.

- Les formules d'intéressement sont les suivantes :
. intéressement lié aux résultats de l'entreprise
. intéressement lié à l'accroissement de la productivité
. tout autre mode de rémunération collective.

- L'intéressement est plafonné : il ne peut pas excéder, pour une année, 20 % des salaires bruts versés au personnel.
Il ne peut jamais se substituer au salaire.

Dispositions obligatoires

- Nature de l'intéressement (lié aux résultats, à la productivité...).

- Modalités d'information du personnel.

- Durée de conclusion du contrat : en principe 3 ans.

- Modalités de répartition de l'intéressement, en fonction notamment des différentes catégories de salariés.

- Date et périodicité des versements : en général annuelle.

Ces dispositions constituent le minimum obligatoire ; des mesures facultatives peuvent être ajoutées, pour permettre une meilleure adaptation du régime aux spécificités de l'entreprise.

Avantages fiscaux de l'intéressement

Avantages au profit des salariés :
Les sommes perçues par les salariés au titre de l'intéressement sont assimilées à des compléments de salaires et sont donc imposables dans la catégorie de revenus correspondante.

Toutefois, lorsque ces sommes sont affectées à un plan d'épargne entreprise, bloquées pendant une durée de 5 ans, elles bénéficient d'une exonération d'impôt sur le revenu.
L'exonération est limitée à un montant égal à la moitié du plafond annuel retenu pour le calcul des cotisations de sécurité sociale.
Elle est en outre subordonnée à la condition que l'affectation des sommes à un P.E.E. se fasse dans un délai de 15 jours à compter de leur perception.

Avantages au profit de l'entreprise :
Les primes d'intéressement versées par l 'entreprise à ses salariés constituent une charge déductible du résultat imposable.
Elles sont exclues de l'assiette des taxes sur les salaires.
Elles ne subissent aucune cotisation sociale.

Les impôts et taxes

Les impôts et taxes sont déductibles du résultat imposable, sauf s'ils font l'objet d'une exclusion expresse. Sont **déductibles** :
. la taxe sur les salaires,
. la taxe d'apprentissage,
. la participation à la formation professionnelle continue,
. la taxe professionnelle,
. la taxe foncière relative aux immeubles inscrits à l'actif de l'entreprise,
. les droits d'enregistrement et la taxe de publicité foncière afférents à des immobilisations ou à des actes de la vie des sociétés,
. les droits de douane,
. la taxe différentielle sur les véhicules (vignette),
. les taxes sur le chiffre d'affaires,
. la taxe spéciale sur les véhicules de tourisme.

A l'inverse, **sont exclus du droit à déduction** :
. l'impôt sur le revenu et l'impôt de solidarité sur la fortune,
. la taxe locale d'équipement,
. la redevance pour création de bureaux en Ile de France (CF taxe sur la surface des bureaux en Ile de France),
. les pénalités et amendes fiscales dues pour le non respect de la reglementation économique ou des règles d'assiette.

Les charges financières

- Les intérêts dus à des tiers

Les intérêts des sommes dues à des tiers sont déductibles si la dette a été contractée dans l'intérêt de l'entreprise ou présente un caractère commercial.
Ainsi sont déductibles les intérêts d'un emprunt contracté par un exploitant pour l'acquisition de son fonds de commerce (ou par un associé d'une société de personnes soumise à l'IR pour l'acquisition de ses droits sociaux).

- Les intérêts des comptes courants d'associés

Les intérêts des sommes laissées par les associés d'une société en nom collectif (relevant de l'IR) à la disposition de cette dernière, sont déductibles, à la condition qu'ils n'excèdent pas la limite fixée par la loi.
Cette limite correspond au taux de rendement brut des obligations privées à l'émission (TRBO) égal à 10,24 % pour l'année 1990.

La fraction de rémunération qui excède le TRBO doit être réintégrée au résultat de l'entreprise. Entre les mains des bénéficiaires, elle est imposable comme un "revenu distribué" (CF revenus distribués). La fraction déductible peut faire l'objet, entre les mains du bénéficiaire, personne physique, d'un prélèvement libératoire (CF revenus de capitaux mobiliers).

- Les dons et subventions versés aux organismes d'intérêt général

Les dons faits dans l'intérêt direct de l'entreprise sont déductibles sans limitation de montant. En revanche, tous ceux faits au profit d'organismes d'intérêt général non liés à l'entreprise n'ouvrent droit qu'à une déduction limitée.
Concrètement, l'entreprise peut déduire de son bénéfice imposable :

. *dans une limite de 2 ‰ de son chiffre d'affaires* : les dons faits aux œuvres d'intérêt général, de caractère social, éducatif, culturel, sportif...
ainsi que les dons faits aux candidats aux élections présidentielles et législatives.

. *dans une limite de 3 ‰ du chiffre d'affaires* : les dons effectués au profit d'organismes d'utilité publique ou d'établissements de l'enseignement supérieur ou artistique.
Les dons faits au titre du mécénat : le gouvernement a établi des mesures de faveur afin d'inciter les entreprises à financer l'art. Elles se traduisent par la possibilité, pour les entreprises constituées sous forme de société, de déduire le prix d'acquisition d'œuvres d'art originales d'artistes vivants, à la condition que celles-ci soient exposées au public. La déduction se fait sur 20 ans, sans qu'aucune annuité n'excède le plafond de 3 ‰ du chiffre d'affaires.
Possibilité également de déduire ce prix d'acquisition (ou la valeur) d'un objet d'art ou de collection à haute valeur historique ou artistique que l'entreprise s'engage à donner à l'Etat dans un délai de 10 ans. La déduction s'opère sous forme de provision sur dix années, sans qu'aucune annuité n'excède 3 ‰ du C.A.

Enfin, les dons versés aux organismes favorisant la création d'entreprises.

Les charges externes

Les charges externes regroupent toutes les dépenses engagées à l'extérieur par l'entreprise pour les besoins de son activité.

- **Les loyers des locaux professionnels et du matériel** qui n'appartiennent pas à l'exploitant, à la condition qu'ils n'excèdent pas leur valeur locative normale. Sont déductibles du bénéfice imposable les loyers ainsi que les dépenses accessoires supportées par le preneur.
Les indemnités éventuellement versées au propriétaire en plus du loyer peuvent, selon leur nature, être analysées comme des charges déductibles ou comme des éléments du prix d'achat de biens incorporels.
Concrètement, lorsqu'une indemnité est due alors que le montant du loyer correspond à la valeur locative normale de l'immeuble, celle-ci est assimilée à un complément de prix et n'est pas déductible.

Exemple : le droit d'entrée versé par un nouveau locataire d'un local commercial au propriétaire a le caractère d'un complément de loyer. Dans ce cas, la déduction doit être opérée sur la durée du bail convenue entre les parties.

Les règles de déduction relatives aux loyers des locaux professionnels et du matériel s'appliquent également aux redevances payées par l'exploitant au titre d'un crédit-bail.

- **Les frais d'assurance**

Les primes d'assurance payées par l'exploitant sont déductibles dans la mesure où elles sont destinées à couvrir un risque qui entraînerait une perte ou charge déductible, ou encore constituent l'accessoire d'une charge déductible.

Ainsi, **sont déductibles** du résultat imposable :
. les primes versées pour couvrir un risque relatif aux éléments de l'actif,
. les primes versées à des compagnies d'assurance au profit des employés (indemnités de départ à la retraite ou pensions de retraite).

A l'inverse, ne sont pas déductibles les primes versées au titre d'une assurance vie, lorsque le contrat est conclu au profit de l'entreprise, sur la tête du personnel dirigeant et a pour objet de se protéger des risques encourus à l'occasion du décès de l'un des cadres dirigeants visés.
En fait, la déduction de ces primes d'assurance-vie se fait :
. soit au cours de l'exercice où le contrat vient à expiration (sans que le risque ne se soit produit),
. soit au cours de l'exercice où l'un des dirigeants concernés par le contrat vient à décéder.

La déduction se fait par imputation des primes versées sur le montant du capital perçu par l'entreprise en vertu du contrat.

- **Les dépenses d'entretien et de réparation**

Les dépenses d'entretien et de réparation relatives aux locaux professionnels, au mobilier ou au matériel sont en principe déductibles du résultat imposable.

Toutefois, pour les dépenses de réparation propres aux immobilisations, la déduction est refusée lorsque celles-ci ont pour effet d'augmenter leur valeur par rapport à celle inscrite au bilan, ou de prolonger leur durée normale d'utilisation.

Cela ne signifie pas cependant, que toutes les dépenses de réparation ou d'entretien effectuées sur des immobilisations totalement amorties sont exclues du droit à déduction et assimilées à une dépense d'investissement. Dès l'instant où elles n'augmentent pas la valeur du bien, elles demeurent donc déductibles.

Les exemples les plus typiques illustrant ce problème concernent l'achat d'un moteur d'occasion destiné à remplacer celui devenu inutilisable, et l'échange standard de moteurs. Ici, deux solutions:

. Le remplacement du moteur a pour seul effet de permettre l'utilisation normale du véhicule jusqu'à la fin de sa durée normale d'utilisation : la dépense est déductible.
. Le nouveau moteur a pour effet de prolonger la durée d'utilisation du bien au-delà de sa date normale de vie : la dépense n'est plus déductible, elle doit être amortie, au même titre que le véhicule qu'elle concerne.

Enfin, les dépenses de réparation engagées pour un bien d'occasion et nécessaires à sa mise en service ne sont pas considérées comme des charges déductibles mais doivent être assimilées à un élément du prix de revient de ce bien.

- Les frais de recherche et de développement

En application du Plan Comptable, les frais de recherche peuvent être déduits immédiatement (lors de l'exercice où ils sont engagés) ou inscrits en immobilisations. Si l'immobilisation est retenue, l'amortissement doit se faire sur une période maximum de cinq ans.
Au plan fiscal, le même choix est offert aux entreprises.

De plus, il existe un **régime particulier applicable aux dépenses d'acquisition de logiciels** : la loi admet en effet que ces dépenses peuvent faire l'objet d'un amortissement exceptionnel sur douze mois, au lieu de cinq ans. Cette règle n'est toutefois valable que pour les dépenses d'acquisition ; lorsque le logiciel est créé par l'entreprise, et destiné à y rester de façon durable, les dépenses sont assimilées à des dépenses d'investissement et doivent être amorties sur la durée d'utilisation probable du programme informatique.

Les charges de gestion courante

Les dépenses liées à l'activité de l'entreprise sont en principe déductibles. Elles englobent :

. **Les frais de publicité**, sauf ceux relatifs aux publicités prohibées ou à but de propagande politique.

. **Les commissions** versées pour obtenir un marché à l'étranger, dans la mesure où elles correspondent à un service effectivement rendu, ne sont pas excessives, et répondent à l'intérêt de l'entreprise.

. **Les frais de voyages, déplacements et représentation**. Les frais relatifs aux dépenses de véhicules automobiles sont déductibles dans la mesure où ils correspondent à un usage professionnel. Dans l'hypothèse où le véhicule est utilisé concurremment pour usages professionnel et privé, la fraction des dépenses personnelles doit être réintégrée au résultat.
Les dépenses de représentation et de mission ne sont déductibles que si elles sont faites dans l'intérêt exclusif de l'entreprise et ne sont pas excessives eu égard à son importance et sa situation financière.

. **Les cotisations versées aux groupements professionnels.**

. **Les redevances versées pour la concession d'une licence d'exploitation de brevet** (marque...) sont déductibles à condition qu'elles ne soient pas excessives. En revanche, lorsqu'elles ont pour objet l'acquisition des droits de la propriété industrielle, les redevances ne sont pas déductibles.

. **Les frais de bureau, de correspondance et de documentation.**

Les amortissements

Prévus à l'article 39.I 2° CGI, les amortissements se définissent comme **la constatation en écriture de la dépréciation définitive que subissent** (en raison de l'usure ou du temps) **des éléments corporels ou incorporels de l'actif de l'entreprise.**

Les amortissements ont donc pour objet de permettre à l'entreprise, à l'expiration de la durée normale d'utilisation du bien, de reconstituer un capital égal au prix de revient d'origine du bien.

Conditions de déduction des amortissements

Trois conditions sont posées à la déduction fiscale des amortissements :

- **L'amortissement doit porter sur un élément de l'actif immobilisé** de l'entreprise.

- **L'élément amorti doit être effectivement soumis à une dépréciation irréversible** (par opposition aux provisions qui portent sur des biens qui subissent une dépréciation non définitive).

- **L'amortissement doit avoir été pratiqué en comptabilité.** Cette condition est essentielle pour le droit à déduction fiscale des amortissements. Si elle n'est pas respectée, l'amortissement est exclu de la déduction fiscale.

En plus de l'obligation comptable de pratiquer annuellement des amortissements, il existe une **obligation fiscale** posée dans l'article 39 B CGI **qui impose aux entreprises de constater un amortissement au moins égal à l'amortissement linéaire** (CF méthodes d'amortissement).
Comme en matière comptable, le non-respect de cette obligation entraîne la perte du droit à déduction pour la fraction de l'amortissement irrégulièrement différée.

L'obligation de pratiquer un minimum d'amortissement linéaire s'applique aux entreprises bénéficiaires et à celles déficitaires.
Toutefois, pour ces dernières, l'obligation d'amortir entraîne des inconvénients dans la mesure où elle a pour effet d'aggraver leur déficit (et donc de restreindre la possibilité "d'éponger" celui-ci dans les cinq ans à venir).
C'est la raison pour laquelle la loi accorde aux entreprises déficitaires qui comptabilisent leurs amortissements, le droit de reporter en avant, sans limitation de durée, la fraction du déficit correspondant.
Ces amortissements sont dits ***"amortissements reputés différés"***.

Ainsi, l'entreprise scinde son déficit en deux :

. le déficit d'exploitation ou déficit "ordinaire", reportable en avant dans les conditions de droit commun (sur les cinq exercices ultérieurs),
. la fraction de déficit due à la comptabilisation des amortissements, reportable en avant sans limitation de durée.

En pratique, une entreprise qui constate, à la clôture d'un exercice, un déficit dû en partie aux amortissements à intérêt à considérer que le déficit, imputé en priorité, est le déficit ordinaire (puisqu'il ne peut pas être reporté au-delà de 5 ans).

Base et durée de l'amortissement

La base de l'amortissement est constituée par le prix de revient du bien, sa valeur d'origine. On ne tient pas compte de sa valeur vénale ni de sa valeur de remplacement.

Suivant le mode d'acquisition du bien, la notion de valeur d'origine varie. Elle consiste en :
- pour les biens acquis à titre gratuit : la valeur vénale ;
- pour les biens apportés à une société : la valeur d'apport ;
- pour les biens crées par l'entreprise : le prix d'acquisition des matières premières et fournitures, majoré des charges directes et indirectes de production.

Lorsque l'immobilisation ouvre droit à déduction de TVA, la base d'amortissement est égale au prix de revient diminué de la TVA déduite initialement.
A l'inverse, lorsque l'immobilisation n'ouvre pas droit à déduction de TVA, c'est le prix du bien, taxe comprise, qui sert de base à l'amortissement (cas des véhicules particuliers de sociétés).

Cas particulier :
La base d'amortissement est plafonnée pour les véhicules de tourisme.
En effet, la loi restreint la base d'amortissement pour les véhicules de tourisme en fixant un **plafond relatif à leur prix d'achat.**
Le plafond varie selon la date à laquelle le bien a été mis en service :
. 65.000 F pour les véhicules mis en service à compter du 1er janvier 1988 ;
. 50.000 F pour ceux mis en service entre le 1er juillet 1985 et le 1er janvier 1988 ;
. 35.000 F pour les véhicules mis en service avant le 1er juillet 1985.

Ainsi, les entreprises qui pratiquent un amortissement de leurs véhicules de tourisme avec une base excédant le plafond en cause doivent réintégrer extra-comptablement la fraction de l'annuité supérieure à celle autorisée par la loi fiscale.

Exemple : une entreprise achète et met en service le 1er janvier 1990 un véhicule de tourisme d'une valeur de 140.000 F taxe comprise.
On considère que ce véhicule est amortissable sur 5 ans, en linéaire.

Comptablement, l'entreprise a pu amortir ce véhicule pour l'exercice 1990 à hauteur de :
140.000 F x 20 % = 28.000 F

Fiscalement, l'entreprise a le droit d'amortir ce véhicule à hauteur du plafond fixé par le législateur, soit 65.000 F. D'où une annuité fiscalement déductible égale à :
65.000 F x 20 % = 13.000 F

En conséquence, cette entreprise doit réintégrer dans son résultat imposable, chaque année, la fraction d'amortissement irrégulièrement pratiquée, soit pour 1990 :
(28.000 - 13.000) = 15.000 F
La réintégration se fait de façon extra-comptable.

La durée de l'amortissement

La durée de l'amortissement doit correspondre, dans les limites fixées par l'administration, aux usages en vigueur dans chaque secteur d'activité (industrie, commerce...), et bien sûr, à la durée d'utilisation du bien.
Les entreprises peuvent donc, dans une "fourchette" de 20 %, modifier les durées légales en fonction de la spécificité de leur activité et de la durée d'utilisation effective des biens.

Les durées d'utilisation couramment retenues en pratique sont les suivantes :
. 25 ans pour les bâtiments commerciaux,
. 20 ans pour les bâtiments industriels,
. 10 ans ou 5 ans pour le matériel,
. 5 ans pour les véhicules et les brevets d'invention.

Les méthodes d'amortissement

Il existe principalement deux méthodes d'amortissement :
. méthode **linéaire,**
. méthode **dégressive.**

Plus, des amortissements ***"exceptionnels"*** et des amortissements ***"spéciaux"***.

- L'amortissement linéaire

Cette méthode d'amortissement linéaire est la méthode normale au plan du droit fiscal. Elle s'applique à tous les biens susceptibles d'être amortis.

L'annuité d'amortissement linéaire est calculée en appliquant à la valeur d'origine du bien un taux constant, proportionnel à sa durée d'utilisation. On obtient ainsi des annuités égales, tout au long de la période d'amortissement.

Les taux appliqués : ils varient en fonction de la durée de vie du bien :
. taux de 4 % ou 5 % pour les bâtiments,
. taux de 10 % ou 20 % pour le matériel,
. taux de 20 % pour les véhicules et les brevets.

Le point de départ de l'amortissement lorsque le bien est acquis en cours d'année, se situe au 1er jour de sa mise en service. Ainsi pour le calcul de la première annuité d'amortissement, on doit appliquer la règle du *"prorata temporis"*, c'est-à-dire ne retenir que la durée effective d'utilisation du bien entre sa mise en service et le 31 décembre.

Le prorata temporis se calcule, jour par jour, en retenant comme nombre de référence 360 jours.

Exemple d'amortissement linéaire :
Une machine acquise le 10 septembre 1986 pour un montant de 140.000 F, amortissable sur 5 ans selon le mode linéaire.

Tableau d'amortissement :

Année	Montant de l'annuité
1986	140.000 x 20 % x 110/360 = 8.555,55
1987	140.000 x 20 % = 28.000
1988	140.000 x 20 % = 28.000
1989	140.000 x 20 % = 28.000
1990	140.000 x 20 % = 28.000
1991	140.000 x 20 % x 250/360 = 19.444,45
	140.000

- **L'amortissement dégressif**

La méthode dégressive est une méthode dérogatoire au droit commun, qui ne peut pas être retenue pour tous les biens.

La loi énumère de façon limitative les biens pouvant faire l'objet d'un tel amortissement. Ce sont :

- Tous les biens visés à l'article 22 de l'Annexe II CGI :

. matériel et outillage utilisés pour des opérations industrielles de fabrication, de transformation ou de transport,

. matériels de manutention,

. installations de sécurité ou à caractère médico-social,

. installations de magasinage et stockage,

. machines de bureau (sauf machines à écrire),

. matériel et outillage destinés à la recherche,

. installations servant à l'épuration des eaux et à l'assainissement de l'atmosphère,

. immeubles et matériels des entreprises hôtelières,

. installations productrices de chaleur ou énergie.

- Les bâtiments industriels d'une durée d'utilisation inférieure à 15 ans, considérés comme des constructions légères ou servant à protéger le matériel.

- Les véhicules routiers servant au transport des personnes.

Donc seuls les biens ci-dessus énumérés peuvent être amortis selon le mode dégressif. Mais la loi pose encore des **conditions** pour l'application de cette méthode dérogatoire :

. les biens visés ont été acquis à l'état neuf,

. ils ont une durée d'utilisation normale d'au moins 3 ans.

- **Le calcul des annuités dégressives**

Comme son nom l'indique, cette méthode d'amortissement est dégressive. Cela signifie que les premières annuités sont supérieures aux dernières annuités.

. La première année, on applique un ***"taux constant"*** à la valeur d'origine du bien.

. Les années suivantes, on applique ce même taux constant à la valeur résiduelle du bien, c'est-à-dire sa valeur d'origine diminuée des amortissements pratiqués.

Le *"taux constant"* est égal au taux de l'amortissement linéaire, multiplié par un coefficient proportionnel à la durée d'utilisation du bien.

Le coefficient est égal à :
. 1,5 quand la durée d'utilisation est de 3 ou 4 ans,
. 2 lorsqu'elle est de 5 ou 6 ans,
. 2,5 lorsqu'elle est supérieure à 6 ans.

Exemple : Une machine amortissable sur 10 ans a un taux d'amortissement dégressif égal à :
10 % (taux linéaire) x 2,5 (coefficient), soit un taux de 25 %.

- Le point de départ de l'amortissement se situe, lorsque le bien est acquis en cours d'année, au premier jour du mois de son acquisition (et non plus de sa mise en service).

On fait donc application de la règle du *"prorata temporis"* pour calculer la première annuité, en décomptant la période d'utilisation mois par mois.

L'intérêt de cette méthode est qu'elle permet d'amortir le bien plus rapidement qu'en linéaire, et ce pour deux raisons :
. les amortissements pratiqués au cours des premières années sont plus importants que selon le mode linéaire.
. la première année d'amortissement compte toujours pour une année entière dans le calcul des annuités, même si le bien a été acquis en cours d'année.

Exemple d'amortissement dégressif et comparaison avec le mode linéaire :

Une entreprise achète et met en service une machine le 1er juin 1987.
Prix d'acquisition : 150.000 F ; durée d'amortissement : 5 ans.
Taux en méthode linéaire : 20 %
Taux en méthode dégressive : 20 % x 2 = 40 %

Année	Annuité linéaire	Annuité dégressive	Valeur résiduelle
1987	150.000 x 20 % x 90/360 = 7.500	150.000 x 40 % x 3/12 = 15.000	150.000 - 15.000 = 135.000
1988	150.000 x 20 % = 30.000	135.000 x 40 % = 54.000	135.000 - 54.000 = 81.000
1989	150.000 x 20 % = 30.000	81.000 x 40 % = 32.400	81.000 - 32.400 = 48.600
1990	150.000 x 20 % = 30.000	48.600 : 2 = 24.300	48.600 - 24.300 = 24.300
1991	150.000 x 20 % = 30.000	48.600 : 2 = 24.300	
1992	150.000 x 20 % x 270/360 = 22.500		0
	150.000	150.000	

Commentaires :
- Avec la méthode linéaire, où on compte jour par jour, la durée d'amortissement est plus longue qu'en méthode dégressive : on est obligé d'amortir le bien jusqu'au 31 mai 1992, pour atteindre les 5 ans.

- On constate que les deux dernières annuités en méthode dégressive ne sont pas calculées normalement, en appliquant le taux constant multiplié par le coefficient, mais sont égales à la valeur résiduelle divisée par le nombre d'années restant à courir.
Ce procédé de calcul a été instauré afin d'éviter qu'il y ait une dernière annuité supérieure à l'avant-dernière. En effet, si l'on reprend notre exemple et que l'on applique la méthode dégressive aux annuités 1990 et 1991, on obtient les résultats suivants :

. Annuité 1990 : 48.600 x 40 % = 19.440 F
. Annuité 1991 = 29.160 F

On admet donc que les entreprises calculent les derniers amortissements en divisant la valeur résiduelle par le nombre d'années restant à courir, lorsque l'annuité dégressive devient inférieure au rapport : valeur résiduelle sur ce nombre d'années.

- L'aspect dérogatoire de l'amortissement dégressif

Nous l'avons vu, la seule obligation fiscale en matière d'amortissement est celle d'amortissement minimum linéaire. En conséquence, l'amortissement dégressif a un caractère facultatif et constitue un supplément d'amortissement, par rapport au linéaire, qui est réputé correspondre à la dépréciation économique réelle du bien.

On considère donc que la fraction d'amortissement dégressif supérieure à l'amortissement linéaire, (qui représente "***l'amortissement technique***") constitue un "***amortissement dérogatoire***", admis fiscalement.
Il faut noter que, si l'amortissement dégressif est supérieur à l'amortissement linéaire pour les premières annuités, la situation s'inverse en fin d'amortissement (CF notre exemple).
Il faut donc, au plan fiscal, comptabiliser la fraction d'amortissement dérogatoire différemment selon les cas :
. quand l'annuité dégressive est supérieure à l'annuité linéaire : on constate en produit exceptionnel une "*provision pour amortissement dérogatoire*".
. quand, au contraire, l'annuité dégressive devient inférieure à l'annuité linéaire, on constate une "*reprise sur provision pour amortissement dérogatoire*" en charge exceptionnelle.

Les amortissements exceptionnels

Certains biens peuvent faire l'objet, en vertu de dispositions expresses de la loi, d'amortissements exceptionnels. Ce sont :

- Les immobilisations financées au moyen de primes d'équipement (accordées en 1979 et 1992). L'année de leur réalisation, l'annuité exceptionnelle d'amortissement est calculée sur le prix de revient des biens majoré de 50 % du montant de la prime. Elle s'ajoute à l'annuité normale (de façon extra-comptable).

- Les investissements destinés à la recherche :

La première annuité exceptionnelle est égale à 50 % du prix de revient du bien. Elle s'ajoute à l'annuité normale. Les annuités suivantes sont calculées normalement, sur la valeur résiduelle du bien.
La loi de finances pour 1991 supprime cette possibilité pour les immeubles acquis ou achevés à compter du 1er janvier 1991.

- Les matériels destinés à économiser l'énergie, fabriqués ou acquis entre le 1er janvier 1991 et le 31 décembre 1992 : ils peuvent être amortis sur 12 mois à compter de leur mise en service.

- Les immeubles anti-pollution :
Les entreprises peuvent, l'année d'achèvement de l'immeuble, pratiquer un amortissement exceptionnel égal à :
. 50 % du prix de revient pour les immeubles achevés au 31 décembre 1990,
. 100 % du prix de revient pour ceux achevés entre le 1er janvier 1990 et 31 décembre 1992.

- Les logiciels
Lorsqu'ils ont été acquis par l'entreprise (et non pas créés par elle) depuis le 1er janvier 1984, les logiciels peuvent être amortis intégralement sur une période de douze mois.

- Les immeubles construits dans le cadre d'opérations agréées
La première annuité est un amortissement exceptionnel de 25 % du prix de revient de l'immeuble. Les annuités suivantes sont calculées normalement.

Les amortissements spéciaux

Ils concernent :

- Les biens donnés en location
Les biens qui font l'objet d'une location doivent être amortis sur leur durée d'utilisation normale et non pas sur la durée du bail.
Lorsque le bien est mis à la disposition d'un membre du personnel ou d'un dirigeant de l'entreprise la déduction de l'amortissement est limitée à la différence entre, d'une part le montant du loyer plus les avantages en nature et, d'autre part, le montant des charges relatives à l'immeuble.

- Les véhicules de tourisme
La déduction de l'amortissement relatif aux véhicules est plafonnée en fonction de leur prix d'achat (CF base d'amortissement).

Les amortissements différés ou réputés différés

Nous l'avons vu précédemment, les entreprises qui pratiquent des amortissements sur des biens de leur actif immobilisé ont une obligation fiscale : amortir au minimum selon le mode linéaire.
Cela signifie qu'**elles peuvent**, lorsqu'elles ont opté pour la méthode dégressive, **choisir de différer partiellement ou totalement une annuité, c'est-à-dire ne pas la comptabiliser**.

Une condition à cette faculté : le minimum linéaire doit être respecté, sous peine de perdre le droit à déduction pour la fraction irrégulièrement différée.

Cette règle vaut aussi bien pour les entreprises bénéficiaires que celles déficitaires, en précisant que ces dernières peuvent également réputer différés leurs amortissements.

Pour apprécier si le seuil du minimum obligatoire est atteint, on globalise tous les amortissements dégressifs pratiqués à la clôture de l'exercice au cours duquel l'annuité est différée et on compare ce montant au total des amortissements linéaires théoriques sur la même période.

- **Situation des entreprises bénéficiaires**

Une entreprise peut décider, en période bénéficiare, de différer une annuité, de ne pas la comptabiliser.

. **Si l'annuité est irrégulièrement différée** (total des amortissements dégressifs inférieur au total théorique du linéaire), **le droit à déduction de cette annuité est définitivement perdu.**

. **Si, au contraire, l'annuité a été différée en respectant le minimum obligatoire, l'entreprise peut reporter l'amortissement.**

Le report se fait différemment selon le mode d'amortissement choisi :

- Amortissement linéaire : l'amortissement différé est reporté après la période d'amortissement normale du bien au taux habituel, ou, en totalité, l'année de mise hors service du bien.

- Amortissement dégressif : l'amortissement différé est étalé sur la durée d'amortissement restant à courir, par application du taux habituel. La base d'amortissement est égale à la valeur résiduelle du bien à la clôture de l'exercice précédant l'annuité différée.

- **Situation des entreprises déficitaires**

Ces entreprises sont tenues, malgré leur situation déficitaire, de pratiquer des amortissements à hauteur du minimum obligatoire.

Toutefois, elles bénéficient de **deux solutions** pour pratiquer ces amortissements :

- **Elles ne comptabilisent pas les amortissements à la clôture de l'exercice déficitaire et les diffèrent réellement :**
La situation est identique à celle étudiée pour une entreprise bénéficiaire :
. Si l'annuité est irrégulièrement différée, le droit à déduction est perdu définitivement.
. Si l'annuité est régulièrement différée, l'entreprise peut la reporter. Ici, la méthode de report est différente : l'amortissement régulièrement différé peut être reporté, sans limitation de durée, sur les premiers exercices ultérieurs faisant apparaître un bénéfice : méthode de *"l'imputation"*.

De plus, lorsque l'amortissement se fait selon la méthode dégressive, l'entreprise peut choisir d'étaler celui-ci sur la durée restant à courir, en appliquant le taux normal à la valeur résiduelle : méthode de l'étalement.

- **Elles comptabilisent les amortissements à la clôture de l'exercice déficitaire :**
Les amortissements sont *"réputés différés"* et la fraction du déficit correspondant aux amortissements peut être reportée, sans limitation de durée, sur les premiers exercices ultérieurs bénéficiaires.

En pratique, les entreprises imputent en priorité le déficit ordinaire et les amortissements normaux reportables uniquement sur les cinq exercices suivants.

Exemple d'amortissement différé :
Matériel acquis 240.000 F hors taxe le 20 septembre N amortissable sur 5 ans selon le mode dégressif. L'entreprise, déficitaire en N+1, choisit de ne pas comptabiliser les amortissements relatifs au matériel pour cette année.

Tableau d'amortissement du matériel en N+1

Année	Annuité dégressive	Valeur résiduelle	Annuité linéaire
N	240.000 x 40 % x 4/12 = 32.000	208.000	240.000 x 20 % x 120/360 = 16.000
N+1	0	208.000	240.000 x 20 % = 48.000
	32.000		64.000

Cumul des amortissements linéaires : 64.000
Cumul des amortissements dégressifs : 32.000

En application de l'obligation de pratiquer un amortissement minimum linéaire, on constate que les amortissements dégressifs ont été irrégulièrement différés à hauteur de (64.000 - 32.000) F, soit 32.000 F.

L'entreprise perd définitivement le droit à déduction des amortissements irréguliers. Elle doit donc réintéger fiscalement cette fraction dans ses résultats.

La **correction fiscale** des amortissements irrégulièrement différés se fait différemment selon la méthode de récupéraion de l'annuité différée :

Méthode de l'imputation (ou double annuité) :

On suppose l'exercice N+2 bénéficiaire
L'annuité différée en N+1 est imputée en totalité sur l'année N+2. Elle s'ajoute à l'annuité normale de N+2.

Année	Annuité dégressive	Valeur résiduelle	Annuité fiscalement déductible
N+2	208.000 x 40 % = 83.200 124.800 x 40 % = 49.920 133.120	124.800 74.880	133.120 - 32.000 = 101.120 amortissement irrégulièrement différé
N+3	74.880 : 2 = 37.440	37.440	
N+4	74880 : 2 = 37.440	0	

N+2 : *Comptablement* l'entreprise a pratiqué un amortissement égal à 133.120 F. Or fiscalement, l'entreprise avait le droit de déduire un amortissement égal à (133.120 - 32.000) F, soit 101.120F.

- L'entreprise doit donc, en N+2 (l'année d'imputation) réintégrer *extra-comptablement* 32.000 F, correspondant à la fraction de l'annuité N+1 irrégulièrement différée.

Méthode de l'étalement :

L'entreprise décide de récupérer l'annuité N+1 différée par la méthode de l'étalement, sur la durée d'amortissement du bien restant à courir.

Année	Annuité dégressive	Valeur résiduelle	Annuité fiscalement déductible
N+1	0	208.000	
N+2	208.000 x 40 % = 83.200	124.800	(208.000 - 32.000) x 40 % = 70.400
N+3	124.800 : 2 = 62.400	62.400	(208.000 - 32.000 - 70.400) : 2 = 52.800
N+4	124.800 : 2 = 62.400	0	(208.000 - 32.000 - 70.400) : 2 = 52.800

Comptablement, en N+2, N+3 et N+4, l'entreprise a pratiqué les amortissements suivants :
N+2 = 83.200 F
N+3 = 62.400 F
N+4 = 62.400 F

Fiscalement, l'entreprise a irrégulièrement différé l'annuité N+1 à hauteur de 32.000 F.
Utilisant la méthode de l'étalement, l'entreprise doit réintégrer progressivement au cours des années N+2, N+3 et N+4, la fraction irrégulière :
N+2 : 83.200 - 70.400 = 12.800 F
N+3 : 62.400 - 52.800 = 9.600 F
N+4 : 62.400 - 52.800 = 9.600 F

32.000 F

- Conséquences d'un amortissement irrégulièrement différé sur le montant de la plus-value de cession d'un bien

En principe, la plus-value de cession est égale au prix de cession moins la valeur nette comptable du bien (prix d'achat diminué des amortissements pratiqués).

Lorsque le bien a fait l'objet d'un amortissement irrégulièrement différé, le montant de la plus-value doit être augmenté de la fraction d'amortissement irrégulière non encore réintégrée dans les résultats de l'entreprise à la date de cession.

Commentaire : Ce principe n'a pas les mêmes conséquences selon la méthode de récupération de l'annuité différée qui est utilisée : imputation ou étalement.

Exemple :
On suppose que l'entreprise cède le matériel acquis en N, 300.000 F le 1er janvier N+3.

En application des règles fiscales, la plus-value de cession d'un bien irrégulièrement amorti doit être augmentée du montant de la fraction d'amortissement irrégulière non encore réintégrée dans les résultats de l'entreprise.

Plus-value de cession, calculée en retenant la méthode de l'imputation (ou double annuité)

Situation au 1er janvier N+3 :
- La valeur nette comptable du matériel est égale à : 240.000 - (32.000 + 133.120) = 74.880 F.

- La fraction d'amortissement irrégulièrement différée en N+1 a été entièrement réintégrée au résultat fiscal de N+2 de l'entreprise, soit 32.000 F.

Ainsi, la plus-value de cession du matériel doit être calculée normalement, sans tenir compte des amortissements irréguliers :
Plus-value = 300.000 - 74.880 F, soit 225.120 F.

Plus-value de cession calculée en retenant la méthode de l'étalement :

Situation au 1er janvier N+3 :
- La valeur nette comptable du matériel est égale à 240.000 - (32.000 + 83.200) = 124.800 F

- La fraction d'amortissement irrégulièrement différée en N+1 a été réintégrée dans les résultas de l'exercice N+2 à hauteur de 12.800 F.

Au jour de la cession, reste donc à réintéger (9.600 + 9.600) F d'amortissement irrégulièrement différé soit 19.200 F.

La plus-value de cession du matériel doit être augmentée de cette fraction d'amortissement non encore réintégrée au résultat.
Plus-value = (300.000 - 124.800) + 19.200 F, soit 194.400 F.

Les provisions

Les provisions sont prévues dans le Code de Commerce et dans le Code Général des Impôts. En effet, en vertu du principe de prudence posé en comptabilité, il est fait obligation aux commerçants de prendre en compte les risques de pertes et charges survenus en cours d'exercice, par la constitution de provisions.

Au niveau fiscal, l'article 39.I.5° CGI admet la déduction de provisions constituées "en vue de faire face à des pertes ou charges nettement précisées que des événements en cours rendent probables".

Conditions de déduction des provisions

Quatre conditions de fond sont imposées pour la déduction des provisions :

- La provision est constituée pour faire face à des pertes ou charges elles-mêmes déductibles:
La provision ne peut donc jamais être constituée pour faire face à une dépense entraînant une augmentation de la valeur d'actif, (une dépense de matériel d'exploitation) ou à une dépense non-déductible (impôt sur les sociétés).

- Les pertes ou charges sont nettement précisées :
La provision n'est valablement constituée que si les pertes ou charges qu'elle couvre peuvent être évaluées avec une approximation suffisante. Deux conséquences :
. chaque perte ou charge doit être individualisée
. une provision ne peut pas être calculée de façon forfaitaire. Toutefois, sur ce second point, le Conseil d'Etat a, par un arrêt du 16 mai 1975 (Société Générale des eaux minérales de Vittel) atténué la rigueur du principe en admettant que les entreprises peuvent utiliser des méthodes statistiques, dès lors que celles-ci sont assez précises pour évaluer assez justement le montant de la perte (cette solution a d'ailleurs été confirmée par un second arrêt du Conseil d'Etat rendu le 28 mai 1980).

Aujourd'hui donc, on peut dire que les méthodes forfaitaires d'évaluation des provisions sont admises, lorsqu'elles correspondent au mode de gestion de l'entreprise et sont suffisamment fiables.

- **Les pertes ou charges sont probables** :
Une provision constituée pour une perte éventuelle ne peut pas être admise en déduction ; il faut donc que le risque de perte ou charge soit assez défini pour être presque certain. Un risque éventuel peut être un risque d'inondation ou d'incendie, qui pourrait survenir au cours de l'exercice.
Un risque probable est un risque de non-recouvrement de créances en raison de la situation financière du débiteur (introduction d'une procédure de liquidation judiciaire).

- **Le risque de perte ou de charge résulte d'événements intervenus en cours d'exercice :**
Une perte ou charge qui naîtrait en raison d'un événement à venir au cours d'un exercice ultérieur ne peut pas faire l'objet d'une provision.
La provision ne peut se rattacher qu'à une charge ayant son origine pendant l'exercice considéré.

Précision :
En prolongement de cette dernière règle, il faut évoquer le problème des provisions constituées en vue de faire face à des "dépenses annuelles et normales" d'exercices ultérieurs (dépenses de congés payés).
Jusqu'en 1970 l'Administration refusait la déduction de telles provisions. Depuis cette date, elle a opéré un revirement de doctrine et admet désormais qu'une provision peut être valablement constituée lors d'un exercice, pour faire face à des engagements dont les conséquences apparaîtront au cours d'exercices ultérieurs.
Enfin, le fait que la dépense ait un caractère répétitif n'exclut pas, non plus, la déduction de la provision.

A côté de ces quatre conditions de fond, est également posée **une condition de forme** :

- **La provision a été effectivement inscrite en comptabilité**
Cette obligation de comptabiliser toute provision est essentielle car elle conditionne réellement la déduction. De plus, elle est renforcée par celle de produire un relevé des provisions de l'exercice, qui doit être joint à la déclaration de résultats.

Remarque : Il faut bien distinguer les provisions régulièrement passées en comptabilité et celles fiscalement déductibles.
En effet, en application des règles comptables, les entreprises sont admises à constituer des provisions pour constater la dépréciation d'un élément d'actif ou pallier un risque de perte ou charge. Simplement, une fois le résultat comptable établi, se pose le problème de la déduction fiscale de ces provisions, dans la mesure où, souvent, les principes fiscaux dérogent et s'opposent à ceux comptables.
Il faut donc examiner les textes fiscaux pour éventuellement *"corriger"* de façon extra-comptable les provisions non admises en déduction c'est-à-dire les réintégrer au résultat imposable.

On distingue généralement **trois sortes de provisions** :
. Provisions pour dépréciation.
. Provisions pour risques et charges.
. Provisions réglementées.

Provisions pour dépréciation

Les provisions pour dépréciation concernent :
. les immobilisations
. les titres de portefeuille
. les stocks
. les créances sur les tiers (créances douteuses).

- Provision pour dépréciation d'immobilisations

Seules les immobilisations non amortissables peuvent faire l'objet de provisions, c'est-à-dire celles dont la dépréciation n'est pas irréversible (fonds de commerce, terrain...). En effet, un amortissement ne peut jamais se cumuler avec une provision.

- Provision pour dépréciation de titres de portefeuille

Quand, à la clôture d'un exercice, l'estimation des titres de portefeuille inscrits à l'actif de l'entreprise fait apparaître une dépréciation par rapport à leur valeur d'origine,une provision peut être constituée.

Toutefois, cette provision suit un régime fiscal tout à fait particulier puisqu'elle est assimilée à une moins-value à long terme et ne peut donc pas être déduite du bénéfice imposable. Elle peut simplement s'imputer sur des plus-values à long terme.

- Provision pour dépréciation de stocks

Une provision pour dépréciation de stocks peut être valablement constituée lorsque, à la date de l'inventaire, le cours du jour ou la valeur probable de la négociation des éléments composant le stock est inférieur à leur coût de revient.
Toutefois, la dépréciation doit être réelle et surtout calculée avec une approximation suffisante pour rendre la provision fiscalement déductible.

- Provision pour créances douteuses ou litigieuses

Les créances *"douteuses"* susceptibles de faire l'objet de provisions déductibles sont celles dont le recouvrement est compromis, soit en raison de la situation financière du débiteur, soit en raison d'un litige portant sur la créance.
A l'inverse, une créance dont le non recouvrement n'est qu'éventuel ne peut entraîner la constitution d'une provision (non-paiement d'une créance à l'échéance).
Comme pour les stocks, la provision pour dépréciation de créances n'est fiscalement déductible que si elle est évaluée de façon précise et non globale (on peut cependant "grouper" des créances de même nature pour évaluer le risque de perte).

Enfin, **le montant de la provision doit être calculé sur le montant de la créance douteuse hors TVA.**

Provisions pour risques et charges

Les provisions pour risques et charges sont de natures très variées et couvrent des événements souvent "extérieurs" à l'entreprise (ne concernant pas l'actif de l'entreprise). Mais, comme les autres provisions, elles doivent couvrir des dépenses ou charges déductibles.

Ce sont :

. les provisions pour litiges ou amendes.

. les provisions pour garantie donnée aux clients.

. les provisions de propre assureur : elles ont pour objet de faire face à des risques non couverts par une assurance ; au lieu de souscrire une assurance, l'entreprise constitue une "réserve", une provision, dans l'éventualité d'une perte . De telles provisions ne sont pas admises en déduction fiscalement car elles ne sont destinées qu'à couvrir des risques éventuels (risque de destruction d'un établissement ou d'un matériel d'exploitation non couverts par l'assurance).

. les provisions pour impôts, lorsque ces derniers sont déductibles du résultat imposable (exclusion des provisions pour impôt sur les sociétés ou sur le revenu).

. les provisions pour congés payés.

. les provisions pour retraites : ces provisions ne sont pas admises en déduction au plan fiscal (même si elles peuvent l'être en application des principes comptables). En effet, le Code Général des Impôts exclut expressément du droit à déduction les provisions ayant pour objet de couvrir les pensions et compléments de retraite, les allocations de pré-retraite, les indemnités de départ à la retraite (ou pré-retraite).

. les provisions pour charges à répartir sur plusieurs exercices : elles concernent essentiellement les travaux de réparation et d'entretien sur immobilisation. Pour être déductibles, ces provisions doivent porter sur des charges d'une importance telle qu'elles ne peuvent pas être supportées par un seul exercice, ou sur des travaux exceptionnels ne se renouvelant pas annuellement.

. les provisions pour renouvellement d'immobilisations : elles concernent exclusivement les entreprises locataires ou concessionnaires qui sont tenues, en fin de contrat, de remettre à leur loueur les matériels dans leur état initial. Elles peuvent être valablement constituées (et déductibles) même si les matériels concernés ont fait l'objet d'amortissement.

. les provisions pour pertes de change : lorsqu'une entreprise constate à la clôture d'un exercice une perte de change due à la conversion des créances libellées en devises étrangères (par rapport à leur valeur de comptabilisation) elle est autorisée à constituer une provision pour perte de change. La provision est calculée en comparant le dernier cours du change des devises à la date de clôture de l'exercice, et celui auquel elles ont été converties, au jour de leur inscription.

Provisions réglementées

Les provisions réglementées ont un **aspect purement fiscal** et sont **régies par des textes spécifiques**. Les principales sont :

- La provision pour hausse des prix

Une entreprise peut constituer une provision pour hausse des prix lorsqu'elle constate, pour un produit détenu en stock, une hausse de prix supérieure à 10 % pendant deux exercices successifs (au plus).

Sont concernés tous les biens composant le stock à la clôture de l'exercice, quelle que soit leur nature (matières premières, produits et approvisionnements...) à l'exception de ceux pouvant faire l'objet d'une provision pour fluctuation des cours.

La provision pour hausse des prix peut être constituée même en période déficitaire. Elle a un caractère facultatif. Pour être fiscalement déductible, elle doit avoir été comptabilisée.

- Calcul de la provision

Le montant maximum de la dotation annuelle est calculé à la clôture de chaque exercice. Il est égal à la différence entre :

. le prix de revient du produit à la clôture de l'exercice
et
. un montant égal à 110 % du prix de revient à l'ouverture de l'exercice considéré ou, s'il est inférieur, du prix de revient de l'exercice précédent, multiplié par le nombre d'unités détenues en stock à cette date.
La provision doit être calculée séparément pour chacun des produits composant le stock.

Enfin, lorsqu'une provision pour hausse des prix a été constituée pendant deux exercices consécutifs sur un même produit, la provision du dernier exercice doit être calculée sous déduction de celle constituée au cours de l'exercice précédent.

- Le sort de la provision

La provision pour hausse des prix n'est pas définitivement déductible.
En effet, toute provision de cette nature doit être réintégrée dans les résultats imposables du sixième exercice suivant celui de sa dotation.

***Exemple de provision pour hausse de prix* :**

Etat des stocks depuis 1988, année de création de l'entreprise :

Année	Quantité	Prix unitaire
1988	4.200	120
1989	3.600	145
1990	4.900	156

- Provisions qui ont pu être constituées en 1989 et 1990 pour hausse de prix :

. En 1989 : les prix ont augmenté de plus de 10 % par rapport à 1988. Une provision peut être constituée, égale à : 3.600 [145 - (120 x 1,1)] = 46.800 F.

. En 1990 : les prix ont augmenté de moins de 10 % par rapport à 1989, mais l'augmentation des prix par rapport à 1988 est, elle, supérieure à 10 %.
L'entreprise peut donc constituer une provision par rapport aux prix de 1988. Elle doit déduire de sa provision 90 le montant de celle constituée en 1989.

La provision est égale à :
[4.900 x (156 - (120 x 1,1)] - 46.800 = 70.800 F

- Sort des provisions

. la provision constituée en 1989 doit être réintégrée aux résultats du sixième exercice suivant celui de sa constitution, soit en 1995.

. la provision de 1990 doit être réintégrée dans les résultats de l'exercice 1996.

Provisions pour implantation à l'étranger

Dans le but d'inciter les entreprises françaises à s'implanter à l'étranger, le législateur a prévu des mesures de faveur, sous forme de provisions déductibles fiscalement de façon temporaire.

Le régime de ces provisions varie en fonction de trois critères :

. la **date** de l'implantation ou de l'investissement,
. la **nature** de l'implantation : industrielle, commerciale ou de services,
. le **lieu** d'implantation : à l'intérieur de la CEE ou à l'extérieur du territoire communautaire.

- Les implantations commerciales

. L'implantation a eu lieu avant le 1er janvier 1988

La provision est déductible si l'opération a reçu un agrément ministériel.

Elle ne peut excéder le montant des investissements et, dans l'hypothèse ou l'implantation a lieu à l'intérieur de la CEE, elle est limitée au montant des pertes éventuellement dégagées.

La provision est déductible des résultats des cinq premières années d'exploitation. Elle doit être réintégrée dans les bénéfices imposables des cinq exercices suivants.

. L'implantation a eu lieu après le 1er janvier 1988

La condition de l'agrément ministériel est supprimée. Les entreprises doivent, pour bénéficier de la déduction de leur provision acquérir ou créer une filiale à l'étranger ayant pour activité de commercialiser leurs produits.

Si l'implantation a lieu à l'intérieur de la CEE : l'investissement doit être au moins égal à 50 % du capital de la filiale ou avoir pour effet d'augmenter le taux de participation d'au moins dix points.
La provision est égale au montant des pertes réalisées au cours des cinq premiers exercices ou, s'il est inférieur, au montant de l'investissement.
Elle doit être réintégrée aux résultats des premiers exercices bénéficiaires, dans la limite de dix ans à compter de l'investissemnet.

Si l'implantation a lieu hors CEE : seule la première implantation réalisée dans un pays donné peut faire l'objet d'une provision, à la condition qu'elle se traduise par une prise de participation d'au moins 25 %.

La provision déductible est limitée au montant des investissements réalisés au cours des cinq premières années d'exploitation et doit être réintégrée au cours des cinq exercices ultérieurs.

- Les implantations industrielles

Elles peuvent faire l'objet de provisions déductibles si elles ont obtenu un agrément ministériel et uniquement s'il s'agit d'une première implantation, à l'extérieur de la CEE.

La provision est égale à la moitié du montant des investissements réalisés pendant les cinq premières années d'exploitation. Elle doit être réintégrée sur les cinq exercices suivants.

- Les implantations de services

Les entreprises qui, depuis le 1er janvier 1988, s'implantent pour la première fois à l'étranger avec un agrément ministériel, par l'intermédiaire d'une filiale détenue à 25 % (au moins) ayant pour objet d'assurer les services indispensables à la commercialisation, peuvent constituer une provision fiscalement déductible.

Si l'implantation a lieu dans le territoire communautaire, la provision est égale aux pertes subies au cours des cinq premières années d'exploitation, limitée à 50 % du capital investi.

Si l'implantation a lieu hors CEE, la provision suit les règles applicables en matière d'implantation industrielle.

Provisions pour fluctuations des cours

Les entreprises dont l'activité principale consiste à donner une première transformation à des produits acquis sur les marchés internationaux ou dont les cours sont liés aux cours internationaux peuvent constituer des provisions en franchise d'impôt. Les biens visés sont : les minerais et minéraux, l'or et l'argent métal, divers textiles et graines oléagineuses.

Les modalités de calcul de cette provision sont complexes : elles prennent en compte les quantités de matières nécessaires à l'activité, le prix unitaire de ces produits, le cours moyen du dollar.

- Les provisions pour investissement

Elles peuvent être constituées en matière de participation des salariés, lorsque l'entreprise a conclu un accord dérogatoire en faveur de ses salariés (CF participation des salariés aux résultats de l'entreprise).

4. Plus ou moins-values professionnelles

a) Domaine d'application du régime des plus ou moins-values professionnelles

- Le régime des plus-values professionnelles, ou *"plus-values des entreprises"* s'applique à toutes les cessions d'éléments de l'actif immobilisé, c'est-à-dire à **toutes les opérations ayant pour effet de faire sortir le bien de l'entreprise de façon volontaire ou involontaire :**

. échange,
. apport en société,
. partage,
. retrait de l'actif, (reprise du bien dans le patrimoine privé de l'exploitant)
. donation,
. destruction par sinistre,
. expropriation.

- Seules les plus-values *réalisées* sont soumises à ce régime, à l'exclusion :

. des plus-values latentes, qui ne sont pas constatées en comptabilité,
. des plus-values constatées, qui substituent à la valeur d'origine du bien sa valeur actuelle.

- Seules les plus-values réalisées sur des biens de l'actif immobilisé sont concernées par le régime des plus-values professionnelles.

Le législateur définit les biens immobilisés comme tous ceux destinés à rester durablement dans l'entreprise (par opposition à ceux qui constituent l'activité même de l'exploitation) c'est-à-dire :

. **les éléments durables de l'actif** : immeubles, fonds de commerce, droit au bail, matériel, terrains, mobilier. Ainsi que les titres de participation.

. **les titres de placement composant le portefeuille et répondant aux conditions suivantes :**
Ils sont détenus par l'entreprise depuis au moins deux ans au jour de leur cession.
Ou, s'ils sont cédés moins de deux ans après leur acquisition, ils font partie d'un lot de titres de même nature, dont certains sont détenus depuis plus de deux ans.
On entend par titres *" de même nature"* ceux qui sont émis par une même personne et qui confèrent à leurs titulaires les mêmes droits.

b) Détermination des plus ou moins-values

- Cession du bien

La plus-value (ou moins-value) réalisée à l'occasion de la cession d'un bien immobilisé **est égale à la différence entre le prix de cession et la valeur comptable du bien.**

. **Le *"prix de cession"*** est le prix stipulé au contrat ou la valeur vénale du bien si elle est supérieure. Il doit être retenu pour son montant net, c'est-à-dire déduction faite des frais spéciaux qui ont grevé l'opération (commissions, frais de courtage...).

. **La *"valeur comptable"*** est égale au prix de revient du bien cédé, diminué éventuellement des amortissements pratiqués.
Lorsque le bien a fait l'objet d'un amortissement dérogatoire, la valeur nette à retenir est égale au prix de revient du bien diminué des seuls amortissements déductibles fiscalement.

- **Expropriation**

Lorsque la plus-value provient de la perception d'une indemnité d'expropriation, il n'y a pas, à proprement parler, de prix de cession.
On doit alors retenir le montant des indemnités ayant pour objet de compenser la perte ou la dépréciation de l'élément immobilisé.

- **Reprise d'un élément d'actif dans le patrimoine privé de l'exploitant**

Lorsque l'exploitant retire un bien immobilisé de l'actif de l'entreprise (ou qu'un associé reprend un de ses biens inscrits à l'actif de la société de personnes) il y a plus-value soumise au régime des plus-values professionnelles égale à l'excédent de la valeur réelle du bien au jour de retrait, sur la valeur nette comptable.

- **Destruction, mise hors service ou perte d'un bien immobilisé**

La perte dégagée à l'occasion de la mise au rebut, de la perte ou de la destruction d'un bien est considérée comme une moins-value et soumise aux règles des plus ou moins-values des entreprises.

c) Régime fiscal des plus ou moins-values professionnelles

La loi fait une distinction fondamentale entre les **plus ou moins-values à court terme et celles à long terme.**
Deux critères retenus concurremment permettent de faire cette distinction :

. **la nature du bien cédé** : bien amortissable ou non amortissable,
. **la durée de détention du bien au jour de la cession**, moins de deux ans ou plus de deux ans.

Pour calculer ce délai, il faut retenir comme point de départ la date d'entrée du bien dans l'actif de l'entreprise, et compter la durée de détention jour par jour.

Le tableau ci-dessous détaille les différentes plus ou moins-values :

Nature du bien cédé	**Bien détenu depuis - de 2 ans**		**Bien détenu depuis + de 2 ans**	
	plus-value	**moins-value**	**plus-value**	**moins-value**
Bien amortissable	court terme	court terme	- court terme à hauteur des amortissements pratiqués - long terme au-delà	court terme
Bien non amortissable	court terme	court terme	long terme	long terme

Exemples de calcul de plus-values

Prix de revient d'une immobilisation :	800.000 F
Amortissements régulièrement pratiqués :	300.000 F
Valeur comptable :	500.000 F

- *1ère hypothèse* : Prix de cession : 600.000 F, durée de détention du bien : 4 ans.

La plus-value est égale à 600.000 F - 500.000 F, soit 100.000 F.

Dans la mesure où le montant de la plus-value n'excède pas le montant des amortissements, celle-ci est pour la totalité une plus-value à court terme, malgré le fait que le bien soit détenu depuis plus de deux ans.

- *2ème hypothèse* : Prix de cession : 900.000 F, même durée de détention du bien.

La plus-value est égale à 900.000 F - 500.000F, soit 400.000 F.

Le bien cédé est détenu depuis plus de deux ans et est amortissable donc :
. la plus-value est à court terme à hauteur des amortissements pratiqués, soit 300.000 F.
. elle est à long terme pour le surplus, soit (400.000 F - 300.000 F) = 100.000 F.

d) Modalités d'imposition des plus ou moins-values

- **Imposition des plus ou moins-values à court terme**

Au terme de chaque exercice, l'entreprise doit faire une compensation entre les différentes plus-values et moins-values à court terme réalisées ou subies.

. Si, après compensation, se dégage une plus-value nette (excédent de plus-values sur les moins-values) celle-ci doit être imposée dans les résultats de l'exercice, au taux de droit commun.
Dans la mesure où le montant de la plus-value nette à court terme est déjà comptabilisé, il n'y a aucune correction à apporter au niveau du résultat fiscal.

Toutefois, le montant de la plus-value nette à court terme peut être réparti par fractions égales, sur l'année de sa réalisation plus les deux années suivantes. Ainsi, seul un tiers de la plus-value est imposé au cours de chacun des trois exercices d'étalement.

. Si, à l'inverse, se dégage une moins-value nette, celle-ci est déductible du résultat imposable. De plus, si le bénéfice de l'exercice ne permet pas d'imputer la moins-value nette à court terme, celle-ci prend le caractère d'un déficit, reportable sur les cinq exercices suivants.

- **Imposition des plus ou moins-values à long terme**

Comme pour les plus ou moins-values à court terme, les plus et moins-values à long terme doivent faire l'objet d'une compensation au cours de l'exercice d'imposition.

. Si, après compensation, se dégage une plus-value nette, celle-ci doit être déduite du résultat fiscal pour être imposée à part, à un taux réduit de :
16 % en général,
26 % pour les terrains à bâtir.

Précision : Dans la mesure où le taux relatif aux terrains à bâtir est différent de celui applicable aux autres biens, la compensation ne peut se faire qu'entre biens de même nature. Ainsi la plus-value à long terme sur un immeuble ne peut pas se compenser avec une moins-value à long terme sur un terrain à bâtir.

La plus-value nette à long terme peut ne pas être imposée lorsqu'elle sert à compenser :

. soit le déficit fiscal de l'exercice de sa réalisation,
. soit les moins-values nettes à long terme subies au cours des dix exercices antérieurs.

S'agissant de la compensation du déficit fiscal, l'imputation de la plus-value peut couvrir non seulement le déficit de l'exercice mais surtout les déficits antérieurs encore reportables.

La compensation se fait franc par franc.

. La compension fait apparaître une moins-value nette : celle-ci ne peut pas être déduite du bénéfice imposable. Elle peut seulement être imputée sur les plus-values à long terme de même nature réalisées au cours des dix exercices ultérieurs.

Donc, en principe les moins-values nettes à long terme sur terrains à bâtir ne peuvent s'imputer que sur des plus-values à long terme portant également sur de tels terrains.
Cependant, par exception, la loi admet que ces moins-values puissent être imputées sur des plus-values à long terme d'autre nature.

Régimes particuliers d'imposition des plus ou moins-values

- Plus ou moins-values résultant de la perception d'indemnités d'assurance ou d'expropriation:

. **Plus-value à court terme** : la plus-value nette à court terme peut faire l'objet d'un étalement non plus sur trois ans mais sur l'exercice de sa réalisation plus les neuf exercices suivants, à la condition que le bien en cause réponde à l'une des deux conditions suivantes :
le bien immobilisé est amortissable selon le mode linéaire sur une période supérieure à cinq ans.
le bien immobilisé est amortissable selon le mode dégressif sur une période supérieure à huit ans.

. **Plus-value à long terme** : l'imposition de cette plus-value à long terme est reportée de deux ans, Le point de départ du délai est la date à laquelle l'indemnité d'assurance est certaine dans son principe et son montant, ou la date à laquelle le jugement détermine l'indemnité d'expropriation.

- Plus ou moins-values sur des produits de la propriété industrielle

Les produits de la propriété industrielle peuvent bénéficier du régime des plus-values à long terme et être imposés au taux réduit de 16 % s'ils répondent à deux conditions :

. Les droits et produits ont le caractère d'éléments immobilisés. Cela signifie que lorsque le bien a été acquis à titre onéreux par l'entreprise, il doit avoir été détenu au moins deux ans avant d'être cédé. La condition de délai de détention ne s'applique pas aux biens découverts, mis au point ou cédés à titre gratuit par l'entreprise ; dans ce cas, le régime des plus-values à long terme joue de plein droit.

. Il n'existe aucun lien de dépendance entre le concédant et le concessionnaire, lorsqu'il s'agit de produits de concessions de licences d'exploitation. Les "liens de dépendance" se traduisent, d'après le législateur, soit par la détention de la majorité du capital social d'une entreprise par une autre, soit par l'appartenance des deux entreprises à un même groupe.

- Plus ou moins-values sur titres de portefeuille

Pour bénéficier du régime des plus-values professionnelles, les titres de portefeuille doivent faire partie de l'actif immobilisé de l'entreprise, c'est-à-dire :

. soit être détenus depuis plus de deux ans,
. soit être détenus depuis moins de deux ans mais faire partie d'un lot de titres de même nature dont certains sont détenus depuis plus de deux ans.

Toutefois, cette estimation de la date de possession des titres peut être difficile lorsque l'entreprise a acquis des titres d'une même société, à des dates différentes.
La loi pose donc, comme principe, que la cession est censée porter en premier sur les titres les plus anciens.
C'est la **méthode FIFO** : "***first in, first out***", qui permet ainsi de qualifier la plus-value à court terme ou à long terme et de déterminer le prix de revient des titres cédés.

La plus-value est égale à la différence entre le prix de cession et le prix de revient des titres, en commençant par les plus anciens.

Dans le cas où les titres de portefeuille ont fait l'objet d'une provision pour dépréciation (CF provisions pour dépréciation de titres de portefeuille), le montant de celle-ci doit être annulé et traité fiscalement comme une plus-value à long terme.
On calcule dont la plus-value de cession des titres sans tenir compte du montant de la provision, à partir du prix de revient brut des titres cédés.

Exemple de plus-values sur titres de portefeuille :

Une entreprise dispose d'un portefeuille-titres composé comme suit :

. Titres A : 300 acquis en octobre 1985 pour 150 F,
500 acquis en février 1987 pour 120 F,
100 acquis en août 1989 pour 130 F.

. Titres B : 200 acquis en septembre 1989 pour 170 F.

En juin 1990, cette entreprise cède :

. Titres A : 850, au prix unitaire de 160 F,
. Titres B : 140, au prix unitaire de 210 F.

- *Calcul des plus-values, en retenant la méthode* ***FIFO***

Titres A : en application de la méthode FIFO, la cession des titres est réputée porter en premier sur les titres acquis en 1985
300 x (160 - 150) = 3.000 F.

C'est une plus-value à long terme, car les titres sont détenus depuis plus de deux ans.

La cession porte ensuite sur les titres acquis en 1987 :
500 x (160-120) = 20.000 F.

La plus-value est également à long terme, les titres étant détenus depuis plus de deux ans.

Enfin, sur les titres acquis en 1989 : 50 x (160 - 130) = 1.500 F

Bien que ces derniers titres aient été acquis depuis moins de deux ans, ils suivent le régime des plus-values professionnelles car ils font partie d'un lot de titres de même nature dont certains sont détenus depuis plus de deux ans.

- *Récapitulation des plus-values*

. Plus-values à long terme : (3.000 + 20.000) F = 23.000 F
. Plus-values à court terme : 1.500 F

Les plus-values à long terme doivent être déduites du résultat imposable pour être imposées à part, à un taux réduit.
Les plus-values à court terme sont imposables dans les bénéfices imposables, au taux de droit commun.

Le régime des plus-values professionnelles applicables aux *"petites entreprises"*

Certaines entreprises dont les recettes ne dépassent pas les plafonds fixés par la loi peuvent bénéficier d'une exonération des plus-values professionnelles qu'elles ont réalisées au cours d'un exercice.

- Les personnes concernées sont :

. les exploitants individuels,
. les sociétés de personnes (y compris les SARL familiales soumises à l'impôt sur le revenu),
ayant une activité industrielle, commerciale, artisanale, libérale ou agricole, soumises à l'impôt sur le revenu, dont les recettes annuelles, taxes comprises, n'excèdent pas le double des limites du forfait ou de l'évaluation administrative soit :

. 1.000.000 F pour les entreprises de vente ou fourniture de logements (ainsi que pour les exploitants agricoles).
. 300.000 F pour les autres entreprises.
. 350.000 F pour les personnes relevant des bénéfices non commerciaux.

- **Modalités de l'exonération**

L'étendue de l'exonération des plus-values professionnelles varie selon la durée d'existence de l'exploitation :
. L'exonération est totale lorsque l'exploitation existe depuis au moins 5 ans.
. A l'inverse, elle ne s'applique pas lorsque l'activité est exercée depuis moins de 5 ans.
Dans ce cas, l'imposition des plus-values professionnelles se fait selon les règles de droit commun (CF plus-values professionnelles).

- **Régime particulier d'imposition des plus-values réalisées sur des terrains agricoles ou des terrains à bâtir.**

. L'exonération totale vue précédemment joue également pour les cessions de terrains agricoles ou forestiers, dès lors que l'exploitation existe depuis au moins 5 ans.
Lorsque celle-ci a moins de 5 ans d'existence, les plus-values ne sont pas taxées selon les règles de droit commun mais relèvent du régime des plus-values des particuliers (CF plus-values des particuliers).

. Les plus-values résultant de la cession de terrains à bâtir inscrits à l'actif de l'entreprise sont, quelle que soit la durée d'existence de celle-ci, soumises au régime des plus-values des particuliers (CF plus-values des particuliers).

5. Régimes d'imposition des BIC

Les bénéfices industriels et commerciaux sont imposés de **deux façons** différentes selon le montant du chiffre d'affaires, taxes comprises, réalisé par l'exploitant individuel au cours d'une année :
. le régime du **forfait**
. le régime du **bénéfice réel**.

a) Le régime du forfait

Le régime du forfait s'applique de plein droit aux exploitants dont le montant annuel du chiffre d'affaires, taxes comprises, n'excède pas :

- 500.000 F pour les entreprises de vente ou fourniture de logements
- 150.000 F pour les autres entreprises.

Lorsque l'activité industrielle ou commerciale est réalisée par une société de personnes relevant de l'impôt sur le revenu, le forfait s'applique de la même façon.

- Détermination du forfait

Le forfait est fixé par année civile, pour une période de deux ans. Il est établi par l'Administration, au vu du "*bénéfice que l'entreprise doit produire normalement*" (art. 51 CGI).

Ainsi, l'Administration tient compte non seulement des résultats réalisés par l'entreprise au cours des précédents exercices, mais également des particularités propres à chaque exploitation, afin de fixer un forfait qui corresponde réellement à leur activité et leurs capacités productives et financières.

A l'inverse, les gains exceptionnels perçus au cours d'une année, notamment à l'occasion de la cession d'éléments d'actif immobilisé sont exclus des bases de calcul du forfait, car ils ne reflètent pas le bénéfice normal de l'exploitation.

Une fois fixé par l'Administration, le forfait est notifié au contribuable, qui dispose d'un délai de 30 jours pour l'accepter, le refuser ou présenter des observations.
En cas de désaccord persistant, le forfait est établi par la commission départementale des impôts directs.
L'exploitant peut également intenter un recours contentieux contre l'évaluation faite par l'Administration.

- Obligations des exploitants relevant du forfait

Au niveau comptable : Les exploitants individuels doivent tenir un registre mentionnant tous les achats effectués au cours de l'année, et accompagné des pièces justificatives (factures).
Ils peuvent également, dans certains cas, être tenus de produire un livre-journal relatant leurs dépenses professionnelles (prestations de service).

Au niveau fiscal : Les exploitants doivent, chaque année, avant le 15 février, souscrire une déclaration spéciale (formulaire 951) destinée à l'Administration et permettant de calculer le montant du forfait.
Cette déclaration doit détailler le montant des achats, des frais généraux et des opérations réalisées, la valeur des produits en stock, le nombre de salariés, les véhicules utilisés pour les besoins de l'entreprise.

Ils doivent également, avant le 1er mars, produire une déclaration générale de revenus de toute nature perçus par le contribuable-exploitant.

b) Le régime du bénéfice réel

Le régime du bénéfice réel se décompose en deux régimes :
. le bénéfice réel simplifié,
. le bénéfice normal.

Le bénéfice réel simplifié

Le régime simplifié s'applique de plein droit aux exploitants dont le chiffre d'affaires annuel TVA incluse est compris entre :
. 500.000 F et 3.500.000 F pour les entreprises de vente ou fourniture de logements,
. 150.000 F et 1.000.000 F pour les autres entreprises.

Plus, il peut être choisi par les contribuables qui relèvent normalement du régime du forfait.

Il offre l'avantage, pour les exploitants qui y sont soumis, de n'imposer qu'une comptabilité super-simplifiée, déterminée à partir des encaissements et des paiements effectués au cours de l'année et modulée des dettes, créances et stocks évalués à la clôture de l'exercice.

Les stocks et travaux en cours peuvent être évalués de façon forfaitaire.

Enfin, seules les entreprises dont le chiffre d'affaires est supérieur à 1.000.000 F (entreprises de vente ou fourniture de logements) ou 300.000 F (autres entreprises) sont tenues de produire un bilan abrégé en plus de leur déclaration.

S'agissant des déclarations, l'exploitant doit produire chaque année, avant le 31 mars, une déclaration spéciale des résultats du dernier exercice (formule 2031).

Il doit également souscrire une déclaration générale de revenus pour les revenus de toute nature perçus au cours de l'année.

Précisions :
- Les entreprises relevant du réel simplifié peuvent, dans certains cas, être totalement exonérées d'impôt à raison des plus-values professionnelles réalisées à l'occasion de cessions d'éléments de l'actif immobilisé (CF plus-values professionnelles).

- Les exploitants peuvent adhérer à des centres de gestion agréés et bénéficier des avantages fiscaux accordés du fait de l'adhésion : abattements de 20 % ou 10 % sur le bénéfice imposable, déduction du salaire du conjoint (CF centres de gestion agréés).

Le bénéfice réel normal

Le régime du bénéfice réel normal s'applique de plein droit aux exploitants individuels dont le montant annuel de chiffre d'affaires excède le plafond du réel simplifié.

Le bénéfice imposable est calculé selon les règles normales de détermination de résultat.

L'exploitant est tenu de fournir une comptabilité régulière et détaillée.

Tous les éléments servant à la détermination du bénéfice imposable doivent être mentionnés dans une déclaration spéciale de résultats (formulaire 2031) produite chaque année avant le 31 mars par l'exploitant.

Cette déclaration doit détailler les divers postes comptables, dans des tableaux regroupés en une *"liasse fiscale"* (tableau des amortissements, des immobilisations, des plus ou moins-values, bilan, compte de résultat...).
Elle doit également faire apparaître d'autres renseignements obligatoires : participations et filiales, charges et produits à percevoir ou payer.

Les exploitants relevant du régime réel normal peuvent adhérer à un centre de gestion agréé et bénéficier des avantages fiscaux attachés à l'adhésion.

6. Le sort des déficits en matière de BIC

Si l'activité industrielle ou commerciale dégage à la clôture d'un exercice un déficit, celui-ci est imputable sur le revenu global du contribuable perçu pendant la même période.
Plus, si le déficit est supérieur au montant global du revenu net, il peut être imputé sur les revenus des cinq années suivantes.

Enfin, lorsque le déficit est dû en partie à des amortissements réputés différés, la fraction du déficit correspondante peut être reportée sur les exercices suivants sans limitation de durée.

7. Cas particulier des sociétés de personnes

Nous avons vu que le régime des BIC s'applique à toutes les activités commerciales, industrielles ou artisanales exploitées par :
. un exploitant individuel ou
. une société de personnes
et que les règles de détermination du résultat fiscal étaient identiques dans les deux hypothèses.

Toutefois, les sociétés de personnes à l'IR suivent un régime un peu particulier dans la mesure où, du point de vue fiscal, elles ne constituent pas une personne distincte de celle de ses membres ni, surtout, un *"contribuable"* à part entière.

A mi-chemin entre l'exploitation individuelle et la société de capitaux, la société de personnes n'existe, en fait, qu'au travers de ses associés. Deux conséquences :

- Seuls les associés supportent directement et définitivement l'impôt dû à raison des revenus générés par la société, à proportion de leur participation dans celle-ci.
Ils doivent donc inclure la quote-part de bénéfices leur revenant dans leur revenu global imposable.

- Il faut néanmoins déterminer le résultat engagé par la société, puisque c'est lui qui va permettre de calculer la quote-part de revenus attribuée à chaque associé.

Concrètement, il font donc procéder en **deux étapes** :

- Déterminer le résultat dégagé par la société, selon les règles posées de façon générale en matière de BIC et applicables en l'espèce.

- Calculer la quote-part de bénéfice revenant à chaque associé et pour cela, déterminer le "résultat à répartir" entre chacun d'entre eux.

a) Détermination du résultat imposable

Le résultat dégagé par la société de personnes suit les mêmes règles de détermination que celui réalisé par un exploitant individuel. Notamment :

. seules les charges directement liées à l'intérêt et l'activité de la société sont déductibles,

. les rémunérations des gérants ou associés ne sont pas déductibles et doivent être rapportées au résultat de l'exercice.

. la déduction des salaires des conjoints d'associés suit les mêmes limites que celle relative aux salaires des conjoints d'exploitants (17.000 F ou 24 fois le SMIC).

. les frais personnels engagés par les associés dans l'intérêt de la société ne sont pas déductibles et doivent être rapportés au résultat.

*b) Détermination du "**bénéfice à répartir**"*

La notion de "*bénéfice à répartir*" est différente de celle de bénéfice imposable dans la mesure où elle tient compte non seulement des éléments communs à tous les associés, mais aussi et surtout des éléments propres à l'un ou l'autre des associés, et contenus dans le résultat imposable.

Autrement dit :
- le "*bénéfice imposable*" se compose de tous les produits, charges et résultats propres à la société "entité juridique" y compris certaines charges non déductibles comme la rémunération du gérant dès lors qu'elles concernent l'activité sociale.

- le "*bénéfice à répartir*" entre les associés ne comprend que les seuls éléments du résultat qui sont communs à tous les associés, à l'exclusion des charges relatives à un seul ou quelques associés.
Il est en effet logique et équitable de ne pas inclure dans le bénéfice à répartir des charges supportées par la société qui ne concernent qu'un associé et non pas la totalité d'entre eux.
Sinon cela reviendrait, en pratique, à imposer entre les mains d'associés non concernés, des revenus dont ils n'ont pas profité personnellement.

L'exemple le plus "*typique*" en matière de charges à exclure du bénéfice à répartir est celui de la rémunération du gérant (ou d'un associé). Nous avons vu que cette charge n'est pas déductible du résultat imposable de la société et doit y être réintégrée l'année au cours de laquelle elle est versée. Dans la mesure où cette charge ne concerne et ne profite qu'à une seule personne (le gérant ou l'associé) il est normal qu'elle ne soit pas comprise dans le bénéfice à répartir entre tous les associés, mais exclue de celui-ci et imputée directement chez le seul bénéficiaire (qui supportera alors l'impôt sur le revenu).

Sont ainsi à exclure du bénéfice à répartir entre les associés :

. les rémunérations allouées au gérant ou à un associé ;

. la fraction non déductible des salaires des conjoints d'associés ;

. la fraction non déductible des intérêts de comptes courants ouverts par certains associés dans la société.

Tous ces revenus sont imputés directement aux bénéficiaires, soumis à l'impôt dans les mêmes conditions et selon les mêmes règles que leur quote-part de bénéfices.

c) Détermination du revenu imposable entre les mains des associés

Chaque associé est soumis à l'impôt sur :

- sa part de résultat, déterminée en fonction de sa participation dans la société,
- éventuellement sur les autres revenus qu'il a perçus au cours de l'année (rémunération de compte courant, salaires...),
- diminuée des frais personnels engagés dans l'intérêt de la société dès lors qu'ils remplissent les conditions suivantes :
. ils incombent personnellement à l'associé et sont effectivement supportés par lui,
. ils n'ont pas été pris en compte dans la détermination du résultat imposable,
. ils constituent une charge déductible pour un exploitant individuel.

Chaque associé est donc autorisé à déduire de sa quote-part imposable, au titre des frais professionnels : les frais de transport, de cotisations sociales..., ainsi que les frais engagés pour l'acquisition de ses droits sociaux.

Précisions :
- Le fait qu'un associé soit une personne morale passible de l'IS ne change rien à la détermination de sa quote-part imposable : la société doit inclure dans son résultat les revenus perçus de la société de personnes, en proportion de sa participation dans celle-ci.

- Lorsqu'un associé est une entreprise soumise à l'impôt sur le revenu ayant inscrit à son actif les droits sociaux, la quote-part de bénéfices lui revenant est calculée non pas selon les règles propres à la nature de la société (BIC) mais selon les règles dont il relève en raison de son activité principale.

- Les entreprises unipersonnelles à responsabilité limitée (E.U.R.L.) composées d'un associé (unique) personne physique relèvent également du régime des sociétés de personnes. En conséquence, seul l'associé supporte l'impôt dû à raison des bénéfices réalisés par l'entreprise.
Comme en matière de sociétés de personnes, la rémunération de l'associé n'est pas déductible du résultat imposable. A l'inverse, celle versée au gérant est déductible, sous réserve des limites applicables aux rémunérations allouées aux conjoints d'associés.

8. Les centres ou associations de gestion agréés

Les centres ou associations de gestion agréés ont pour objet d'apporter une assistance en matière de gestion et de fiscalité aux industriels, commerçants, artisans et agriculteurs placés sous un régime de bénéfice réel ainsi qu'aux membres de professions libérales.

On parle de ***"centres"*** de gestion agréés pour les exploitants individuels et les PME à caractère industriel, commercial, artisanal ou agricole, d'***"associations"*** de gestion agréées pour les membres des professions libérales.

a) Fonctionnement des centres (et associations)

Les centres (ou associations) de gestion agréés sont créés après agrément du Directeur régional des impôts, pour une durée de 3 ans.

Chaque année, ils fournissent à leurs adhérents un dossier complet de gestion ; ils vérifient la cohérence des documents présentés par les contribuables.

Enfin, ils élaborent même, dans certains cas pour le compte des adhérents, les déclarations destinées à l'Administration.

Les centres sont obligatoirement assistés par un expert-comptable (ou des comptables agréés) qui vise toutes les déclarations de résultats des adhérents et en vérifie la régularité.

b) Obligations des adhérents

Vis-à-vis de leur clientèle, les adhérents sont soumis à deux obligations :

. les informer de leur adhésion à un centre de gestion agréé,
. accepter les règlements par chèques.

Vis-à-vis du centre de gestion, les adhérents doivent produire tous les éléments, documents et renseignements nécessaires à l'établissement d'une comptabilité.
Ils doivent également, sur demande de l'expert-comptable, apporter tout complément d'information jugé utile.

c) Avantages fiscaux accordés aux adhérents

Quatre avantages fiscaux sont accordés aux adhérents de centres (ou associations) de gestion agréés :

Un abattement sur le bénéfice imposable

Pour les bénéfices (BA, BNC et BIC) de 1990, les abattements sont les suivants :

- 20 % sur la fraction de bénéfice qui n'excède pas 426.400 F ;
- 10 % sur la fraction de bénéfice comprise entre 426.400 F et 607.000 F ;
- 0 % sur la fraction de bénéfice supérieure à 607.000 F.

(On constate que ces abattements sont les mêmes que ceux accordés à un salarié dirigeant qui détient plus de 35 % des droits sociaux de la société qui l'emploie).

- Lorsque l'adhérent exerce sont activité au sein d'une société de personnes soumise à l'impôt sur le revenu, les abattements sont calculés sur le quote-part du résultat lui revenant, après déduction des frais professionnels (non déduits au niveau de la société).

- Les abattements sont refusés dans deux cas :
. le contribuable adhérent, a, pour la seconde fois, déposé sa déclaration de résultats hors délai,
. le contribuable adhérent a fait l'objet d'un redressement de bénéfices (ou de TVA) et sa mauvaise foi a été établie par l'Administration.

Une réduction d'impôt sur le revenu

Une réduction d'impôt, limitée à 4.000 F est accordée aux adhérents soumis sur option au régime de la déclaration contrôlée.
Elle correspond aux frais de comptabilité et d'adhésion à un centre (ou association) de gestion agréé.

La réduction est supprimée lorsque, lors d'un redressement, la mauvaise foi du contribuable a été établie.

Le salaire du conjoint

Pour les contribuables non adhérents à un centre (ou association) de gestion agréé, le salaire du conjoint qui travaille dans l'entreprise est déductible, pour une année à hauteur de 17.000F.

L'adhésion au centre de gestion donne droit, elle, à une déduction du salaire du conjoint égale à :
. 18 fois le SMIC (soit 89.900 F) pour les exercices ouverts au 1er janvier 1989.
. 24 fois le SMIC pour ceux ouverts au 1er janvier 1990.

Suppression des majorations fiscales pour les nouveaux adhérents

Tout nouvel adhérent dispose d'un délai de trois mois à compter de son adhésion pour corriger les omissions, insuffisances ou inexactitudes entachant ses déclarations antérieures (période non prescrite), sans aucun risque de majoration fiscale.
Il lui faut pour cela adresser une lettre recommandée au service des impôts compétent, retraçant toutes les irrégularités commises.

Commentaire : En pratique, on ne peut que recommander aux contribuables d'adhérer à un centre de gestion agréé, notamment ceux dont les compétences en matière comptable et fiscale sont minimes.
En effet, outre les avantages fiscaux non négligeables, ils bénéficient d'une assistance "technique" importante qui leur évite de commettre des erreurs, et donc de s'exposer à d'éventuels redressements.
Enfin, dans la mesure où les frais de comptabilité et d'adhésion ouvrent droit à une réduction d'impôt le coût économique et fiscal de l'opération est vraiment dérisoire.

H. REMUNERATIONS DES DIRIGEANTS

Le régime d'imposition des rémunérations des dirigeants varie selon la forme et la nature de la société dans laquelle ceux-ci travaillent :

- Sociétés de personnes relevant de l'impôt sur le revenu :
Les rémunérations versées aux associés-gérants sont imposables dans la catégorie de revenus correspondant à l'activité de la société : BIC, BA, BNC, Revenus fonciers. L'imposition se fait directement entre les mains de chaque associé.

- Sociétés passibles de l'IS :
Les rémunérations versées aux dirigeants sont imposables selon l'un des régimes suivants :

Traitements et salaires : cela concerne les rémunérations des dirigeants de SA et des gérants minoritaires de SARL. Les modalités d'imposition sont les mêmes que pour les rémunérations perçues par des salariés non-dirigeants.

Bénéfices non commerciaux : il s'agit des rémunérations versées aux membres du conseil de surveillance de sociétés en commandite par actions et de celles allouées aux membres du conseil de surveillance de sociétés anonymes "de type nouveau".

Catégorie particulière de l'article 62 CGI : dans cette rubrique, expressément instituée par le CGI, sont visées les rémunérations versées :
- aux gérants majoritaires de SARL ;
- aux gérants de sociétés en commandite par actions ;
- aux membres de sociétés de personnes ayant opté pour l'impôt sur les sociétés.

Avant de préciser les modalités d'imposition applicables à cette catégorie de revenus, il est nécessaire de définir la **notion de gérant majoritaire de SARL** : un gérant est fiscalement réputé majoritaire lorsqu'il détient, personnellement ou par le biais de son conjoint ou de ses ascendants et descendants, plus de la moitié du capital de la société (en usufruit ou en toute propriété).
En cas de *pluralité des gérants*, ceux-ci sont réputés majoritaires s'ils détiennent, ensemble, plus de la moitié du capital de la société.
Enfin, les *gérants de fait* sont assimilés aux gérants de droit et sont donc retenus pour apprécier le caractère minoritaire ou majoritaire de la gérance.

S'agissant maintenant des **modalités d'imposition** des rémunérations de l'article 62 CGI :
les **rémunérations visées** par cet article sont :
- les appointements,
- les allocations, indemnités et gratifications versées par la société,
- les avantages en nature et en espèces concédés aux dirigeants,
- les remboursements forfaitaires de frais.

Ces sommes sont imposables "*sous déduction des frais inhérents à l'exploitation sociale et effectivement supportés par les bénéficiaires dans l'exercice de leurs fonctions*".

Cela signifie que les dirigeants soumis à ce régime d'imposition en peuvent pas, en principe, bénéficier des déductions forfaitaires pour frais professionnels de 10 % et 20 % normalement applicables aux traitements et salaires. Toutefois, depuis le 1er janvier 1988, la loi autorise les dirigeants à appliquer la réfaction spéciale de 20 % au montant de leur rémunération imposable, pour la fraction de celle-ci n'excédant pas 607.000 F.
Le bénéfice de cet abattement est réduit pour les salariés détenant plus de 35 % des droits sociaux : le taux est de 10 % pour la fraction de la rémunération comprise entre 426.400 F et 607.000 F.

4 - CALCUL DE L'IMPÔT

Une fois les différents revenus déterminés pour leur montant net, le contribuable peut procéder au calcul de l'impôt dont il est redevable.

A. CHARGES DEDUCTIBLES

Plusieurs étapes sont nécessaires :
. la déduction de certaines charges du revenu imposable,
. l'application du barème de l'impôt,
. la prise en compte de charges ouvrant droit à réduction,
. l'application de dispositions spécifiques prévues par la loi.

1. Pensions alimentaires

L'obligation alimentaire entre ascendants et descendants est posée aux articles 205 à 211 du Code Civil ; elle est reprise par le Code Général des Impôts, sous la forme de **charge déductible**.
Toutefois, **trois** conditions sont posées pour la déduction des frais de pension :

- Les pensions versées aux ascendants ou descendants sans ressources doivent être proportionnées à la fois aux besoins du bénéficiaire et aux facultés contributives de la personne versante.

- Elles doivent être payées en nature ou en espèces.
- Les pensions doivent être incluses dans le revenu imposable de leurs bénéficiaires.

a) Pensions alimentaires versées aux ascendants

La notion fiscale des "*pensions alimentaires*" est très large et peut se traduire de différentes façons :

- Le contribuable recueille sous son toit une personne, un ascendant sans ressources : il peut, sans justificatif, déduire de son revenu imposable une somme de 15.730 F (correspondant aux avantages en nature servant de base au calcul des cotisations de sécurité sociale) au titre d'une pension alimentaire.

- Le contribuable met à la disposition d'un ascendant un logement : il peut déduire le montant du loyer (et des charges) de son revenu. Dans la mesure où celui-ci n'est pas perçu, le législateur l'assimile à une pension alimentaire.

- L'ascendant sans ressources est invalide, le contribuable peut :
. soit déduire une pension alimentaire, dans la limite de 15.730 F,
. soit le prendre à sa charge fiscale, et bénéficier ainsi d'une part entière supplémentaire de quotient familial.
Le choix de l'une ou l'autre de ces deux formules est laissé à l'appréciation du contribuable qui doit rechercher la solution la plus favorable (en tenant compte, notamment, du plafonnement du quotient familial).

- L'ascendant perçoit des arrérages de rentes viagères versées en contrepartie de donations : ils sont considérés comme des pensions alimentaires s'ils correspondent vraiment à un besoin alimentaire et s'ils excèdent le montant normalement dû.

b) Pensions alimentaires versées aux descendants

Il faut distinguer les pensions alimentaires versées aux enfants mineurs et celles attribuées aux enfants majeurs.

- Pensions alimentaires versées aux enfants mineurs :
Lorsque les parents sont séparés ou divorcés, celui qui n'a pas la garde des enfants est tenu de participer à l'entretien et l'éducation de ceux-ci. En conséquence les versements faits dans ce but sont déductibles, car assimilés à une pension alimentaire.
La déduction joue, même si aucune décision de justice n'a posé l'obligation de verser une pension ; elle n'est pas limitée dans son montant (dès lors qu'elle est justifiée par un besoin réel).

- Pensions versées aux enfants majeurs :
Les parents ayant des enfants de plus de 18 ans ont, sous certaines conditions, la possibilité soit de les "rattacher" à leur foyer fiscal (et bénéficier d'une demi-part supplémentaire) soit de les imposer séparément.

Dans cette seconde hypothèse, les parents peuvent verser à leurs enfants majeurs une pension alimentaire, limitée (pour 1990) à **21.450 F** pour chacun d'entre eux.

Des **conditions** sont posées, au bénéfice de la déduction de cette pension :
. l'enfant majeur doit avoir moins de 21 ans ou moins de 25 ans s'il est étudiant,
. il doit être réellement dans le besoin,
. la pension doit être versée en espèces ou en nature,
. la pension doit être comprise dans le revenu imposable de l'enfant.

Cas particuliers :

- **Un enfant au service militaire** : il ne peut bénéficier d'aucune pension alimentaire déductible lorsqu'il est imposé séparément.
Toutefois, quel que soit son âge, il peut être rattaché au foyer fiscal de ses parents. Il ouvre droit dans ce cas à une demi-part supplémentaire.

- **Les enfants majeurs mariés** : lorsque les parents de l'un ou l'autre des enfants mariés subviennent aux besoins du couple imposé séparément, ils peuvent déduire de leur revenu imposable une pension alimentaire dans la limite de deux fois 21.450 F, soit 42.900 F.
Si les deux parents financent le couple, chacun peut déduire 21.450 F de son revenu imposable.
Le fait que le jeune couple ait ou non des enfants est sans influence sur le montant de la pension déductible.

- **Les enfants infirmes** : quand ils sont majeurs, les parents ont le droit de ne pas les rattacher à leur foyer fiscal, et de leur verser une pension alimentaire. Cette pension est déductible, quel que soit l'âge de l'enfant infirme, dans la limite générale de 21.450 F.

- **Les enfants poursuivant des études dans l'enseignement supérieur** : la loi de finances pour 1990 pose le principe d'un avantage minimal en impôt de 4.000 F, accordé aux contribuables dont un enfant est inscrit dans l'enseignement supérieur et bénéficie d'une pension alimentaire. Avantage qui ne peut toutefois pas excéder 35 % des sommes versées à l'enfant.

c) Pensions alimentaires versées à un ex-conjoint

Sont seules déductibles les pensions versées à un ex-époux dans le cadre d'une décision de justice, à la suite d'une séparation de corps ou d'un divorce (ou instance de divorce).
En principe, la déduction est limitée au montant de la pension fixé par le juge, mais l'Administration accepte celle de pensions revalorisées spontanément, lorsqu'elles restent dans les limites de l'évolution de l'indice des prix.

2. Investissements en actions françaises

a) Investissements en actions françaises "Déduction Monory"

La déduction "Monory" instituée par une loi du 13 juillet 1978 a pour effet d'accorder une détaxation du revenu investi par le contribuable dans des actions de sociétés françaises. Des conditions sont posées à l'obtention de cette déduction :
- Le contribuable est né avant le 1er janvier 1932 ;
- Il exerce une activité professionnelle au 1er janvier de l'année pour laquelle il demande une détaxation ;
- Il bénéficie d'une déduction pour ses investissements "Monory" au cours d'une année quelconque entre 1978 et 1981 ;
- Le contribuable n'a pas ouvert de Compte d'Epargne en Actions (CEA).

En pratique, cette déduction ne s'applique plus, pour les revenus 1990, qu'aux contribuables nés avant 1932 et ayant toujours une activité professionnelle.
La limite annuelle de déduction est de 6.000 F.

b) Plan d'épargne retraite et plan d'épargne populaire

Le législateur avait créé, en 1988, le plan d'épargne retraite (P.E.R.) afin de permettre aux contribuables (dans certaines limites) de déduire les montants investis en valeurs mobilières ou contrats d'assurance-vie.

Ainsi, les sommes versées au titre du P.E.R. étaient déductibles dans la limite annuelle de :
8.120 F pour les célibataires,
16.240 F pour les contribuables mariés (limite majorée de 4.110 F pour ceux ayant au moins trois enfants à charge).

Le P.E.R. a été supprimé par la loi de finances pour 1990 et remplacé par le plan d'épargne populaire (P.E.P.) depuis le 1er janvier 1990.
Ce nouveau produit, dont la finalité est également d'aider les contribuables à se constituer un capital à long terme en leur accordant des avantages fiscaux, diffère cependant du P.E.R. dans les modalités d'octroi de ces avantages.

En effet, le P.E.P. n'entraîne aucune déduction d'impôt pour les versements annuels effectués par le contribuable et seul le retrait des sommes affectées au P.E.P. bénéficie d'avantages fiscaux :

- Les sommes sont totalement exonérées d'impôt si le retrait est effectué plus de huit ans après la date d'ouverture du plan (date du premier versement).

- Elles sont également exonérées si le retrait a lieu avant le délai de huit ans, mais est motivé par :
. le décès du titulaire ou du conjoint ;
. l'expiration des allocations chômage ;
. la cession d'une activité non salariée due à un jugement de liquidation judiciaire ;
. la survenance d'une invalidité.

- En revanche, aucun avantage n'est accordé lorsque les produits capitalisés sont retirés du plan avant huit ans : ils sont imposables dans la catégorie des revenus de capitaux mobiliers.

Précision :
Les contribuables ayant ouvert un P.E.R. avant le 1er octobre 1989 ont la possibilité de le transférer sur un plan d'épargne populaire, à un moindre coût fiscal.

3. Frais d'accueil de personnes âgées

Lorsqu'un contribuable recueille sous son toit une personne âgée de plus de 75 ans, parente ou non, en dehors de toute obligation alimentaire, il peut déduire de son revenu imposable une somme de 15.730 F, au titre des avantages en nature consentis.

Les conditions relatives à cette déduction sont les suivantes :
- la personne recueillie n'a pas été prise en compte comme "*personne à charge*" dans le foyer fiscal du contribuable ;
- le contribuable peut justifier les montants et la réalité des sommes engagées.

4. Autres charges

Sont également déductibles du revenu imposable :

- Les cotisations de Sécurité sociale (autres que celles retranchées du revenu professionnel) versées volontairement au titre de l'assurance personnelle ;

- Les versements pour la retraite mutualiste du combattant ;

- Les investissements dans des sociétés de financement d'œuvres cinématographiques, dans la limte de 25 % du revenu net imposable du contribuable ;

- La souscription, par un créateur d'entreprise, à une "assurance fiscale" pour pallier les risques de perte de la société ; la déduction est plafonnée à :
. 100.000 F pour un célibataire,
. 200.000 F pour un contribuable marié.

Elle est subordonnée aux conditions suivantes :
- L'entreprise a été créée entre le 1er janvier 1987 et le 31 décembre 1989 ;
- Elle est composée à plus de 50 % par des personnes physiques ;
- Elle est soumise à l'impôt sur les sociétés ;
- La cessation de paiement doit intervenir dans les cinq ans suivant la date de la constitution de la société ;
- La souscription a été faite en numéraire ;

- L'acquisition, entre le 1er janvier 1991 et le 31 décembre 1994, de parts de copropriété de navires. La déduction est soumise à conditions. Elle est égale à 25 % des sommes engagées.

A côté de toutes les charges déductibles étudiées ci-dessus, existent des abattements spéciaux, ayant également pour effet de diminuer le revenu imposable.

5. Abattements spéciaux

Ces abattements concernent :
. les enfants mariés à charge,
. certaines personnes âgées.

Ils s'appliquent sur le revenu déterminé après déduction des charges.

a) Abattement pour les enfants mariés à charge :

Nous avons vu que des enfants mariés, même majeurs, peuvent être rattachés au foyer fiscal de l'un ou l'autre de leurs parents. Toutefois, et contrairement aux principes posés en la matière, le rattachement de ces enfants ne se traduit pas par l'obtention de demi-parts supplémentaires de quotient familial, mais par un abattement sur le revenu imposable du parent concerné. De plus, il existe des conditions au bénéfice de l'abattement : les enfants doivent avoir moins de 21 ans au 1er janvier 1990, ou moins de 25 ans s'ils sont étudiants, ou être au service national.
Il suffit que l'un des deux enfants réponde à l'une de ces trois conditions pour que l'abattement soit accordé.
Le rattachement est global : il joue obligatoirement pour les deux enfants mariés.

Le montant de l'abattement est fixé, pour les revenus de 1990 à :
. 21.450 F par personne ;
. 42.900 F pour le couple,
. 64.350 F s'il y a un enfant.

b) Abattement pour les personnes âgées ou invalides :

Les contribuables ayant plus de 65 ans au 1er janvier 1990 ou étant titulaires d'une carte d'invalidité, bénéficient d'un abattement particulier si leur revenu imposable n'excède pas un montant fixé par la loi. Pour les revenus 1990, l'abattement est de :
- 8.580 F lorsque le revenu imposable n'excède pas 53.100 F,
- 4.290 F quand le revenu imposable se situe entre 53.100 F et 85.800 F.

Lorsque, dans un couple, les deux conjoints remplissent l'une ou l'autre des deux conditions, les abattements sont multipliés par deux. Ils sont alors portés à 17.160 F et 8.580 F, avec les mêmes limites concernant le revenu imposable.

B. APPLICATION DU BAREME DE L'IMPOT

L'impôt sur le revenu est un **impôt progressif par tranches**, qui tient compte à la fois :
. des charges de famille,
. des facultés contributives de chaque contribuable.

Lorsqu'un **contribuable est marié, l'imposition** est commune et **unique pour toute sa famille,** entendue stricto sensu :
. conjoint,
. enfants à charge,
. autres personnes à charge.

Le **mécanisme** de la **progressivité de l'impôt** est le suivant :

1. On détermine le nombre de parts auxquelles le contribuable a droit à raison des différents membres qui composent le foyer fiscal : c'est le "*quotient familial*".

2. On divise le revenu net global du foyer par le nombre de parts.

3. On applique au revenu net, correspondant à une part, le barème progressif de l'impôt (en tenant compte éventuellement du plafonnement du quotient familial).

4. On multiplie le montant d'impôt dû (pour une part) par le nombre de parts du foyer.

On obtient alors l'impôt brut.

1. Quotient familial :

Le système du quotient familial permet d'atténuer la progressivité du barème de l'impôt dans la mesure où il prend en compte la situation familiale du contribuable, afin d'adapter au plus juste la charge fiscale.

Toutefois, l'avantage procuré par ce système est dans certains cas plafonné, lorsque les revenus du contribuable excèdent un plafond fixé par la loi.

Composition du foyer fiscal

La notion de "foyer fiscal" est réservée aux couples mariés, à l'exclusion des concubins et des conjoints séparés ou divorcés et comprend, outre les conjoints, les enfants et les autres personnes à charge.

Les différentes composantes de la famille fiscale ouvrent droit, selon leur qualité, à une demi-part ou une part entière de quotient familial.

a) Les conjoints

Chacun des époux ouvre droit à une part entière. Toutefois, dans certains cas particuliers, un conjoint peut "valoir" une part et demi comme le montre le tableau ci-dessous.

Célibataire, divorcé (ou séparé) ou veuf (cas particuliers) :

a. Ayant un ou plusieurs enfants majeurs ou faisant l'objet d'une imposition distincte ;

b. Ayant eu un ou plusieurs enfants qui sont morts, à la condition que l'un deux au moins ait atteint l'âge de seize ans ou que l'un deux au moins soit décédé par suite de faits de guerre ;

c. Titulaire, soit pour une invalidité de 40 % ou au-dessus, soit à titre de veuve, d'une pension prévue par les dispositions du code des pensions militaires d'invalidité et des victimes de la guerre reproduisant celles de lois des 31 mars et 24 juin 1919 ou d'une pension "hors guerre" ;

d. Titulaire d'une pension d'invalidité pour accident du travail de 40 % ou au-dessus ;

e. Titulaire de la carte d'invalidité prévue à l'article 173 du Code de la Famille et de l'aide sociale ;

f. Agé de plus de 75 ans et titulaire de la carte d'ancien combattant ou d'une pension militaire d'invalidité.
La même majoration de quotient familial est applicable aux veuves des personnes désignées ci-dessus, sous réserve de la même condition d'âge ;

g. Ayant adopté un enfant à la condition que, si l'adoption a eu lieu alors que l'enfant était âgé de plus de dix ans, cet enfant ait été à la charge de l'adoptant comme enfant recueilli depuis l'âge de dix ans. Il faut en outre que l'enfant adopté ne soit pas décédé avant d'avoir atteint l'âge de seize ans.

b) Les enfants à charge

Le législateur considère différemment les enfants mineurs et ceux ayant plus de 18 ans.

- Enfants mineurs :
Tous les enfants du contribuable mineurs sont considérés de **plein droit** comme des **enfants à charge** (art. 196 CGI). L'âge s'apprécie au 1er janvier de l'année d'imposition.

Le fait que ces enfants perçoivent des revenus ne fait pas obstacle au rattachement. Toutefois, si ces ressources sont importantes et risquent d'être trop lourdes au plan fiscal pour les parents, ceux-ci peuvent demander leur imposition séparée. Dans cette hypothèse, l'enfant mineur devient un contribuable à part entière.

Lorsque les parents sont séparés ou divorcés, seul celui qui a la garde de l'enfant en vertu d'une décision de justice peut le considérer comme à sa charge fiscale.

En cas de concubinage, l'un ou l'autre des concubins peut indifféremment prendre à sa charge l'enfant. L'autre concubin est traité comme un célibataire, mais il peut toutefois déduire de son revenu imposable la pension alimentaire qu'il verse à l'enfant, pour son entretien et son éducation.

Un enfant naturel peut être pris en compte par un contribuable dès lors que la filiation est régulièrement établie, et même s'il n'habite pas sous son toit.

Enfin, un enfant né au cours de l'année d'imposition ouvre également droit à une majoration du quotient familial, comme n'importe quel autre enfant.

- Nombre de parts attribuées aux enfants mineurs :
En principe chaque enfant ouvre droit à une demi-part, mais dans certains cas, les enfants "valent" une part entière :
. enfants infirmes ou invalides,
. enfants à partir du troisième,
. enfant élevé par un parent seul.
Ils peuvent également avoir droit à une part et demi lorsqu'ils sont invalides et élevés par un parent unique (veuf, divorcé).

- Enfants majeurs :
En **principe**, les enfants majeurs sont considérés comme des contribuables à part entière et donc **imposés séparément.**

Toutefois, le législateur admet qu'ils puissent être **rattachés** au **foyer fiscal de leurs parents** quand ils remplissent **l'une des conditions suivantes** :
. être âgés de moins de 21 ans,
. effectuer leur service national,
. être âgés de moins de 25 ans et poursuivre des études.

Le rattachement doit faire l'objet d'une demande écrite expresse de l'enfant, et être accepté par les parents. Les formulaires de déclaration d'impôt sur le revenu (2042) ont inséré un encart spécial à cet effet. Le rattachement est individuel, pour chacun des enfants majeurs. Il joue de façon irrévocable pour une année et peut être renouvelé tant que les enfants satisfont à l'une des trois conditions posées ci-dessus.

Enfin, le rattachement entraîne deux conséquences importantes :
- Impossibilité de cumuler le rattachement avec le versement d'une pension alimentaire pour un même enfant majeur.
- Obligation pour les parents d'inclure les revenus de l'enfant dans leur revenu global imposable.

Tout enfant majeur célibataire ouvre droit à une **demi-part** de quotient familial dès lors qu'il est rattaché au foyer parental (avec plafonnement éventuel).

Il existe **deux situations particulières** relatives aux enfants majeurs qui sont soumises à des règles spéciales :
- Le rattachement d'un enfant (ou d'un couple) marié n'ouvre pas droit à une part supplémentaire de quotient familial, mais à un abattement du revenu imposable.
- Les enfants infirmes peuvent demeurer rattachés au foyer fiscal parental quel que soit leur âge, sans avoir de demande à produire.

c) Les autres personnes à charge

Les personnes titulaires d'une carte d'invalidité et vivant sous le toit d'un contribuable ouvrent droit à une part entière de quotient familial quels que soient leur âge et le lien de parenté avec ce dernier. Toutefois, si cette personne perçoit des revenus, ceux-ci doivent obligatoirement être englobés dans le revenu imposable du contribuable.

Remarque générale sur le rattachement : Avant de décider du rattachement au foyer fiscal d'un enfant majeur (célibataire ou marié) ou d'une autre personne à charge, il est indispensable pour le contribuable de procéder aux différents calculs de l'impôt dont il va être redevable. En effet, l'avantage d'une telle option dépend de la situation personnelle de chaque contribuable et ne peut pas être apprécié, à priori, de façon générale.

Les points importants pour le choix du rattachement sont notamment :
- Le montant des revenus de l'enfant ; s'ils sont relativement élevés, ils risquent d'entraîner une imposition à une tranche supérieure.
- Le plafonnement du quotient familial ; l'avantage accordé pour un enfant ne peut excéder 12.180 F.

En pratique, le contribuable a donc **deux calculs** d'impôt à faire :
- **Avec son enfant majeur** (ou autre personne à charge) : le contribuable a droit à une demi-part supplémentaire mais il a l'obligation d'inclure les revenus de l'enfant dans son revenu global.
- **Sans l'enfant majeur** (imposé séparément) : le contribuable n'a droit à aucune majoration de son quotient familial mais il n'inclut pas les revenus de l'enfant dans son revenu global.
Il a en outre la possibilité, s'il justifie l'insuffisance des ressources de l'enfant, de lui verser une pension alimentaire (limitée à 21.450 F par enfant) déductible de son revenu global imposable (pension imposable entre les mains de l'enfant majeur).

Le barème de l'impôt :

Le barème progressif de l'impôt s'applique au revenu imposable correspondant à une part de quotient familial. On veut ainsi atténuer la progressivité de l'impôt. En pratique, c'est donc le rapport : $\frac{\text{Revenu imposable}}{\text{Nombre de parts}} \quad \frac{(R)}{(N)}$

qui est soumis au barème de l'impôt, comme nous le montre le tableau suivant :

Valeur du quotient R/N (1)	Montant de l'impôt brut
N'excédant pas 18.140 F	0 F
Comprise entre :	
18.140 et 18.960 F	(R x 0,05) - (907 x N)
18.960 et 22.470 F	(R x 0,096) - (1.779,16 x N)
22.470 et 35.520 F	(R x 0,144) - (2.857,72 x N)
35.520 et 45.660 F	(R x 0,192) - (4.562,68 x N)
45.660 et 57.320 F	(R x 0,24) - (6.754,36 x N)
57.320 et 69.370 F	(R x 0,288) - (9.505,72 x N)
69.370 et 80.030 F	(R x 0,336) - (12.835,48 x N)
80.030 et 133.340 F	(R x 0,384) - (16.676,92 x N)
133.340 et 183.400 F	(R x 0,432) - (23.077,24 x N)
183.400 et 216.940 F	(R x 0,49) - (33.714,44 x N)
216.940 et 246.770 F	(R x 0,539) - (44.344,50 x N)
Supérieure à 246.770 F	(R x 0,568) - (51.500,83 x N)
(1) R : revenu imposable N : nombre de parts	

La détermination du quotient familial :

CELIBATAIRE, DIVORCE, VEUF N'AYANT PAS D'ENFANT ISSU DE SON UNION AVEC LE CONJOINT DECEDE		MARIE, VEUF AYANT A SA CHARGE UN OU PLUSIEURS ENFANTS ISSUS DE SON UNION AVEC LE CONJOINT DECEDE	
Pas d'enfant à charge	1	**Pas d'enfant à charge (*)**	2
Un enfant à charge :		**Un enfant à charge :**	
- non titulaire d'une carte d'invalidité	2	- non titulaire d'une carte d'invalidité	2,5
- titulaire d'une carte d'invalidité	2,5	- titulaire d'une carte d'invalidité	3
Deux enfants à charge :		**Deux enfants à charge :**	
- non titulaires d'une carte d'invalidité	2,5	- non titulaires d'une carte d'invalidité	3
- dont un titulaire d'une carte d'invalidité	3	- dont un titulaire d'une carte d'invalidité	3,5
- tous deux titulaires d'une carte d'invalidité	3,5	- tous deux titulaires d'une carte d'invalidité	4
Trois enfants à charge :		**Trois enfants à charge :**	
- non titulaires d'une carte d'invalidité	3,5	- non titulaires d'une carte d'invalidité	4
- dont un titulaire d'une carte d'invalidité	4	- dont un titulaire d'une carte d'invalidité	4,5
- dont deux titulaires d'une carte d'invalidité	4,5	- dont deux titulaires d'une carte d'invalidité	5
- tous trois titulaires d'une carte d'invalidité	5	- tous trois titulaires d'une carte d'invalidité	5,5
(*) Ne concerne que les contribuables mariés			

2. Plafonnement du quotient familial

Le jeu du quotient familial ne s'applique pas toutjours entièrement et peut être plafonné lorsque le rapport entre le revenu global imposable et le nombre de parts excède des seuils fixés par la loi, et reportés dans le tableau ci-desous :

Situation de famille	**Nombre de parts**	**Seuil d'application du plafonnement**
a) Célibataires, divorcés ou époux mariés imposés séparément	1,5	196.980
	2	136.430
	2,5	190.830
	3	225.520
	3,5	253.010
	4	277.850
	4,5	304.310
b) Veufs	1,5	196.980
	2	228.080
	2,5	251.900
	3	272.780
	3,5	293.660
	4	315.690
	4,5	340.530
c) Mariés	2,5	377.860
	3	393.950
	3,5	430.200
	4	456.150
	4,5	480.930

Le plafonnement du quotient familial entraîne donc, pour le contribuable une charge fiscale supérieure à celle à laquelle il devrait être soumis en l'absence de cette limite.
En effet, toutes les personnes à charge, autres que le contribuable et son conjoint ne sont plus prises en compte entièrement, mais seulement pour un certain montant : chaque demi-part attribuée aux personnes à charge est plafonnée à 12.180 F.

En conséquence, la **diminution d'impôt** découlant de leur appartenance au foyer fiscal **ne peut jamais être supérieure** à **12.180 F.**

Le calcul de l'impôt dû par le contribuable soumis au plafonnement **est donc modifié** :
. le contribuable doit calculer l'impôt en ne tenant compte que de sa part plus celle de son conjoint ;
. ensuite, il doit déduire du montant d'impôt ainsi déterminé, autant de fois 12.180 F qu'il a de demi-parts supplémentaires.

Exemple : Un contribuable marié avec 3 enfants a perçu, au cours de l'année 1990, des revenus d'un montant de 500.000 F (après déductions de 10 % et 20 %).
Avec 3 enfants, ce contribuable bénéficie de 4 parts : (2 x 1) + (0,5 + 0,5 + 1).

Si l'on regarde le tableau relatif au plafonnement du quotien familial, on s'apperçoit qu'il dépasse sont seuil d'application (fixé à 456.150 F). Donc, le contribuable doit procéder au calcul suivant pour déterminer son impôt :

1. Il applique le barème de l'impôt au rapport

$$\frac{\text{Revenu imposable}}{2} \text{ (au lieu de } \frac{R}{4}\text{), soit } \frac{500.000}{2} = 250.000$$

Barème : (500.000 x 0,568) - (51.500,83 x 2)

d'où un impôt égal à 180.998 F

2. Il diminue ce montant d'impôt de 12.180 F multiplié par le nombre de demi-parts supplémentaires dont il dispose, à savoir 4 ; il obtient l'impôt brut dont il est redevable :

180.998 - (12.180 x 4) = 132.278 F

S'il n'était pas soumis au plafonnement du quotient familial, le contribuable calculerait son impôt de la façon suivante :

$$\frac{R}{N} = \frac{500.000}{4} = 125.000$$

Barème : (500.000 x 0,384) - (16.676,92 x 4)

Soit un impôt brut égal à : 125.292 F

On constate que le plafonnement entraîne une "surcharge" fiscale égale à :

(132.278 - 125.292) F = 6.986 F

C. CHARGES OUVRANT DROIT A REDUCTION D'IMPÔT

Les réductions d'impôt concernent :
- les dépenses relatives à l'habitation principale,
- les primes de contrats d'assurance-vie et de rente-survie,
- les investissements dans l'immobilier locatif neuf,
- les investissements dans les DOM-TOM,
- les frais de garde de jeunes enfants,
- les dons à certaines œuvres,
- les frais d'emploi d'une aide à domicile,
- la souscription au capital de sociétés nouvelles,
- la cotisation à des syndicats professionnels,
- les frais de comptabilité exposés par les adhérents à des centres de gestion agréés.

1. Dépenses relatives à l'habitation principale

Les contribuables propriétaires de leur logement principal peuvent bénéficier (à certaines conditions et sous certaines limites) de réduction d'impôt pour des frais engagés au titre d'un emprunt, de grosses réparations ou de ravalement afférents à cet immeuble.

Deux **conditions** sont posées : l'immeuble en cause doit servir d'habitation principale, c'est-à-dire être le lieu habituel de résidence du contribuable et de sa famille.
Il existe une atténuation à la rigueur de cette règle : même si l'habitation n'est pas la "principale", la réduction d'impôt est accordée lorsque le contribuable s'engage à en faire son lieu de séjour habituel dans un délai de trois ans. Le quotient R/N ne doit pas excéder 216.940 F (loi de finances pour 1991).

a) Intérêts d'emprunt

Les intérêts d'emprunt ouvrent droit à une réduction d'impôt lorsqu'ils ont été contractés pour :
- l'achat,
- la construction,
- le financement de grosses réparations,
- le paiement des droits de succession, de la résidence principale.

La réduction est limitée aux intérêts et aux primes d'assurance-vie liées aux prêts ; elle ne joue pas pour le remboursement du capital.

La réduction s'applique différemment selon la situation familiale du contribuable :
- Lorsque celui-ci est marié, la réduction joue intégralement, que la résidence principale soit la propriété exclusive de l'un des époux ou un bien commun ;
- Quand le contribuable vit en concubinage, l'appréciation de la réduction est accordée à chacun des deux concubins, dès lors que l'habitation est achetée en indivision. En revanche, quand elle est acquise uniquement par l'un des concubins, la réduction est réservée au seul propriétaire.
- Un jeune couple rattaché au foyer fiscal de l'un des parents ne peut pas bénéficier de la réduction au titre des intérêts d'emprunt, car le législateur ne le considère pas comme contribuable à part entière.

Le montant de la réduction d'impôt varie en fonction de la date de conclusion de l'emprunt : le taux et le nombre des annuités retenus sont différents (CF tableau récapitulatif).

b) Dépenses de ravalement

Les dépenses de ravalement sont celles nécessitées par la remise en état des façades quelle que soit la méthode utilisée (grattage, lavage ou brossage des murs, enduits, peinture...) ainsi que celles accessoires à cette opération.

Le montant de la réduction d'impôt accordé pour des dépenses de ravalement est égal, pour 1990, à **25 % des dépenses engagées** dans la limite des 15.000 F plus 2.000 F par personne à charge.

Deux remarques importantes :
- La réduction ne peut s'appliquer qu'une fois tous les dix ans pour une même habitation.
- **Le plafond** de 15.000 F (+ 2.000 F par personne à charge) **est commun aux dépenses de ravalement et aux intérêts d'emprunt.**

Exemple : Un contribuable marié, avec deux enfants, a payé en 1990 :

. des intérêts d'un emprunt contracté en 1985 :	18.000 F
. des dépenses de ravalement :	12.000 F
TOTAL	30.000 F

Plafond de la réductiond d'impôt : 15.000 F + (2 x 2.000 F) soit 19.000 F.
La réduction d'impôt est donc égale à : 25 % x (19.000 F), soit 4.750 F.

c) Dépenses de grosses réparations

Les grosses réparations sont définies comme :
- Des travaux qui, en cas de démembrement de propriété, incombent au nu-propriétaire (réfection de gros murs, rétablissement de la toiture ou des planchers, remplacement d'une installation de chauffage) ;
- Des travaux dont l'importance excède celle des opérations courantes d'entretien.

A contrario, sont exclues de la définition les dépenses de réparation courantes ou de travaux d'amélioration, même onéreuses (ex. : installation d'un ascenseur).

La réduction ne s'applique aux dépenses ainsi définies que si :
. elles sont relatives à l'habitation principale ;
. le logement a été construit il y a plus de 15 ans.

Le **montant** de la réduction d'impôt accordée pour 1990 est égal à **25 % des dépenses** effectivement engagées au cours de cette année, dans la **limite de** :
. 8.000 F pour les célibataires,
. 16.000 F pour un couple marié.

Ces plafonds sont majorés de :
. 2.000 F par personne à charge (dont le premier enfant),
. 2.500 F pour le second enfant,
. 3.000 F à partir du troisième.

- Au titre d'une année, le montant des dépenses est limité à la moitié du plafon autorisé. L'excédent peut être reporté l'année suivante.

- A compter du 1er janvier 1990, une nouvelle réduction d'impôt est accordée au titre des dépenses de grosses réparations effectuées en 1990, 1991 et 1992. Les plafonds fixés pour les dépenses de 1989 sont reconduits, ainsi que l'étalement sur deux ans.
Le domaine d'application de la réduction d'impôt est, en outre, étendu aux dépenses d'isolation thermique et de régulation du chauffage effectuées sur un immeuble achevé avant le 1er janvier 1982.

- Si les dépenses de grosses réparations ont été financées par un emprunt, le contribuable a le choix entre deux solutions pour bénéficier de la réduction d'impôt :
. la réduction calculée à partir des intérêts de l'emprunt,
. la réduction calculée à partir de la dépense elle-même.

Exemple :
Un contribuable marié, avec 3 enfants effectue des dépenses de grosses réparations pour sa résidence principale d'un montant de 18.000 F (1990).
- Plafond des dépenses ouvrant droit à réduction d'impôt :
16.000 F + 2.000 F + 2.500 F + 3.000 F = 23.500 F
- Plafond autorisé pour l'année 1990 :
23.500 : 2 = 11.750 F
- Excédent, égal à (18.000 F - 11.750 F) soit 6.250 F, peut être reporté en 1991.
La réduction d'impôt sera alors égale (à condition que le contribuable n'effectue pas à nouveau de grosses réparations) à :
6.250 F x 25 % = 1.562,50 F.

Remarque commune aux dépenses de ravalement, de grosses réparations et aux intérêts d'emprunt : Pour les revenus 1990, la réduction d'impôt ne peut plus être demandée par les contribuables dont la tranche d'imposition est de 53,9 % ou 56,8 %.

Dépenses relatives à l'habitation principale :

Nature des dépenses	Taux de réduction	Plafonds	Durée de réduction
INTERETS D'EMPRUNT			
- Conclu avant le 01/01/1984	20 %	9.000 F + 1.500 F/personne à charge	10
- Conclu depuis le 01/01/1985	25 %	15.000 F + 2.000 F/personne à charge	5
- Conclu depuis le 01/01/1986	25 %	30.000 F + 2.000 F/1ère personne à charge ; 2.500 F/2ème ; 3.000 F/3ème	5
DEPENSES RAVALEMENT			
- Payées en 1990	25 %	15.000 F + 2.000 F/personne à charge	
DEPENSES GROSSES REPARATIONS			
-Payées en 1990, 1991 ou 1992	25 %	8.000 F/célibataire - 16.000 F/couple + 2.000 F/1ère personne à charge ; 2.500 F/2ème ; 3.000 F/3ème	

2. Primes de contrats d'assurance-vie ou de rente-survie

a) Les primes des contrats d'assurance-vie :

Lorsqu'elles comportent la garantie d'un capital en cas de vie ou d'une rente viagère avec jouissance différée d'au moins 6 ans, elles ouvrent droit à une réduction d'impôt. Cette réduction est égale à 25% de la part de la prime représentative de l'opération d'épargne, dans la limite annuelle de :
. 4.000 F
. plus 2.000 F par personne à charge.

b) Les primes des contrats de rente-survie :

Lorsque les contrats sont conclus en faveur d'un enfant infirme incapable de subvenir à ses besoins, les primes ouvrent droit à une réduction d'impôt, égale à **25 % des primes versées**, dans la **limite annuelle de** :
. 7.000 F
. plus 1.500 F par personne à charge.

3. Investissements dans l'immobilier locatif neuf

Un contribuable qui achète ou fait construire un logement neuf destiné à la location bénéficie d'une réduction d'impôt au titre de ses investissements.

a) Pour les investissements réalisés avant le 1er janvier 1990 :

La réduction d'impôt est égale à 10 % du prix de revient de ces investissements, dans la limite annuelle de :
. 200.000 F pour un célibataire.
. 400.000 F pour un couple marié.
Elle peut être reconduite les années suivantes si le contribuable effectue plusieurs investissements successifs.

b) Pour les investissements réalisés à compter du 1er janvier 1990 :

Le montant de la réduction d'impôt est porté à :
. 30.000 F pour un célibataire.
. 60.000 F pour un couple marié.

Toutefois, cette **réduction est globale** pour les dépenses d'investissements engagées pendant la **période du 1er janvier 1990 au 31 décembre 1992**. Ainsi, elle ne peut bénéficier qu'à une seule acquisition faite au cours de ces trois années.
La réduction d'impôt est étalée sur deux années.

Enfin, la réduction d'impôt s'applique également au logement neuf qu'un contribuable donne en location à son enfant majeur imposé séparément, aux conditions suivantes :
- Le logement sert effectivement de résidence principale à cet enfant.
- Un contrat de bail est signé et un loyer normal est effectivement payé au parent-propriétaire.

Les mêmes règles s'appliquent aux investissements réalisés par l'intermédiaire de SCPI.

4. Investissements dans les DOM-TOM

Une **réduction d'impôt** est accordée aux particuliers qui réalisent des investissements dans les Départements ou Territoires d'Outre-Mer sous l'une des deux formes suivantes :
. Souscription au capital de sociétés de développement régional ou de sociétés dont l'activité est la pêche, l'hôtellerie, le tourisme, l'agriculture, le bâtiment et les travaux publics, les transports, l'industrie ou la construction de logements neufs destinés à la location (au titre de résidence principale).
. Construction ou achat de logements neufs destinés à servir de résidence principale à l'investisseur ou à être loués à ce même titre.

- Montant de la réduction d'impôt :
La réduction d'impôt est calculée par rapport au montant des investissements, et varie selon l'année au cours de laquelle la dépense a été engagée :
. Dépense engagée en 1988 : la réduction est égale à 35 % du montant des investissements ;
. Dépense engagée en 1989 : 30 % de ce montant ;
. Dépense engagée entre 1990 et 1996 : 25 %.

La réduction est étalée sur cinq ans. Les titres souscrits ou les logements acquis doivent être conservés pendant au moins cinq ans. Le non respect de cette obligation entraîne la remise en cause des avantages accordés.

5. Frais de garde des jeunes enfants

Les dépenses payées au cours d'une année pour faire garder un enfant donnent droit à une réduction d'impôt égale à **25 % des sommes** versées, dans la **limite de 15.000 F** par enfant à charge. D'où un avantage maximum de (25 % x 15.000 F), soit 3.750 F.

Les **conditions** pour bénéficier de cet avantage sont les suivantes :
- L'enfant a moins de 7 ans au 31 décembre 1990 ;
- L'enfant est gardé par une nourrice, une gardienne ou mis dans une crèche ou une garderie collective ;
- Les parents doivent :
. soit justifier tous les deux d'un emploi à mi-temps,
. soit justifier pour l'un des deux, d'une activité professionnelle à plein temps, l'autre poursuivant ses études,
. soit, pour le mari, effectuer son service militaire ;
- Dans l'hypothèse d'un contribuable élevant seul son enfant, il faut qu'il justifie l'exercice d'une activité professionnelle.

6. Dons aux œuvres

Le législateur a modifié, par la loi de finances pour 1990, la façon dont les dons à certains organismes peuvent être pris en compte. Il a également distingué ces versements de ceux faits au profit d'associations pour la fourniture de logements et repas.

- Les dons aux œuvres faits à compter du 1er janvier 1989 ne sont plus déductibles du revenu imposable, mais ouvrent droit à une **réduction d'impôt**, dont le montant varie en fonction de la nature de l'organisme bénéficiaire :
. œuvre reconnue d'intérêt général : les dons sont pris en compte pour 40 % de leur montant, et sont limités à 1,25 % du revenu imposable.

. œuvre d'utilité publique : la limite des dons est fixée à 5 % du revenu imposable (et le taux de la réduction à 40 %).

Les mêmes principes s'appliquent aux dons faits à un candidat aux élections présidentielles ou législatives.

Lorsqu'un contribuable fait des dons à des œuvres d'intérêt général et à des organismes d'utilité publique, la limite globale annuelle des montants ouvrant droit à réduction d'impôt est de 5 % de son revenu imposable.

- S'agissant des dons faits aux associations fournissant repas et logements gratuits, ils ouvrent droit à une réduction d'impôt égale à 50 % des sommes versées, dans la limite de 520 F. Ces dons ne sont pas pris en compte pour l'appréciation des limites de 1,25 % et 5 %. De plus, lorsqu'ils excèdent le plafond de 520 F, ils peuvent bénéficier de la réduction d'impôt de 40 % relative aux dons faits aux œuvres d'intérêt général (dans la limite de 1,25 % du revenu imposable).

7. Frais d'emploi d'une aide à domicile

Un contribuable qui emploie une aide à domicile peut, s'il répond à certains critères, bénéficier d'une **réduction d'impôt** égale à **25 % du montant des frais** engagés, dans la **limite de 13.000 F** par an. D'où un avantage maximum de 3.250 F.

Critères :
- Le contribuable est âgé de plus de 70 ans au 31 décembre 1990, vit seul ou est marié, et réside avec son conjoint dans son propre logement ;
- Le contribuable est titulaire d'une carte d'invalidité ;
- (depuis 1989) Les contribuables sont mariés et l'un d'eux, âgé de plus de 70 ans, doit subir une hospitalisation de longue durée ;
- Pour l'imposition des revenus 1990, la réduction joue également lorsque les personnes âgées de plus de 70 ans sont accueillies sous le toit de contribuables ayant envers elles une obligation alimentaire (en vertu des art. 205 à 211 du Code Civil).

La réduction d'impôt s'applique au montant de la rémunération de l'aide majoré de toutes les charges sociales correspondantes.

8. Souscription au capital de sociétés nouvelles

Un particulier qui souscrit en numéraire au capital d'une société créée en 1990 bénéficie d'une **réduction d'impôt égale à 25 % du montant de l'apport**, dans la **limite annuelle de** :
. 10.000 F pour un célibataire ;
. 20.000 F pour un couple marié.

La **société** doit répondre à certaines conditions :
. être soumise à l'impôt sur les sociétés,
. exercer une activité industrielle, commerciale ou artisanale,
. ne pas être détenue directement ou indirectement à plus de 50 % par d'autres sociétés,
. ne pas avoir été créée à partir d'une concentration ou d'une restructuration de sociétés préexistantes.

Pour les sociétés créées à compter du 1er janvier 1991, le plafond est de :
. 40.000 F pour un célibataire,
. 80.000 F pour un couple marié.
(plafond apprécié sur 3 ans)

9. Cotisation à des syndicats professionnels

Les cotisations versées par un contribuable à une organisation syndicale donnent lieu à une réduction d'impôt égale à 20 % de leur montant, dans la limite de 1 % du salaire brut imposable.

10. Frais de comptabilité engagés par les adhérents de centres de gestion agréés

Les adhérents de centres (ou associations) de gestion agréés ont droit à une réduction d'impôt limitée à 4.000 F lorsqu'ils sont soumis à une imposition selon le régime réel.

Cette réduction d'impôt est portée à 5.000 F pour la première année d'application de ce régime. Elle ne peut jamais excéder le montant de la cotisation d'impôt due.

D. LES DISPOSITIONS SPECIFIQUES PREVUES PAR LE LEGISLATEUR

Le montant d'impôt calculé après les différentes réductions accordées aux contribuables subit encore quelques "correctifs" expressément prévus par le législateur et variant selon la situation fiscale du contribuable. Ces **correctifs** sont :
. la décote,
. la franchise,
. les minorations d'impôt,
. les cotisations supplémentaires,
. l'imputation des crédits d'impôt et avoir fiscaux.

1. Décote

La décote est une réduction d'impôt accordée aux contribuables dont le montant d'impôt sur le revenu n'excède pas 4.820 F. La décote est égale à la différence entre 4.820 F et le montant théoriquement dû.

***Exemple** :*
Un contribuable est redevable d'un impôt de 3.000 F. La décote est de 4.820 F - 3.000 F, soit 1.820 F. Le montant d'impôt effectivement dû est de (3.000 F - 1.820 F), soit 1.180 F.

2. Franchise

Lorsque le montant de l'impôt après décote est inférieur à 420 F, celui-ci n'est pas mis en recouvrement : il y a franchise d'impôt.
En fait, l'impôt n'est pas recouvré quand le **revenu imposable** n'excède pas les limites suivantes :

1 part	:	37.550 F	3,5 parts	:	87.830 F
1,5 parts	:	48.140 F	4 parts	:	97.760 F
2 parts	:	58.070 F	4,5 parts	:	107.680 F
2,5 parts	:	67.990 F	5 parts	:	117.600 F
3 parts	:	77.910 F			

3. Minoration d'impôt

Les impositions dues au titre des revenus 1990 bénéficient de minorations, dont les taux varient en fonction de leur montant et sont fixés de la façon suivante :

Montant de l'imposition	Montant de la minoration
N'excédant pas 25.480 F	11%
Entre 25.481 F et 31.830 F	minoration = 6.370 F - 14 % impôt
Entre 31.831 F et 38.200 F	6%
Entre 38.201 F et 44.910 F	minoration = 7.640 F - 14 % impôt
Supérieure à 44.910 F	3 % si $\frac{R}{N}$ < 322.670 F

4. Cotisations supplémentaires

Trois cotisations supplémentaires peuvent être exigées d'un contribuable, sur certains revenus perçus par lui au cours de l'année d'imposition :

- **Cotisation de 1 %** sur les revenus de valeurs et capitaux mobiliers imposables (après déduction d'abattement de 8.000 F ou 16.000 F).

- **Prélèvement social exceptionnel de 1 %** sur les revenus du capital financier et immobilier (revenus fonciers, plus-values boursières et immobilières ; rentes viagères à titre onéreux).

- **Contribution sociale généralisée (CSG) de 1,1 %**, créée par la loi de finances pour 1991, sur les revenus professionnels, les revenus de placement et du patrimoine, les produits de placement à revenu fixe soumis au prélèvement libératoire.

5. Crédit d'impôt et avoirs fiscaux

Les crédits d'impôt et avoirs fiscaux attachés aux revenus mobiliers perçus par un contribuable viennent réduire le montant d'impôt dû.
Lorsque ces crédits sont supérieurs à la cotisation d'impôt, ils peuvent faire l'objet d'un remboursement de la part de l'administration fiscale.

5. PAIEMENT DE L'IMPOT

C'est la direction générale des impôts qui calcule le montant d'impôt dont chaque contribuable est redevable et qui contrôle les déclarations.
C'est la direction de la comptabilité publique qui recouvre l'impôt.

Concrètement, chaque contribuable reçoit un "***avis d'imposition***" de l'administration fiscale, qui détaille :
. le montant des revenus qui servent de base au calcul de l'impôt,
. le montant de l'impôt à payer,
. la date limite à laquelle la cotisation d'impôt doit être acquittée ou "date de recouvrement" au-delà de laquelle la majoration de retard de 10 % s'applique.

L'impôt sur le revenu **est toujours payable l'année suivant celle de la perception des revenus**, puiqu'il faut attendre la fin de l'année (le 31 décembre) pour connaître le montant exact du revenu global imposable.

Exemple :
L'imposition 1991 : elle est relative aux revenus perçus en 1990. Cela signifie que :
. la déclaration générale déposée le 15 février 1991 porte sur l'année 1990 ;
. l'impôt à payer au cours de cette année 1991 est calculé sur les revenus 1990.

En principe, l'impôt sur le revenu est acquitté par des **acomptes provisionnels** ; toutefois, les contribuables peuvent opter pour un **paiement mensuel**.

A. LES ACOMPTES PREVISIONNELS

C'est le système de droit connu pour le paiement de l'impôt sur le revenu, lorsque la cotisation de référence excède 1.600 F.

Deux acomptes sont prévus, mis en recouvrement le 31 janvier et le 30 avril, et exigibles le 15 février et le 15 mai.

Les acomptes sont **calculés** à partir du **montant d'impôt payé l'année précédente** et chaque acompte est égal au tiers de celui-ci. D'où le nom de "***tiers provisionnel***".

Exemple :
Imposition 1991, assise sur les revenus de 1990. On suppose l'IR de 1990 (calculé sur les revenus 1989) égal à 21.000 F.

1er acompte d'IR 1991 = 1/3 x (21.000)F = 7.000 F
(payable au 15 février)

2ème acompte d'IR 1991 = 1/3 x (21.000)F = 7.000 F
(payable au 15 mai).

Après paiement des deux acomptes, il reste un "solde" d'impôt à acquitter, égal à la différence entre le montant d'impôt dû au titre de l'année de référence et le montant des acomptes.
Le solde doit être acquitté, après mise en recouvrement de l'imposition, au plus tard le 15 septembre.

En reprenant l'exemple ci-dessus, et si l'on considère que le montant d'impôt dû au titre des revenus 1990 est égal à 30.000 F, le solde d'impôt à payer, avant le 15 septembre 1991, est égal à :
30.000 - (2 x 7.000) F = 16.000 F.

Le contribuable doit acquitter son impôt 1991 assis sur les revenus perçus en 1990 de la façon suivante :
. un 1er acompte payé le 15 février 1991 = 7.000 F ;
. un 2ème acompte payé le 15 mai 1991 = 7.000 F ;
(les deux acomptes ayant été calculés par rapport à l'IR 1990 assis sur les revenus 1989).
. le solde, payé le 15 septembre 1991 = 16.000 F.

B. LE PAIEMENT MENSUEL

Le paiement de l'impôt par mensualités est une **option** offerte à tous les contribuables, quel que soit le montant de leur impôt à payer.

Le paiement se fait par **prélèvements automatiques** sur un compte de dépôt ou un compte d'épargne du contribuable, au rythme d'un par mois entre les mois de janvier et octobre.

Chaque prélèvement est **égal à 10 %** du montant de l'impôt payé l'année précédente.

L'échéancier des mensualités est fixé par l'administration fiscale et notifié au contribuable, ainsi qu'un ***"avis de situation"***.

L'option pour le paiement mensuel de l'impôt est valable une année ; elle est renouvelable par tacite reconduction (sauf dénonciation expresse du contribuable).

Elle doit être formulée à la perception compétente avant le 30 septembre. Elle prend effet à compter du 1er janvier de l'année suivante.

Précision : Un contribuable imposable pour la première fois ne peut pas opter pour le paiement mensuel.

CHAPITRE II

L'IMPOSITION DES SOCIETES

1 - L'IMPÔT SUR LES SOCIETES

A. LE DOMAINE D'APPLICATION DE L'IMPÔT SUR LES SOCIETES

B. LA DETERMINATION DU BENEFICE IMPOSABLE

C. DECLARATION ET CALCUL DE L'IS

D. LE PAIEMENT DE L'IS

2 - L'IMPÔT FORFAITAIRE ANNUEL (I.F.A.)

A. LE DOMAINE D'APPLICATION DE L'I.F.A.

B. LE MONTANT DE L'I.F.A.

C. LE PAIEMENT DE L'I.F.A.

3 - L'IMPÔT DE DISTRIBUTION

4 - LA FISCALITE APPLIQUEE AUX GROUPES DE SOCIETES

A. LES MESURES DE FAVEUR ACCORDEES AUX GROUPES

B. LES DISPOSITIONS REPRESSIVES A L'ENCONTRE DES PRATIQUES "INTRA-GROUPE"

5 - L'IMPÔT DÛ A L'OCCASION D'UNE DISSOLUTION OU D'UNE FUSION DE SOCIETE

A. LA DISSOLUTION DE SOCIETE

B. LA FUSION DE SOCIETE

1 - L'IMPÔT SUR LES SOCIETES

L'impôt sur les sociétés frappe les bénéfices réalisés par certaines sociétés, définies comme des "sociétés de capitaux" (par opposition aux sociétés de personnes) ainsi que certaines personnes morales.

A. LE DOMAINE D'APPLICATION DE L'IMPÔT SUR LES SOCIETES

1. Les sociétés et personnes morales soumises à l'IS

Certaines sociétés sont, en raison de leur nature juridique, obligatoirement soumises à l'IS ; d'autres choisissent ce régime d'imposition de préférence à l'impôt sur le revenu.
Enfin, d'autres encore sont totalement exonérées.

a) Les sociétés et personnes morales soumises obligatoirement à l'IS

Ce sont les **sociétés de capitaux** :
. Sociétés anonymes
. Sociétés en commandite par actions
. Sociétés à Responsabilité Limitée : SARL
. Sociétés coopératives.

Toutefois, s'agissant des SARL, elles peuvent sur option être soumises à l'impôt sur le revenu lorsqu'elles sont strictement familiales, ou lorsqu'elles prennent la forme d'une EURL.

Ce sont également :

- Les collectivités publiques (collectivité locale, établissement ou organisme public) et privées (syndicats, associations loi de 1901...) lorsqu'elles ont une activité de nature industrielle, commerciale, artisanale ou non commerciale. C'est-à-dire une activité *"à but lucratif"*.

- Les organismes publics ou associations à but non lucratif, pour les revenus tirés d'immeubles, d'exploitations agricoles ou de valeurs mobilières leur appartenant.
Ces revenus sont imposés à un taux réduit de 24 % (10 % pour certaines valeurs mobilières).

b) Sociétés soumises sur option à l'IS

Les sociétés de personnes, qui relèvent en principe de l'impôt sur le revenu peuvent opter pour le régime de l'impôt sur les sociétés.

Cette faculté d'option concerne :

. Les sociétés en nom collectif
. Les sociétés civiles
. Les sociétés en commandite simple
. Les sociétés en participation
. Les sociétés de fait.

c) Les sociétés et personnes morales exonérées d'IS. Ce sont :

- **Les sociétés bénéficiant du régime des entreprises nouvelles** : l'exonération est temporaire et sa durée varie en fonction de la date de création de la société :

. Société créée entre le 1er janvier 1983 et le 31 décembre 1986 : exonération d'IS pendant les 36 premiers mois d'activité (et abattement de 50 % sur les résultats des 24 mois suivants) ;

. Société créée entre 1988 et 1992 et exerçant son activité en Corse : exonération pendant 8 ans (Secteurs visés : industrie, hôtellerie, bâtiment) ;

. Société créée depuis le 1er octobre 1988 : exonération pendant les 24 premiers mois d'activité (et abattements de 75 %, 50 % et 25 % sur les bénéfices réalisés au cours des trois exercices suivants).

. Société créée depuis le 1er octobre 1988 dans le but de reprendre une entreprise en difficulté : exonération d'IS pendant les 24 premiers mois d'activité.

2. Territorialité de l'IS

a) En application de l'article ***209 CGI***, et contrairement aux règles valables en matière d'impôt sur le revenu, **l'impôt sur les sociétés ne s'applique qu'aux seuls bénéfices réalisés dans les entreprises exploitées en France** (et ceux dont l'imposition est attribuée à la France par une convention fiscale internationale) à l'exclusion de ceux générés par une entreprise française établie à l'étranger.

La notion "*d'entreprise exploitée en France*" n'est pas définie par la loi et il faut donc se reporter aux critères posés par la jurisprudence du Conseil d'Etat pour la déterminer.

Le critère retenu est celui de "*l'exercice habituel d'une activité commerciale*", effectué d'une des façons suivantes :

- Dans le cadre d'un établissement stable, disposant d'une autonomie propre ;
- Par l'intermédiaire d'un représentant lié par des liens de dépendance avec l'entreprise ;
- Par la réalisation d'opérations formant un cycle complet d'activité.

Quel que soit le moyen utilisé, le principe de territorialité s'applique, et il joue aussi bien pour les entreprises françaises établies à l'étranger que pour celles, étrangères exploitées en France.

Les conséquences de ce principe sont qu'une société française qui dispose d'un établissement à l'étranger ne peut pas prendre en compte ses résultats (positifs ou négatifs) dans son bénéfice imposable, ni imputer les impôts payés par celui-ci à l'étranger. Cette règle est désavantageuse surtout lorsque l'établissement étranger subit un déficit, puisqu'il est interdit à la société française de faire remonter ces pertes dans son résultat imposable.

La France reste l'un des rares pays à pratiquer le principe de la territorialité en matière d'impôt sur les sociétés. La plupart des états connaissent en effet une imposition mondiale.

b) Toutefois il faut préciser que le législateur français a prévu **deux dérogations** au principe, en instaurant :

- Le régime du bénéfice mondial,
- Le régime du bénéfice consolidé.

- **Le bénéfice mondial** : les entreprises autorisées sur agrément ministériel à se soumettre au bénéfice mondial peuvent, pour la détermination de leur résultat imposable, prendre en compte tous les résultats de leurs *"exploitations directes"* situées en France et à l'étranger.
Les *"exploitations directes"* sont définies comme celles qui n'ont aucune personnalité juridique distincte (succursale, usine, bureau).

- **Le bénéfice consolidé** (toujours sur agrément) : les sociétés soumises au régime du bénéfice consolidé sont autorisées à **retenir dans leur résultat imposable les résultats de leurs "exploitations directes" mais aussi ceux de leurs exploitations indirectes** situées en France et hors de France.
Les *"exploitations indirectes"* sont les filiales détenues par une société à hauteur d'au moins 50 % des droits de vote.

L'intérêt de ce régime est que la société peut imputer sur l'impôt français dont elle est redevable le montant des impôts de même nature acquitté par ses filiales à l'étranger.

En pratique, ces deux régimes dérogatoires sont peu utilisés : pratiquement jamais pour le bénéfice mondial ; uniquement par quelques très grandes sociétés pour le bénéfice consolidé.

B. LA DETERMINATION DU BENEFICE IMPOSABLE

En principe, le bénéfice imposable en matière d'IS est déterminé selon les mêmes règles qu'en matière de BIC.

Toutefois, il existe certaines divergences, notamment en ce qui concerne les charges déductibles et certains produits financiers.

L'étude du bénéfice imposable examinée ici ne porte que sur les divergences apparaissant entre les règles propres aux BIC et celles relatives à l'impôt sur les sociétés. Les règles communes ayant été étudiées dans le chapitre consacré aux BIC (CF BIC).

1. Les rémunérations des dirigeants de société

Contrairement aux rémunérations des exploitants individuels, les rémunérations versées aux dirigeants de sociétés passibles de l'IS sont en principe déductibles.

En effet, en application de l'article 39.I.1° CGI, "les rémunérations ne sont admises en déduction des résultats que dans la mesure où elles correspondent à un travail effectif et ne sont pas excessives eu égard à l'importance du service rendu".

En pratique, le seul obstacle à la déduction de ces rémunérations est le caractère "excessif" qu'elles présentent.
C'est l'Administration qui, au vu des déclarations produites par les sociétés, examine et juge le caractère excessif des rémunérations. Elle se base pour cela sur des comparaisons avec d'autres sociétés de même nature, sur la qualité du dirigeant, ses responsabilités et sa profession ainsi que sur le volume d'affaires réalisé par la société.

La fraction de rémunération jugée excessive doit être réintégrée dans les résultats de l'exercice au cours duquel elle a été versée.

Entre les mains des bénéficiaires, elle est imposée, non plus au titre de traitements et salaires, mais dans la catégorie des "*revenus distribués*" (ce qui exclut le bénéfice de l'avoir fiscal).

A l'inverse, lorsque les rémunérations sont considérées comme "*normales*" eu égard au travail fourni, elles sont entièrement déductibles, quelle que soit leur nature (traitements, salaires, appointements, ainsi que les avantages en nature et les participations aux bénéfices) et même si le bénéficiaire est majoritaire dans la société.

Il existe une limitation à la déduction de certaines rémunérations, qui concerne les "*jetons de présence*".

Les "***jetons de présence***" sont des sommes allouées par l'assemblée générale d'une société anonyme aux membres du conseil d'administration ou du conseil de surveillance, fixées de façon globale et annuelle.

Limites de la déduction :
Le montant maximum de jetons de présence qu'une société peut allouer à ses dirigeants sociaux au cours d'une année ne peut excéder 5 % du produit obtenu en multipliant la rémunération moyenne des dix salariés (ou cinq quand le nombre total de salariés ne dépasse pas 200) les mieux rémunérés de la société par le nombre d'administrateurs.
La déduction est limitée à 3.000 F par membre du conseil lorsque la société emploie moins de cinq salariés.

Le nombre de membres du conseil qui sert de base au calcul des jetons de présence est calculé au "*prorata temporis*" de leur présence au conseil.
Ainsi, un membre du conseil d'administration d'une société anonyme nommé le 1er juillet n'est pris en compte, dans la base de calcul, que pour 6 mois ; il vaut une "demi-part".

Exemple : Une SA verse, en 1990, aux 8 membres de son conseil de surveillance des jetons de présence pour un montant de 140.000 F. Les salariés les mieux payés de la société (qui emploie plus de 200 salariés) perçoivent annuellement et en moyenne, une rémunération égale à 200.000 F.

Montant des jetons de présence déductible : 5 % (200.000 x 8) = 80.000 F

La société a versé 140.000 F de jetons. Elle doit donc réintégrer de façon extra-comptable, dans son bénéfice imposable l'excédent versé non déductible, soit :
(140.000 - 80.000) F = 60.000 F.

Entre les mains des bénéficiaires, les jetons de présence sont imposés dans la catégorie des "*revenus de capitaux mobiliers*" mais n'ouvrent pas droit à l'avoir fiscal.

2. Les intérêts des comptes courants d'associés

Les comptes courants d'associés se définissent comme les sommes que des associés (ou actionnaires) laissent à la disposition de la société en plus de leur part de capital.

Les intérêts versés par la société aux associés en rémunération de leurs comptes courants sont déductibles, sous réserve de certaines conditions et limites :

Le capital de la société doit être entièrement libéré.

- Le taux maximum des intérêts déductibles ne doit pas excéder (pour les exercices ouverts à compter du 1er janvier 1988) la moyenne annuelle du TRBO : Taux de rendement Brut à l'émission des Obligations des sociétés privées. Taux fixé à 10,24 % pour l'année 1990, 10,30 % pour le 1er trimestre 1991.

- La déduction des intérêts versés aux dirigeants de fait ou de droit de la société, détenant plus de 50 % des droits de vote ou des droits financiers attachés aux titres, est possible à condition que le total des sommes laissées en compte courant par l'ensemble de ces dirigeants n'excède pas une fois et demie le montant du capital.

Exemple : Une SA au capital de 200.000 F entièrement libéré. Au cours de l'année 1990, le PDG laisse à la disposition de la société une somme de 500.000 F, en compte courant, rémunérée au taux de 12 %.

Un administrateur laisse également une somme en compte courant d'un montant de 190.000 F à la disposition de la société, rémunérée à 12 %.

- Intérêts de comptes courants déductibles pour le PDG :

S'agissant d'un dirigeant, les intérêts de comptes courants sont déductibles avec une double limite :

. (Le capital est entièrement libéré).
. La rémunération ne peut pas excéder la moyenne annuelle du TRBO (10,24 %).
. Les sommes laissées à la disposition de la société par ses dirigeants ne doit pas dépasser une fois et demie le capital.
. Intérêts déduits par la société : 500.000 F x 12 % = 60.000 F ;
. Intérêts déductibles fiscalement : (200.000 x 1,5) x 10,24 % = 30.720 F.

La société doit donc réintégrer dans ses bénéfices imposables la fraction des intérêts non déductibles, soit : (60.000 - 30.720) F = 29.280 F.

- Intérêts de comptes courants déductibles pour l'administrateur

Il ne s'agit pas d'un dirigeant de la société. Les intérêts sont déductibles sous réserve d'une seule limite, la moyenne annuelle du TRBO :

. Intérêts déduits par la société : 190.000 F x 12 % = 22.800 F ;
. Intérêts déductibles fiscalement : 190.000 F x 10,24 % = 19.456 F.

La société doit donc réintégrer dans ses résultats la fraction non déductible des intérêts versés à l'administrateur : (22.800 - 19.456) F = 3.344 F.

- Réintégration globale des intérêts de comptes courants versés au PDG et à l'administrateur :
(29.280 + 3.344) F = 32.624 F.

3. Les revenus de capitaux mobiliers

Les revenus mobiliers perçus par une société soumise à l'impôt sur les sociétés sont imposables au taux de droit commun et doivent donc être inclus dans le résultat de l'exercice au cours duquel ils sont perçus.

Une exception à cette règle : les sociétés bénéficiant du régime "*mère-filiales*" sont exonérées d'IS sur les dividendes qu'elles reçoivent de leur filiale, sauf une quote-part de frais et charges de 5 % (CF régime "*société mère-filiale*").

En principe, lorsque les revenus mobiliers ouvrent droit à un avoir fiscal ou un crédit d'impôt, ils doivent être retenus pour leur valeur brute, avoir fiscal ou crédit d'impôt compris ; les crédits d'impôt venant en déduction du montant de l'IS final à payer, pour leur montant intégral.

Toutefois, en pratique, l'administration admet que ces revenus ne soient retenus dans le bénéfice imposable que pour leur valeur nette, sans avoir fiscal ni crédit d'impôt.
Dans ce cas, les crédits d'impôt ne sont plus imputables en totalité sur le montant d'IS à payer, mais ne viennent en déduction qu'à hauteur de 63 % de leur montant (100 - 37 % d'IS).

Exemple : Une société réalise, au cours de l'exercice 1990, un bénéfice de 400.000 F, dont :

- 10.000 F de dividendes de source française, auxquels est attaché un avoir fiscal de 50 %, soit 5.000 F.

- 20.000 F d'obligations françaises, sur lesquelles a été prélevée une retenue à la source de 10 %, soit 2.000 F. D'où un revenu net égal à 18.000 F et un crédit d'impôt égal à 2.000 F

1) IS dû en retenant le montant brut des revenus mobiliers :

Bénéfice imposable : 400.000 + (5.000 + 2.000) :	407.000
IS à 37 %	150.590
Déduction des avoirs fiscaux et crédits d'impôt :	7.000
IS final	143.590 F

2) IS dû en retenant le montant net des revenus mobiliers :

Bénéfice imposable :	400.000
IS à 37 %	148.000
Déduction des avoirs fiscaux et crédits d'impôt 63 % (5.000 + 2.000) :	4.410
IS final	143.590 F

Dans l'hypothèse où le montant des avoirs fiscaux et crédits d'impôt est supérieur au montant de l'IS dû par la société, l'excédent n'est ni remboursable, ni imputable sur l'impôt dû lors des exercices suivants ; il est définitivement perdu (contrairement aux règles valables en IR).

Toutefois, dans ce cas, l'excédent d'avoirs fiscaux et crédits d'impôt peut venir en déduction de l'IS au taux réduit dû par la société à raison, par exemple, des plus-values à long terme réalisées au cours de l'exercice.

Ces principes s'appliquent même lorsque la société est déficitaire.

4. Les plus-values professionnelles

Les plus-values professionnelles réalisées par une société soumise à l'IS suivent en principe les mêmes règles que celles applicables en matière de BIC, sauf sur trois points, où elles divergent :

- Le **taux** des plus-values à long terme, celles réalisées depuis le 20 octobre 1989, est porté à 19 % (au lieu de 15 % avant cette date et de 16 % en matière de BIC), lorsqu'elles portent sur des biens autres que les terrains à bâtir (25 %) et les produits de la propriété industrielle (15 %). L'article 17 de la loi de finances pour 1991 porte de 19 % à 25 % le taux d'imposition des plus-values à long terme relatives à certains titres de portefeuille :
. titres obligataires à taux fixe ou variable,
. bons de souscription d'obligations,
. titres participatifs,
. parts de fonds communs de placement,
. actions de SICAV,
et plus généralement, tous les titres qui ne sont pas émis en représentation du capital d'une société.

- Les sociétés passibles de l'IS doivent inscrire au passif du bilan le montant net des plus-values à long terme, diminué de l'impôt de 15 %, 19 % ou 25 % dans un compte de réserve : "***réserve spéciale des plus-values à long terme***", au cours de l'exercice suivant celui où elles ont été réalisées. A défaut, elles perdent le droit au bénéfice d'une imposition réduite.

Cette réserve spéciale est constituée par imputation sur :
. les bénéfices de l'exercice (après dotation de la réserve légale) ;
. les bénéfices reportés à nouveau ;
. les réserves ordinaires ayant supporté l'impôt ;
. la réserve légale si les éléments précédents sont insuffisants.

Si la société décide, après constitution de la réserve spéciale des plus-values à long terme, de distribuer les sommes, celles-ci doivent obligatoirement être rapportées au résultat de l'exercice au cours duquel la distribution a lieu, sous déduction de l'impôt prélevé lors de la réalisation des plus-values.

Il n'y a pas réintégration si :
. la société est dissoute ;
. la société procède à une incorporation de la réserve spéciale au capital ;
. la société impute ses pertes sur la réserve spéciale.

- Les plus-values à court terme ne peuvent pas, pour les exercices ouverts depuis le 1er janvier 1987, bénéficier du régime d'étalement sur 3 ans.

5. La taxe sur les véhicules de société

La taxe due au titre des véhicules de tourisme dont dispose une société soumise à l'IS n'est pas déductible de son résultat imposable (CF tarifs page 166).

6. Le report des déficits

a) En principe, et comme en matière de BIC, le déficit généré par une société soumise à l'IS au cours d'un exercice est une charge déductible de l'exercice suivant, et peut être reporté, en cas d'insuffisance de celui-ci, sur les cinq exercices suivants.

Une exception à la limite de cinq exercices pour le report en avant des déficits : lorsque le déficit est dû en partie à des amortissements réputés différés, la fraction de déficit correspondante est reportable sur les exercices suivants, sans limitation de durée (CF amortissements réputés différés).

b) A côté du système de report en avant des déficits, existe un autre système, optionnel, de report en arrière des déficits : "le *carry back*".

Instauré par une loi du 1er janvier 1984, le système du report en arrière permet aux sociétés d'imputer leurs déficits sur les exercices bénéficiaires précédents en obtenant une créance d'impôt sur le Trésor.

La pratique a rapidement fait apparaître des lacunes dans ce régime, notamment dues à la baisse du taux de l'IS décidée par le législateur ces dernières années, et a obligé ce dernier à en modifier sensiblement les dispositions.

La loi de finances rectificative pour 1989 a donc posé de nouvelles règles en la matière, en maintenant toutefois l'esprit de la loi de 1984.

Le carry back, loi du 1er Janvier 1984

Les entreprises relevant de l'IS peuvent, à certaines conditions, imputer leur déficit constaté au cours d'un exercice sur les bénéfices réalisés lors des 3 exercices précédents.

L'entreprise ayant alors payé de l'impôt au titre de ces bénéfices, le report en arrière (des déficits) fait naître, pour celle-ci, une créance sur le Trésor. Créance calculée en fonction du montant du déficit imputé.

Avant d'étudier plus en détail le mécanisme et les conséquences de cette méthode, il faut examiner les conditions auxquelles elle est subordonnée :

- Conditions d'application du report en arrière

. L'entreprise doit être passible de l'IS.

. Elle ne doit être ni une institution financière ni une compagnie d'assurances, ni une entreprise de location et de gestion d'immeubles ni, enfin, une société civile.

. L'entreprise doit s'être libérée de sa dette d'impôt sur les sociétés au titre des 3 exercices précédant l'exercice de l'option.

. L'entreprise doit satisfaire à une condition d'investissement minimal : elle doit avoir réalisé, soit au cours du seul exercice déficitaire, soit au cours de cet exercice plus les 2 précédents, un investissement net en biens amortissables au moins égal au montant des amortissements pratiqués à la clôture du ou des exercices pris en compte.

Précision : on entend par *"investissement net"* la différence (positive) entre le montant des créations et acquisitions d'immobilisations et le montant des désinvestissements, c'est-à-dire des cessions et mises hors service d'immobilisations.
Dès lors qu'une entreprise répond à ces conditions elle peut opter pour le report en arrière de ses déficits, dont le mécanisme est le suivant :

- Mécanisme du report en arrière :

L'entreprise choisit d'imputer son déficit sur les résultats réalisés au cours des 3 exercices précédents faisant ainsi naître, à son profit, une créance sur le Trésor.

2 questions :
- Quel est le déficit reportable et sur quels bénéfices s'impute-t-il ?
- Quel est le montant de la créance sur le Trésor ?

Déficit reportable et bénéfices d'imputation :

Le report en arrière porte sur la totalité du déficit de l'exercice de l'option, plus, éventuellement, sur des déficits antérieurs reportables et non encore déduits (y compris ceux dus à des amortissements réputés différés). Il se fait, en priorité, sur le plus ancien des 3 exercices retenus pour l'imputation. En fait, la seule limite applicable au montant du déficit reportable est relative au bénéfice d'imputation : on ne peut imputer, sur un exercice donné, qu'un montant au maximum égal au montant du bénéfice.
Mais qu'entend-on par *"bénéfice d'imputation"* ? Selon la loi de 1984, il est défini comme le bénéfice fiscal avant impôt au taux de droit commun, exclusion faite de la fraction des bénéfices qui a été distribuée.

Montant de la créance sur le Trésor :

La créance est égale au montant du déficit reporté en arrière, multiplié par le taux de l'IS applicable aux bénéfices de l'exercice d'imputation. Ainsi, dans l'hypothèse d'un déficit constaté au cours de l'exercice 1989, et imputé sur les bénéfices de l'exercice 1987, le montant de la créance sera calculé en fonction du taux d'IS en vigueur en 1987, soit 42 %.

La créance sur le Trésor doit être constatée à l'actif du bilan de clôture de l'exercice déficitaire ; elle constitue, comptablement, un produit mais, cette créance n'étant pas imposable en vertu des règles fiscales, elle doit être déduite, extra-comptablement, des résultats de ce même exercice.

Une fois le montant de la créance sur le Trésor déterminé, il reste à se demander comment l'entreprise peut utiliser celle-ci. En pratique, plusieurs solutions sont possibles :

- La créance servira à payer l'IS dont l'entreprise sera redevable au cours des 5 années suivant celle de l'option pour le *"CARRY BACK"*
- A défaut, elle sera remboursable par le Trésor, à l'expiration de ce délai de 5 ans.
- Enfin, la créance sur le Trésor pourra être mobilisée auprès d'établissements de crédit (en vertu de la loi Dailly du 2 Janvier 1981).

Au vu de ce mécanisme du **report en arrière** des déficits, on constate qu'il y a plusieurs **avantages** pour l'entreprise à opter pour ce système plutôt que pour celui du report en avant, par exemple.

REPORT EN ARRIERE	REPORT EN AVANT
1) . L'entreprise dispose immédiatement d'une créance "certaine" sur le Trésor. . Elle peut reporter la fraction du déficit non reportée en arrière sur les bénéfices des 5 exercices ultérieurs	1) . L'entreprise ne peut "éponger" son déficit que si elle réalise, au cours des 5 exercices suivant celui déficitaire, des bénéfices d'un montant au moins égal à celui du déficit. Dans le cas contraire, il est perdu.
2) . Elle peut utiliser sa créance pour le paiement de l'IS au taux de droit commun ou au taux de 15 % (dû sur les plus-values à long terme)	2) . Les déficits s'imputent franc pour franc sur les plus-values à long terme.

Enfin, il existe un dernier avantage, lié celui-ci à la baisse du taux de droit commun de l'IS, intervenue ces dernières années. Dans l'hypothèse d'un déficit constaté au cours de l'exercie 1989, et dans la mesure où le taux d'IS retenu pour le calcul de la créance sur le Trésor est celui de l'exercice d'imputation, la créance sera égale (selon la date de l'exercice d'imputation 86/87), à 45 % ou 42 % du déficit reporté, alors qu'elle ne serait que de 39 % dans l'hypothèse du report en avant.

Cet avantage, qui n'apparaissait pas en période de stabilité du taux de l'IS, et qui est flagrant aujourd'hui, a sans doute été l'un des motifs de la "révision" du système du report en arrière des déficits, tel qu'il avait été établi par la loi de 1984. En tout état de cause, la loi de finances rectificative pour 1989 a modifié ce régime, dans deux sens :
- un assouplissement des conditions de son application ;
- une diminution de ses avantages, pour les entreprises.

Exemple de report en arrière (Loi 1984)

Une entreprise soumise à l'IS contracte, à la clôture de son exercice 1989, un déficit fiscal de 450.000F. Elle opte pour le report en arrière de son déficit (on suppose les conditions de l'option réunies). Les bénéfices réalisés au cours des exercices précédents sont les suivants :

- Exercice clos le 31.12.85	bénéfice imposable	: 200.000 F
	fraction distribuée	: 30.000 F
- Exercice clos le 31.12.86	bénéfice imposable	: 200.000 F
	fraction distribuée	: 40.000 F
- Exercice clos le 31.12.87	bénéfice imposable	: 100.000 F
	fraction distribuée	: 70.000 F
- Exercice clos le 31.12.88	bénéfice imposable	: 30.000 F
	fraction distribuée	: 0

Mécanisme du report en arrière : L'entreprise commence par imputer son déficit 1989 sur le plus ancien des 3 bénéfices d'imputation, c'est-à-dire celui réalisé en 1986 (l'exercice clos le 31.12.85 est trop ancien pour servir au "carry back").

imputation /1986 :	(200.000 - 40.000), soit	160.000 F
/1987 :	(200.000 - 70.000), soit	130.000 F
/1988 :	30.000, soit	30.000 F
TOTAL DU DEFICIT IMPUTE =		320.000 F

Le solde de déficit non imputé "en arrière" est reportable en avant, selon les règles de droit commun (sur les 5 exercices suivants).

Montant de la créance sur le Trésor

Créance = (montant du déficit imputé) X (taux de l'IS lors de l'exercice d'imputation)

Créance = (160.000 x 45 %) + (130.000 x 45 %) + (30.000 x 42 %)
= 72.000 + 58.500 + 12.600

Créance sur le Trésor = 143.100 F
L'entreprise pourra utiliser cette créance pour payer l'IS dont elle sera redevable au titre du ou des 5 exercices suivants. Sinon, elle pourra en obtenir le remboursement à l'expiration de ce délai, de la part du Trésor.

Le carry back, loi de finances rectificative pour 1989

La loi de 1989 modifie le report en arrière des déficits sur 3 points :
1) Les conditions de l'option
2) La notion du bénéfice d'imputation
3) La détermination du montant de la créance sur le Trésor

1. Conditions de l'option
La loi de 1989 élargit sensiblement les possibilités de choisir le report en arrière, pour les entreprises. En effet, les deux conditions posées par le texte de 1984, tenant à la fois à la nature des entreprises et à l'investissement minimal sont abrogées. Est également supprimée l'obligation de s'être libéré de la dette d'IS relative aux trois exercices précédant celui de l'option.
Ainsi, en levant ces restrictions et exclusions, le nouveau texte fait du report en arrière une méthode d'imputation des déficits *"de droit commun"*, ouverte à toutes les sociétés passibles de l'IS, au même titre que le report en avant.
Toutefois, si le domaine d'application du système est largement élargi, son intérêt même est, au contraire, diminué, en raison des modifications apportées à la notion de bénéfice d'imputation et au calcul de la créance sur le Trésor.

2.Notion de "bénéfice d'imputation"
En application du texte de 1984, les déficits pouvaient s'imputer sur les bénéfices déclarés de l'entreprise, à l'exclusion de ceux distribués.
Dorénavant, sont exclus de la définition du "bénéfice d'imputation", en plus des bénéfices distribués:
- *Les bénéfices exonérés* en vertu des articles 44 bis, à 44 septies et articles 207 à 208 sexies ;
- *Les bénéfices ayant ouvert droit à un crédit d'impôt* prévu aux articles 209 quater et quater A, c'est-à-dire ceux réalisés par des sociétés constituées exclusivement pour le rachat, par ses salariés, d'une entreprise ;
- *Les bénéfices ayant donné lieu à un impôt payé au moyen d'avoirs fiscaux ou de crédits d'impôt*, c'est-à-dire ceux provenant de revenus de valeurs mobilières.
Le bénéfice d'imputation étant ainsi réduit, il est clair que la faculté de reporter en arrière ses déficits devient, elle-même, diminuée.

3. Détermination de la créance sur le Trésor
La loi de 1984 prévoyait que le montant de la créance était calculé avec le taux de l'IS en vigueur l'année de l'exercice d'imputation.
Au contraire, le texte de 1989 impose, lui, de tenir compte du seul taux de l'IS applicable lors de l'exercice déficitaire au cours duquel s'exerce l'option.
Cette mesure est, bien sûr, liée à la baisse du taux de cet impôt survenue dernièrement ; elle a pour effet de supprimer un des avantages du système d'imputation des déficits en arrière.
Il suffit de prendre un exemple pour s'en convaincre :

Exemple :
Une entreprise passible de l'IS constate à la clôture de l'exercice 1989 (coïncidant avec l'année civile), un déficit de 100.000 F. Au cours des 3 exercices précédents, elle avait dégagé des bénéfices :

	30.000 F en 1986
(non distribués)	50.000 F en 1987
	60.000 F en 1988

Ayant opté pour le "carry back", l'entreprise impute son déficit sur les 3 exercices précédents, en commençant par le plus ancien.

Montant de la créance sur le Trésor :

Loi de 1984 : 30.000 x 45 % = 13.500
+ 50.000 x 45 % = 22.500
+ 20.000 x 42 % = 8.400
CREANCE = 44.400 F

Loi de 1989 : (30.000 + 50.000 + 20.000) x 39 %
CREANCE = 39.000 F

On constate que le déficit de 1989 génère une créance de 39.500 F avec le nouveau système, contre 44.400 F en application du texte de 1984.
Au regard des restrictions et modifications posées par la loi de finances rectificative pour 1989, on peut se demander quels sont, dorénavant, les avantages liés au système du report en arrière :

- Le report en arrière fait naître, au profit de l'entreprise, une créance immédiate et certaine sur le Trésor qui, obligatoirement, lui permettra d'*"éponger"* son déficit et de récupérer de l'impôt. Cette situation demeure préférable à celle du report en avant, où l'entreprise ne peut qu'espérer des bénéfices futurs sur lesquels elle pourra imputer ce déficit.

- Le déficit non imputé sur les exercices antérieurs peut toujours, en vertu du texte nouveau, l'être sur les bénéfices réalisés au cours des cinq suivants. Plus, l'administration maintient le principe selon lequel, en présence d'amortissements réputés différés, le déficit imputé en priorité *"en arrière"* est le déficit ordinaire. Elle laisse ainsi entière la possibilité pour les entreprises de reporter en avant, de façon illimitée, la fraction de leur déficit due aux amortissements réputés différés.

Exemple "carry back" : comparaison loi 1984/loi 1989

- Situation de l'entreprise	1986	1987	1988	1989
(1) Bénéfice imposable	2 500.000	2 000.000	800.000	- 2 000.000
(2) Fraction distribuée	750.000	1 500.000	0	-
(3) Bénéfice ayant ouvert droit à un crédit d'impôt	900.000	300.000	0	-

Report en arrière/loi 1984

	1986	1987	1988	1989
- Bénéfice d'imputation (1) - (2)	1 750.000	500.000	800.000	
- Déficit imputé	1 750.000	250.000	-	
- Créance : taux	45 %	45 %		
montant	787.500	112.500		
	CREANCE = 900.000 F			

Report en arrière/loi 1989

	1986	1987	1988	1989
- Bénéfice d'imputation (1) - (2) - (3)	850.000	200.000	800.000	
- Déficit imputé	850.000	200.000	800.000	
- Créance : taux	39%	39 %	39 %	
montant	331.500	78.000	312.000	
	CREANCE = 721.500 F			

***Commentaire* :**

- Le montant de la créance sur le Trésor était de 900.000 F sous le régime de la loi de 1984. Il n'est plus que de 721.500 F en application du texte de 1989.
- Surtout, du fait de la nouvelle définition du "bénéfice d'imputation", plus restrictive, on constate que le déficit n'a pas pu être imputé en totalité sur les 3 exercices précédents (ce qui avait été possible avec le texte ancien).

Conséquence : le reliquat de déficit non reporté en arrière devra être imputé sur les exercices ultérieurs (soit : 150.000 F).

C. DECLARATION ET CALCUL DE L'IS

1. Déclaration d'IS

Toutes les sociétés et personnes morales relevant de l'IS doivent souscrire, **chaque année, une déclaration de résultat**.

La **déclaration**, remplie sur un formulaire spécial (2065) **doit détailler les résultats** dégagés par la société. Elle doit également être complétée par d'**autres renseignements** relatifs à l'activité, et communs aux entreprises relevant des BIC :

- Les principaux renseignements comptables et les tableaux retraçant les immobilisations, amortissements, provisions, plus-values, état des stocks..., repris dans la "liasse fiscale".
- La liste des participations détenues par la société.
- Les méthodes d'évaluation retenues.
- Les comptes annuels.
- Les éléments nécessaires au calcul de l'IS.

La **déclaration doit être déposée** à l'inspection des impôts du lieu du principal établissement de la société, **dans un délai de trois mois à compter de la clôture de l'exercice**. Délai réduit à soixante jours lorsque la société cesse son activité ou la cède.

2. Le calcul de l'IS

Le **calcul de l'IS** dû par une société se fait en **deux temps** :

- Calcul de **l'impôt brut**.
- Prise en compte des diverses imputations dont bénéficie la société.

a) L'impôt brut

L'impôt brut est égal au montant du bénéfice imposable multiplié par le taux d'IS en vigueur à la date d'ouverture de l'exercice.

- Le taux égal d'IS de droit commun a subi plusieurs baisses au cours des dernières années, mais surtout, pour les exercices ouverts depuis le 1er janvier 1989, il se compose en deux taux.

Les taux uniques applicables au cours des exercices précédents étaient les suivants :
. 50 % pour les exercices ouverts avant le 1er janvier 1986 ;
. 45 % pour les exercices ouverts entre le 1er janvier et le 31 décembre 1986 ;
. 42 % pour les exercices ouverts en 1988.

Les taux doubles, applicables depuis le 1er janvier 1989 diffèrent selon l'affectation donnée aux bénéfices :
. Bénéfices non distribués :
39 % pour les exercices ouverts en 1989 ;
37 % pour les exercices ouverts au 1er janvier 1990 ;
34 % pour les exercices ouverts depuis le 1er janvier 1991.

. Bénéfices distribués : le taux est de 42 % que l'exercice ait été ouvert en 1989, 1990 ou depuis le 1er janvier 1991. Il ne s'applique qu'à la fraction des bénéfices effectivement distribués.

- L'impôt brut est également composé des différents taux réduits applicables à certains éléments du bénéfice :
. taux de 15 %, 19 % ou 25 % des plus-values à long terme ;
. taux de 24 % (ou 10 %) des revenus agricoles, forestiers ou mobiliers perçus par les organismes sans but lucratif ;
. taux applicables à certaines opérations réalisées dans les DOM-TOM.

b) Les déductions des avoirs fiscaux et crédits d'impôt relatifs aux revenus mobiliers

La société qui perçoit des revenus mobiliers au cours d'un exercice est tenue de les inclure dans son résultat imposable mais a, en contrepartie, la possibilité d'imputer sur son IS final à payer le montant des avoirs fiscaux et crédits d'impôt qui y sont attachés (à l'exclusion des sociétés soumises au régime des sociétés mère-filiales) (CF régime mère-filiales).

La société dispose de deux méthodes pour prendre en compte ses revenus mobiliers d'après :

- Le montant brut des revenus, avoir fiscal ou crédit d'impôt compris.
- Le montant net des revenus, sans avoir fiscal ni crédit d'impôt inclus.

Les conséquences de ces deux systèmes sont vues dans le chapitre "détermination du résultat imposable".

c) Autres imputations

Une société peut également imputer du montant de l'IS dont elle est redevable :
- Le montant de son impôt forfaitaire annuel.
- Les crédits d'impôt attachés aux redevances et intérêts de source étrangère accordés par les conventions fiscales internationales.
- Le crédit d'impôt pour dépenses de recherche.
- La créance sur le Trésor dont dispose la société au titre du report en arrière de ses déficits.

D. LE PAIEMENT DE L'IS

L'impôt sur les sociétés est, comme l'impôt sur le revenu, un impôt déclaratif. Il appartient donc à toute société, soumise à ce régime, de déclarer son bénéfice imposable et de payer spontanément le montant d'impôt dont elle est redevable, directement au Trésor.

Une différence toutefois avec l'impôt sur le revenu : l'IS doit être acquitté sans émission préalable d'un rôle par le Trésor.

Le système de paiement de l'IS se décompose de la façon suivante :
- versement de quatre **acomptes provisionnels**,
- liquidation de l'IS dû, par la régularisation du **solde**.

1. Les acomptes provisionnels

Les acomptes provisionnels sont trimestriels et exigibles à des dates fixes, déterminées par l'administration. En principe, ils sont exigibles les :

- 20 février,
- 20 mai,
- 20 août,
- 20 novembre.

mais ils peuvent être payés, sans pénalité de retard jusqu'au 15 du mois suivant, soit :

- 15 mars,
- 15 juin,
- 15 septembre,
- 15 décembre.

Ce n'est donc qu'au-delà de ces dates que la majoration de retard de 10 % peut s'appliquer.

De plus, il faut moduler ces dates fixées par l'administration, dans les cas où la société a un exercice comptable qui ne coïncide pas avec l'année civile.
En effet, pour une société dont l'exercice est par exemple ouvert le 1er février, le premier acompte exigible ne se situe pas au 20 février mais à la date de l'acompte suivant, telle qu'elle est prévue par l'administration. Ici le 20 mai.

Ainsi, le premier acompte dû ne se situe pas toujours au 20 février. Il est défini comme celui dont l'échéance légale suit immédiatement la date d'ouverture de l'exercice.

- Détermination du montant des acomptes

Le montant total des quatre acomptes provisionnels est calculé en faisant la **moyenne des deux taux d'IS en vigueur** :

. Le taux de 34 % applicable aux bénéfices non distribués réalisés au cours d'exercices ouverts depuis le 1er janvier 1991 (37 % pour les exercices ouverts au 1er janvier 1990).

. Le taux de 42 % applicable aux bénéfices faisant l'objet d'une distribution.

Le taux servant au calcul des acomptes est donc fixé à **38 %** (39,5 % pour 1990). Il se répartit entre les quatre acomptes de la façon suivante :
. 1er et 4ème acomptes : 9,25 % (9,75 % pour 1990)
. 2ème et 3ème acomptes : 9,75 % (10 % pour 1990).

L'exercice de référence pour la base du calcul de ces acomptes est en principe le **bénéfice du dernier exercice clos** à la date de leur échéance, sauf pour le premier acompte qui suit des règles particulières.

En effet, à la date d'exigibilité de ce premier acompte, le bénéfice de l'exercice précédent n'est pas encore connu ni déterminé de façon définitive, et ne peut donc pas servir de référence.

Aussi, la loi prévoit qu'il est déterminé provisoirement à partir du résultat de l'avant-dernier exercice, et rectifié lors du second acompte, par le biais d'une régularisation, et à partir du résultat définitif.

Le second acompte englobe en conséquence :

. d'une part, le montant du deuxième acompte normalement exigible, calculé sur le bénéfice de l'exercice précédent,
. d'autre part, la régularisation du premier acompte, calculée à partir de la différence entre le montant de l'avant-dernier exercice et le montant du dernier exercice.

Précisions :
- Les entreprises qui estiment que le bénéfice de l'exercice en cours risque d'être inférieur à celui de l'exercice précédent peuvent, unilatéralement, décider de ne plus acquitter d'acomptes, dès l'instant où ceux déjà acquittés suffisent à couvrir l'impôt dont elles pensent être redevables.
Cette possibilité joue *a fortiori* pour les entreprises dont l'exercice risque d'être déficitaire.

- **Les entreprises nouvelles**, qui n'ont par hypothèse, d'exercice de référence pour le calcul de leurs acomptes, **sont soumises à des règles spécifiques** : la base de calcul de l'IS est fixée à 5 % du capital appelé. Chaque acompte est égal au quart de l'impôt dû sur cette base.
Cette règle joue aussi pour les entreprise nouvelles qui bénéficient d'exonération temporaire d'IS : elle doit être appliquée pour le calcul des acomptes effectivement dus, lorsque le premier résultat n'est pas déterminé de façon définitive.

- **Chaque versement d'acomptes doit être accompagné d'un *"bordereau-avis"***, formulaire établi par l'Administration sur lequel la société doit détailler les méthodes retenues pour le calcul de l'IS. Le bordereau doit être visé par le service des impôts ; il vaut alors quittance des sommes payées.

2. Le solde d'IS

Le solde d'IS à payer lors de la liquidation de l'impôt, constitue une *"régularisation"* calculée en comparant le montant des acomptes provisionnels payés et le montant de l'IS effectivement dû au regard des résultats définitifs de l'exercice.

Le solde ne peut en pratique intervenir qu'après la clôture de l'exercice, lorsque la société établit sa déclaration de résultat.

Le délai de régularisation est fixé par l'Administration au dernier jour du délai de dépôt de déclaration; le versement peut, en fait être acquitté sans pénalité de retard jusqu'au 15 du mois suivant ce délai.

- L'impôt *"effectivement dû"*, qui sert de base à la régularisation est constitué par :
. le montant de l'IS au taux de droit commun dû au titre des bénéfices de l'exercice,
. le montant de l'IS au taux réduit dû à raison des plus-values à long terme (15 % ou 19 %).

Il est diminué du montant des diverses imputations (avoirs fiscaux, crédits d'impôt...) dont bénéficie la société.

- La régularisation est calculée en comparant l'impôt ainsi défini et le montant des acomptes payés. Elle peut prendre deux formes :

. Un complément d'impôt : *"solde de liquidation"*, lorsque le montant des acomptes payés est inférieur à l'impôt dû.
. Un remboursement d'impôt de la part du Trésor, lorsque le montant des acomptes versés est supérieur à l'impôt dû.

Le remboursement doit intervenir dans les 30 jours du dépôt du bordereau-avis. Il est automatique.

Conséquences pratiques de l'application du "*double taux*" sur le paiement de l'IS :

Il faut distinguer les sociétés qui ne procèdent à aucune distribution et celles qui distribuent une fraction de leurs bénéfices :

- Pour les **sociétés qui ne distribuent pas**, le calcul des acomptes provisionnels d'après la moyenne des taux d'IS (38 % ou 39,5 %) entraîne une "surimposition" puisqu'elle ne sont passibles, en pratique, que d'un impôt au taux de 34 % (37 % pour 1990).
Conséquence : ces sociétés seront, au moment de la régularisation, en situation créditrice, et bénéficieront d'un remboursement de l'excédent versé, de la part du Trésor.

- A l'inverse, **pour les sociétés ayant procédé à une distribution de bénéfices**, les acomptes provisionnels calculés avec un taux inférieur seront dans tous les cas insuffisants à couvrir l'impôt effectivement dû.
Un complément d'IS sera alors exigible sur le montant des bénéfices distribués, calculé à partir d'un taux égal à la différence entre le taux "majoré" de 42 % et le taux "normal" de 34 % (37 % en 1990) :
. 5/58è du montant net distribué, pour les exercices ouverts en 1990.
. 8/58è du montant net distribué, pour les exercices ouverts en 1991.

Les distributions visées par ce supplément d'IS sont :
. les distributions régulières de bénéfices,
. les distributions "*occultes*",
. les sommes "*réputées différées*".

A l'inverse, celles exonérées sont :
. les distributions de bénéfices réalisées au cours d'exercices ouverts avant le 1er janvier 1989 (puisqu'il n'existait pas, alors, de double taux),
. les distributions ayant supporté le précompte,
. les distributions de dividendes acquittées par des actions.

2 - L'IMPÔT FORFAITAIRE ANNUEL (I.F.A.)

Les sociétés passibles de l'IS sont également soumises, chaque année, à une imposition forfaitaire.

A. LE DOMAINE D'APPLICATION DE L'I.F.A.

En principe, **toutes** les **personnes morales relevant de l'IS sont visées** par cette imposition dès l'instant où elles existent au 1er janvier, et **même si elles sont déficitaires**.

Toutefois, le législateur a prévu des exonérations pour
. les sociétés exonérées d'IS,
. les centres de gestion et associations agréés,
. les organismes sans but lucratif soumis à un taux réduit d'IS,
. les associations loi de 1901 ayant pour activité l'animation sociale des communes,
. les sociétés nouvellement créées. L'exonération est temporaire : elle joue pendant les trois premières années d'existence,
. les sociétés en liquidation.

B. LE MONTANT DE L'I.F.A.

Le **tarif** de l'imposition forfaitaire **varie en fonction** du montant du **chiffre d'affaires** (tous droits et taxes compris) réalisé lors du dernier exercice clos avant le 1er janvier de l'année d'imposition.

Pour l'**année 1990**, les **tarifs** sont les **suivants** :

CHIFFRE D'AFFAIRES	I.F.A.
Inférieur à 1.000.000 F	5.000 F
Compris entre 1.000.000 F et 2.000.000 F	7.500 F
Compris entre 2.000.000 F et 5.000.000 F	10.500 F
Compris entre 5.000.000 F et 10.000.000 F	14.500 F
Supérieur à 10.000.000 F	21.500 F

Le chiffre d'affaires retenu pour déterminer le montant de l'I.F.A. prend en compte toutes les opérations réalisées par la société, à l'exception des produits provenant de la cession d'éléments de l'actif immobilisé.

C. LE PAIEMENT DE L'I.F.A.

- L'impôt forfaitaire doit être **acquitté le 15 mars** de chaque année. Le paiement doit être accompagné d'un bordereau-avis de versement.

En cas de paiement hors délai, une majoration de 10 % est exigible

- **L'impôt forfaitaire** est **déductible de l'IS** dû par une société :
. au cours de l'année de son exigibilité
. pendant les 2 années suivantes.

Ainsi, l'I.F.A. n'est une charge fiscale pour une société que si celle-ci réalise, pendant au moins trois exercices consécutifs, des déficits : elle ne pourra pas en effet, dans cette hypothèse, imputer son impôt forfaitaire sur ses acomptes d'IS.

3 - L'IMPÔT DE DISTRIBUTION

Lorsqu'une société passible de l'IS distribue, au vu des résultats de l'exercice une fraction des bénéfices à ses associés ou actionnaires, elle peut être redevable d'un ***"impôt de distribution"***, appelé ***"précompte"*** ou ***"précompte mobilier"***.

Le précompte est dû lorsqu'une société distribue des sommes qui n'ont pas supporté l'impôt sur les sociétés au taux de droit commun.

Ainsi, chaque fois qu'une société alloue des dividendes provenant de sommes :
. n'ayant supporté aucun impôt ou
. ayant supporté un impôt à un taux réduit, ou
. provenant d'un exercice clos depuis plus de cinq ans (quelle que soit leur nature),
elle est redevable du précompte.

Le **précompte est lié à l'avoir fiscal** dans la mesure où il ne concerne que les dividendes, assortis de cet avoir.

Plus, c'est parce que l'avoir fiscal n'a pas supporté l'impôt au taux de droit commun (les dividendes visés étaient soit exonérés soit imposés à un taux réduit) que la société distributrice doit acquitter le précompte : il sert, en fait, à *"financer"* l'avoir fiscal accordé aux bénéficiaires des dividendes.

D'ailleurs, le **montant du précompte est égal au montant de l'avoir fiscal**.

- **L'assiette du précompte** est constituée des sommes visées ci-dessus et faisant l'objet de la distribution.

- **Le montant du précompte** est égal à 50 % des sommes distribuées, n'ayant pas supporté l'impôt au taux de droit commun.

En pratique, lorsqu'une société distribue des dividendes en ayant réalisé des bénéfices soumis à l'IS au taux normal et d'autres exonérés ou plus faiblement taxés, elle a intérêt à distribuer en priorité ceux ayant effectivement été imposés selon le droit commun ; elle évite ainsi d'avoir à payer le précompte. D'ailleurs, la loi prévoit que la distribution de dividendes s'opère selon un ordre préétabli d'imputation, qui commence par les bénéfices de l'année, imposés au taux normal, et continue par ceux, encore disponibles, réalisés au cours des quatre exercices précédents et ayant supporté l'impôt de droit commun.

Ainsi, ce n'est que lorsque ces deux sortes de bénéfices ne suffisent pas à supporter le montant de la distribution que le précompte est dû.

Le précompte est exigible le jour du dépôt de la déclaration de distribution, c'est-à-dire le 15 du second mois suivant celui de la mise en paiement des dividendes.

Précisions :
- Les **non-résidents bénéficiaires de dividendes** ont une situation particulière vis-à vis du précompte et de l'avoir fiscal : en effet, ils ne peuvent pas bénéficier de l'avoir fiscal alors même que le précompte a été acquitté par la société distributrice.

Seule une convention fiscale signée par la France peut atténuer la rigueur de ce principe :
. d'une part, en accordant l'avoir fiscal aux bénéficiaires non-résidents ;
. d'autre part, en accordant le remboursement d'une partie du précompte lorsque l'avoir fiscal n'a pas été étendu aux non-résidents.

- Les sociétés mères doivent, en principe, acquitter le précompte mobilier lorsqu'elles procèdent à des distributions de dividendes provenant de leurs filiales, puisque ceux-ci sont exonérés d'IS entre leurs mains, sauf une quote-part de 5 %.

Toutefois, la loi admet que les sociétés peuvent déduire du montant de leur précompte exigible le montant des avoirs fiscaux et crédits d'impôt attachés à ces dividendes.

Ainsi, notamment en imputant les avoirs fiscaux égaux à 50 % sur le précompte dû, les sociétés mères échappent au paiement de ce dernier.

4 - LA FISCALITE APPLIQUEE AUX GROUPES DE SOCIETES

Pour des raisons économiques et non commerciales certaines sociétés, tout en conservant leur personnalité juridique propre, se constituent en un ***"groupe"*** dont les **caractéristiques** généralement admises sont :

- L'existence de liens divers entre elles (participation, communauté d'administrateurs...).
- La reconnaissance à l'une des sociétés d'un pouvoir de contrôle sur les autres sociétés.
- L'existence d'une unité de décision au niveau de la gestion du groupe (stratégie financière et commerciale, gestion prévisionnelle...).
- L'absence d'existence juridique du groupe en tant que personne morale.

Quelle que soit leur activité, ces sociétés constituées en "groupe" peuvent suivant les circonstances, soit être lourdement pénalisées par une application sans nuance de l'impôt dans les conditions de droit commun, soit au contraire profiter des opportunités que leur offrent les liens privilégiés qu'elles ont avec les autres sociétés apparentées pour générer des avantages qui n'existeraient pas en l'absence de ceux-ci.

Aussi, **le législateur est intervenu** d'une part **pour adapter la loi fiscale aux spécificités des "groupes"** et **limiter ainsi l'impact négatif d'une application rigide du droit commun**, et d'autre part en prenant des mesures destinées à **priver ces groupes des avantages que la pratique avait générés**. Par ailleurs, la jurisprudence, toujours dans ce sens, a précisé les limites fiscales des liens entre sociétés apparentées.

A. LES MESURES DE FAVEUR ACCORDEES AUX GROUPES

Ces dispositions concernent la **détermination du résultat d'ensemble** (régime de l'intégration fiscale, régime de consolidation sur agrément), et **l'impôt de distribution** (régime des sociétés mères).

1. Le nouveau régime d'intégration fiscale

(Art. 68 loi de finances pour 1988)

a) Fondement

- En l'absence de dispositions spécifiques, l'application de l'impôt à des sociétés constituées en groupe conduirait à imposer beaucoup plus lourdement leurs bénéfices que ceux d'un groupe de sociétés "intégré" qui dégagerait des résultats identiques.

En effet, une société qui disposerait de plusieurs établissements sans personnalité juridique distincte, dont certains seraient bénéficiaires et d'autres déficitaires, serait imposée sur le résultat d'ensemble de ses établissements avec compensation des déficits et des bénéfices.

- L'absence de compensation pour un groupe (existence de personnalités juridiques distinctes) produisant en pareil cas une pénalisation ainsi qu'il est ci-après démontré.

Exemple :

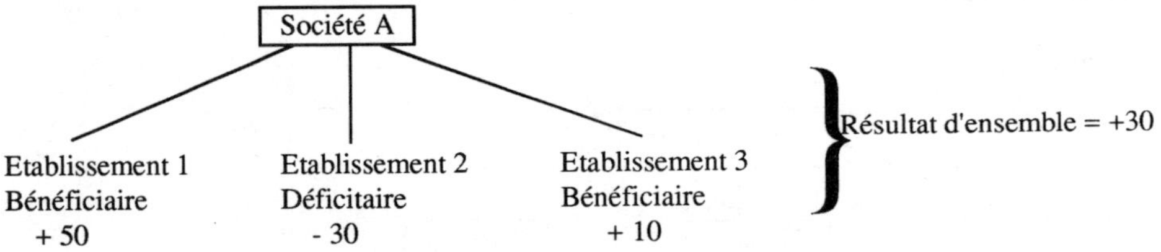

Aspect juridique : il n'y a qu'une seule personne morale (société A)

Aspect fiscal : il n'y a qu'une seule imposition sur le résultat d'ensemble avec compensation des bénéfices et des pertes, soit 37 % x 30 = 11,1

IS = 11,1

* On retiendra le taux d'IS à 37 %, sans distribution.

Exemple :

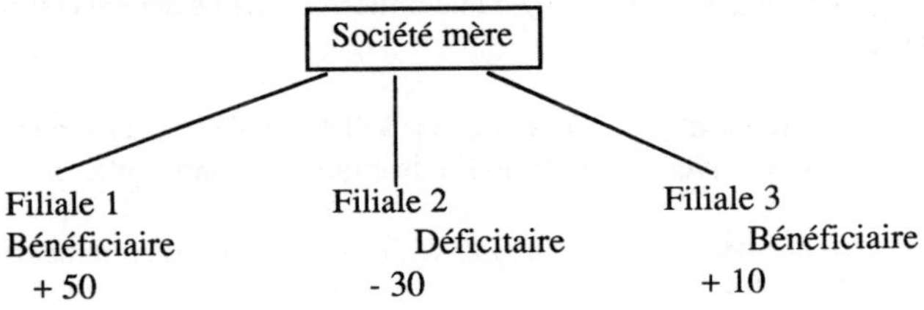

Aspect juridique : quatre personnes morales (la société mère et ses trois filiales).

Aspect fiscal : trois impositions distinctes des trois résultats propres des filiales sans compensation des déficits et des bénéfices, soit :
Filiale 1 : 37 % x 50 = 18,5
Filiale 2 : R.A.N. de 30 (report à nouveau)
Filiale 3 : 37 % x 10 = 3,7

IS = 22,2

b) Définition

Les sociétés soumises à l'IS dans les conditions de droit commun peuvent, sur option, former un ensemble dans lequel la société mère est seule redevable de l'impôt sur les sociétés sur la totalité des résultats réalisés par ses filiales, et qui constitue le périmètre d'intégration.

c) Condiditons

La **société mère doit détenir directement ou indirectement** par l'intermédiaire de ses filiales fiscales (celles qui ont opté pour le régime), **95 %** au moins du capital de cette filiale de manière continue au cours de l'exercice.

Exemple :

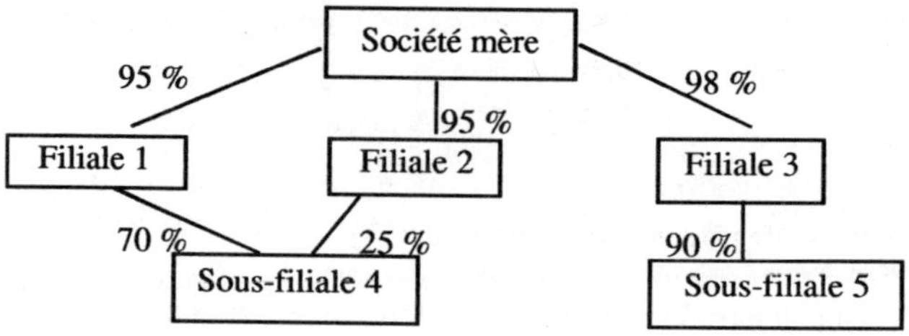

Dans ce cas le groupe fiscal intégré comprend :

. la société mère,
. les trois filiales 1, 2, 3
. la sous-filiale 4, qu'elle détient indirectement par l'intermédiaire des ses filiales 1 et 2 (70+25).

En revanche, la sous-filiale n° 5 n'appartient pas au périmètre d'intégration car elle ne détient celle-ci directement qu'à 88,2 % et indirectement qu'à 90 %.

- La présence dans la chaîne des participations, d'une société soumise à l'IR, d'une société soumise à l'IS à un taux particulier (SICOMI, coopératives,...) ou d'une filiale étrangère, rompt celle-ci.

- Le capital de la société mère ne doit pas être détenu à 95 % au moins (directement ou indirectement) par une autre personne morale passible de l'IS.

d) Les dispositions spécifiques du régime d'intégration

- Ce nouveau régime est applicable pour la première fois pour l'imposition des résultats des **exercices ouverts depuis le 1er janvier 1988**. Ces sociétés du groupe doivent ouvrir et clore leurs exercices aux mêmes dates, et chaque exercice a une durée de 12 mois.

- **L'option est valable 5 ans** et doit être notifiée avant la date d'ouverture de l'exercice au titre duquel le régime d'intégration s'applique (c'est l'exercice de l'option qui donne naissance au groupe).

- **La société mère est seule redevable de l'impôt** sur les sociétés incluses dans le périmètre d'intégration (lequel est révisable annuellement), ainsi que de l'imposition forfaitaire annuelle et du précompte mobilier.

- **Le résultat d'ensemble** du groupe taxable au taux plein est constitué par la **somme algébrique des résultats** de chacune des sociétés du groupe, à laquelle il est apporté un certain nombre de **rectifications**. Ces ajustements contribuent soit à majorer le résultat d'ensemble (réintégration de certaines provisions, jetons de présence et tantièmes distribués par les filiales,...) soit à le minorer (élimination de la quote-part de frais et charges,...).

- **La plus-value ou la moins-value nette à long terme d'ensemble** est déterminée par la société mère en faisant la **somme algébrique de ces plus ou moins-values.**

La plus-value nette à long terme d'ensemble fait l'objet de l'imposition au taux réduit, à la condition que la dotation à la réserve spéciale soit portée au bilan de la société mère.

- **Cas des déficits subis après intégration**

Le résultat d'ensemble déficitaire est reporté sur les exercices suivants jusqu'au cinquième exercice qui suit l'exercice déficitaire, ou sans limitation de durée pour la fraction du déficit qui correspond aux amortissements réputés différés.

La société mère peut opter pour le report en arrière du déficit d'ensemble ; ce déficit est alors soit imputé sur le bénéfice d'ensemble précédent soit sur le bénéfice que la société mère a déclaré au titre des trois exercices précédents.

- **Cas des déficits subis avant intégration**

- Ils ne sont pas compris dans le résultat d'ensemble du groupe mais sont reportables dans les conditions de droit commun (imputation sur les bénéfices propres).

- Les moins-values à long terme constatées par des sociétés intégrées, au titre d'exercices antérieurs à l'intégration, ne peuvent être imputées que sur leurs propres plus-values nettes à long terme.

- En cas de **sortie du groupe** d'une société moins de 5 ans après son entrée, le groupe subira un certain nombre de **majorations.**

- **Les dividendes distribués par une société intégrée à une autre société intégrée** ne donnent lieu ni au précompte ni à l'avoir fiscal à la condition qu'ils aient été prélevés sur des résultats compris dans le résultat d'ensemble.

- Pour ses **propres distributions, la société mère bénéficie d'une franchise de précompte** égale au résultat d'ensemble diminué de l'impôt l'ayant grevé.

- La société mère est seule redevable du précompte sur les distributions réalisées par l'une des sociétés intégrées; elle bénéficie cependant de la totalité des avoirs fiscaux et crédits d'impôt attachés aux produits de participation encaissés par l'ensemble du groupe.

2. Régimes du bénéfice mondial et du bénéfice consolidé sur agrément (CF territorialité IS) (Art. 209 CGI)

a) Fondement - définition

Afin de donner aux sociétés françaises ayant une activité internationale la possibilité, sur agrément, de ne supporter l'impôt en France que sur un bénéfice calculé après compensation des déficits et des bénéfices de l'ensemble de leurs établissements en France et à l'étranger, le législateur a institué les régimes du bénéfice mondial et du bénéfice consolidé. Il est important de relever que la plupart des concurrents étrangers bénéficient, par la soumission à leur législation interne, de régimes similaires.

b) Dispositions spécifiques

- Le régime du **bénéfice mondial** autorise une société française à prendre en compte les résultats de ses **"exploitations directes"** situées hors de France, lesquelles ne disposent pas de personnalité juridique propre.

- Le régime du **bénéfice consolidé** autorise une société française à prendre en compte les résultats de ses **"exploitations directes"** ainsi que les résultats de ses **filiales (participation >50 %)** situées à l'étranger.

Pour les filiales, la société mère inclut dans ses résultats le bénéfice réalisé par celles-ci, auquel est appliqué un coefficient traduisant la participation qu'elle détient. Le même principe est également appliqué pour les pertes subies par les filiales.

3. Régime des sociétés mères et filiales
(Art. 145-146-216 CGI)

a) Fondement

Ce régime a été instauré afin d'**éviter que les bénéfices distribués par une filiale à la société mère ne soient soumis à une double imposition** au titre de l'impôt sur les sociétés ; en effet, les dividendes perçus sont issus de bénéfices qui ont déjà subi l'IS au niveau de la société filiale.

b) Conditions

La société mère doit détenir une **participation > 10 %** dans le capital de la filiale.

Le régime n'est applicable qu'aux **personnes morales soumises**, de plein droit, ou sur option, à **l'impôt sur les sociétés au taux normal**, et quelle que soit leur nationalité.

Les titres souscrits doivent l'avoir été lors de la souscription ou avoir fait l'objet d'un engagement de les conserver pendant une durée > 2 ans.

c) Dispositions spécifiques

Les produits des participations dans la filiale perçus par la société mère sont déductibles de son bénéfice net imposable après imputation d'une quote-part de frais et charges fixée forfaitairement à 5 % du produit des participations, crédits d'impôt compris (avoir fiscal pour les filiales et crédit prévu par la convention pour les filiales situées à l'étranger équivalent à l'impôt acquitté à l'étranger).

Exemple :
- Dividendes versés par la filiale française = 200.000 F
- Dividendes versés par la filiale étrangère = 300.000 F
Le taux fixé par la convention = 15 %.

La quote-part de frais et charges est donc constituée par :
[(le montant des dividendes versés par la filiale française majoré de l'avoir fiscal y afférent) + (le montant des dividendes versés par la filiale étrangère majoré du crédit d'impôt fixé par la convention)] x 5 %.

Soit :

dividendes français = 200.000 F
avoir fiscal = 100.000 F
dividendes "étrangers" = 300.000 F
crédit d'impôt conventionnel = 45.000 F

La somme déductible au titre des produits de filiales du résultat de la société mère est donc égale à :
[(200.000 + 100.000) + (300.000 + 45.000)] x 5 % = [645.000] x 5 % = 32.250 F

La société mère ne peut pas imputer les avoirs fiscaux attachés aux dividendes perçus de ses filiales pour le calcul de son propre IS. Elle peut seulement, en cas de redistribution ultérieure de ces dividendes, transférer le bénéfice des avoirs fiscaux aux bénéficiaires de l'opération.

Bien qu'en principe la distribution par une société mère de produits de participation (étant exonérée d'IS) entraîne l'exigibilité du précompte, ce **régime permet aux avoirs fiscaux** (filiales françaises) et aux **crédits d'impôt** (filiales étrangères) **de venir en déduction du précompte exigible**.

Enfin, à compter du 1er janvier 1990, les redistributions effectuées par des sociétés ayant pour objet la gestion de participations étrangères sont exonérées du précompte et n'ouvrent pas droit à l'avoir fiscal.

B. LES DISPOSITIONS REPRESSIVES A L'ENCONTRE DES PRATIQUES "INTRA-GROUPE"

La loi fiscale et la jurisprudence sont intervenues pour empêcher que des pratiques entre sociétés appartenant à un même groupe ne génèrent des avantages fiscaux qui reposeraient sur l'existence même des liens privilégiés existant entre ces sociétés apparentées.

Les dispositions législatives ont principalement pour objet d'éviter des transferts de fonds à l'étranger et le non rapatriement de bénéfices réalisés par une filiale à l'étranger.

Le juge fiscal a par ailleurs précisé les limites fiscales qui assortissent les relations privilégiées et solidaires de sociétés appartenant à un même groupe.

1. Les dispositions législatives

a) L'article 57 du Code Général des Impôts

Cet article sanctionne les pratiques qui modifient artificiellement, et dans un but fiscal, les prix des prestations de services ou de biens, dès lors que ces prix sont pratiqués entre des sociétés apparentées et dont l'une est établie à l'étranger.

Ainsi, pour l'établissement de l'impôt dû par les entreprises qui sont sous la dépendance ou qui contrôlent des entreprises hors de France, les bénéfices indirectement transférés à ces dernières sont incorporés aux résultats accusés par les comptabilités.

Ces manipulations peuvent prendre la forme de majoration ou de diminution des prix d'achat, de vente, ou des prix facturés pour des services.

Les liens de dépendance, dont la preuve est à rapporter par l'Administration fiscale, peuvent être juridiques ou de fait ; on considère qu'une communauté d'intérêts, des participations, des similitudes d'objet social... constituent un lien de dépendance.

Lorsque l'Administration fiscale a pu démontrer l'existence d'un avantage anormal consenti par une société à une autre société du groupe, elle réintègre dans le bénéfice imposable de l'entreprise établie en France, à concurrence de ce qui avait été artificiellement minoré à la suite des avantages anormaux consentis.

L'Administration n'a alors pas à démontrer l'existence d'un transfert de bénéfices à l'étranger, la charge de la preuve incombant à l'entreprise redressée laquelle doit justifier les prix pratiqués.

Lorsque le transfert s'effectue vers des entreprises situées dans un pays à fiscalité privilégiée, la condition de dépendance n'est plus exigée.

b) L'article 209 B. CGI

Cet article qui est une **exception au principe de territorialité** de l'impôt sur les sociétés, dispose que lorsqu'une entreprise passible de l'impôt sur les sociétés détient **directement ou indirectement 25 %** au moins des actions ou parts d'une société établie dans un état étranger dont le régime fiscal est privilégié, cette entreprise est soumise **à l'IS sur les résultats bénéficiaires de la société étrangère dans la proportion des droits sociaux qu'elle y détient.**

On entend par régime fiscal privilégié, un régime par lequel une personne physique ou morale serait assujettie à des impôts sur les bénéfices ou les revenus notablement moins élevés qu'en France.

Cette disposition ne s'applique pas quand la société mère est en mesure d'établir que l'activité de sa ou de ses filiales n'a pas principalement pour effet de permettre la localisation des bénéfices dans un "paradis fiscal".

On reconnaît cette condition remplie quand la filiale exerce une activité industrielle ou commerciale effective et qu'elle réalise ses opérations de manière prépondérante sur le marché local, ou avec des entreprises avec lesquelles elle ne dispose pas de lien de dépendance.

On remarque qu'en l'espèce il y a un renversement de la charge de la preuve à l'encontre du contribuable...

2. Les limites aux aides interentreprises : l'acte anormal de gestion

Le principe est le suivant ; puisque c'est le contribuable qui détermine lui-même l'assiette de l'impôt qu'il est tenu d'acquitter, sous réserve de contestation par l'Administration fiscale, il appartient au juge de déterminer ce qui ressort d'une gestion normale de ce qui ressort d'une gestion anormale.

Le magistrat doit donc contrôler que les opérations commerciales réalisées par l'entreprise étaient équilibrées et présentaient des contreparties.

Cette contrepartie est appréciée soit objectivement (exemples : prêts, intérêts) soit subjectivement en fonction du but recherché par l'entrepreneur qui l'a abandonné (exemple : abandon de créances pour obtenir un marché...).

En cas de renonciation à des recettes, abandons de créances... entre sociétés apparentées, l'administration a une position très rigide.

D'une façon générale, le fait pour une société de ne pas facturer est constitutif d'un acte anormal de gestion ; l'administration procède alors à la réintégration des sommes non facturées dans les bénéfices imposables de l'entreprise ayant renoncé.

Cependant, certaines exceptions existent, notamment quand la société mère en renonçant à son dû a agi dans son intérêt propre (exemples : prêts sans intérêts à des filiales en difficulté cautionnées par la société mère).

5 - L'IMPÔT DÛ A L'OCCASION D'UNE DISSOLUTION OU D'UNE FUSION DE SOCIETE

A. LA DISSOLUTION DE SOCIETE

La dissolution d'une société entraîne l'obligation de régulariser la situation tant au plan juridique que fiscal. L'opération est assimilée, au regard de la loi, à une cessation d'activité et en comporte donc toutes les conséquences.

Au plan juridique, la dissolution doit être publiée et portée à la connaissance des tiers. Elle devient effective à la date de cette publication.

Au plan fiscal, la réalité de la dissolution n'est pas aussi rapide car la loi prévoit que la société (dissoute juridiquement) continue d'exister jusqu'à l'aboutissement des opérations de liquidation. La société connaît ainsi une "survie fiscale" pendant toute cette période, considérée comme un exercice unique (quelle qu'en soit la durée), dont le résultat imposable doit être communiqué à l'administration fiscale dans un délai de soixante jours (à compter de la clôture de la liquidation).

Le coût fiscal d'une dissolution dépend essentiellement de la situation patrimoniale et financière de la société ; il sera d'autant plus élevé que l'actif à partager est important.

Les modalités d'imposition d'une dissolution de société varient selon le régime fiscal auquel elle est soumise : impôt sur le revenu ou impôt sur les sociétés, mais, dans les deux hypothèses, des impôts directs (sur les revenus ou bénéfices) et des impôts indirects sont exigibles.

1. Dissolution d'une société relevant de l'impôt sur le revenu

Les conséquences fiscales de la dissolution d'une telle société sont supportées directement (et exclusivement) par chacun des associés, au prorata de leur participation. L'opération s'apparente donc à une liquidation d'entreprise individuelle.

Chaque associé est imposé de la façon suivante :
. Au taux de droit commun (taux marginal) sur :
- les revenus du dernier exercice
- les provisions non encore imposées
- les plus-values à court terme réalisées ou constatées sur des éléments de l'actif.

. Au taux privilégié de 16 % sur les plus-values à long terme (26 % pour les terrains à bâtir).

2. Dissolution d'une société relevant de l'impôt sur les sociétés

Nous l'avons dit, le coût fiscal d'une dissolution peut être extrêmement élevé pour une société ayant un actif important, voire totalement prohibitif. Seules, en pratique, celles bénéficiant d'un agrément administratif échappent en partie à cette charge et bénéficient d'un allègement d'imposition.

Le poids fiscal de l'opération est en outre augmenté par le fait que les associés supportent également une imposition, sur les sommes distribuées lors du partage.

a) Charge fiscale de la dissolution pour la société

- En premier lieu, la société doit s'acquitter de sa **dette d'IS** due à raison des bénéfices réalisés au cours du dernier exercice : IS au taux de droit commun pour :
. bénéfices de l'exercice
. provisions ou fraction de plus-value à court terme non encore imposées,
. plus-values à court terme réalisées ou constatées sur des éléments de l'actif.

. IS au taux privilégié de 19 % pour les plus-values à long terme (25 % pour les terrains à bâtir).

- En second lieu, la société doit payer le **précompte mobilier** sur la fraction du bon de liquidation qui n'a pas supporté d'impôt sur les sociétés au taux de droit commun depuis plus de cinq ans.

"Boni de liquidation" : c'est l'excédent de l'actif social (net d'IS) apparaissant après le remboursement des créanciers et la redistribution des apports effectués par les associés. La restitution des apports est considérée comme non imposable par l'administration, mais seulement lorsqu'elle porte sur des apports en espèces ou en nature faits lors de la constitution ou à l'occasion d'une augmentation de capital. La partie du capital alimentée par incorporation de réserves ou de bénéfices ne profite donc pas de l'exonération ; elle est, au contraire, incluse dans le boni de liquidation.

La vocation de ce boni est d'être partagé entre tous les associés. Il est assimilé à une distribution de dividendes, et soumis aux règles propres à cette opération : attribution d'un avoir fiscal, égal à 50 % de son montant. Mais les modalités d'imposition varient en fonction de la qualité de l'associé :
- Si l'associé est une personne physique relevant de l'IR, il est soumis au régime des revenus de capitaux mobiliers (et bénéficie de l'avoir fiscal)
- Si l'associé est une personne morale relevant de l'IS, il est soumis soit au régime des revenus de capitaux mobiliers, soit au régime des plus-values.

b) Charge fiscale de la dissolution à la charge des associés

Lorsque la liquidation d'une société présente un intérêt économique, notamment parce qu'elle n'a plus aucune activité réelle et devrait donc disparaître, elle peut bénéficier d'un agrément administratif et d'un régime d'imposition de faveur. Trois avantages principaux sont offerts par l'agrément, dont deux au profit de la société :
- Taxation uniforme des plus-values à court terme ou long terme.
- Exonération de précompte,
et un, au profit des associés :
- La substitution d'une taxation forfaitaire de 15 % au barème progressif de l'IR, pour la part de boni de liquidation attribuée à chacun d'entre eux.

B. LA FUSION DE SOCIETE

En principe, l'opération de fusion se décompose en deux temps :
- La disparition de la société absorbée.
- L'apport de l'actif de cette société à la société absorbante.

Cependant, le déroulement juridique de la fusion tel qu'il est décrit entraînerait un coût fiscal très lourd puisqu'à la fois les droits de la dissolution et ceux de l'apport en société seraient exigibles. En outre, il apparaît assez clairement qu'en fait, la société absorbante continue l'activité de la société absorbée donc, il serait illogique de suivre tout ce processus.
C'est donc pour ces différentes raisons que le législateur a prévu un régime de faveur de fusion, applicable aux sociétés absorbantes relevant de l'IS et entraînant un allègement du coût fiscal de l'opération.

1. Régime de droit commun

a) Situation de la société absorbée

Selon le régime de droit commun, la fusion s'analyse, pour la société absorbée, comme une dissolution et en supporte donc toutes les conséquences fiscales :

- L'IS est dû :
Au taux de droit commun sur :
. les bénéfices du dernier exercice,
. les provisions,
. les plus-values à court terme "de fusion", réalisées lors de l'apport de l'actif immobilisé, déduction faite des pertes éventuellement subies antérieurement et reportées à nouveau,
Au taux privilégié de 19 % sur les plus-values à long terme (25 % pour terrains à bâtir).

- S'agissant de **la TVA** :
. la société absorbée doit procéder à des reversements partiels lorsque les apports ont pour objet des immobilisations de nature immobilière et sont faits dans un délai de neuf ans à compter de l'acquisition (il n'y a plus de reversement à opérer lorsque l'immobilisation est un meuble).
. elle peut être redevable de taxe sur les apports de marchandises faits à la société absorbante.

- **Les taxes sur les salaires** sont exigibles :
La société absorbée doit donc s'acquitter des sommes dues, à la date de la dissolution.

- **Les droits d'enregistrement** applicables sont les mêmes qu'en matière de dissolution. Un droit fixe de 1.220 F.

Examinons maintenant la situation des actionnaires de la société absorbée : pour ces actionnaires, la fusion a pour conséquence de modifier la nature des titres qu'ils possédaient avant l'opération, ils bénéficient désormais de titres émanant de la société absorbante.
Cet *"échange"* de titres n'entraîne aucune imposition, que les actions soient détenues par une personne physique ou affectées à l'actif d'une entreprise même, cette règle a été étendue aux "actionnaires" de la société absorbée ayant le caractère de la société mère.

Le seul cas où "une taxation" est prévue concerne le contribuable dont la participation dans la société absorbée était supérieure à 25 % ; elle est alors de 16 % et calculée sur le montant de la plus-value réalisée (art. 160 CGI). Toutefois, le Code des Impôts prévoit que cette "plus-value" de fusion peut:
- soit être étalée sur l'année de la fusion et les quatre années suivantes,
- soit bénéficier d'un report d'imposition jusqu'au jour de la vente des titres. Ici, l'option est en principe, subordonnée à un agrément ministériel, sauf si le détenteur des titres s'engage à les conserver pendant au moins cinq ans.

b) Situation de la société absorbante

La fusion correspond, pour la société absorbante, à un apport qui a pour objet la société absorbée et qui est fait à titre pur et simple puisque sa rémunération consiste en des droits sociaux. Ainsi, n'ayant aucun engagement vis-à-vis de la société absorbée, la société absorbante est soumise aux règles applicables à tout bénéficiaire d'apports.

Une remarque préliminaire importante
Dans la mesure où, nous l'avons vu, la société absorbée a dû s'acquitter de tous les impôts exigibles lors d'une dissolution, l'apport dont bénéficie la société absorbante est net de tous impôts et taxes. Il a le caractère d'un apport à titre pur et simple.
Néanmoins, les **apports de fusion** vont suivre des **règles particulières** une fois intégrés dans le patrimoine de la société absorbante, lorsqu'ils portent sur des éléments d'actif.
Les règles diffèrent selon que les immobilisations reçues en apport sont des biens amortissables ou non. Toutefois, quelle que soit leur nature, il existe une règle commune à tous ces biens : la plus-value apparaissant lors de l'apport n'est pas imposable pour la société absorbante puisque la société absorbée a supporté la totalité de la charge fiscale.

S'agissant des règles particulières :

- Pour les immobilisations amortissables :
. les amortissements pratiqués par la société absorbante doivent être calculés par rapport à la valeur d'apport du bien,
. ils sont soumis au régime des biens d'occasion, ce qui exclut toute possibilité d'amortissement dégressif,
. ils sont calculés en fonction de la durée de vie restant à courir (depuis leur date d'acquisition par la société absorbée).

- Pour les immobilisations non amortissables :
on retient la valeur d'apport des biens et non pas celle retenue par la société absorbée. Conséquences : en cas de cession ultérieure de tels biens, la plus-value sera calculée par rapport à cette valeur d'apport et la qualification de plus-value à "court terme" ou à "long terme" se fera à partir de la date de la fusion.

En ce qui concerne les **impôts et taxes** mis **à la charge de la société absorbante** :
- **L'impôt de distribution** relatif à l'attribution d'actions gratuites aux actionnaires de la société absorbée n'est pas exigible. Cette distribution qui, en fait rémunère les apports n'est pas imposable et n'entraîne donc aucun précompte. Ce n'est que dans l'hypothèse où la société absorbante distribuera ultérieurement la prime de fusion qu'une imposition sera appliquée.

- **Les droits d'enregistrement** sont dus, au taux de 1,20 % et calculés sur la différence entre l'actif net et le capital libéré (non amorti) de la société absorbée.

Dernier point relatif à la société absorbante : **la position de ses actionnaires**. La fusion n'entraîne aucune conséquence fiscale à leur égard.

2. Régime de faveur

Le régime de faveur est prévu par **l'article 210 A CGI**. Il ne s'applique qu'aux **seules sociétés relevant de l'impôt sur les sociétés**, et a pour objectif de faciliter les fusions, en **allégeant les impositions** normalement dues lors d'une telle opération. Le régime de faveur ne nécessite l'obtention d'aucun agrément (contrairement aux scissions ou apports partiels d'actif) ; il s'applique de plein droit aux sociétés visées ci-dessus. Néanmoins, il est **subordonné** au respect de nombreux **engagements à la charge de la société absorbante**.

Nous allons reprendre, pour cette étude, le même schéma que précédemment, en examinant les situations respectives de la société absorbée et de la société absorbante.

a) La situation de la société absorbée

La société absorbée est redevable de certains impôts et taxes :

- **Impôt sur les sociétés**
. l'IS au taux de droit commun est dû à raison des bénéfices du dernier exercice (clos à la date de fusion) et éventuellement des provisions n'ayant plus d'objet
. l'impôt dû au titre des plus-values suit des règles particulières ; en principe, aucun impôt n'est exigible, mais le législateur offre à la société absorbée la possibilité de demander l'imposition immédiate de ses plus-values à long terme sur biens amortissables. Lorsqu'elle libère l'option, la société absorbée est alors imposée au taux réduit de 19 %, mais elle a la faculté de déduire de ce montant imposable le déficit subi antérieurement. Cette solution est avantageuse car dans l'autre hypothèse (pas d'imposition) le déficit ne peut être "récupéré" par la société absorbante qu'après agrément du Ministre des Finances.
En pratique, il est évident que la décision de la société absorbée aura des répercussions sur la société absorbante.

- **TVA** : contrairement aux principes posés dans le régime de droit commun **la société n'est pas tenue de procéder aux reversements de TVA** à raison des apports d'immobilisations faits à l'intérieur du délai de neuf ans.
Plus, dans la mesure où la société absorbante se substitue à la société absorbée, **elle peut "hériter"** des **éventuels crédits de TVA** dont cette dernière disposait au jour de la fusion. C'est en fait de toute la situation de la société absorbée au regard de la TVA dont bénéficie la société absorbante.
Mais ici encore, comme en matière d'IS, le "transfert" de TVA ne peut se faire que contre des engagements à la charge de cette dernière. En fait, le législateur a, en édictant de telles mesures, souhaité que l'opération de fusion en matière de TVA soit neutre fiscalement.

- **les droits d'enregistrement** : aucun n'est dû par la société absorbée puisqu'il n'y a pas "dissolution" à proprement parler.

. **les taxes sur les salaires** doivent être payées par la société absorbée, à l'exclusion de la participation à l'effort de construction qui peut être prise en charge par la société absorbante.

Les **actionnaires** de la société absorbée **sont dans la même situation que ceux participant** à une **fusion de droit commun**, ils ne supportent aucune conséquence fiscale de l'opération.

b) La situation de la société absorbante

Nous l'avons évoqué précédemment, l'obtention et l'application du régime de faveur de l'article 210 A CGI sont subordonnées au respect de certains engagements de la part de la société absorbante, notamment en ce qui concerne les impôts à payer.

- **En matière d'IS** :
. seul l'impôt dû au titre des plus-values est exigible ; son paiement dépendant, dans une large mesure de l'option choisie par la société absorbée.
. si la société absorbée n'a pas opté pour l'imposition de ses plus-values à long terme sur éléments amortissables, la plus-value de fusion propre à ces biens est imposable. L'imposition est échelonnée dans le temps, la plus-value devant être réintégrée dans les résultats de la société absorbante sur une période (maximum) de cinq ans.
L'échelonnement joue pour toutes les plus-values sur biens amortissables, sans distinguer leur caractère de court terme ou long terme. La valeur des biens à retenir pour le calcul de la plus-value est celle au jour de la fusion. C'est également cette même valeur que l'on prendra pour l'inscription du bien au bilan de la société absorbante.

Contrairement aux principes évoqués ci-dessus, la plus-value de fusion dégagée sur des biens non amortissables n'est pas imposable pour la société absorbante et la valeur d'inscription au bilan doit être celle de l'apport.
En revanche, la plus-value réalisée lors de la cession ultérieure de ces biens sera soumise à l'impôt; la valeur de référence à retenir sera alors la valeur d'origine, inscrite dans la comptabilité de la société absorbée.

. Si la société absorbée a opté pour l'imposition immédiate de ses plus-values à long terme sur biens amortissables, la société absorbante n'est plus redevable que de l'impôt dû au titre des plus-values à court terme sur biens amortissables. La société va devoir en outre, reconstituer au passif de son bilan le montant de la réserve spéciale de plus-value à long terme, imposée à 19 % chez la société absorbée.

. En contrepartie de ces diverses obligations, la société absorbante bénéficie de dispositions "de faveur" :
- Elle peut utiliser la technique de l'amortissement dégressif (pour les apports pouvant être soumis à ce régime particulier).
- Elle peut être autorisée, par une décision spéciale du Ministre des Finances, à imputer sur ces résultats les déficits subis par la société absorbée et même à bénéficier de la créance sur le Trésor dont disposait cette dernière après option pour le "carry back".
- Elle peut distribuer en franchise de précompte mobilier la fraction de bénéfices réalisés par la société absorbée, à la condition toutefois que ceux-ci aient supporté de l'IS au taux de droit commun lors des cinq exercices précédant la distribution.

- En matière d'**impôt de distribution** : aucun impôt n'est dû par la société absorbante sur l'émission d'actions gratuites au profit des actionnaires de la société absorbée. Ce n'est que dans l'hypothèse d'une distribution ultérieure de prime de fusion que l'impôt de distribution sera exigible.

- En ce qui concerne la **TVA** : la société absorbante reprend à son compte les obligations de la société absorbée. Elle devra notamment, en cas de cession d'immobilisations à l'intérieur du délai de quatre ans (ou neuf) procéder aux reversements de TVA. En revanche, la société peut récupérer l'éventuel crédit de TVA dont bénéficiait la société absorbée.

- Enfin, s'agissant des **droits d'enregistrement**, la société absorbante est passible d'un droit de 1,20%, calculé sur la différence entre le montant de l'actif net de la société absorbée et le montant du capital libéré non amorti de celle-ci. Et ce droit ne peut en aucun cas être inférieur à 1.220F.

CHAPITRE III

LES IMPÔTS ET TAXES DIVERS

1 - LES IMPÔTS ET TAXES D'ETAT

A. LES TAXES ASSISES SUR LES SALAIRES

1. La taxe sur les salaires

2. La taxe d'apprentissage

3. La participation à la formation professionnelle continue

4. La participation à l'effort de construction

B. LA TAXE SUR LES VEHICULES DE SOCIETES

2 - LES IMPÔTS DIRECTS LOCAUX

A . LA TAXE FONCIERE

1. La taxe foncière sur propriétés bâties

2. La taxe foncière sur propriétés non bâties

B. LA TAXE D'HABITATION

C. LA TAXE PROFESSIONNELLE

D. LA TAXE SUR LES BUREAUX EN ÎLE-DE-FRANCE

E. LES AUTRES TAXES LOCALES

A côté de l'impôt sur le revenu et de l'impôt sur les sociétés, il existe d'autres impôts ou taxes "directs". Parmi ceux-ci on distingue deux grandes catégories perçues soit au profit de l'Etat, soit au profit des collectivités locales.

Les **impôts et taxes d'Etat** sont de **deux sortes** :

- **Les taxes assises sur les salaires** (taxe sur les salaires, taxe d'apprentissage, participation à la formation professionnelle continue et participation à l'effort de construction) ;

- **La taxe sur les véhicules de sociétés**.

Les impôts directs "locaux" regroupent :

- La taxe foncière (sur propriétés bâties et non bâties) ;
- La taxe d'habitation ;
- La taxe professionnelle ;
- D'autres taxes (taxes annexes aux précédentes, taxe spéciale d'équipement, redevance communale et taxes régionales ou départementales).

1 - LES IMPÔTS ET TAXES D'ETAT

Deux catégories de taxes sont recouvrées au profit du budget de l'Etat :
- Les taxes assises sur les salaires ;
- La taxe sur les véhicules de sociétés.

A. LES TAXES ASSISES SUR LES SALAIRES

Ce sont :
- La taxe sur les salaires ;
- La taxe d'apprentissage ;
- La participation à la formation continue ;
- La participation à l'effort de construction.

Toutes ces taxes ont deux caractéristiques communes :

1) Elles sont calculées à partir du montant total des rémunérations versées par une entreprise à ses salariés au cours d'une année ;

2) Elles sont déductibles du résultat imposable de l'entreprise, que celle-ci relève de l'impôt sur le revenu ou de l'impôt sur les sociétés.

1. La taxe sur les salaires
(Art. 231 et suivants CGI)

La taxe sur les salaires est due par certains employeurs, à raison des rémunérations versées à leurs salariés.

Employeurs visés :

Ce sont **tous les employeurs qui ne sont pas assujettis à la TVA**, ou qui le sont sur moins de 90 % de leur chiffre d'affaires (en pratique, peu sont donc concernés par la taxe sur les salaires). Les redevables, personnes physiques ou morales doivent être établis en France ou, au moins, y disposer d'un établissement permanent.

Sont exclus du champ d'application de la taxe sur les salaires :

- Les employeurs assujettis à la TVA sur au moins 90 % de leur chiffre d'affaires ;
- Les collectivités publiques et locales ;
- Les exploitants agricoles ;
- Les particuliers qui emploient des femmes de ménage ou des domestiques ;
- Les organisations internationales, les ambassades ou consulats étrangers.

a) Détermination du montant de la taxe sur les salaires

La taxe est due à raison des **rémunérations versées par l'employeur à ses salariés**. C'est le **montant total brut** de celles-ci qui sert de base de calcul, c'est-à-dire le montant avant déduction de la cotisation de sécurité sociale et des retenues pour retraite et avant déduction forfaitaire de 10 % pour frais professionnels. De plus, les avantages en nature consentis aux salariés sont également inclus dans l'assiette de la taxe.
En fait, seules les déductions supplémentaires pour frais professionnels accordées à certaines professions échappent à la taxation. Les salaires servant de base à la taxe sont ceux versés au cours de l'exercice d'imposition.

Les taux de la taxe sur les salaires sont au nombre de trois :

- Un taux normal de base de 4,25 % ;

- Deux taux majorés, applicables aux rémunérations annuelles individuelles excédant un certain seuil :

. l'un porté à 8,5 % pour la fraction des salaires individuels annuels compris entre 35.900 F et 71.700 F pour les revenus 1990 (la taxe étant indéxée sur la septième tranche de l'impôt sur les revenus, les seuils varient d'une année sur l'autre),

. l'autre porté à 13,6 %, pour la fraction des salaires individuels annuels excédant 71.700 F.

En pratique, le **calcul** de la taxe sur les salaires se fait en deux temps :

- On applique le taux normal de base de 4,25 % au montant total brut des rémunérations versées par l'employeur ;
- On examine, ensuite, chaque salaire individuel annuel, afin de déterminer si les majorations de taux sont applicables. On procède alors au second calcul, en retenant chaque fraction de salaire qui excède les seuils légaux et en leur appliquant les majorations correspondantes.

Précisions :

- Dans la mesure où tous les salaires, quel que soit leur montant, ont supporté le taux de base de 4,25 %, les majorations ne jouent que sous déduction de ce dernier. Ainsi, pour la fraction de salaire individuel annuel comprise entre 35.900 F et 71.700 F, la majoration est de **4,25 %** (8,50 % - 4,25 %) ; elle est de **9,35 %** (13,6 % - 4,25 %) pour la fraction supérieure à 71.700 F.

- Les employeurs partiellement assujettis à la TVA (avec un prorata inférieur à 90 %) obéissent à des règles particulières. La taxe sur les salaires est calculée sur le montant total brut des rémunérations, pondéré par le "contre-prorata" de TVA, c'est-à-dire le rapport existant entre le montant du chiffre d'affaires non soumis à la TVA et le chiffre d'affaires total réalisé par l'entreprise. Cela signifie qu'une entreprise assujettie à la TVA sur 60 % de son chiffre d'affaires, est redevable de la taxe à hauteur de 40 % du montant total des salaires versés. Le chiffre d'affaires servant de base au calcul du prorata définitif de TVA est celui de l'année en cours ; en revanche, s'agissant du calcul de la taxe sur les salaires, on retient celui de l'année précédant celle du versement des rémunérations.

Exemple de calcul de taxe sur salaires :

1) *L'entreprise n'est pas assujettie à la TVA*

- Montant global des rémunérations versées aux ouvriers (chacune est inférieure à 35.900 F) :	1.200.000 F
- Montant de la rémunération versée à un employé :	58.000 F
- Montant de la rémunération versée à un cadre :	160.000 F
	1.418.000 F

- On applique le *taux de base de 4,25 %* à la somme de toutes les rémunérations versées, soit : 4,25 % (1.200.000 + 58.000 + 160.000) = 60.265 F

- Dans la mesure où l'employé et le cadre perçoivent des salaires excédant les plafonds du taux normal, on calcule les majorations qui leur sont applicables :

1ère majoration de 4,25 % : elle joue, pour l'employé, sur le montant total de son salaire moins la fraction relevant du taux normal soit 4,25 % (58.000 - 35.900) = 939 F ; pour le cadre, sur la fraction correspondant à la fourchette prévue, soit 4,25 % (71.700 - 35.900) = 1.521 F, l'excédant subit la seconde majoration. D'où une 1ère majoration égale à (939 + 1.521) F soit 2.460 F.

2ème majoration de 9,35 % : elle s'applique à la fraction du salaire du cadre qui excède 71.700 F, soit : 9,35 % (160.000 - 71.700) = 8.256 F.

L'entreprise est redevable d'une taxe sur les salaires égale à (60.265 + 2.460 + 8.256) soit 70.981 F.

2) *L'entreprise est partiellement assujettie à la TVA*

On retient ici les mêmes données que précédemment, relatives aux rémunérations versées. Le prorata définitif de TVA est, par hypothèse, de 75 %.
Le schéma de calcul de la taxe et le même que dans le premier exemple. Simplement, du fait de son assujettissement à la TVA, l'entreprise n'est soumise à la taxe sur les salaires qu'à hauteur de son "contre-prorata" de TVA, soit 25 % des rémunérations versées.

- La taxe, en application du taux de base, est de :
4,25 % [(1.200.000 + 58.000 + 160.000) x 25 %] soit : 15.066 F.

- Les majorations jouent, à hauteur de 25 % des fractions de salaires excédant les plafonds légaux.

1ère majoration de 4,25 % : pour l'employé, elle est égale à :
4,25 % [(58.000 - 35.900) x 25 %] soit : 235 F.

Pour le cadre : 4,25 % [(71.700 - 35.900) x 25 %] soit 380 F

Montant total pour la 1ère majoration : (235 + 380) soit : 615 F

2ème majoration de 9,35 % : elle frappe, à hauteur de 25 % de son montant, la fraction de salaires du cadre supérieure à 71.700 F.
Elle est égale à 9,35 % [(160.000 - 71.700) x 25 %] soit : 2.064 F.

L'entreprise est redevable, pour la totalité des rémunérations versées et en tenant compte de son assujettissement partiel à la TVA, d'une taxe sur les salaires égale à : (15.066 + 615 + 2.064) soit : 17.745 F.

b) Déclaration et paiement de la taxe sur les salaires

La taxe sur les salaires doit être payée au Trésor spontanément, au plus tard le **15 de chaque mois suivant celui du versement des rémunérations**. Toutefois, lorsque son montant mensuel (ou trimestriel) n'excède pas 500 F, l'employeur peut s'acquitter de la taxe de façon trimestrielle ou annuelle.
Dans tous les cas, les paiements doivent être accompagnés d'un bordereau-avis qui, comme en matière d'impôt sur les sociétés, détaille le calcul de la taxe fait par l'employeur.

La **déclaration** de taxe sur les salaires doit être déposée par l'employeur le **1er février** de chaque mois suivant celle du versement des rémunérations. Elle retrace l'ensemble de tous les salaires versés et surtout le montant des paiements de taxe faits au Trésor. Enfin, la déclaration peut subir une régularisation.
La taxe sur les salaires peut faire l'objet d'une **régularisation,** lorsque le total des versements ne correspond pas à la taxe effectivement due ; tel est le cas, notamment quand des erreurs ont été commises lors des paiements de la taxe, ou quand les variations du nombre des salariés sont intervenues en cours d'année. La régularisation consiste en :
- Un complément de taxe due par l'employeur en cas d'insuffisance de versements ;
- Un "crédit" de taxe au profit de celui-ci, lequel peut faire l'objet d'un remboursement auprès du Trésor ou d'une imputation sur les acomptes suivants (réalisée par le redevable lui-même, après autorisation du service des impôts compétent).

2. La taxe d'apprentissage
(Art. 224 à 230 B CGI)

La taxe d'apprentissage est destinée au financement des premières formations technologiques et professionnelles.

Les personnes visées par cette taxe sont :

- Les personnes physiques et les sociétés de personnes relevant de l'impôt sur le revenu, dont l'activité est de nature commerciale, artisanale ou industrielle ;
- Les sociétés et associations soumises à l'impôt sur les sociétés, quelle que soit la nature de leur activité ;
- Les sociétés coopératives agricoles.

En revanche, **sont exclus** du champ d'application de la taxe d'apprentissage :

- Les sociétés et autres personnes morales ayant pour activité l'enseignement ;
- Les artisans employant des apprentis âgés de moins de 20 ans et liés par un contrat d'apprentissage.

L'assujettissement d'une entreprise à la taxe d'apprentissage est indépendante de la TVA ; il ne dépend pas, non plus, du nombre de salariés employés.

a) Détermination du montant de la taxe

L'assiette de la taxe d'apprentissage est, comme en matière de taxe sur les salaires, le montant total brut des rémunérations versées aux salariés, au titre de l'année civile.

Le **taux est de 0,5 %**, auquel il faut ajouter une cotisation supplémentaire, égale à **0,1 %** des rémunérations servant de base à la taxe d'apprentissage.

b) Déclaration et paiement de la taxe d'apprentissage

L'originalité de la taxe d'apprentissage est que l'entreprise redevable peut, dans une certaine mesure, choisir la façon dont elle va s'en acquitter.
En effet, celle-ci peut verser une partie de la taxe due, directement à des écoles ou organismes formant des apprentis et habilités par l'Etat. Ces dépenses valent paiement de la taxe, et viennent en diminution du montant total exigible.

Néanmoins, l'entreprise doit, dans cette hypothèse, consacrer obligatoirement :
- 20 % à la taxe d'apprentissage proprement dite ;
- 9 % au Fonds National Interconsulaire de Compensation (FNIC) par l'intermédiaire des Chambres de Commerce et d'Industrie.
L'entreprise a, bien sûr, la possibilité de verser la totalité de la taxe d'apprentissage dont elle est redevable directement au Trésor.

L'entreprise doit déposer sa déclaration à la Recette des impôts le **5 avril de chaque année** suivant celle du paiement des salaires (imprimé 2482).
C'est également à cette date que doivent être demandées les exonérations de taxe justifiées par les versements faits à des écoles ou organismes d'apprentissage.
Enfin, le retard ou l'insuffisance de déclaration entraîne une taxation d'office et une majoration.

3. La participation à la formation professionnelle continue
(Art. 235 ter à K CGI)

L'obligation, pour certains employeurs, de participer à la formation continue constitue le prolongement de celle de financer l'apprentissage. Ici, ne sont plus concernés les jeunes à la recherche d'une première formation professionnelle, mais des adultes déjà dans le monde du travail et désireux d'obtenir un supplément de qualification, ainsi que des demandeurs d'emploi.

Les entreprises visées par la participation à la formation continue sont toutes celles qui emploient au moins dix salariés, quelle que soit la nature de leur activité, commerciale, agricole, artisanale ou non commerciale.
Seuls sont exonérés : l'Etat, les collectivités locales et leurs établissements publics.

L'appréciation du seuil de dix salariés se fait à partir de l'effectif global annuel divisé par douze : la moyenne mensuelle de salariés doit être, tout au long de l'année, au moins égale à dix.
Lorsque l'entreprise emploie des salariés à temps partiel ou travaillant par intermittence ou lorsqu'elle connaît des variations dans son effectif, celle-ci doit les comptabiliser de la façon suivante :

- Les salariés à temps partiel ne sont pris en compte qu'à raison du nombre d'heures qu'ils travaillent dans l'entreprise ;
- Les salariés "intermittents" comptent pour des salariés à part entière, comme d'ailleurs, les travailleurs à domicile ;
- Les salariés arrivés ou partis de l'entreprise en cours d'année sont retenus pour le mois en cause, pour le montant total d'heures travaillées, divisé par 200.

Les apprentis ne doivent pas être compris dans l'effectif des salariés servant de base au calcul de la participation à la formation continue.

a) Détermination du montant de la participation formation

La base de calcul est identique à celle retenue en matière de taxe sur les salaires : c'est le montant total brut des rémunérations versées aux salariés de l'entreprise, au cours de l'année en cours.
L'assujettissement de l'entreprise à la TVA est sans incidence.
Le taux de la participation à la formation continue est de 1,20 %, 2 % pour les entreprises de travail temporaire.

Les entreprises qui dépassent le seuil de dix salariés au cours d'une année bénéficient d'une exonération temporaire de participation.

- Elles sont totalement exonérées pendant les trois premières années de "dépassement" ;
- La quatrième année, elles bénéficient d'une réduction du montant de participation égale à 75 % de celui normalement exigible.
- La cinquième année, d'une réduction égale à 50 % de la participation due ;
- La sixième année, d'une réduction de 25 % de celle-ci.

En pratique donc, les entreprises concernées ne sont redevables de la participation formation dans sa totalité qu'au cours de la septième année suivant celle du "passage" à dix salariés.

Exemple : Une entreprise qui atteint un effectif de dix salariés en 1990 ne sera soumise à la participation qu'au cours de l'année 1993 ; encore ne sera-t-elle redevable que de 25 % du montant normalement exigible. Elle ne sera soumise à une participation de 100 % qu'au cours de l'année 1996.

La réalisation de la participation peut, comme pour la taxe d'apprentissage, se concrétiser de différentes façons : l'employeur peut verser la totalité du montant dû au Trésor, ou s'il le préfère, effectuer des versements à des organismes agréés. Il peut encore, au sein même de son entreprise, organiser des stages de formation continue. Bien sûr, dans ces deux dernières hypothèses, les formations dispensées doivent répondre très exactement à la définition légale de la formation continue : formation destinée à conférer aux travailleurs les éléments indispensables à leur adaptation à l'entreprise, la promotion et l'amélioration de leurs connaissances professionnelles.

Lorsque l'entreprise a choisi de s'acquitter de sa participation autrement que par un versement global au Trésor, elle doit toutefois, obligatoirement verser :
- Une cotisation au Trésor, égale à 0,3 % des salaires, majorés de 3 % ;
- Une fraction du montant de sa participation, égale à 0,1 % des salaires versés au cours de l'année, à un organisme extérieur, au titre du congé individuel de formation.

b) Déclaration et paiement de la participation formation

Les entreprises doivent déposer à la Recette des impôts, le **5 avril** de chaque année, une déclaration indiquant le montant des salaires versés, la participation due et, éventuellement, les versements faits à des organismes agréés. Elles doivent en outre, à cette même date, payer les sommes dont elles sont, ou restent redevables.

4. La participation à l'effort de construction
(Art. 235 bis CGI)

Certains employeurs sont tenus, au titre de cette participation, d'investir chaque année dans la construction.

Sont visées par cette obligation toutes les **entreprises** employant **au moins dix salariés**, quelles que soient leur activité et leur forme juridique. A l'exception toutefois de l'Etat, des collectivités locales, des établissements publics administratifs et des employeurs agricoles.

L'appréciation du nombre de dix salariés se fait selon les mêmes principes qu'en matière de participation à la formation continue.

a) Détermination du montant de l'effort de construction

La base de calcul est le montant total brut des rémunérations versées, comme pour la taxe sur les salaires. Une différence toutefois, ce sont les salaires payés au cours de l'année précédant celle de l'investissement qui sont pris en compte.

Le **taux** de la participation est de **0,65 %** pour 1990 (sur les salaires 1989).

S'agissant de la réalisation des investissements les entreprises doivent, en priorité, consacrer un neuvième de la participation dont elles sont redevables à la construction de logements destinés aux travailleurs immigrés (les versments se font auprès d'organismes collecteurs). Pour le reste, les entreprises peuvent :
- Accorder des prêts à leurs salariés, à condition qu'ils soient destinés à la construction ou l'acquisition de leur résidence principale, qu'ils soient conclus pour une durée minimale de cinq ans et que le taux des intérêts ne dépasse pas 3 % ;
- Financer des organismes, par le biais de subventions ou prêts sans intérêt ;
- Sur autorisation préfectorale, construire elles-mêmes des logements destinés à leurs salariés.
Toutefois, des conditions sont posées pour cette forme d'investissement : les logements doivent servir de résidence principale aux bénéficiaires, la participation des entreprises doit être inférieure à 50 % du coût total de l'opération.

b) Déclaration et paiement de la participation construction

Les entreprises concernées doivent produire, le 16 avril de chaque année suivant celle au cours de laquelle les investissements ont été effectués, une déclaration à la Recette des impôts.
En cas de défaut, d'insuffisance ou de retard des investissements au cours d'une année, une cotisation supplémentaire est imposée, égale à 2 % des salaires de l'année précédente.

B. LA TAXE SUR LES VEHICULES DE SOCIETES
(Art. 1010 CGI)

Toutes les sociétés qui possèdent des voitures sont soumises, chaque année, au paiement d'une taxe. Cette imposition concerne aussi bien les sociétés relevant de l'impôt sur le revenu que de l'impôt sur les sociétés, dès lors qu'elles ont à leur disposition des voitures "particulières".
La notion de "disposition" est très large, puisqu'elle englobe non seulement les voitures dont la société est propriétaire, mais aussi celles dont elle a la location ainsi que celles qui appartiennent à des salariés. Dans ce dernier cas, il faut que les véhicules soient utilisés de façon effective, pour les besoins de la société.

Montant de la taxe sur véhicules de sociétés :

Elle est fixe. Deux montants sont prévus, en fonction de la puissance des voitures :
- 5.880 F pour celles ne dépassant pas 7 CV,
- 12.900 F pour celles de 8 CV ou plus.

La taxe est due (et calculée) sur la période comprise entre le 1er octobre d'une année et le 30 septembre de l'année suivante.
Cependant, on prend en compte le nombre de véhicules détenu pour chacun des quatre trimestres de la période d'imposition, en faisant éventuellement application d'un prorata temporis lorsqu'un véhicule n'a pas été immatriculé pendant trois mois consécutifs.

Enfin, il faut préciser que la taxe sur les véhicules de sociétés est déductible du résultat imposable pour les seules sociétés relevant de l'impôt sur le revenu. Elle ne peut pas l'être pour celles soumises au régime fiscal de l'impôt sur les sociétés.

2 - LES IMPÔTS DIRECTS LOCAUX

Les **impôts directs locaux sont perçus au profit** :
. des communes (et leurs groupements)
. des départements
. des régions
. d'organismes professionnels (Chambres de Commerce ou des Métiers...)
. d'établissements publics.

Les **principaux** impôts locaux sont :

- la taxe foncière
- la taxe d'habitation
- la taxe professionnelle
- des taxes annexes.

Comme leur nom l'indique, ces impôts sont du **domaine de compétence des collectivités locales.** Ce sont elles, en effet qui votent les taux d'imposition des différentes taxes en accord avec les directives législatives (qui prévoient un plafonnement des taux et imposent une certaine homogénéité entre les taxes).

En pratique, on constate de grandes distorsions de taux entre les différentes collectivités locales.

A. LA TAXE FONCIERE

La taxe foncière est due à raison de toutes les propriétés appartenant à un contribuable, personne physique ou morale, au profit des Communes.

On distingue en fait **deux sortes de taxe foncière** :

- L'une, relative aux propriétés bâties ;
- L'autre, relative aux propriétés non bâties.

1. La taxe foncière sur propriétés bâties

La taxe foncière sur les propriétés bâties s'applique à toutes les constructions sises en France.

a) Les propriétés visées par cette taxe sont :

- les constructions fixées au sol de façon définitive et se définissant comme des "bâtiments" : locaux d'habitation ou commerciaux, usines, maisons...
- les sols sur lesquels sont érigées les constructions et ceux qui en sont dépendants (cours d'immeubles, passage d'accès à un immeuble...)
- les terrains affectés à un usage industriel ou commercial (non aménagés)
- les terrains utilisés pour la publicité commerciale ou industrielle (panneaux...)
- les ouvrages en maçonnerie constituant de réelles constructions (cheminées d'usine...)
- les installations de stockage
- les bateaux amarrés en un point fixe et aménagés pour l'habitation, le commerce ou l'industrie.

A l'inverse, **sont exonérés** de taxe :

- les bâtiments ruraux à usage agricole (sauf la maison d'habitation)
- les bâtiments publics
- les édifices du culte
- les constructions nouvelles, pendant 2 ans
- les logements sociaux, pendant une durée de 10 ou 15 ans.

b) Les personnes redevables de la taxe foncière

C'est au propriétaire de l'immeuble au 1er janvier de l'année d'imposition qu'il revient d'acquitter la taxe foncière sur propriétés bâties.

Toutefois, dans certains cas, le redevable n'est pas le propriétaire de l'immeuble :

- Quand l'immeuble est grevé d'un usufruit, c'est l'usufruitier qui est tenu au paiement de la taxe
- Lorsque l'immeuble est donné en location par un bail à construction, c'est le preneur qui est redevable de la taxe
- Lorsque l'immeuble est vendu en cours d'année, il appartient en principe au propriétaire, au 1er janvier, de payer la taxe. Toutefois, le plus souvent, vendeur et acheteur se partagent (dans le contrat de vente), le montant de la taxe à payer.

c) Calcul et paiement de la taxe

- La **base d'imposition** de la taxe foncière sur propriétés bâties est le **revenu net cadastral**, égal à la moitié de la valeur locative des immeubles.

La valeur locative est fixée régulièrement, lors des "révisions générales des évaluations foncières", dont la dernière date du 1er janvier 1970, et dont la prochaine devrait intervenir en 1992 (après travaux de révision effectués en 1990 et 1991).

Entre deux révisions générales, les valeurs locatives sont modifiées et corrigées de trois façons :
. en fonction des changements de consistance, d'affectation ou d'environnement des propriétés,
. par une augmentation forfaitaire triennale,
. par application de coefficients forfaitaires annuels.

- **Le montant de la taxe** est égal au revenu net cadastral, multiplié par le taux d'imposition en vigueur dans la commune où est situé l'immeuble.

- **Le paiement de la taxe** doit en principe intervenir un mois après la réception de l'avis d'imposition mais le législateur accorde à certains redevables la faculté de s'acquitter de la taxe par 2 acomptes provisionnels (avant le 31 mars et le 31 juillet).

d) Les déclarations de taxe foncière

Pour chacune de leurs propriétés bâties, les redevables de la taxe foncière doivent produire une déclaration spéciale.

De plus, dès l'instant où interviennent des modifications relatives à la consistance ou à l'affectation des immeubles ou de nouvelles constructions, les redevables doivent obligatoirement, dans un délai de 90 jours, à compter de l'achèvement des travaux, produire des déclarations mentionnant et détaillant tous ces changements.

Ces déclarations ont pour but de permettre à l'Administration de procéder à des estimations précises des valeurs locatives.

Lorsque le propriétaire d'un immeuble bâti ne mentionne pas les changements intervenus sur ses propriétés et ayant pour effet de modifier leur valeur locative, l'Administration a le pouvoir de corriger ces valeurs, chaque année.

D'autre part, en cas de retard dans le dépôt des déclarations relatives aux constructions nouvelles, le propriétaire s'expose à la perte du bénéfice de l'exonération temporaire de taxe, de 2 ans.

2. La taxe foncière sur propriétés non bâties

La taxe foncière sur les propriétés non bâties est due à raison des terrains non construits sis en France. Elle est perçue au profit des communes.

a) Les propriétés visées par cette taxe sont :

. les terres rurales (pâtures, bois...)
. les terrains à bâtir
. les carrières et les mines
. les étangs, marais...
. les terrains affectés au transport ferroviaire.

Sont **exonérés** de taxe :

. les propriétés affectées à un usage public (ou une utilité publique)
. les voies de communication (routes, autoroutes...)
. les terrains ensemencés ou plantés, pendant une durée de 30 ans.

Il existe des **dégrèvements spéciaux** en cas de :

. destruction par un événement fortuit d'un immeuble
. perte de récoltes à la suite d'inondation, grêle...
. perte de bétail à la suite d'épizootie.

b) C'est en principe le propriétaire des immeubles non bâtis, au 1er janvier de l'année d'imposition, qui est redevable de la taxe, sauf en cas d'usufruit ou de bail à construction.

c) Calcul et paiement de la taxe

- **La base d'imposition** de la taxe est la même que celle des propriétés bâties : le **revenu net cadastral** des immeubles.
Toutefois, le montant du revenu cadastral est ici égal à 80 % de la valeur locative (et non plus 50 %).

La **valeur locative** est fixée lors des révisions générales d'évaluation, d'après les prix à l'hectare propres à chaque type de culture ou de terrains (vignes, étangs, pâturages...). Des correctifs sont appliqués entre deux révisions (la dernière date de 1970) :
. une actualisation en 1980 des valeurs locatives
. un coefficient annuel de pondération
. depuis 1986, un coefficient déflateur.

- **Le montant de la taxe** est égal à la valeur locative multiplié par le taux d'imposition en vigueur dans la commune où est située la propriété non bâtie.

- **Les modalités de paiement** de la taxe sur les propriétés non bâties sont les mêmes que celles applicables en matière de taxe sur propriétés bâties (y compris le versement d'acomptes provisionnels).

d) Déclaration de la taxe

Les règles applicables pour les propriétés non bâties sont les mêmes que celles relatives aux propriétés bâties.

B. LA TAXE D'HABITATION

La taxe d'habitation est due par **toute personne** qui dispose de locaux meublés, à n'importe quel titre:
. propriétaire
. locataire
. occupant à titre gratuit

La taxe d'habitation peut se cumuler avec la taxe foncière lorsque l'occupant des locaux est également propriétaire.

1. Les locaux imposables

- **Sont visés** par la taxe d'habitation :

. les locaux meublés à usage d'habitation et leurs dépendances
. les locaux meublés occupés de façon privative par des sociétés, établissements et organismes non soumis à la taxe professionnelle
. les locaux meublés des organismes et établissements publics.

- **Sont exonérés** de taxe d'habitation :

. les locaux soumis à la taxe professionnelle
. les bâtiments à usage agricole
. les bureaux des fonctionnaires publics
. les locaux affectés à l'enseignement et au logement des élèves
. les locaux occupés par des personnes exonérées d'impôt sur le revenu en raison de leurs faibles revenus.

2. Les personnes redevables de la taxe

Ce sont toutes les personnes jouissant de locaux imposables, de façon privative, et pouvant les occuper à tout moment.

- **Sont exonérés**:

. les ambassadeurs et agents diplomatiques étrangers
. les indigents

- Bénéficient de dégrèvements spéciaux :
. les personnes veuves ou âgées de plus de 60 ans non passibles de l'IR,
. les bénéficiaires de l'allocation du Fonds National de Solidarité,
. les personnes invalides,
. les personnes de condition modeste, pour leur habitation principale. Le dégrèvement est partiel.

3. Calcul et paiement de la taxe d'habitation

- **La base d'imposition** de la taxe est la valeur locative cadastrale des locaux, fixée et corrigée de la même façon qu'en matière de taxe foncière.

- **Des abattements pour charge de famille** sont prévus par le législateur. Ils ne concernent que l'habitation principale. Ils sont égaux à :
. 10 % de la valeur locative moyenne des habitations de la commune pour chacune des deux premières personnes à charge,
. 15 % de cette valeur à partir de la troisième personne à charge,
. 5 %, 10 % ou 15 % de cette valeur pour les contribuables exonérés d'impôt sur le revenu.

- **Le montant de la taxe d'habitation** est égal à la valeur locative cadastrale multipliée par le taux d'imposition de la commune où est situé le logement.

4. Les déclarations de taxe d'habitation

La taxe est déterminée en fonction des éléments existant au 1er janvier de l'année d'imposition. Un déménagement ou une modification de la situation familiale en cours d'année sont sans influence sur le paiement de la taxe.

- **Le paiement de la taxe** peut se faire par versements mensuels dans certains départements ou par un acompte provisionnel acquitté avant le 30 juin de l'année d'imposition.
Un prélèvement additionnel est perçu (en plus de la taxe d'habitation) au profit de l'Etat. Son taux varie de 0,2 % à 1,7 % des valeurs locatives des locaux.

Précision :
Une réforme des bases de la fiscalité locale a été adoptée le 30 juillet 1990 (loi n° 90.669), modifiant sensiblement la taxe d'habitation, et prévoyant une révision générale des évaluations foncières.
L'actuelle part départementale de la taxe d'habitation serait désormais proportionnelle aux revenus, des abattements et des dégrèvements prévus.
La date de mise en application de cette réforme est fixée, en principe, au 1er janvier 1992.

C. LA TAXE PROFESSIONNELLE

La taxe professionnelle est due par **toutes les personnes qui exercent à titre habituel une profession non salariée.**

1. Activités soumises à la taxe

Les redevables de la taxe professionnelle sont les personnes physiques et morales qui exercent :
. à titre professionnel
. de façon habituelle
. une activité non rémunérée par un salaire
. en France.

- **Sont exonérées**

. les activités de l'Etat et des collectivités locales
. les activités agricoles
. les activités artisanales
. les entreprises nouvelles, pendant un an.

2. Les personnes redevables de la taxe

Ce sont toutes les personnes physiques ou morales ayant une activité non salariée. Toutefois, sont exonérés :
. les représentants de Commerce et les travailleurs à domicile
. les sociétés civiles professionnelles ou de moyens
. les artistes, compositeurs, éditeurs de journaux, concessionnaires des mines...
. les groupements de nombres de professions libérales soumis au régime des BNC
. les artisans qui n'emploient aucun compagnon.

3. Calcul de la taxe professionnelle

- **Base d'imposition**

Deux éléments servent de base d'imposition à la taxe :
. la valeur locative de l'ensemble des immobilisations corporelles utilisées pour l'exercice de l'activité
. une fraction égale à 18 % des salaires versés par l'entreprise, ou une fraction égale à 10 % des recettes, pour les redevables qui perçoivent des BNC.

- Les immobilisations prises en compte sont celles à caractère corporel, à l'exception de celles incorporelles et des locaux d'habitation. Plus, pour les redevables soumis au régime des BNC, seules les immobilisations corporelles passibles de la taxe foncière sont retenues, lorsqu'ils emploient moins de 5 salariés.
Cette solution vaut aussi pour les entreprises dont le montant des recettes annuelles est inférieur à 1 million de francs ou 400.000 F pour les prestataires de services.

- La valeur locative est déterminée de façon différente en fonction de la nature de l'immobilisation
. pour les matériels, outillage et mobiliers de bureau, elle est égale à 16 % de leur prix de revient (après abattement de 25.000 F) ou au montant du loyer annuel (lorsque l'immobilisation est prise en location),

. Pour les immobilisations soumises à la taxe foncière, la valeur locative à retenir est celle qui sert de base à cette taxe (sans l'abattement de 50 %).

- Les réductions applicables à la base d'imposition

. Réduction pour embauche et investissement : elle est accordée aux entreprises dont la base d'imposition augmente d'une année sur l'autre. La réduction est égale à la moitié de la différence entre le montant de la base d'imposition de l'année d'imposition et celui servant de base l'année précédente (avec correction par application de l'indice de variation des prix).

. Ecrêtement de la base d'imposition : il a été institué lors de la substitution à la "patente" de la taxe professionnelle, afin de limiter les augmentations de la charge fiscale des redevables.

. Un abattement général de 16 % sur les bases d'imposition applicables à tous les redevables de la taxe professionnelle.

4. Déclaration et paiement de la taxe

La taxe est établie dans chaque commune où le redevable dispose de locaux ou terrains. Elle est due pour l'année civile entière par la personne qui exerce l'activité au 1er janvier de l'année d'imposition.

Une entreprise qui se crée en cours d'année n'est pas soumise à la taxe professionnelle pour la première année d'activité. A l'inverse, une entreprise qui cesse toute activité peut obtenir un dégrèvement prorata temporis de taxe.

- Les déclarations : tout redevable doit avant le 1er mai de chaque année, produire une déclaration spéciale dans chaque commune où il a un établissement. De plus, ceux qui exercent des activités dans différentes communes doivent avant le 1er octobre, souscrire une déclaration supplémentaire récapitulative.

- Le paiement se fait après réception d'un avis d'imposition. Un système d'acomptes provisionnels est prévu, égal à 50 % du montant de la taxe exigible, et dû au 15 juin, pour les contribuables dont le montant de la taxe de l'année précédente excédait 10.000 F.

- Le montant de la taxe est égal à la base d'imposition (après dégrèvements et réductions) multiplié par le taux d'imposition de la commune.

Des réductions sur le montant de la taxe exigible sont encore prévues en faveur :
. d'entreprises ayant constaté une baisse d'activité d'une année sur l'autre,
. d'entreprises ayant produit une valeur ajoutée importante (le montant de la taxe est plafonné à 4 % de la valeur ajoutée pour 1990, 3,5 % au titre de 1991 et des années suivantes),
. de contribuables bénéficiant du régime d'allègement transitoire posé lors du passage de la patente à la taxe professionnelle.

D. LA TAXE SUR LES BUREAUX EN ILE-DE-FRANCE

La taxe sur les bureaux en Ile-de-France a été instaurée par l'article 40 de la loi de finances rectificative pour 1989.

Cette nouvelle taxe, créée dans le but d'aider le Gouvernement à financer son programme d'amélioration du réseau routier et de participation au logement, frappe donc les bureaux situés dans la région parisienne : Paris et les départements limitrophes.

1. Les locaux visés par le texte

Ce sont tous ceux "utilisés à titre principal comme bureaux par les personnes privées et les Administrations publiques".

Plus précisément, les "**bureaux**" sont définis comme :

- Les locaux commerciaux ou à usage professionnel ;
- Les locaux utilisés par les Administrations publiques.

Toutefois, tous les bureaux situés dans la région Ile-de-France ne sont pas taxés. En effet, le législateur a prévu des **exonérations** :

. magasins, boutiques, garages et locaux de stockage,
. locaux spécialement équipés pour l'exercice d'une activité sportive, sociale, culturelle, sanitaire ou éducative,
. locaux appartenant à des fondations ou associations reconnues d'utilité publique,
. locaux d'une superficie inférieure à 100 m^2.

2. Les personnes redevables de la taxe

Ce sont toutes celles (publiques ou privées) propriétaires au 1er janvier de l'année d'imposition, de locaux d'une superficie supérieure à 100 m^2.

3. La déductibilité de la taxe

La loi de finances pour 1991, applicable aux revenus fonciers de 1990, permet aux redevables de déduire le montant de la taxe sur les Bureaux de leurs revenus fonciers.

4. La déclaration et le paiement de la taxe

- **La déclaration** doit être produite spontanément par le propriétaire auprès du comptable du Trésor du lieu de situs de l'immeuble avant le 1er mars.

- **Le paiement** doit, en principe, accompagner le dépôt de la déclaration. Le paiement tardif de la taxe entraîne des sanctions :
. intérêt de retard de 0,75 % par mois,
. majoration de 5 % des sommes dont le versement a été différé.

- Les tarifs de la taxe

Les tarifs varient selon les zones géographiques de situation des immeubles :
. 50 F/m^2 pour le secteur ouest de Paris (1er à 4ème, 6ème à 9ème, 14ème à 17ème arrondissements ; Nanterre ; Boulogne Billancourt ; Hauts-de-Seine) ;
. 30 F/m^2 pour les autres arrondissements de Paris et les départements du Val-de-Marne et de la Seine-Saint-Denis ;
. 15 F/m^2 pour les départements de Seine-et-Marne, Yvelines, Essonne et Val d'Oise.

Les tarifs prévus seront modifiés chaque année en fonction de l'évolution de l'indice du coût de la construction.

Le produit de cette nouvelle taxe a été estimé par le Gouvernement à environ un milliard de francs.

E. LES AUTRES TAXES LOCALES

Ce sont :
. Les taxes spéciales d'équipement.
. La taxe d'enlèvement des ordures ménagères.
. Les taxes pour frais de chambres d'agriculture, de commerce et d'industrie ou des métiers.
. La taxe de balayage.
. Les redevances départementale et communale des mines.
. La taxe en faveur du BAPSA : Budget Annexe des Prestations Sociales Agricoles.
. L'imposition forfaitaire des pylônes électriques.

2EME PARTIE

LES IMPÔTS INDIRECTS

CHAPITRE I

LA T.V.A.

1 - DOMAINE D'APPLICATION DE LA TVA

A. LES OPERATIONS PASSIBLES DE TVA

1. Opérations soumises à la TVA "par nature"

2. Opérations soumises à la TVA "par une disposition expresse de la loi"

3. Opérations exonérées de TVA

4. Opérations imposables à la TVA sur option

B. LA TERRITORIALITE DE LA TVA

1. Critères géographiques d'imposition pour les livraisons de biens meubles corporels

2. Critères géographiques d'imposition pour les prestations de services

2 - ASSIETTE DE LA TVA

3 - FAIT GENERATEUR ET EXIGIBILITE DE LA TVA

4 - TAUX DE TVA

5 - LE REGIME DES DEDUCTIONS

A. DOMAINE D'APPLICATION DU DROIT A DEDUCTION

1. Les conditions de la déduction

2. Les éléments ouvrant droit à déduction

B. L'EXERCICE DU DROIT A DEDUCTION

1. La naissance du droit à déduction

2. L'utilisation du droit à déduction

C. LIMITES ET REMISES EN CAUSE DU DROIT A DEDUCTION

1. Les limites du droit de déduction
a) Les assujettis partiels
b) Les nouveaux assujettis

2. Remise en cause du droit à déduction
a) régularisations relatives aux immobilisations
b) variation de plus de dix points du degré d'assujettissement
c) régularisations relatives aux biens et services ne constituant pas des immobilisations

6 - LES REGIMES PARTICULIERS DE LA TVA

A. LA TVA IMMOBILIERE

B. LE REGIME DES "PETITES ENTREPRISES"

C. LE REGIME DE SUSPENSION DE TAXE

D. LE REGIME DES OBJETS D'OCCASION

E . LA TVA AGRICOLE

F. LA TVA EN MATIERE DE PRESSE

G. LE REGIME DE LA TVA APPLICABLE AUX AGENCES DE VOYAGE

H. LE REGIME DE LA TVA APPLICABLE AUX OPERATIONS D'ASSURANCE ET DE REASSURANCE

7 - LES OBLIGATIONS DES REDEVABLES DE LA TVA

A. MENTION ET DECLARATION DE LA TVA

1. Mention sur documents

2. Les déclarations de TVA

B. COMPTABILISATION DE LA TVA

1. La tenue d'une comptabilité régulière

2. La ventilation des opérations par taux

C. PAIEMENT DE LA TVA

La TVA est la principale taxe sur le chiffre d'affaires du système fiscal français. Elle **frappe les dépenses de consommation** sans tenir compte de la qualité de l'opérateur (en principe) ; en cela, la TVA se définit comme un **impôt réel**.

Origine et évolution de la TVA en France

La TVA trouve son fondement dans le système des "paiements fractionnés" mis en place en 1948 et se substituant lui-même au régime de la taxe unique de production.
En application de ce régime des "paiements fractionnés", chaque producteur supportait la taxe sur le prix de ses ventes, sous déduction de celle ayant frappé ses achats de biens nécessaires à la production (à l'exclusion des dépenses d'équipement ou financières).
Ainsi, la charge de la taxe était répartie sur les différents "maillons" de la chaîne de production, en totalité. Un inconvénient demeurait : les dépenses financières, non déductibles, subissaient une double imposition : à l'achat puis à la vente.
En 1954, on autorisa la déduction des investissements et en 1955 celle de la taxe ayant frappé les frais généraux. Alors, le principe d'une taxe assise sur la seule **"valeur ajoutée"** par chaque producteur était posé. Par là même, la TVA telle que nous la connaissons aujourd'hui était instaurée ; elle fut généralisée au commerce de détail en 1968, par application de la loi du 6 janvier 1966.

Elaborée en premier en France, la TVA a été instaurée très rapidement par une **directive du 11 avril 1967** dans les Etats membres de la Communauté Européenne. Le texte communautaire a posé des principes de base de la TVA, applicables et adaptables dans chacun de ces pays, créant ainsi, au sein de la communauté, une taxe uniforme et homogène. En pratique, ces différents Etats ont adapté les règles de base à leur propre économie, en tenant compte des besoins de l'Etat et des facultés contributives de leurs opérateurs. Ceci a entraîné quelques distorsions du système entre les pays, que l'on retrouve aujourd'hui où l'on veut atteindre une "harmonisation" en vue de l'échéance de 1993.

Il est certain que l'objectif d'une Communauté Européenne de liberté de circulation des personnes, des capitaux et des marchandises nécessite une homogénéité minimale entre les législations de chacun des Etats participants et notamment dans le domaine fiscal.
On conçoit difficilement, en effet, une circulation des marchandises totalement ouverte et concurrentielle sans un minimum d'égalité de traitement de ces produits d'un pays à l'autre. Il suffirait qu'un Etat maintienne une TVA à un taux plus faible que celui du pays voisin pour que, en l'absence de mesures compensatoires, la production de ce dernier pays chute de façon irrémédiable, tant au niveau de sa consommation interne (les nationaux se fournissant alors à l'étranger) que de ses exportations (TVA supérieure à celle du pays d'accueil). C'est pour pallier ce risque qu'un texte, **"la 6ème Directive Européenne" du 17 mai 1977** relative à "l'harmonisaion des législations des Etats membres en matière de taxes sur le chiffre d'affaires", a posé des **règles d'assiette communes** à tous les participants.

De plus, et toujours en vue de réussir l'objectif du 1er janvier 1993, **la Commission des Communautés Européennes a rédigé des projets de Directives**, concourant à une véritable uniformisation des législations nationales en matière de TVA. **Troix axes** principaux sont développés :

- **Réduction du nombre des taux** de TVA à deux : un taux normal qui se situerait entre 14 % et 19 % ; un taux réduit, entre 4 % et 9 %. La volonté contenue dans cette première proposition est d'éviter les trop grandes distorsions de taux applicables dans les différents pays, en leur laissant toutefois une "marge de manœuvre". Les experts s'accordent en effet à dire qu'un écart de cinq points (au plus) entre les taux nationaux ne peut pas avoir de conséquences négatives pour le pays qui taxe le plus, ni pour les produits.
En outre, il faut bien prendre en compte la situation actuelle, où coexistent des variations de taux extrêmement fortes qui ne permettent pas à certains Etats de modifier leurs taux de façon trop brutale ; il est donc absolument nécessaire de déterminer une "fourchette" qui puisse être applicable par tous.

- **Conversion du régime actuel de taxation des importations et d'exonération des exportations en un régime de taxation systématique dans le pays d'origine**, qui devrait simplifier très largement les transferts de marchandises (et des services) d'un pays à l'autre.

- **Instauration d'un système de compensation budgétaire** entre Etats.

Si ces propositions ne sont encore qu'à l'état de projets, elles ont le mérite d'obliger chacun des Etats de la Communauté Européenne à "avancer" dans l'harmonisation des législations et, plus généralement, dans la construction du grand "marché commun".

La France a émis d'importantes réserves face à ces textes, notamment sur les propositions des taux ; elle considère qu'un écart de cinq points est de nature à fausser la concurrence entre Etats et que seule la différence maximale de deux points peut être envisageable.

La France a encore évoqué ses craintes à l'égard du système de compensation.

Toutes ces critiques ont amené la France à déposer un "contre-projet" relatif à la TVA, reprenant les points critiqués et y apportant ses solutions.

Le résultat de ces dissensions est qu'aujourd'hui, aucun texte n'a été promulgué. Néanmoins, les Etats, forts de ces projets tentent de se rapprocher de cet objectif communautaire. C'est le cas notamment de la France qui, progressivement depuis quelques années, s'efforce de diminuer ses taux de TVA : c'est ainsi que le taux majoré est passé de 33,33 % à 22 % et que le taux réduit de 7 % a été "absorbé" fusionné avec le taux supérieur réduit de 5,5 %. Il n'existe plus, aujourd'hui, que trois taux principaux : 25 %, 18,60 % et 5,5 %.

La France se rapproche ainsi des taux en vigueur chez ses partenaires européens. Une question demeure posée : les ressources perdues par l'Etat français du fait de la baisse généralisée de la TVA vont devoir être remplacées, le budget de l'Etat ayant toujours besoin de subsides. Quelle solution va (ou peut) adopter le gouvernement, sachant que, toujours en vue de l'échéance 1993, la France doit également aligner sa fiscalité de l'épargne et des sociétés sur les autres pays ?

La réponse devrait intervenir au cours des toutes prochaines années, le probème étant immédiat.

Le mécanisme des déductions gouverne en matière de TVA :

- Le principe de déduction : A chaque stade de la production, l'opérateur calcule la taxe sur le prix des biens livrés ou des services rendus, sous déduction de celle ayant grevé les éléments concourant au coût de ces produits. Par ce système, seule la valeur ajoutée par chacun des opérateurs subit une taxation. La taxe ne frappe donc le prix du bien ou service qu'une seule fois, simplement, son paiement est fractionné et réparti entre les différents intervenants.
Les opérateurs assujettis à la TVA servent de *"collecteurs"* de TVA au profit de l'Etat : ils collectent, à leur échelon, la taxe due, auprès du producteur suivant.

Ce système de déduction présente un avantage important : il est *"neutre"*" et ne pénalise pas les circuits longs de production par rapport à ceux plus courts. En effet, par le jeu de répercussion de la taxe sur l'opérateur ultérieur et celui des déductions, on évite l'alourdissement de la charge fiscale aux stades finaux de la production.

En fait, même le consommateur, qui supporte le poids de la TVA, ne subit pas non plus une taxe plus forte. Le principe de neutralité fiscale est absolument respecté.

Notre étude de la TVA portera successivement sur les points suivants :
- Domaine d'application de la TVA
- Territorialité
- Base d'imposition
- Fait générateur et exigibilité
- Taux
- Droit à déduction
- Régimes particuliers
- Obligations des assujettis.

1 - DOMAINE D'APPLICATION DE LA TVA

La TVA est un impôt réel sur la dépense. Elle **se définit** donc essentiellement **par rapport à la nature de l'opération**, et, **accessoirement en fonction de la qualité de l'opérateur. L'article 256 CGI** définit d'ailleurs les opérations imposables comme étant toutes "les livraisons de biens meubles et les prestations de services effectuées à titre onéreux par un assujetti".

Deux critères permettent ainsi de déterminer si telle ou telle opération relève de la TVA :
- la nature de l'opération,
- la qualité d'"assujetti" de l'opérateur.

A.LES OPERATIONS PASSIBLES DE TVA

Il faut ici faire une distinction entre **différents types d'opérations** passibles de la TVA :
- **Celles assujetties "par nature"**, c'est-à-dire correspondant à la définition de l'article 256 CGI ;
- **Celles soumises à la TVA en vertu d'une disposition expresse de la loi** ;
- **Celles**, enfin, répondant à la définition légale de l'opération imposable, mais **que la loi exonère expressément**.

La notion d'*"opération exonérée"* ne doit pas être confondue avec celle d'opération *"exclue du champ d'application de la TVA"*.
Dans la première hypothèse, l'opération entre par nature dans le champ de la TVA et n'y échappe, finalement, que parce qu'un texte la soustrait à cette imposition. A l'inverse, dans l'hypothèse d'une opération exclue du champ de la TVA, c'est parce que celle-ci ne répond pas aux deux critères évoqués ci-dessus qu'elle n'est pas soumise à la TVA.

Les conséquences de cette distinction sont importantes car nous verrons que, dans certains cas, les opérations exonérées peuvent bénéficier du droit à déduction de TVA.

1. Opérations soumises à la TVA "par nature"

Sont passibles de TVA toutes les opérations relevant d'une activité économique et effectuées par un assujetti. Reprenons ces deux notions :

- Opérations relevant d'une activité économique :
Depuis une loi du 1er janvier 1979 (mise en application d'une Directive Européenne), le domaine de la TVA s'étend à toutes les activités économiques, à l'exclusion du salariat. Les opérations concernées se divisent en deux grandes catégories :
- *Les livraisons de biens meubles corporels* : ce sont les opérations qui ont pour effet de transférer la propriété du bien, en contrepartie d'un prix. La vente en est le premier exemple ; mais sont également visés l'échange, l'apport en société, le prêt de consommation, la vente à tempérament. Le bien, objet du transfert, doit obligatoirement être un meuble corporel, les biens immobiliers ou les meubles incorporels étant soumis à des règles particulières.

- *Les prestations de services* : la loi définit les prestations de services de façon négative : ce sont toutes les opérations autres que les livraisons de biens meubles corporels. Sont donc englobés dans cette définition :
- les livraisons de biens meubles incorporels,
- les locations de biens meubles et immeubles,
- les travaux immobiliers,
- les travaux d'étude, de conseil ou de recherche,
- les ventes à consommer sur place,
- les transports de marchandises ou de personnes.

Que ce soient des livraisons de biens meubles corporels ou des prestations de services, **ces opérations ne sont passibles de TVA** que si elles sont effectuées ***"à titre onéreux"***, c'est-à-dire en échange d'une contrepartie (espèce, nature, bien livré). Toutes les opérations réalisées à titre gratuit sont, par principe exclues du champ d'application de la TVA (donation, succession).
Enfin, il faut préciser que le caractère "onéreux" de l'opération ne signifie pas forcément la réalisation d'un bénéfice ; il contient seulement la notion d'un but lucratif. Une vente à perte ou une opération à prix coûtant peuvent être soumises à la TVA, dès l'instant où elles répondent aux critères légaux.

- Opérations réalisées par un "assujetti" :
L'article 256 A CGI définit les assujettis comme "les personnes qui effectuent d'une manière indépendante, à titre habituel ou occasionnel, une ou plusieurs opérations soumises à la TVA", quel que soit leur statut juridique.

Plusieurs critères se dégagent de ce texte, permettant de définir un assujetti :
- La réalisation d'**opérations passibles de TVA** (même si celles-ci sont exonérées) :
- **L'indépendance** dans l'exercice de l'activité : l'assujetti doit agir pour son propre compte, sous sa responsabilité, et jouir d'une totale liberté. Ce critère d'indépendance exclut de la définition d'assujettis tous les salariés, plus largement, tous les travailleurs en état de subordination vis-à-vis de leur employeur.

2. Opérations soumises à la TVA "par une disposition expresse de la loi"

Ce sont des opérations qui, par nature, n'ont pas une vocation à être soumises à TVA, mais que la loi a expressément incluses dans son champ d'application. Ce sont :

- Les livraisons à soi-même de biens :
Un assujetti prélève sur son stock un bien, qu'il affecte à des besoins de l'entreprise ou à des besoins autres. On assimile cette opération à une vente "fictive", puisque aucun paiement n'intervient en contrepartie, et on distingue l'affectation donnée à ce bien pour déterminer son assujettissement à la TVA. Lorsque le bien est affecté à l'entreprise, et qu'il constitue une immobilisation, la TVA est exigible. Si le bien n'est pas une immobilisation, elle n'est due qu'à certaines conditions (bien exclu du droit à déduction ou dont le prorata est inférieur à 90 %).
Lorsque le bien est affecté à des besoins différents de l'entreprise, notamment à ceux des dirigeants ou du personnel, ou aux besoins d'une activité non imposable, alors la TVA est due.
En fait, la raison d'être de la taxation des livraisons à soi-même de biens réside dans la volonté de ne pas fausser la concurrence et de ne pas pénaliser les entreprises qui doivent s'approvisionner chez des fournisseurs extérieurs. En soumettant les livraisons à soi-même de biens à la TVA, la loi pose une égalité de traitement et d'imposition entre les différents opérateurs.

- Les importations :
Elles sont soumises à la TVA du seul fait du passage en douane et de leur introduction sur le territoire français, même s'il n'y a pas transfert de propriété. Le législateur a voulu, par cette taxation, soumettre au même régime les biens importés et les produits nationaux, afin d'éviter, une fois encore, les distorsions de la concurrence. Ce régime disparaîtra peut-être en 1993, puisque les projets de Directives Européennes préconisent l'abandon de la taxation des importations au profit d'une TVA dans le pays d'origine. En attendant cette échéance, le système demeure applicable.

- Les achats de certains produits auprès de non redevables :
Les achats de perles, pierres précieuses, conserves alimentaires, spiritueux ou vins réalisés auprès de producteurs non assujettis à la TVA sont taxés.

- Certaines opérations immobilières :
Le législateur soumet à la TVA toutes les opérations qui concourent à la production et à la livraison d'immeubles neufs : "*TVA immobilière*", dont les taux sont de 13 % pour les ventes et apports en société de terrains à bâtir, 18,6 % pour les autres opérations.
Un régime quelque peu différent s'applique aux opérations immobilières réalisées par les "marchands de biens", c'est-à-dire les personnes qui ont pour activité habituelle l'achat pour la revente d'immeubles (ou fonds de commerce ou titres de sociétés immobilières), fait en leur nom propre. Pour toutes les opérations autres que celles portant sur les terrains à bâtir ou des immeubles neufs (même en construction), la TVA ne s'applique que sur la marge bénéficiaire brute réalisée par le marchand de biens et non sur la totalité du coût de l'opération. Quand il s'agit de terrains à bâtir ou d'immeubles neufs, la TVA immobilière est applicable.

- Les livraisons de déchets neufs d'industrie par des entreprises possédant une installation permanente et ayant réalisé l'année précédente un CA portant sur les produits supérieur à 6.000.000 F.

- Les prestations effectuées par les avocats au Conseil d'Etat et à la Cour de Cassation, avoués, à compter du 1er avril 1991.

3. Opérations exonérées de TVA

Ce sont des opérations qui, par nature, tombent dans le champ d'application de la TVA, mais que la loi exonère, en vertu d'un texte spécifique.
Cela concerne de nombreuses opérations, dont les principales sont :

- Certaines activités libérales :
Soins médicaux et para-médicaux, oeuvres de l'esprit, sportifs, avocats et la quasi-totalité de l'enseignement.

- Les transports internationaux :
. les transports internationaux de voyageurs, même lorsqu'ils sont en partie effectués sur le territoire national, par voie aérienne, maritime, ferroviaire ou routière,
. les transports internationaux de marchandises, dans deux cas : lorsque ces marchandises sont destinées directement à l'exportation ; lorsque, provenant de l'étranger, elles sont transportées vers leur premier lieu de destination.

- **Les opérations d'assurance,** soumises à la taxe unique sur les conventions d'assurance .

- **La plupart des opérations financières ou bancaires**, notamment toutes celles relatives au crédit.

- Certaines locations d'immeubles :
Sont exonérées de TVA les locations portant sur des fermes et bâtiments à usage agricole, ou sur des locaux non aménagés (sauf les parkings).

- **Les services à caractère** social, éducatif... rendus par des organismes sans but lucratif à leurs membres.

- **Les opérations relatives aux ventes** de déchets neufs d'industrie.

- **Les ventes de biens usagés** lorsqu'elles sont faites par des personnes ayant utilisé ces biens pour leur propre exploitation. La loi de finances pour 1990 a toutefois réduit de façon importante l'application de cette exonération (CF régime des objets d'occasion).

- Les exportations :
Quelques précisions sur **le régime particulier applicable aux exportations** : en application des articles 262 et suivants CGI, les exportations sont exonérées de TVA ; le législateur a voulu ainsi que les produits destinés à être vendus à l'étranger ne subissent pas, en France, une taxation trop lourde qui pourrait les défavoriser dans la concurrence internationale.
Ce régime va en fait, plus loin qu'une simple exonération puisqu'il accorde tout de même aux entreprises exportatrices le droit à déduction de TVA ayant grevé les achats de biens destinés à l'exportation. Plus encore, il permet à ces entreprises de s'approvisionner en *"franchise de TVA"* auprès de leurs fournisseurs.

Le droit à déduction accordé aux exportateurs :
Il joue de la même façon que pour un bien soumis à la TVA et s'applique à tous les achats nécessaires à la production du bien exporté.
Peuvent en bénéficier les entreprises qui exportent directement, mais également les intermédiaires ou mandataires de telles entreprises.

Concrètement, l'exportateur va, pour déterminer le montant de TVA dont il est redevable, déduire de celui-ci la TVA ayant grevé les biens vendus en France ainsi que celle ayant frappé ceux destinés à l'exportation. Par ce système, il arrivera souvent que le montant de TVA déductible soit supérieur à celui de la TVA due, et que l'opérateur constate, à son profit, un "crédit de TVA".
Dans ce cas, et contrairement aux principes applicables en la matière, l'entreprise peut demander le remboursement de l'excédent versé correspondant aux opérations d'exportation. Ainsi, on calcule fictivement le montant de ces opérations et on détermine proportionnellement le montant de la TVA déductible. Le remboursement est en principe annuel ou trimestriel mais l'entreprise peut demander à ce qu'il soit mensuel.

- La franchise de TVA : Ce système permet aux exportateurs directs d'acheter les biens nécessaires à la production exportée (et les services qui y sont attachés) en franchise de TVA. Il suffit pour cela que l'entreprise produise à ses fournisseurs une attestation d'exportation, certifiée par l'administration fiscale.
Le bénéfice de ce système de franchise est réservé aux seuls biens réellement destinés à l'exportation ; une entreprise exerçant une telle activité ne peut en aucun cas s'en prévaloir pour les achats de biens vendus en France.

Enfin, **le régime de franchise de TVA** auquel sont soumises les entreprises exportatrices **bénéficie indirectement à leurs fournisseurs** : en effet, ceux-ci peuvent également vendre leurs biens en *"suspension de TVA"*, c'est-à-dire sans payer de taxe mais en déduisant celle d'amont. En revanche, ils ne peuvent pas s'approvisionner en franchise de TVA.

4. Opérations imposables à la TVA sur option

L'exonération n'est pas toujours une chose positive pour les entreprises ou les prestataires de services puisqu'elle les empêche de récupérer la TVA ayant grevé leurs achats et frais généraux. C'est pour cette raison que, dans certains cas énumérés strictement par la loi, les opérateurs exonérés peuvent opter pour le régime de la TVA.

Les **bénéficiaires** de cette disposition sont :

- Les membres de certaines professions libérales : sportifs, avocats, artistes et interprètes ;
- Les personnes qui donnent en location des établissements industriels ou commerciaux non aménagés ;
- Les exploitants agricoles ;
- Les entreprises effectuant des opérations sur des déchets neufs d'industrie ;
- Les collectivités locales ;
- Les établissements bancaires et financiers pour certaines opérations (affacturage, émission de titres restaurants) et commissions.

Les modalités de l'option

Elles sont un peu différentes selon la nature commerciale ou non commerciale de l'activité exercée par l'opérateur :
- Activité non commerciale : la demande d'assujettissement est formulée à un moment quelconque de l'année et prend effet le premier jour du mois auquel elle a lieu. L'option joue pour une période minimale de cinq ans.

L'option est globale : l'opérateur doit soumettre la totalité de ses recettes à la TVA et pas simplement celles perçues à l'occasion d'opérations réalisées avec des assujettis.
- Activité commerciale portant sur des locaux à usage industriel ou commercial : dans cette hypothèse, l'option (formulée à tout moment de l'année) peut prendre effet avant même l'achèvement de l'immeuble. Il suffit qu'un contrat de bail soit signé pour le local industriel ou commercial avec un locataire lui-même assujetti à la TVA.
La période pendant laquelle doit être maintenue l'option est d'au moins cinq ans à compter de l'achèvement de l'immeuble. Cette disposition est issue du décret du 11 mai 1989 et joue pour toutes les options levées après le 15 mai 1989.
Enfin, l'option est individualisée : elle s'applique immeuble par immeuble. Elle n'a donc pas de caractère global comme en matière d'activité non commerciale.

Les conséquences de l'option

Les entreprises qui se soumettent au régime de la TVA ont les mêmes obligations et droits que celles assujetties de plein droit. Notamment, et c'est l'intérêt majeur de cette option, les entreprises ont le droit de déduire la taxe ayant grevé leurs frais généraux et leurs investissements.
Toutefois, pour les immobilisations, le régime de la déduction est soumis à des règles spéciales : en effet, seules celles non encore utilisées à la date de l'assujettissement bénéficient d'une déduction totale. Les immobilisations déjà "en service" voient leur droit à déduction restreint : il est égal à la TVA ayant grevé le bien lors de l'acquisition, diminuée d'un cinquième (ou un dixième s'il s'agit d'un immeuble) par année ou fraction d'année écoulée entre la date d'acquisition et celle de l'option.

B. LA TERRITORIALITE DE LA TVA

La TVA a une application généralisée sur le territoire français, mais strictement limitée à celui-ci. La notion de territorialité est importante car elle permet de déterminer si telle opération normalement soumise à TVA, entre dans le champ d'application géographique de la taxe. Les critères à retenir pour cette question sont différents selon la nature de l'opération en cause : livraisons de biens meubles corporels, prestations de services. Mais avant de détailler les critères, il faut délimiter le **"territoire français"** qui sert de domaine d'application à la TVA. Il est constitué en effet de :
- la France,
- la Corse,
- la Principauté de Monaco,
- le plateau continental et les eaux territoriales,
- trois départements d'outre-mer : Martinique, Guadeloupe et Réunion (avec dispositions spécifiques).

1. Critères géographiques d'imposition pour les livraisons de biens meubles corporels

Deux critères sont retenus : le lieu de départ du bien et le lieu de sa destination.

- Lorsque le bien provient de l'étranger et est livré en France, l'opération est soumise à la TVA. C'est l'hypothèse d'une importation ;
- Lorsque le bien part de France et est livré à l'étranger, la TVA n'est pas exigible. C'est le cas d'une exportation, expressément exonérée par la loi.
- Lorsque le bien est acheté ou produit en France, et destiné à être vendu sur le territoire national, la TVA est due, puisque la totalité de l'opération se déroule en France.

Il faut préciser que ces principes d'imposition s'appliquent de la même façon aux biens livrés "en l'état" qu'à ceux livrés après montage ou installation, dans la mesure où l'un de ces événements a lieu en France.

2. Critères géographiques d'imposition pour les prestations de services

Il faut distinguer les prestations "immatérielles" et les prestations matériellement localisables. En principe, (art. 259 CGI) le critère retenu est celui du **siège de l'activité du prestataire**, mais de nombreuses dérogations sont prévues.

a) Les prestations "immatérielles" :
Ce sont les prestations effectuées par les conseils, les bureaux d'études et les experts-comptables ; les cessions ou concessions de brevets, droits d'auteurs, licences ; les prestations de publicité ; les locations de biens meubles ; les opérations bancaires, financières et d'assurance.

Pour déterminer le lieu d'imposition de ces prestations, le législateur examine la situation géographique du prestataire :

. Le prestataire est établi en France : la TVA française s'applique dès lors que le bénéficiaire est établi en France ou dans un Etat de la Communauté Européenne (sans y être assujetti). En revanche, elle n'est pas due si le client a son siège dans un autre pays.

. Le prestataire a son établissement dans l'un des Etats de la Communauté Européenne : la TVA française est exigible si le client réside en France et est lui-même assujetti à la TVA .

. Le prestataire est établi dans un pays extérieur à la Communauté : la TVA française s'applique lorsque le bénéficiaire est établi en France et y est redevable, ou réside sur le territoire national sans y être assujetti, mais utilise le service rendu en France.

Dans tous les autres cas, la TVA française n'a pas lieu de s'appliquer.

b) Les prestations "matériellement localisables" :

Les critères d'imposition sont différents selon la nature du service rendu :

. Travaux immobiliers et prestations relatives aux immeubles : la TVA française s'applique lorsque l'immeuble est situé en France.

. Locations de biens meubles corporels ; on distingue celles concernant les moyens de transport et les autres. Pour les premières, la TVA est exigible si, le loueur étant établi en France, le locataire utilise le bien sur le territoire national ou dans un Etat de la Communauté Européenne. Elle est encore due si le loueur étant établi dans un pays extérieur à l'Europe, le service est utilisé en France.
Pour les prestations autres que celles relatives au transport, les règles applicables sont les mêmes que pour les prestations immatérielles.

. Travaux et expertises sur des biens meubles corporels : la TVA s'applique si ces opérations sont matériellement exécutées en France.

. Opérations d'hébergement et ventes à consommer sur place : même solution que précédemment.

. Transports et prestations accessoires : en principe, la TVA s'applique pour la distance parcourue à l'intérieur du territoire français, mais les transports internationaux bénéficient, pour la plupart, d'exonérations.

2 - ASSIETTE DE LA TVA

En application de l'article 266 CGI, la **base d'imposition de la TVA** est définie comme le **prix total** du bien livré ou du service rendu,y compris les **frais accessoires**.
Ce sont donc, en principe, tous les éléments constitutifs de ce prix qui doivent être retenus, qu'ils se traduisent par des sommes, des valeurs ou des biens ou services.

Cependant, en marge de ces principes généraux, il existe des cas particuliers pour lesquels l'assiette de la TVA suit des règles spécifiques.

Principes généraux

Le **"prix imposable"** est constitué des éléments suivants :
- Le prix convenu entre les parties,
- Les impôts, droits et taxes de toute nature, à l'exception de la TVA. Le calcul de la TVA se fait toujours sur le prix hors TVA,
- Les frais accessoires : ce sont les frais de vente, de transport, d'assurance ou d'emballage supportés par le prestataire de services ou le fournisseur.

Ces frais sont inclus dans la base d'imposition de la TVA même s'ils sont facturés de façon distincte au client.

Précisions sur les emballages : on distingue au regard de la TVA, les emballages consignés et ceux perdus.

En principe, les emballages consignés, qui demeurent la propriété du fournisseur, doivent lui être restitués par le client. Si tel est le cas, on admet que ni le versement au fournisseur de la consignation, ni son remboursement au client ne sont taxables. En revanche, si l'emballage n'est pas rendu au fournisseur, on considère que le montant de la consignation, conservé par ce dernier, constitue un élément du prix, et doit donc être soumis à la TVA.
En pratique, ces règles (qui peuvent entraîner de nombreuses complications) sont "allégées" et l'administration accorde aux fournisseurs le droit de facturer à leurs clients le montant de la TVA dû à raison de la consignation. Ces emballages étant alors considérés comme perdus.

S'agissant des emballages perdus, non récupérés par le fournisseur, ils sont assimilés à un élément constitutif du prix de vente et donc soumis à la TVA.

Eléments exclus de l'assiette de la TVA

- **Les réductions de prix**, ristournes ou rabais consentis par le fournisseur :
Ils doivent être déduits de la base d'imposition. Lorsque le rabais est accordé après l'établissement de la facture, la déduction peut entraîner des complications car le client a pu déduire un montant de TVA correspondant au prix avant réduction et donc supérieur à celui auquel il a droit en raison du rabais. Il doit donc, en principe, reverser l'excédent de TVA déduite à partir de sa première facture. Quant au fournisseur, la loi lui impose d'établir une nouvelle facture à son client, mentionnant le prix après réduction et corrigeant le montant de TVA initialement déduite. Ces règles, très contraignantes, ne s'appliquent pas de façon stricte en pratique : le fournisseur peut renoncer à récupérer le montant de la taxe issu de la première facture, évitant ainsi à son client de régulariser sa situation.
Ce dernier a donc un droit à déduction total sur le prix avant réduction : il bénéficie d'un rabais *"net de taxe"*.

- **Les pourboires :**
. Les pourboires donnés librement par le client au personnel ne sont pas inclus dans la base d'imposition de la TVA.
En revanche, lorsqu'ils sont versés obligatoirement au titre du "service" ils doivent en principe, être compris dans l'assiette de la taxe . Ils constituent en effet une majoration du prix et s'analysent, pour leurs bénéficiaires, comme un complément de salaires. Toutefois, même dans cette hypothèse, la loi admet que ces pourboires échappent à la taxation, dès lors qu'ils remplissent les quatre conditions suivantes :
. le client est avisé de l'aspect obligatoire des pourboires et de leur tarif,
. les pourboires sont intégralement redistribués aux membres du personnel en relation directe avec la clientèle,
. la distribution des pourboires est détaillée sur un registre spécial,
. le montant des pourboires figure sur les feuilles de paie de chaque bénéficiaire (ils constituent un complément de salaire) ainsi que sur la déclaration annuelle des salaires (DADS 1).

- **Les indemnités :**
Les indemnités reçues en réparation d'un préjudice sont exclues de la base d'imposition de la TVA, car elles ont alors le caractère de dommages-intérêts.
La solution est la même lorsque l'indemnité émane d'une compagnie d'assurance et a pour objet de compenser un sinistre. On considère quelle n'est que la contrepartie du contrat et qu'elle n'entraîne pas, pour le bénéficiaire, d'enrichissement.
En revanche, la jurisprudence du Conseil d'Etat refuse d'étendre le bénéfice de cette règle aux indemnités perçues dans le cadre des relations contractuelles propres au commerce en compensation de préjudices courants.

- **Les impôts, droits et taxes :**
Ils doivent être exclus de l'assiette de la taxe lorsque le redevable se contente de les percevoir au profit d'un tiers.

- **Les dépôts de garanties et cautionnements :**
Ils échappent à la taxation, sauf si le créancier les conserve définitivement.

3 - FAIT GENERATEUR ET EXIGIBILITE DE LA TVA

Les notions de fait générateur et d'exigibilité de la TVA répondent à deux questions très importantes en pratique :
- Quand naît la dette de TVA au profit de l'Etat ?
- A partir de quel moment le Trésor peut-il exiger le paiement de la taxe ?

On définit, en effet (article 269 CGI) :
- **Le fait générateur** comme **l'événement juridique ou matériel qui donne naissance à la dette de TVA** au profit de l'Etat.
- **L'exigibilité** comme **le moment à partir duquel le Trésor peut obtenir le paiement de la taxe.**

En pratique, les deux événements interviennent simultanément dans la plupart des cas et notamment en matière de livraison de biens meubles corporels.
Lorsqu'il n'y a pas de coïncidence entre les deux, on retient alors le seul moment de l'exigibilité : c'est lui qui, non seulement permet au fisc de recouvrer la TVA due, mais également "déclenche" le droit à déduction pour le redevable.

Livraison de biens meubles corporels :

Le fait générateur et l'exigibilité de la TVA interviennent lors de la livraison du bien, c'est-à-dire à sa **"délivrance"**.
Dès l'instant où le transfert de propriété a eu lieu au profit de l'acheteur, la TVA est exigible et le droit à déduction est né. Ici, peu importe que le paiement intervienne après la mise en possession du bien ou soit fait par acomptes : toutes ces modalités sont sans incidence sur l'exigibilité de la taxe.
S'agissant des ventes avec clause de réserve de propriété: la TVA est due dès le jour de la livraison, alors même que le transfert de propriété est retardé.
Enfin, dans les cas particuliers de livraison de biens continue (électricité, eau, gaz...) on considère que la TVA est exigible à l'expiration des périodes auxquelles elle se rapporte.

Prestations de services :

Le fait générateur et l'exigibilité ne coïncident pas.
Le fait générateur intervient lors de **l'exécution du service** ou des travaux.
L'exigibilité survient lors de l'encaissement du prix ou de la rémunération, même lorsqu'il ne s'agit que d'un acompte.

La notion **d'"encaissement"** varie selon la modalité du paiement :
- Par traite : l'encaissement a lieu au jour du paiement par le client.
- Par chèque : il se situe lors de la remise du chèque au fournisseur (même si celui-ci ne l'encaisse que plus tard).
- Par virement : l'encaissement intervient le jour de l'inscription au compte du fournisseur.
- Par affacturage : ici, c'est un organisme financier (spécialisé) qui gère les comptes de l'entreprise et se charge de recouvrer ses créances auprès des différents débiteurs, en assumant les risques d'insolvabilité. L'exigibilité de la TVA intervient lors du paiement de la facture par le débiteur, au *"factor"*.

Enfin, il faut encore préciser que les **prestataires** de services peuvent renoncer à la taxation d'après l'encaissement du prix et **opter pour le paiement de la TVA d'après les débits**. Les entrepreneurs de travaux immobiliers peuvent également choisir ce mode de taxation.
Par le jeu de l'option, l'exigibilité intervient non plus à l'encaissement, mais lors de l'inscription des sommes dues, au compte des clients.

4 - TAUX DE TVA

Dans le but de s'accorder aux Directives Européennes, la France, depuis quelques années, réduit ses taux de TVA.
La première étape a consisté à diminuer le taux majoré de 33,33 % et à le porter à 28 %, 25 %, puis, progressivement à abaisser ce taux à 22 %.
En outre la Fance a supprimé le taux réduit de 7 %, en le fusionnant avec le taux super réduit de 5,5 %.
Aujourd'hui donc, **trois taux de TVA principaux** sont applicables :

- **Taux majoré de 22 %**, qui frappe (depuis le 1er janvier 1990) les biens et opérations suivants :
. véhicules de tourisme et motos d'une cylindrée supérieure à 240 cm^3,
. caviar, parfums, tabacs et fourrures,
. pierres et perles précieuses ainsi que les ouvrages réalisés avec ces objets,
. appareils et supports photographiques ou cinématographiques et locations de vidéo cassettes pré-enregistrées,
. publications et films à caractère pornographique ou d'incitation à la violence,
. électrophones, magnétoscopes, magnétophones et récepteurs de radios,
. loterie, loto national et pari mutuel urbain.

- **Taux normal de 18,60 %** : c'est le taux qui s'applique à tous les biens ou opérations non expressément visés par un autre taux, c'est-à-dire, en pratique, à la quasi-totalité des produits manufacturés et des services.

- **Taux réduit de 5,5 %** : ce taux s'applique aujourd'hui également aux biens et opérations anciennement soumis au taux de 7 %. Les produits concernés sont :
. les principaux produits alimentaires d'usage courant, à l'exception de quelques-uns (chocolat, boissons alcoolisées, confiserie),
. les produits utilisés dans le domaine agricole : engrais, nourriture pour bétail...
. les livres,
. l'eau,
. les droits d'entrée dans les musées.
Les prestations de services visées : essentiellement les transports de voyageurs, les fournitures de logement (sauf certaines catégories d'hôtels), les opérations effectuées par les agences de voyage, les cantines d'entreprises et les hôpitaux.

A côté de ces trois principaux taux, d'autres, plus ponctuels, trouvent à s'appliquer :

- Le taux de 2,10 % applicable :
. aux médicaments agréés ou remboursables,
. aux publications de presse.

- Les taux privilégiés applicables aux opérations réalisées en Corse.

5 - LE REGIME DES DEDUCTIONS

Le principe de base qui gouverne en matière de TVA est le principe de déduction, en vertu duquel tout redevable peut déduire la TVA qui a grevé les éléments du prix de revient de l'opération assujettie.
La **TVA à reverser au Trésor est calculée de la façon suivante** :
TVA collectée - TVA déductible.

Le régime de déduction de la TVA est soumis à des conditions de fond et de forme. Son application connaît dans certains cas des limites, des remises en cause et des exclusions.

A. DOMAINE D'APPLICATION DU DROIT A DEDUCTION

1. Les conditions de la déduction

a) En application de l'article 230I Annexe II CGI, **la TVA est déductible seulement si les biens ou services qu'elle frappe sont nécessaires à l'exploitation** et affectés de façon exclusive à celle-ci.

- **Nécessaires à l'exploitation** :
Les immobilisations doivent effectivement servir à la production de l'entreprise ; les dépenses doivent être déductibles du bénéfice imposable.

- **Affectés de façon exclusive à l'exploitation :**
Cette condition a été considérée comme illégale par le conseil d'Etat dans un arrêt de 1989. On admet désormais qu'un bien affecté partiellement à la production peut quand même ouvrir droit à déduction (avec des limites).

b) L'opération doit être passible de TVA

La TVA n'est déductible que lorsque les biens ou services qu'elle grève concernent une opération imposable.
A l'inverse, la TVA qui frappe des biens ou services affectés à une opération hors du champ d'application de la taxe n'est pas déductible. On retrouve ici la distinction entre les opérations exclues du domaine de la TVA (qui n'ouvrent pas droit à déduction) et celles exonérées qui, dans certains cas, ouvrent droit à déduction ; notamment :
. les exportations,
. plus généralement, les opérations relatives au commerce extérieur.

c) La TVA doit être mentionnée sur un document

Le plus souvent, ce document prend la forme d'une **facture** délivrée par le fournisseur à l'entreprise et qui mentionne clairement le montant de TVA.
Le fournisseur doit être autorisé par la loi à établir des factures avec TVA.

En cas d'importation, la TVA doit figurer sur les documents douaniers produits lors du passage de la frontière.

Lors d'une livraison à soi-même de biens, l'entreprise doit faire figurer l'opération et la TVA afférente sur ses propres déclarations.

2. Les éléments ouvrant droit à déduction

On distingue **deux grandes catégories d'éléments :**

- Les **immobilisations,**
- Les **autres biens ou services.**

a) Les immobilisations

Ce sont tous les éléments affectés de façon durable à l'activité de l'entreprise.

En principe, les immobilisations ouvrent droit à déduction de TVA, dès lors qu'elles sont utilisées pour les besoins de l'exploitation. Toutefois, lorsqu'elles servent concurremment à des opérations imposables et à des opérations non soumises à TVA, la déduction n'est pas totale, mais limitée en fonction du "prorata de déduction" (CF "assujettis partiels").

b) Les autres biens ou services

Par opposition aux immobilisations, ces biens et services n'ont pas vocation à rester dans l'entreprise, mais au contraire à être utilisés ou vendus rapidement.

Ce sont, en fait, tous les éléments inscrits dans les "stocks" : matières premières, marchandises, emballages perdus, petits matériels d'exploitation et outillages de faible valeur.

Les biens ou services ouvrent droit à déduction lorsqu'ils sont nécessaires à l'exploitation et utilisés pour des opérations soumises à TVA.

c) Biens exclus du droit à déduction

La loi prévoit expressément (article 236 Annexe II CGI) que certains biens ou services sont exclus du droit à déduction. Ce sont :

- Logements, locaux et matériel mis à la disposition des dirigeants ou du personnel

Les locaux affectés à l'habitation de l'exploitant ou des salariés sont exclus du droit à déduction dès l'instant où ils ont un caractère privatif. Cette exclusion concerne : les logements, frais d'hôtel, meubles meublants, combustibles nécessaires au chauffage et à l'électricité.

En revanche, l'exclusion ne s'applique pas aux locaux et matériel affectés au personnel et se situant sur le lieu de travail.

Ainsi, la TVA qui grève des locaux d'hébergement collectifs et les logements du personnel de surveillance et de sécurité (dortoirs, locaux de chantiers...) ouvre droit à déduction dans les conditions de droit commun.

- Véhicules de transport de personnes

Les véhicules de toute nature destinés au transport de personnes sont exclus du droit à déduction. Cette exclusion porte sur : les voitures, avions, aéronefs, bateaux ou motocyclettes, ainsi que leurs accessoires, pièces détachées et éléments constitutifs.

En pratique, les seuls véhicules ouvrant droit à déduction sont :

. Les véhicules destinés à être revendus en l'état ou donnés en location.

. Les taxis, ambulances ou autocars acquis par des entreprises de transport public.

. Les véhicules disposant de plus de huit places assises et utilisés par une entreprise pour transporter son personnel.

- **Transport de personnes**

Quel que soit le moyen utilisé, le transport de personnes n'ouvre pas droit à déduction. La solution s'applique même si la dépense est engagée pour les besoins de l'entreprise.
Exceptions à l'exclusion du droit à déduction :
. Les transports sont faits pour le compte d'une entreprise de transports publics.
. L'entreprise a conclu un contrat avec un transporteur pour les déplacements (domicile-lieu de travail) de ses salariés.

- **Cadeaux et libéralités**

L'exclusion du droit à déduction vise les biens cédés sans rémunération ou contre une rémunération très nettement inférieure au prix normal, à titre de gratification, salaire, ristourne...
Elle joue quelles que soient la nature de la distribution et la personne du bénéficiaire, et même si l'opération est faite dans l'intérêt de l'entreprise.

Toutefois, il existe une exception à ce principe, pour les biens de faible valeur. En effet, est déductible la TVA qui a grevé des biens dont la valeur unitaire n'excède pas 200 F TTC (ou 700 F pour les présentoirs publicitaires que les entreprises remettent à leurs clients).

On accepte également la déduction de la TVA qui grève :
. Les échantillons (de faible valeur).
. Les boissons offertes gratuitement dans des foires en vue d'une dégustation.
. Des articles supplémentaires offerts dans le cadre de ventes avec primes.
. Les distributions publicitaires au profit de sportifs ou clubs.

- **Dépenses de publicité prohibées**

La TVA qui grève les biens et services servant à une publicité prohibée (alcools) n'est pas déductible dès lors que le redevable a été condamné en vertu du code des débits de boissons pour une telle publicité.

- **Services afférents à des biens exclus du droit à déduction.**

- **Location de certains biens**

Dans l'hypothèse d'un bien exclu du droit à déduction, il faut distinguer la situation du bailleur et celle du preneur :
. Le bailleur peut déduire la TVA qui a grevé les biens dès lors que leur location est soumise à TVA.
. En revanche, le locataire n'a pas le droit de déduire le montant de TVA qui lui est facturé sur le prix de sa location.

B. L'EXERCICE DU DROIT A DEDUCTION

1. La naissance du droit à déduction

Le droit à déduction prend naissance au jour où la TVA devient exigible, c'est-à-dire :
. lors de la délivrance du bien, en matière de livraison de biens meubles corporels,
. lors de l'encaissement du prix, en matière de prestations de services.

Toutefois, cette règle d'exigibilité connaît des dérogations pour les biens ne constituant pas des immobilisations et les services.

a) Immobilisations

La déduction est effectuée **au cours du mois pendant lequel l'opération a été réalisée** (livraison, importation), que le paiement ait eu lieu ou pas.

b) Biens autres et services

Pour les biens autres que les immobilisations et les services, on applique la **règle du "*décalage* d'un mois".**
La TVA est déductible le mois suivant celui au cours duquel les dépenses ont été engagées.

Exemple :
La TVA qui a grevé des achats de biens (ne constituant pas des immobilisations) réalisés au cours du mois de mars n'est déductible que de la TVA afférente aux opérations effectuées au mois d'avril.

Si le redevable n'a pas procédé à la déduction de TVA dans les délais évoqués ci-dessus, l'Administration lui accorde la possibilité de l'intégrer dans une déclaration de TVA ultérieure, avant le 31 décembre de la deuxième année suivant celle de l'omission.

2. L'utilisation du droit à déduction

En principe, lorsque le montant de la TVA déductible est supérieur à celui de la TVA collectée, l'excédent est reporté sur les déclarations suivantes, sans limitation de délai. C'est le **système de l'imputation**. L'opérateur dispose dans ce cas d'un *"crédit de taxe"*, qui lui sert à payer (en tout ou partie) la TVA dont il est redevable au titre des mois suivants.
A côté de cette procédure d'imputation, le législateur a prévu la possibilité pour tout redevable de demander le remboursement de son crédit de taxe. L'option doit être formulée de façon expresse.

a) Mécanisme du remboursement

En principe, le remboursement de crédit de TVA est annuel. Il peut toutefois, à certaines conditions, être trimestriel.

- Le remboursement **annuel** : il est possible lorsque l'entreprise dégage, au 31 décembre un crédit remboursable de TVA au moins égal à 1.000 F.

- Le remboursement **trimestriel** : il est accordé lorsque :
. le montant de crédit de taxe, évalué à la fin de chaque trimestre civil, est au moins égal à 5.000 F.
. l'entreprise a dégagé un excédent de TVA déductible lors des deux premiers mois du trimestre concerné.

Exemple :
Une entreprise a un crédit de 2.000 F en janvier, 4.000 F en février et 7.000 F en mars.
Le crédit de TVA de 7.000 F dégagé en mars peut faire l'objet d'un remboursement car :
. le crédit est supérieur, en fin de trimestre, à 5.000 F.
. les mois de janvier et février ont dégagé, chacun, un excédent de TVA déductible (par rapport à la TVA collectée).

Il aurait suffi que le mois de janvier (ou février) ne génère pas de crédit de taxe ou que le crédit du mois de mars soit inférieur à 5.000 F pour que le remboursement ne soit pas accordé.

b) Régimes particuliers de remboursement

- Les entreprises exportatrices

Elles bénéficient d'un régime de remboursement de droit commun (annuel ou trimestriel) mais peuvent opter pour **un régime spécial de remboursement mensuel**. Le remboursement est alors plafonné : il est limité au montant de la TVA normalement exigible au titre des opérations exonérées et ouvrant droit à déduction.

- Les entreprises étrangères

Les entreprises établies hors de France peuvent obtenir le remboursement de la TVA qui a grevé leurs achats de biens ou les services rendus, sur le territoire national.
On distingue, pour l'étendue du droit à remboursement, les entreprises établies dans un Etat de la CEE et celles établies à l'extérieur de la communauté.

- Les entreprise établies dans un Etat de la CEE : elles peuvent demander le remboursement de la TVA ayant grevé les achats de biens ou services en France, destinés à des opérations faites à l'étranger mais qui ouvriraient droit à déduction si elles étaient effectuées en France.

- Les entreprise établies hors CEE: elles ont droit au remboursement de la TVA ayant grevé les biens ou services acquis ou rendus en vue de la commercialisation en France de produits imposables.
Elles peuvent également obtenir le remboursement de la taxe ayant grevé des dépenses engagées pour la réalisation de certaines prestations de services et de transport liées au transport international de personnes et de biens.

Le remboursement est trimestriel ou annuel. Il doit faire l'objet d'une demande au centre des impôts des non-résidents et être accompagné de toutes les factures et justifications nécessaires.

C. LIMITES ET REMISES EN CAUSE DU DROIT A DEDUCTION

1. Les limites du droit de déduction

a) Les assujettis partiels

Les assujettis partiels sont toutes les entreprises qui réalisent concurremment des opérations soumises à la TVA et des opérations hors de son champ d'application.
Ces redevables sont soumis, pour la détermination du montant de TVA déductible, à des règles particulières tenant compte de leur pourcentage de recettes ouvrant droit à déduction.

Deux situations sont envisageables pour les redevables partiels :

- Les opérations soumises à des règles différentes au regard de la TVA sont réalisées avec des moyens d'investissement différents : il y a constitution de "secteurs distincts d'activités".

- Les opérations soumises à des règles différentes au regard de la TVA sont réalisées avec des moyens d'investissement communs : il y a application d'un "prorata général de déduction".

- **Les secteurs distincts d'activités**

Lorsqu'un même redevable exerce plusieurs activités différentes, non soumises aux mêmes dispositions en matière de TVA, avec des moyens d'investissement différents, il doit créer des secteurs distincts d'activités, faisant l'objet de comptes distincts pour l'application du droit à déduction de TVA.
Pour chaque type d'opérations correspondant à un régime de TVA, un secteur est constitué.

Cas dans lesquels la loi impose la constitution de secteurs distincts d'activités :
. Exercice d'une activité libérale soumise à la TVA sur option.
. Location d'immeubles nus à usage agricole taxée sur option.
. Exercice d'une activité agricole.
. Opérations soumises à la TVA sur option, réalisées par des collectivités locales.
. Opérations effectuées par des organismes publics.

Conséquences de la création de secteurs distincts au niveau du droit à déduction de TVA :
. La déduction de la TVA qui a grevé une immobilisation utilisée dans un secteur déterminé est calculée à partir du prorata de déduction propre à ce secteur.
. La déduction relative à un bien servant aux différents secteurs de l'entreprise est calculée à partir du prorata général de déduction.
. Lorsqu'une immobilisation est transférée d'un secteur à un autre à l'intérieur du délai de cinq ans ou dix ans pour les immeubles, il doit y avoir régularisation de TVA.

Le "prorata général de déduction"

Les redevables qui exercent des activités différentes au regard de la TVA, à l'aide de moyens d'investissement communs doivent calculer, chaque année, leur prorata de déduction afin de déterminer le montant de TVA déductible auquel ils ont droit.

Le prorata est calculé à partir des recettes ouvrant droit à déduction de TVA et du montant total des recettes réalisées au cours de l'année sous forme de rapport :
- Au numérateur, doivent figurer :
. les opérations effectivement soumises à TVA,
. les opérations exonérées mais ouvrant droit à déduction (exportations),
. les opérations réalisées à l'étranger qui seraient soumises à TVA si elles étaient effectuées en France,
. les opérations faites en suspension de taxe,
. les ventes de déchets neufs d'industrie,
. les opérations de services bancaires.

- Au dénominateur, figurent toutes les opérations effectuées au cours de l'année : celles figurant au numérateur plus toutes celles non passibles de TVA, ou exonérées mais n'ouvrant pas droit à TVA.

- **Certaines recettes ou opérations doivent être exclues du calcul du prorata**. Cela concerne :

. les cessions d'immobilisation, soumises ou non à TVA,
. les indemnités perçues à la suite de sinistre,
. les livraisons à soi-même de biens,
. les pourboires,
. les avantages et indemnités accordés aux exportateurs,
. les subventions d'équipement.

. Les remboursements de débours exonérés.
. les recettes encaissées pour le compte d'un tiers et les sommes perçues à charge de les répartir entre leurs bénéficiaires.
. les produits financiers dont le montant n'excède pas 5 % du chiffre d'affaires (TTC).

- Le prorata est arrondi à l'unité supérieure.

Exemple de calcul de prorata :
Une entreprise ayant pour activité la fabrique de machines et disposant de filiales en France et à l'étranger, a constaté au cours de l'année 1990 les opérations et recettes (hors taxe) suivantes :

. Ventes en France .... :	85.000.000
. Ventes à l'exportation .... :	2.000.000
. Ventes de déchets provenant de fabrication .... :	150.000
. Produits financiers .... :	25.000
. Indemnité d'assurance perçue à la suite de la destruction d'un atelier par incendie ... :	210.000
. Cession d'une immobilisation (détenue depuis 4 ans) .... :	340.000
. Montage d'une machine aux USA .... :	34.000
. Livraison à soi-même d'une machine .... :	210.000
. Redevance d'un brevet concédé à une filiale étrangère .... :	200.000
. Subvention d'équipement .... :	560.000
. Location nue d'un appartement .... :	4.400.000

- Calcul du prorata applicable en 1991

On reprend la formule générale :

$$\text{Prorata} : \frac{\text{opérations ouvrant droit à déduction}}{\text{CA total}}$$

- Numérateur :

. Ventes en France	:	85.000.000
. Ventes à l'exportation	:	2.000.000
. Redevances	:	200.000
. Montage de machine	:	34.000
. Ventes de déchets	:	150.000
		87.384.000

- Dénominateur :

. Opérations visées au numérateur	:	87.384.000
. Location de l'immeuble	:	4.400.000
		91.784.000

- Sont exclus du calcul :
. Cession de l'immobilisation,
. Subvention d'équipement,
. Produits financiers (inférieurs 5 % CA),
. Livraison à soi-même,
. Indemnités d'assurance.

$$\text{PRORATA} = \frac{85.000.000 + 2.000.000 + 200.000 + 34.000 + 150.000}{(85.000.000 + 2.000.000 + 200.000 + 34.000 + 150.000) + 4.400.000}$$

$$\text{PRORATA} = \frac{87.384.000}{91.784.000}$$

Soit : 95,20 %, arrondi à 96 %

- **Périodes de référence pour le calcul du prorata** :

Le prorata de déduction doit être calculé en début d'année civile, pour toute l'année en cours. Dans la mesure où les résultats de cette année ne sont pas encore connus par le redevable, il doit prendre en compte ceux de l'année précédente.
Ainsi, le calcul du prorata se fait en deux étapes :

. Un "**prorata provisoire**", calculé à partir des recettes de l'année N-1.

. Un "**prorata définitif**", calculé avant le 25 avril de l'année N+1, tenant compte des résultats de l'année concernée (N), alors connus.

Conséquence de ce système de calcul :
Le prorata définitif est dans la plupart des cas différent du prorata provisoire et il faut donc "régulariser" la situation. Concrètement, le redevable doit recalculer les montants de TVA déduits à partir du prorata provisoire, en tenant compte cette fois-ci du prorata définitif. La régularisation peut prendre deux formes :
. Un complément de TVA déductible, lorsque le prorata définitif est supérieur au prorata provisoire.
. Un complément de TVA à reverser au Trésor, lorsque le prorata définitif est inférieur au prorata provisoire.

- Lorsque la variation entre les deux prorata (provisoire et définitif) excède cinq points (en plus ou moins), il doit y avoir à côté de la régularisation visée ci-dessus, une correction de la valeur d'inscription au bilan des immobilisations. La correction se fait hors bilan.

- **Mise en application du prorata général de déduction** :

Le prorata ne joue pas de la même façon pour les immobilisations et pour les autres biens et services:

. Les immobilisations : le prorata s'applique dans tous les cas, même lorsque l'immobilisation en cause n'est pas affectée à une opération taxable.

. Les autres biens ou services : la règle du prorata ne joue pas toujours. En effet, pour ces biens et services, on utilise en priorité la règle de l'"affectation".
Trois situations sont à envisager :
- Le bien sert uniquement à des opérations passibles de TVA : le droit à déduction est total.
- Le bien sert exclusivement à des opérations non taxables : aucun droit à déduction n'est accordé.
- Le bien sert concurremment à des opérations passibles de TVA et à des opérations hors de son champ d'application : la règle du prorata général de déduction joue.

De plus, **quand la variation entre les deux prorata de déduction est supérieure à cinq points, il doit y avoir** (en plus de la régularisation) **une correction de la valeur d'actif des immobilisations** ayant donné lieu à déduction de TVA. En effet, ces éléments ont ouvert droit, lors de leur acquisition, à une déduction de TVA calculée à partir du prorata provisoire. Il est normal que dans l'hypothèse où le prorata définitif varie de plus de cinq points, on corrige la valeur de cette immobilisation, en se référant au prorata définitif.

Exemple de variation prorata provisoire/prorata définitif :
Une entreprise achète le 1er septembre 1990 une machine pour 140.000 F H.T.

- Le prorata provisoire de 1990, calculé par rapport au chiffre d'affaires 1989 est de 80 %.

- A la clôture de l'exercice 1990, d'après les résultats définitifs de l'exercice, le prorata définitif s'élève à 86 %.

Deux éléments sont à prendre en compte :
- Il y a variation entre le prorata provisoire et le prorata définitif. Il faut donc procéder à une régularisation ;
- La variation est supérieure à 5 points : il faut corriger la valeur de l'immobilisation.

La régularisation :

. TVA initialement déduite : (140.000 x 18,6 %) x 80 % = 20.832 F
. TVA déductible/prorata définitif : (140.000 x 18,6 %) x 86 % = 22.394 F

Régularisation : elle prend la forme d'un complément de déduction.
Elle est égale à : (22.394 - 20.832) F, soit 1.562 F.

- La correction de la valeur d'actif de la machine :
La machine a été inscrite, lors de son acquisition, pour :
140.000 + [(140.000 x 18,6 %) x 80 %] = 160.832 F.

Or, d'après le prorata définitif, elle aurait due être inscrite pour :
140.000 + [(140.000 x 18,6 %) x 86 %] = 162.394 F.

On doit donc corriger la valeur d'actif de la machine d'un montant de 1.562 F.

b) Les nouveaus assujettis

Sont considérées comme des nouveaux assujettis :
. les entreprises nouvelles,
. les entreprises préexistantes qui deviennent, à partir d'un moment donné, redevables de la TVA.

Pour leur première année d'assujettissement, les nouveaux redevables obéissent à un régime particulier de TVA concernant :
. le calcul du prorata provisoire,
. la TVA déductible : le "*crédit de départ*".

Le prorata provisoire

En principe, le prorata provisoire se calcule à partir des recettes réalisées l'année précédente. Pour les nouveaux redevables, un tel calcul est impossible puisque, par définition, ils vivent leur première année d'exploitation (ou d'assujettissement).
Le législateur a donc prévu un autre procédé de calcul : les entreprises nouvelles doivent évaluer pour leur première année le pourcentage de leurs recettees qui ouvre droit à déduction. Le prorata provisoire est calculé à partir de cette estimation.
Il devra éventuellement faire l'objet d'une régularisation avant le 25 avril de l'année suivante, si les chiffres définitifs de l'année en cours diffèrent de l'évaluation faite en début d'année (prorata définitif).

La TVA déductible

L'article 226 annexe II CGI accorde aux nouveaux assujettis un droit à déduction de TVA sur les immobilisations et les stocks qu'ils possèdent au jour de leur assujettissement, au titre d'un "*crédit de départ*".

Le montant du droit à déduction diffère en fonction de la nature des biens :

- Pour les stocks : le droit à déduction est intégral. Toute la TVA qui a grevé l'achat des marchandises en stock est déductible, quel que soit leur date d'acquisition.
La règle du décalage d'un mois pour l'exercice du droit à déduction ne s'applique pas.

- Pour les immobilisations : le droit à déduction est total si elles n'ont pas encore été utilisées au jour de l'assujettissement.
En revanche, lorsque les immobilisation ont déjà commencé à être utilisées, le droit à déduction est réduit : il est égal au montant de la TVA ayant grevé l'achat des biens, diminué d'un cinquième (meubles) ou d'un dixième (immeubles) par année ou fraction d'année écoulée entre la date d'acquisition et la date d'assujettissement.

Exemple de crédit de TVA déductible "de départ" au profit d'un nouvel assujetti :

Une entreprise créée en juillet 1988 décide d'opter pour l'assujettissement à la TVA, à compter du 31 décembre 1990.

A cette date, elle possède :
. Un immeuble d'exploitation acquis en 1988 pour un montant hors taxe de 500.000 F ;
. Des marchandises (stock) acquises en 1988 pour un prix de 260.000 F hors taxe ;
. Des machines acquises :
en 1988 pour 100.000 F,
en 1989 pour 200.000 F.

- *Conséquences de l'option en matière de TVA* :
On suppose un prorata de déduction de 100 %.
L'entreprise a un droit à déduction de TVA à raison des biens qu'elle posède au 31 décembre 1990, date de son assujettissement.

Le montant de la déduction varie selon la nature des biens :

- *Pour les immobilisations* : le montant du droit à déduction est égal à la TVA ayant grevé les biens lors de l'acquisition diminuée d'une cinquième ou d'un dixième par année ou fraction d'année écoulée entre la date d'acquisition et la date d'assujettissement :

. L'immeuble :
TVA ayant grevé l'immeuble lors de sont acquisition : 500.000 x 18,6 % = 93.000 F.
TVA déductible à la date de l'option pour la TVA : 93.000 x 7/10 = 65.100 F.

. Les machines :
TVA ayant grevé les machines lors de leur acquisition :

(1988) 100.000 x 18,6 % :	18.600 F
(1989) 200.000 x 18,6 % :	37.200 F
	55.800 F

TVA déductible à la date de l'option pour la TVA :

(1988) 18.600 x 2/5 :	7.440 F
(1989) 37.200 x 3/5 :	22.320 F
	29.760 F

- *Pour les stocks* : Le droit à déduction est intégral, quelle que soit leur date d'acquisition.
TVA déductible au jour de l'assujettissement : 260.000 x 18,6 = 48.360 F

2. Remise en cause du droit à déduction

En principe, la déduction de TVA effectuée par une entreprise dans les conditions normales **est définitive.**

Toutefois, la loi énumère (limitativement) **certains cas dans lesquels il y a remise en cause du droit à déduction,** et régularisation à opérer de la part de l'entreprise.

La régularisation peut prendre **deux formes** :
. soit un **reversement de TVA,** au profit du Trésor,
. soit un **complément de déduction** au profit de l'entreprise.

En pratique, il faut distinguer les régularisations en fonction de la nature des biens en cause :
. Immobilisations ;
. Autres biens et services.

a) Régularisations relatives aux immobilisations

Reversement de TVA en cas de cession d'une immobilisation de nature immobilière

– **Lorsqu'un assujetti cède un immeuble figurant à l'actif** de son entreprise **dans un délai de neuf ans** et que l'opération n'est pas soumise à TVA sur la totalité de son prix, **celui-ci doit reverser au Trésor une fraction de la TVA initialement déduite.**

Cette règle s'applique aux cessions, ainsi qu'**aux opérations suivantes** :
. Apport en société ;
. Disparition du bien non justifiée par un vol ou une destruction ;
. Transfert de secteur d'activité ;
. Cessation de l'activité de l'entreprise ;
. Fin de l'assujettissement à la TVA.

– **Le montant de la régularisation** :
Elle est égale au montant de la TVA initiale diminué de 1/10è par année civile ou fraction d'année civile écoulée depuis la date d'acquisition.

Exemple :
Immeuble acheté en août 1987, ayant donné lieu, lors de son acquisition, à une déduction de TVA de 100.000 F. L'immeuble est revendu en septembre 1990.

Régularisation = 100.000 - 4/10 (100.000) = 60.000 F.

Le complément de TVA doit être mentionné sur la déclaration du mois auquel la cession se rattache. Le paiement doit intervenir dans les mêmes délais que les autres versements de TVA.

– **Le transfert du droit à déduction** :
Lorsqu'une immobilisation est vendue dans le délai de régularisation, l'acquéreur peut bénéficier du droit à déduction relatif aux 1/15è ou 1/10è restant à couvrir jusqu'à la fin du délai de régularisation. Il récupère ainsi le droit à déduction reversé par l'entreprise cédante au Trésor.

Le vendeur doit délivrer à l'acquéreur une attestation mentionnant le montant de la taxe susceptible d'être déduit par l'acquéreur.

– **Les conséquences d'une régularisation de TVA en cas de cession de l'immobilisation** :
Lorsqu'une immobilisation fait l'objet d'un reversement de TVA lors de sa cession, le montant de celui-ci doit s'ajouter au prix de revient du bien cédé pour le calcul de la plus-value de cession.

Exemple :
Une entreprise X vend le 3 septembre 1990 un immeuble au prix de 460.000 F, à une autre entreprise Z.
L'immeuble avait été acquis le 1er novembre 1986 au prix de 140.000 F hors taxe.

Le prorata de déduction de 1986 était de 90 %.

- Lors de l'acquisition, la TVA déduite s'élevait à (140.000 x 18,6 %) x 90 % = 23.436 F.

- On suppose que l'immeuble a fait l'objet pendant sa durée d'utilisation dans l'entreprise X d'amortissements pour un montant de 70.000 F.

- Valeur nette comptable du bien :
. Valeur d'origine : 166.040 - 23.436 : 142.604
. Amortissements : 70.000

Valeur nette comptable : 72.604 F

Dans la mesure où l'entreprise X vend l'immeuble à l'intérieur du délai de neuf ans, elle doit procéder à un reversement de TVA, égal à la TVA initialement déduite, diminuée d' 1/10è par année ou fraction d'année écoulée depuis la date d'acquisition, soit :
23.436 - (23.436 x 4/10) = 14.062 F.

De plus, l'entreprise doit corriger la valeur nette comptable du bien, en tenant compte du reversement de TVA.
On a donc une nouvelle valeur comptable égale à :
(72.604 + 14.062)F = 86.666 F.

- Calcul de la plus-value de cession : elle est égale au prix de cession moins la valeur nette comptable corrigée de l'immeuble, soit :
(460.000 - 86.666) F =373.334 F.

b) Variation de plus de 10 points du degré d'assujettissement

Le prorata de déduction étant calculé chaque année, il peut arriver que, d'une année sur l'autre, il subisse des variations, en plus ou en moins.

Pour limiter les conséquences d'une **variation** trop importante, l'Administration admet que **lorsque celle-ci est supérieure à dix points** (dans un certain délai) **la déduction accordée lors de l'acquisition de l'immobilisation puisse être sujette à régularisation.**

Délai dans lequel doit intervenir cette variation supérieure à dix points :
- 5 années civiles y compris l'année d'acquisition du bien pour une immobilisation autre qu'un immeuble.
- 10 années civiles pour un immeuble.

Le montant de la régularisation : il se calcule à partir de la déduction initiale (acquisition du bien) et de celle de l'année au cours de laquelle on constate la variation supérieure à dix points.

- **Variation positive** : Le complément de déduction est égal à :
. 1/5è de la différence entre le montant de la déduction calculée avec le prorata de l'année en cause et le montant de la déduction initiale pour les immobilisations autres que les immeubles ;
. 1/10è de cette différence pour les immeubles.

- **Variation négative** : Le reversement de TVA est égal à :
. 1/5è de la différence entre le montant de la TVA initiale et le montant de la déduction calculée avec le prorata de l'année en cause pour les immobilisations autres que les immeubles,
. 1/10è de cette différence pour les immeubles.

Exemples de variation de prorata

Une entreprise achète en septembre 1988 un immeuble pour un prix hors taxe de 600.000 F.
Le prorata provisoire de 1988 est de 80 %.

- 1ère hypothèse : prorata définitif 1988 = 76 %

Une régularisation doit intervenir avant le 25 avril 1989. Elle est égale à :

. TVA déduite lors de l'acquisition :	89.280 F
. TVA déductible/prorata définitif	
(600.000 x 18,6 %) x 76 % :	84.816 F
. Régularisation :	4.464 F

Le prorata définitif étant inférieur au prorata provisoire, la régularisation prend la forme d'un reversement de TVA au profit du Trésor, égal à 4.464 F.
La différence entre les deux prorata n'excède pas cinq points ; il n'y a donc aucune correction à apporter à la valeur d'inscription au bilan de l'immeuble.

- 2ème hypothèse : proprata définitif 1988 = 86 %

Une régularisation doit intervenir avant le 25 avril 1989. Elle est égale à :

. TVA déduite lors de l'acquisition :	89.280 F
. TVA déductible/prorata définitif	
(600.000 x 18,6 %) x 86 % :	95.976 F
. Régularisation :	6.696 F

Le prorata définitif étant supérieur au prorata provisoire, la régularisation prend la forme d'un complément de déduction au profit de l'entreprise, égal à 6.696 F.

La différence entre le prorata provisoire et le prorata définitif est supérieure à cinq points. Il faut donc procéder à une correction de la valeur d'inscription au bilan de l'immeuble.

. Valeur d'inscription au bilan :
600.000 + [(600.000 x 18,6 %) x 20 %] = 622.320 F = (600000 x 1,186) - 89280

. Valeur à laquelle l'immeuble aurait dû être inscrit :
600.000 + [(600.000 x 18,6 %)x 14 %] = 615.624 F.

La correction comptable de cette valeur se traduit par une diminution du compte immobilisation (immeuble) et la constatation d'un supplément de TVA déductible.

- 3ème hypothèse : prorata définitif 1988 = 80 % ; prorata définitif 1989 = 92 %

La différence de prorata définitifs entre 1988 et 1989 excédant 10 points, il faut procéder à une correction de la valeur d'inscription au bilan de l'immeuble.
La correction est égale à un dixième de la différence entre la taxe déduite lors de l'acquisition et celle théoriquement déductible en application du prorata définitif de 1989.

. TVA déduite lors de l'acquisition :	89.280 F
. TVA déductible/prorata définitif 1989 (600.000 x 18,6 %) x 92 % :	102.672 F

. Régularisation :

$$\frac{102.672 - 89280}{10} = 1.339{,}20 \text{ F}$$

La correction de la valeur d'inscription au bilan de l'immeuble prend la forme d'un complément de déduction au profit de l'entreprise.
Comptablement, on constate un complément de TVA déductible et un produit exceptionnel.

Précision :
La correction serait effectuée de la même façon si la variation entre les deux prorata définitifs intervenait en 1990, 1991 ou à n'importe quel moment à l'intérieur du délai de neuf ans (depuis la date d'acquisition).

c) Régularisations relatives aux biens et services ne constituant pas des immobilisations

Disparition des marchandises

Une régularisation de TVA doit être opérée lorsque des marchandies ont disparu sans avoir reçu l'utilisation pour laquelle elles avaient été achetées, alors qu'elles avaient donné lieu à déduction de taxe lors de leur acquisition.

La régularisation porte sur la totalité de la TVA initialement déduite.
Elle est supportée par le propriétaire des marchandises au jour de leur disparition.

Deux causes de disparition exonèrent le redevable de régularisation (lorsqu'elles sont prouvées) :
. le vol,
. la destruction accidentelle ou due à une force majeure (incendie, inondation...) ; la destruction volontaire de denrées ou produits devenus inutilisables.

Utilisation des biens et services pour une opération non soumise à TVA

Lorsqu'un bien est utilisé pour une opération non soumise effectivement à la TVA, il doit y avoir reversement de la totalité de la TVA initialement déduite.

6 - LES REGIMES PARTICULIERS DE LA TVA

A. LA TVA IMMOBILIERE

En application de l'art. 257.7 CGI, le régime de la TVA immobilière s'applique à toutes les "opérations concourant à la production ou à la livraison d'immeubles".

Sont ainsi visées par cet article : l'acquisition du terrain à bâtir, la construction de l'immeuble et même sa reconstruction. Egalement certains "travaux immobiliers" lorsqu'ils sont d'une importance telle qu'ils peuvent être assimilés à une reconstruction ou lorsqu'ils portent sur le gros oeuvre.

1. Les opérations soumises à la TVA

Les opérations immobilières soumises à la TVA sont :

. les ventes, échanges et apports en société d'immeubles,
. les ventes et apports en société de droits sociaux représentant des droits immobiliers (propriété ou jouissance d'immeubles),
. les livraisons à soi-même d'immeubles achevés,
. les cessions de droits immobiliers,
. les mutations de jouissance en vue de construire un immeuble,
. les ventes, échanges et apports de terrains à bâtir et biens assimilés.

Les **conditions pour que ces opérations soient imposables** à la TVA sont les suivantes :

- **Pour les immeubles** : l'opération doit être faite sur un immeuble non encore achevé ou construit depuis moins de 5 ans, et constituera la première mutation sur le bien.

- **Pour les terrains à bâtir** : l'acquéreur du terrain à bâtir doit s'engager, dans l'acte d'acquisition, à construire un immeuble dans un délai de 4 ans à compter de la date d'achat.

- **Pour les cessions de droits sociaux** : les droits sociaux doivent représenter des droits de propriété ou de jouissance relatifs à des immeubles achevés depuis moins de 5 ans, et n'ayant pas encore fait l'objet d'une mutation à titre onéreux.

2. Le régime de la TVA immobilière

a) La TVA s'applique sur le prix de cession de l'immeuble ou sur sa valeur vénale lorsqu'elle est supérieure.

Elle est calculée sur le prix hors taxe du bien, augmenté des charges supportées par l'acquéreur.

Dans certains cas, la mutation n'est soumise à la TVA que sur la plus-value réalisée par le vendeur:
. vente d'immeuble utilisé pour la réalisation d'opérations soumises à la TVA.
. cession de droits sociaux.

b) Les taux de la TVA immobilière sont de :

. 13 % pour les opérations immobilières portant sur un terrain à bâtir et réalisées en France continentale (5,5 % en Corse ; 5,25 % dans les DOM-TOM soumis à la TVA).

B. LE REGIME DES "PETITES ENTREPRISES"

En matière de TVA, sont considérées comme des "petites entreprises" les entreprises dont le montant annuel des recettes n'excède pas :
. 3.000.000 F pour les entreprises de vente et de fourniture de logement ;
. 900.000 F pour les prestataires de services.

Deux régimes d'imposition à la TVA sont prévus :
. le régime du forfait,
. le régime du bénéfice réel simplifié.
De plus, à compter du 1er janvier 1991, une franchise de TVA est prévue pour les redevables dont le CA hors taxe n'excède pas 70.000 F.

1. Le régime du forfait

Il s'applique de plein droit aux redevables dont le chiffre d'affaires annuel n'excède pas :
. 500.000 F pour les entreprises de vente et fourniture de logement ;
. 150.000 F pour les prestataires de services.

Le forfait est établi par l'Administration, au vu de la déclaration souscrite par le redevable en début d'année et qui sert également au forfait des BIC (CF BIC : forfait).

Le forfait est établi pour deux ans.
Il porte sur le montant de la TVA dû par le redevable, sans mentionner le montant des recettes imposables.

Le paiement du forfait s'effectue de l'une des façons suivantes :
. le forfait annuel n'excède pas 12.000 F : le paiement est trimestriel ;
. le forfait annuel excède 12.000 F : le paiement est mensuel ;
. le forfait annuel est inférieur à 1.350 F : en application d'une "franchise", aucune taxe n'est due ;
. le forfait annuel est compris entre 1.350 F et 5.400 F : le montant exigible est diminué d'une "décote", égale à la différence entre 5.400 F et le montant de la TVA est normalement dû.

Les obligations comptables et fiscales auxquelles sont soumis les redevables relevant du forfait sont simplifiées : tenue d'un registre des achats et recettes, sans qu'aucune comptabilité régulière ne soit exigée (même si celle-ci est recommandée en pratique).

2. Le régime du réel simplifié

Il s'applique de plein droit aux redevables dont le montant annuel des recettes est compris entre :
. 50.000 F et 3.000.000 F pour les entreprises de vente et fourniture de logements ;
. 150.000 F et 900.000 F pour les prestataires de services.

Il peut être choisi par les redevables qui relèvent en principe du régime du forfait.

Le calcul de la TVA due au Trésor se fait de façon "simplifiée" : on applique au montant des recettes un coefficient déterminé à partir des éléments de l'année précédente. Le paiement de la taxe se fait mensuellement.

3. La franchise de TVA

Les redevables de la TVA dont le CA hors taxe de l'année précédente n'excède pas 70.000 F sont dispensés du paiement de la taxe, pour les livraisons de biens et les prestations de services.

Conséquences : ils ne peuvent plus gérer aucune déduction de TVA, ni faire figurer celle-ci sur leurs factures.

C. LE REGIME DE SUSPENSION DE TAXE

a) Le régime de suspension de taxe s'applique aux biens et opérations suivants :

- Livraisons de biens aux exportateurs ;
- Métaux non ferreux ;
- Produits pétroliers ;
- Matières premières textiles ;
- Exploitation du plateau continental.

b) Le mécanisme de la suspension de taxe

Des opérations normalement imposables sont suspendues de taxe, c'est-à-dire n'entraînent aucun paiement de TVA.

Plus, les entreprises concernées ont le droit de récupérer la TVA d'amont ayant grevé leurs achats (par imputation ou remboursement).

Dans la mesure où elles ouvrent droit à déduction, les opérations faites en suspension de taxe doivent figurer,pour le calcul du prorata de déduction au numérateur (et au dénominateur).

D. LE REGIME DES OBJETS D'OCCASION

Sont considérés comme des *"objets d'occasion"* les biens ayant déjà fait l'objet d'une utilisation et qui sont susceptibles de réemploi, soit en l'état, soit après réparation.
Le régime de TVA diffère selon la qualité du vendeur :

1. Le vendeur est l'utilisateur du bien

Le régime de taxation a été largement modifié par la loi de finances pour 1990.
En effet, à compter du 1er janvier 1990, la vente de biens usagés est imposable dès lors que ceux-ci ont ouvert droit à déduction de TVA totale ou partielle lors de leur acquisition (importation ou livraison à soi-même).

La TVA est due sur le montant total du prix de vente et elle est exigible au jour de la livraison des biens vendus.

Ce n'est donc que dans le cas où l'acquisition du bien n'a ouvert droit à aucune déduction de taxe que l'exonération joue (cas des véhicules de tourisme).

Avant le 1er janvier 1990, la règle était l'exonération ; exonération totale ou partielle selon la date de cession du bien et la qualité de l'acheteur.

2. Le vendeur est un négociant en biens d'occasion

Les personnes qui ont pour activité l'achat et la vente de biens d'occasion sont imposables à la TVA pour toutes leurs opérations.
Toutefois, elles ont le choix entre deux régimes de taxation :

- Taxation sur la **marge brute hors taxe** :
La TVA s'applique sur la différence entre le prix de vente (taxe comprise) et le prix d'achat (hors taxe ou TTC) mais le droit à déduction est limité : la TVA ayant grevé les achats de biens n'est pas déductible. Seule la TVA ayant grevé le coût de l'intervention du négociant (frais d'entremise, de réparation) ouvre droit à déduction.

- Taxation sur le **prix de vente total** :
Les négociants ont la possibilité d'opter pour la taxation sur le prix de vente total des biens. Dans ce cas, le droit à déduction de TVA s'applique dans les conditions de droit commun, ainsi, la TVA ayant grevé l'achat des objets est déductible.

L'option pour cette méthode de taxation ne s'applique pas obligatoirement à la totalité des affaires réalisées par le négociant ; celui-ci peut "panacher" les deux solutions pour ses ventes de biens d'occasion.

E. LA TVA AGRICOLE

Les exploitants agricoles ont une situation particulière au regard de la TVA, dans la mesure où :

- Certains d'entre eux sont obligatoirement soumis à la taxe.
- D'autres choisissent de s'y soumettre, sur option.
- D'autres enfin refusent l'assujettissement à la taxe.

Que l'assujettissement soit obligatoire ou volontaire, le régime de la TVA applicable aux exploitants agricoles est un régime nettement simplifié.

1. Les exploitants soumis à la TVA

a) Exploitants obligatoirement soumis à la TVA

Ce sont :
- Tous les exploitants dont le montant moyen des recettes, calculé sur deux années civiles consécutives, excède 300.000 F.

- Les exploitants qui ont une activité annexe à leur activité agricole, relevant d'une autre catégorie de revenus que les bénéfices agricoles (BIC, BNC). Cela englobe les activités "para-agricoles" telles que : vente des produits de la récolte, au détail, dans un local à usage commercial,
. transformation de produits ne provenant pas de l'exploitation,
. location de gîtes ruraux, de chevaux.

b) Exploitants soumis à la TVA sur option

Les exploitants qui ne relèvent pas de plein droit de la TVA peuvent dans tous les cas demander à y être assujettis.

L'option pour l'assujettissement à la TVA peut prendre deux formes :

- Un assujettissement global : toutes les opérations réalisées par l'exploitant sont soumises à la TVA.
- Un assujettissement partiel, restreint.

Les opérations de vente ou livraison d'animaux de boucherie ou de charcuterie sont exclues du domaine d'application de la TVA. Conséquence, il doit y avoir création de deux secteurs distincts d'activité.

L'option levée par l'exploitant agricole entraîne un assujettissement à la TVA pendant une durée de trois ans, renouvelable par tacite reconduction (pour des périodes de cinq ans).

c) Exploitants refusant l'option pour la TVA

Les exploitants agricoles qui ne sont pas obligatoirement soumis à TVA ou qui ne lèvent pas l'option bénéficient d'un régime de "remboursement forfaitaire" leur permettant d'obtenir une "déduction" forfaitaire et indirecte de la TVA ayant grevé leurs achats.

En effet, dans la mesure où ces exploitants ne relèvent pas du régime de la TVA, ils ne peuvent pas déduire la TVA qui grève leurs achats, et subissent donc une charge fiscale supplémentaire.

Le montant du remboursement forfaitaire est fixé par l'Etat, en fonction du pourcentage de leurs ventes faites à des assujettis.
Les taux varient entre 2,55 % et 4,85 %. Les sommes sont versées directement par l'Etat.

2. Le régime de la "TVA agricole"

- Le fait générateur de la TVA est constitué, quelle que soit la nature de l'opération, par l'encaissement du prix (ou des acomptes).

- Les taux applicables varient en fonction de la nature de l'opération ou du produit.

- Taux de 5,5 % pour :
. les ventes de produits agricoles n'ayant subi aucune transformation,
. les produits alimentaires non visés par un autre taux,
. les boissons non alcoolisées.

- Taux de 2,10 % pour les ventes d'animaux vivants de boucherie ou de charcuterie.

- Taux de 18,60 % pour les boissons alcoolisées (vin).

- Le régime des déductions suit en principe le régime de droit commun avec quelques particularités :
. la règle du décalage d'un mois ne s'applique pas,
. la TVA ayant grevé les dépenses d'exploitation est déductible (y compris les travaux d'amélioration ou de réparation sur biens d'équipement).

F. LA TVA EN MATIERE DE PRESSE

Le régime privilégié de la TVA s'applique aux "publications de presse" présentant les caractéristiques suivantes :

- Un intérêt général (instruction, information).
- Une conformité à la loi de 1881 sur la presse.
- Une parution périodique (au moins une fois par trimestre).
- Une vente à prix marqué ou par système d'abonnement.
- Un quota de publicité inférieur aux 2/3 du volume de la publication.

Il doit être demandé par l'éditeur.

Les opérations visées sont : les ventes, les commissions et courtages.

Le taux applicable est de 2,10 %.

Les publications qui ne remplissent pas les conditions nécessaires à l'octroi du régime de faveur sont soumises : soit au taux réduit de 5,5 %, soit au taux de 18,60 % (prospectus, feuilles d'annonces, catalogues), soit enfin au taux majoré de 25 % (publications pornographiques ou violentes).

Enfin, il faut préciser que les recettes provenant de la publicité ou d'annonces sont soumises au taux normal de 18,60 %.

G. LE REGIME DE LA TVA APPLICABLE AUX AGENCES DE VOYAGE

Les personnes (physiques ou morales) titulaires d'une licence d'agent de voyages bénéficient d'un régime particulier de TVA pour toutes leurs opérations d'entremise, réalisées à l'aide de moyens d'exploitation leur appartenant ou loués par elles (réservation de titres de transport, de chambres ; vente de séjours et voyages organisés...).

La particularité du régime est que la TVA n'est due que sur la marge réalisée par l'agence.
. La marge est égale à la différence entre le prix global payé par le client et le prix facturé à l'agence par les divers fournisseurs (transporteurs, hôteliers...), taxe comprise.

Elle est calculée individuellement pour chaque opération puis, ensuite, globalement pour la période d'imposition retenue.

Le taux de TVA applicable est de 5,5 %.

H. LE REGIME DE LA TVA APPLICABLE AUX OPERATIONS D'ASSURANCE ET DE REASSURANCE

En principe, les opérations d'assurance sont exonérées de TVA, car soumises à la taxe unique sur les conventions d'assurance.

Toutefois, pour certaines opérations relatives à :
. des assurés domiciliés hors CEE,
. des exportations vers des pays non membres de la CEE,

la loi accorde, aux compagnies d'assurance, le droit de déduire la TVA ayant grevé leurs achats de biens et services.

Pour le calcul du prorata général de déduction les opérations ouvrant droit à déduction doivent figurer au numérateur (et au dénominateur).

7 - LES OBLIGATIONS DES REDEVABLES DE LA TVA

Les redevables de la TVA doivent respecter trois sortes d'obligations :

- D'une part, mentionner et faire apparaître clairement la TVA sur des documents puis sur des déclarations prévues à cet effet.

- D'autre part, tenir une comptabilité régulière et ventiler les opérations soumises à la TVA par taux.

- Enfin, s'acquitter de la TVA dont ils sont redevables.

A. MENTION ET DECLARATION DE LA TVA

1. Mention sur documents

Tout redevable de la TVA qui réalise une opération soumise à TVA, avec un autre redevable, doit obligatoirement produire une facture, sur laquelle doivent figurer certaines mentions :
. le nom et l'adresse des parties,
. le prix unitaire hors TVA,
. le taux de TVA applicable,
. le prix global hors TVA,
. le montant total de TVA.

L'obligation de facturation ne joue que pour les opérations réalisées entre assujettis ; elle n'est pas obligatoire lorsque le client n'est pas redevable de la TVA (sauf en matière de travaux immobiliers).

Lorsqu'une facture comporte une erreur ou qu'une opération soumise à la TVA se trouve annulée ou résiliée, le vendeur doit délivrer une nouvelle facture rectificative s'il veut récupérer la TVA versée à tort au Trésor.
Celle-ci doit reprendre les éléments de la facture initiale, préciser le montant corrigé de la TVA et mentionner qu'elle annule le premier document erroné.

2. Les déclarations de TVA

- Toute entreprise nouvelle doit produire une déclaration d'existence auprès du Centre de Formalités des entreprises dans les quinze jours suivant le début de l'activité. Cette formalité a pour but d'officialiser l'existence de l'entreprise nouvellement créée vis-à-vis des différentes administrations (URSSAF, impôts...) et de lui permettre de fonctionner normalement.
La déclaration est annuelle pour toutes les entreprises soumises au régime du forfait.

On retrouve cette même obligation de déclaration à chaque modification importante de l'entreprise et lors de la cessation de son activité.

- Les entreprises redevables de la TVA doivent produire des déclarations tous les mois ou tous les trimestres, sur des formulaires de l'administration CA3.

La fréquence de leur dépôt dépend, en fait, du montant de la TVA dont ces entreprises sont redevables. Elle est de :
. un mois lorsque la TVA due mensuellement est supérieure à 1.000 F
. un trimestre lorsque ce montant est inférieur à 1.000 F.

La déclaration est annuelle pour toutes les entreprises soumises au régime du forfait.

- Le contenu des déclarations :
Chaque déclaration de TVA doit mentionner pour la période d'imposition retenue :
. les opérations imposables, pour leur montant hors taxe,
. les opérations non imposables,
. le montant de la TVA exigible,
. le montant de la TVA déductible (en faisant attention à la règle du décalage d'un mois pour la déduction de la TVA des biens ou services autres que les immobilisations),
. les crédits de TVA à reporter,
. éventuellement, les demandes de remboursement de crédit de taxe.

B. COMPTABILISATION DE LA TVA

Au plan comptable, tout redevable de la TVA doit satisfaire à deux obligations :
- Tenir une comptabilité régulière.
- Ventiler ses opérations par taux.

1. La tenue d'une comptabilité régulière

La loi exige des redevables qu'ils tiennent une comptabilité régulière, permettant d'apprécier le montant global des opérations réalisées mais également de distinguer :

. les opérations imposables, en fonction de leur nature, et des taux qui leur sont imposables,
. les opérations non imposables,
. les opérations faites en suspension de taxe,
. le montant de la TVA déductible,
. le montant de la TVA collectée.

En fait, doivent figurer dans les livres comptables (ou dans les livres spéciaux, numérotés lorsque le contribuable n'est pas tenu à une comptabilité) tous les renseignements mentionnés dans les déclarations CA3.

2. La ventilation des opérations par taux

En principe, la ventilation des recettes en fonction des taux applicables aux différents produits est obligatoire.
Néanmoins, cette obligation peut engendrer de grosses difficultés en pratique, lorsque le contribuable a pour activité la vente au détail (grands magasins) et que les opérations ne donnent pas lieu à facturation.

C'est pour cette raison que l'administration a assoupli le principe de ventilation, en autorisant les entreprises à procéder de façon globale, à charge pour elles, de régulariser leur situation chaque année.

Trois méthodes ont été proposées :

- La première permet de comptabiliser les achats à leur prix d'acquisition (taxe comprise) et en fonction des taux de TVA applicables.

- La seconde prend en compte les achats relevant d'un même taux à leur valeur de vente théorique (taxe comprise) c'est-à-dire leur prix d'achat majoré globalement d'une marge commerciale moyenne (propre à chaque bien).

- La troisième reprend le principe de la valeur de vente théorique mais en l'appliquant non plus globalement par groupe de produits soumis à un même taux mais produit par produit.

L'option pour l'une de ces trois méthodes n'est pas obligatoire et l'administration accepte toute autre méthode de ventilation dès lors qu'elle permet d'obtenir un résultat précis.

C. PAIEMENT DE LA TVA

En règle générale, la TVA doit être payée lors de chaque dépôt (mensuel ou trimestriel) de déclaration, par le redevable.

Toutefois, ce principe connaît des dérogations :
. les forfaitaires et les redevables relevant du régime simplifié sont soumis, à compter du 1er janvier 1991, au paiement trimestriel de la TVA, quel que soit le montant de la taxe dû.
Une option est néanmoins offerte aux seconds pour un paiement mensuel.

Le régime des acomptes permet aux entreprises, qui en font la demande, de bénéficier d'un délai supplémentaire de déclaration, et donc d'acquitter leur TVA en tenant compte de ce report.

CHAPITRE II

AUTRES TAXES ET CONTRIBUTIONS INDIRECTES

1 - LES AUTRES TAXES SUR LE CHIFFRE D'AFFAIRES

A. TAXES ASSISES SUR LE CHIFFRE D'AFFAIRES

B. TAXES PARTICULIERES

2 - LES CONTRIBUTIONS INDIRECTES

A. DROITS INDIRECTS SUR LES BOISSONS

B. DROITS INDIRECTS SUR LES SPECTACLES

C. DROITS INDIRECTS SUR D'AUTRES PRODUITS ET SERVICES

1 - LES AUTRES TAXES SUR LE CHIFFRE D'AFFAIRES

A côté de la TVA qui représente la plus importante taxe sur le chiffre d'affaires, il en existe d'autres, perçues également sur la consommation.

Ces taxes peuvent se cumuler avec la TVA et être dues sur une même opération par un même redevable.

De plus, certaines d'entre elles obéissent aux mêmes règles d'assiette et de recouvrement que la TVA.

A. TAXES ASSISES SUR LE CHIFFRE D'AFFAIRES

Les **principales** sont :

- La taxe sur les produits forestiers
- La taxe parafiscale sur l'habillement
- La taxe parafiscale sur l'ameublement
- La redevance sur l'emploi de la reprographie
- La redevance sur les éditions de librairie
- La taxe parafiscale sur les textiles
- La taxe parafiscale sur l'horlogerie.

B. TAXES PARTICULIERES

La particularité de ces taxes est qu'elles **ne sont pas calculées en fonction du chiffre d'affaires**, mais, soit sur le prix à la production, soit au litre.

Les taxes spéciales sont les suivantes :

- La taxe sur les betteraves
- La taxe sur les viandes de boucherie et de charcuterie
- La redevance sur l'abattage et le découpage
- La taxe sur les eaux minérales
- La taxe sur les huiles
- La taxe de sureté aérienne.

2 - LES CONTRIBUTIONS INDIRECTES

Ce sont des **impôts indirects perçus à l'occasion de faits intermittents ou exceptionnels** tels que la circulation du produit, la délivrance d'une licence...

Les principales contributions indirectes qui existent dans le système fiscal français sont :

- Les droits sur les boissons
- Les droits sur les spectacles, jeux et divertissements
- Les droits sur certains services et produits.

A. DROITS INDIRECTS SUR LES BOISSONS

Les droits indirects sur les boissons **concernent** :

- Les produits : alcools, vins et cidres, bière et boissons non alcoolisées
- La circulation de ces produits
- Le commerce des boissons.

1. Droits indirects sur les boissons

Les boissons visées par ces droits indirects sont principalement :

- **Les alcools**, regroupant eaux de vie, spiritueux, liqueurs, produits alcoolisés non dénommés et préparations à base alcoolique.

Tous ces produits subissent un droit de consommation dont les tarifs varient entre 2.595 F à 7.810F par hectolitre d'alcool pur.

- **Les vins et cidres** auxquels on assimile poiré, hydromel et pétillant de raisin.

Ils sont soumis à un droit de circulation qui varie entre 7,60 F et 54,80 F par hectolitre.

- **Les bières et boissons non alcoolisées**. Ces boissons sont soumises à un droit spécifique dont les montants sont compris entre 3,50 F et 19,50 F par hectolitre.

2. Droits indirects sur la circulation des boissons

Les différentes boissons évoquées ci-dessus ne peuvent faire l'objet d'aucun transport sans :

- Une déclaration préalable de l'expéditeur (ou de l'acheteur)

- Un titre de mouvement retiré auprès du bureau de déclaration des impôts, après paiement des droits exigibles. Le défaut de titre de mouvement peut entraîner des sanctions fiscales et pénales à l'encontre du transporteur.

3. Droits indirects sur les débits de boissons

Le commerce des boissons fait l'objet d'un **droit de licence**, acquitté par les débitants auprès des communes, en fonction de la catégorie dont ils relèvent et du nombre d'habitants.

Le droit de licence varie de 25 F (moins de 1.000 habitants) à 1.000 F pour une commune de plus de 50.000 habitants.

Pour les débits de boissons des 2è, 3è et 4è catégories, s'ajoute au droit de licence une taxe spéciale perçue au profit de l'Etat, dont les taux sont égaux à 30 % ou 15 % du droit de licence.

B. DROITS INDIRECTS SUR LES SPECTACLES

Les **"spectacles"** visés par les droits indirects sont :

- Les manifestations sportives, qui sont taxées à 8 % ou 14 %.

- Les cercles et maisons de jeux, taxés en fonction des recettes réalisées par des taux variant de 13% (moins de 100.000 F de recettes) à 68 % (recettes supérieures à 1.500.000 F).

- Les appareils automatiques, imposés en fonction du nombre d'habitants de la commune, à des tarifs compris entre 100 F et 600 F.

En plus des droits indirects, s'ajoutent des taxes spéciales qui frappent :
- Le prix des places de cinéma
- Les bowlings.

C. DROITS INDIRECTS SUR D'AUTRES PRODUITS ET SERVICES

Ce sont essentiellement :

- Le droit de garantie, exigible à raison des "poinçons" apposés sur les ouvrages d'or, d'argent et de platine.

- La taxe sur les farines, céréales et graines oléagineuses.

- La taxe sur les briquets et allumettes.

- La taxe sur la publicité télévisée.

3EME PARTIE

LES DROITS D'ENREGISTREMENT ET DE TIMBRE

L'IMPÔT DE SOLIDARITE SUR LA FORTUNE

CHAPITRE I

LES DROITS D'ENREGISTREMENT ET TIMBRE

1 - LES DROITS D'ENREGISTREMENT DUS PAR LES SOCIETES

A. DROITS RELATIFS A LA CONSTITUTION DE LA SOCIETE

1. Droits d'enregistrement en cas d'apports purs et simples

2. Droits d'enregistrement en cas d'apports à titre onéreux

3. Droits d'enregistrement en cas d'apports mixtes

B. DROITS RELATIFS A L'AUGMENTATION DU CAPITAL DE LA SOCIETE

1. Augmentation de capital par apports nouveaux

2. Augmentation de capital par incorporation de réserves ou de bénéfices

C. DROITS RELATIFS A UNE REDUCTION DE CAPITAL DE LA SOCIETE

D. DROITS RELATIFS A UNE TRANSFORMATION DE LA SOCIETE

E. DROITS RELATIFS A UNE PROROGATION DE LA SOCIETE

F. DROITS RELATIFS A UNE DISSOLUTION ET AU PARTAGE

1. La dissolution

2. Le partage

G. DROITS RELATIFS A LA FUSION DE SOCIETES (ET OPERATIONS ASSIMILEES)

1. Fusion de sociétés

2. Scission de société

3. Apport partiel d'actif

H. DROITS RELATIFS A UNE CESSION DE DROITS SOCIAUX

1. Principe : application d'un droit de 4,80 %

2. Dérogations : règles particulières

3. Rachat d'une entreprise par ses salariés

2 - LES DROITS D'ENREGISTREMENT DUS A L'OCCASION DE CERTAINES OPERATIONS

A . LA CESSION DE FONDS DE COMMERCE ET CONVENTIONS ASSIMILEES

B. LA VENTE D'IMMEUBLES

C. LES BAUX

D. L'ECHANGE

E. LA CESSION (OU LA CONCESSION) DE PRODUITS DE LA PROPRIETE INDUSTRIELLE

1. Brevets d'invention

2. Marques de fabrique

3. Droits de "possession industrielle"

3 - LES DROITS D'ENREGISTREMENT DUS EN CAS DE SUCCESSION OU DE DONATION

A. REGLES GENERALES

1. La déclaration de succession

2. Les biens soumis à imposition

3. Les règles d'évaluation des biens imposables

4. La déduction des dettes

B. TARIFS ET PAIEMENT DES DROITS DE SUCCESSION

1. Les tarifs des droits de succession

2. Le paiement des droits de succession

C. REGLES PROPRES AUX DONATIONS

1. L'évaluation des biens

2. Le cas particulier de la donation-partage

4 - LES DROITS DE TIMBRE

A. LES TIMBRES DE DIMENSION

B. LES TIMBRES D'EFFETS NEGOCIABLES OU DE COMMERCE

C. LES TIMBRES SUR PAPIERS D'IDENTITE

D. LES TIMBRES RELATIFS AUX AUTOMOBILES

DROITS D'ENREGISTREMENT ET DE TIMBRE

Les droits d'enregistrement et de timbre sont des impôts qui frappent le capital ; ce sont des impôts indirects.

- **Les droits d'enregistrement** sont perçus lors de la **réalisation de certains actes juridiques** : donation, cession d'immeubles, actes relatifs à la vie des sociétés, successions. Au départ, cette formalité avait pour but de vérifier la régularité d'actes juridiques importants et de percevoir des droits. Le premier rôle conféré à l'enregistrement a pratiquement disparu aujourd'hui et celui-ci apparaît désormais comme une simple occasion de percevoir des droits, pour l'Etat. Il n'en reste pas moins, cependant, que de nombreux actes juridiques restent soumis à l'enregistrement, obligatoirement, en raison de leur importance.

Enfin, cette formalité revêt un intérêt particulier pour les signataires : elle confère *"date certaine"* aux actes, notamment à l'égard des tiers qui ne peuvent plus, alors, la contester. C'est sans doute pour cette raison que de nombreuses personnes soumettent leurs actes à l'enregistrement alors même que celui-ci n'est pas obligatoire.

- **Les droits de timbre** frappent des faits juridiques ponctuels, notamment la rédaction de certains écrits.
Ils constituent également un mode de paiement pour certains documents (cartes d'identité, de séjour, carte professionnelle des voyageurs et représentants de commerce) ou formalités (certificat de résidence, établissement de passeport...).

1 - DROITS D'ENREGISTREMENT DUS PAR LES SOCIETES

A. DROITS RELATIFS A LA CONSTITUTION DE LA SOCIETE

Tous les apports faits à une société qui se crée sont soumis à des droits d'enregistrement. On distingue **deux catégories d'apports** :

- Les apports à titre pur et simple, rémunérés par des droits sociaux
- Les apports à titre onéreux, rémunérés par un prix.

1. Droits d'enregistrement en cas d'apports purs et simples

En principe, les apports faits à titre pur et simple donnent lieu à un **droit ordinaire de 1 %**.

Toutefois, cette règle connaît des dérogations se traduisant :
. soit par des exonérations
. soit par un droit fixe
. soit par des droits de mutation.

a) le principe : le droit ordinaire de 1 %

Le droit de 1 % s'applique :

- Aux apports d'immeubles ou (et droits immobiliers) de fonds de commerce (et clientèle droit au bail et promesse de bail) faits :
. entre sociétés soumises à l'IS
. à une société relevant de l'IR.

- Aux apports de biens autres que des immeubles ou fonds de commerce, faits à une société soumise à l'IR ou à l'IS ; notamment apport en numéraire ou de brevets.

Toutefois, pour ces deux derniers, le droit de 1 % ne s'applique pas totalement : il est en effet limité à un montant maximum de 430 F.

b) 1ère dérogation : les apports exonérés de droits

Sont exonérés les apports portant sur :

. des marchandises neuves dépendant d'un fonds de commerce, car elles sont soumises à la TVA,

. des stocks destinés à être vendus,

. des biens soumis à la TVA immobilière : immeubles achevés depuis moins de cinq ans et terrains à bâtir sur lesquels l'acquéreur s'est engagé à ériger une construction dans un délai de 4 ans. L'exonération de droits est totale pour les terrains à bâtir ; en revanche, pour les immeubles un droit de 0,60 % s'applique.

c) 2ème dérogation : les apports soumis à un droit fixe

Sont visés les apports :

. en numéraire, puisque le droit de 1 % est plafonné à 430 F

. de brevet d'invention : droit de 430 F

. faits à une société immobilière de co-propriété transparente ou à une société ayant pour objet la construction de logements. Le droit fixe est de 1.220 F.

d) *3ème dérogation : les apports soumis aux droits de mutation*

Par exception au principe du droit de 1 % certains apports sont soumis à des droits de mutation. Ce sont :

- Les apports d'immeubles ou de droits immobiliers
- Les apports de fonds de commerce, clientèle, droit au bail ou promesse de bail,

lorsqu'ils sont faits par une personne soumise à l'IR, au bénéfice d'une société relevant de l'IS.

Pour un apport d'immeuble (ou droits immobiliers), le **taux normal** des droits de mutation est de **8,60 %**, auquel s'ajoutent des taxes additionnelles départementale et communale de 1,60 % et 1,20 %. Soit un **taux global de 11,40 %**.

Pour un apport de fonds de commerce, les taux sont les suivants :

Fraction taxable	Droit Etat	Taxe départementale	Taxe communale	TOTAL
< 100.000 F	8,60%	0%	0%	8,60%
entre 100.000 F et 300.000 F	8,60%	0,60%	0,40%	9,60%
> 300.000 F	8,60%	1,40%	1%	11%

La **loi de finances pour 1990** (art. 27.III) avait réduit le **taux des droits de mutation**, en portant le droit de base à 3,80 % et le taux global à 4,80 % (sous respect des conditions ci-dessous, également nécessaires en 1991).

La **loi de finances pour 1991** réduit encore ces droits : le droit de mutation au profit de l'Etat passe de 3,80 % à 1 %, les taxes additionnelles à 0,30 % et 0,20 %, soit un taux global de 1,50 %.
Cette réduction est applicable au 1er janvier 1991.

Le bénéfice de ce régime de faveur est subordonné au respect de **deux conditions** :

- **L'apport doit avoir pour objet** : un immeuble compris dans l'apport de l'ensemble des éléments de l'actif immobilisé et affecté à l'exercice d'une activité professionnelle (ou des droits immobiliers attachés), un fonds de commerce, une clientèle, un droit au bail ou une promesse de bail.

- **L'apporteur doit s'engager** dans l'acte d'apport, **à conserver les titres reçus** en contrepartie de son apport, **pendant une période de cinq ans** (à compter de la date d'apport).

- **En cas de non respect de cette obligation** de conservation des titres, un complément de droit est exigible, calculé sur la différence entre le droit d'Etat normal de 8,60 % et celui, réduit, de 3,80 % ou 1 % au 1er janvier 1991. Soit un taux de 4,80 % ou 7,60 %.

2. Droits d'enregistrement dus en cas d'apports à titre onéreux

Les apports à titre onéreux sont assimilés à une vente, et à ce titre, suivent **le régime des droits dus à l'occasion d'une telle opération** en fonction de la nature du bien apporté (CF droits lus lors de vente).

Sont considérés comme faits "à titre onéreux" les apports ayant pour contrepartie :

. une somme d'argent,
. la prise en charge par la société bénéficiaire d'un passif grevant l'apport,
. la remise de biens en nature.

- Régime particulier pour les apports d'entreprise individuelle

On considère en effet que la prise en charge du passif dont est grevée l'entreprise, et qui constitue un apport à titre onéreux, ne peut être imposée à un taux supérieur à 8,60 % (plus les taxes additionnelles).

Ce taux plafonné concerne les seuls biens grevés de passif qui peuvent bénéficier du taux réduit :
. immeubles et droits immobiliers,
. fonds de commerce, clientèle, droit au bail ou promesse de bail.

Le bénéfice du taux réduit s'applique de plein droit, sur simple option de l'apporteur et de la société bénéficiaire ratifiée dans l'acte de constitution.

3. Droits d'enregistrement en cas d'apports "mixtes"

Les apports mixtes sont ceux faits :

. pour les uns à titre pur et simple
. pour les autres à titre onéreux.

L'exemple le plus courant d'apport mixte est celui d'un apport pur et simple grevé d'un passif pris en charge par la société bénéficiaire : la prise en charge du passif s'analyse en un apport à titre onéreux.

Les droits d'enregistrement applicables en cas d'apport mixte sont les suivants :

- **Droits d'apport** pour les apports purs et simples
- **Droits de mutation** pour les apports à titre onéreux.

La loi accorde à la société bénéficiaire la faculté de "ventiler" les apports reçus de la façon la plus avantageuse fiscalement pour elle.

Nous avons constaté dans les premiers développements que les droits de mutation dus sur un apport à titre onéreux sont souvent supérieurs aux droits d'apports ordinaires. Dans la mesure où il existe cette liberté de ventilation et où les droits sont calculés sur la valeur des apports déduction faite des dettes, la société a toujours intérêt à imputer en priorité le passif sur des apports non soumis à des droits d'enregistrement ou faiblement taxés. Elle échappe ainsi, dans une large mesure, aux droits de mutation dus sur le passif. Toutefois, cette imputation "prioritaire" doit être demandée par les parties car elle ne joue pas de plein droit. En l'absence d'option, le passif est réparti par parts égales sur les autres biens apportés.

Exemple d'apport mixte : Une SA se crée le 1er mars 90 et reçoit en apport, de la part d'une personne soumise à l'IR les biens suivants :

- Un fonds de commerce
- Des marchandises neuves destinées à la revente
- Un passif.

La société a intérêt (fiscalement) à imputer le passif en premier sur les marchandises qui sont exonérées de droits (car soumises à la TVA).

- Si la totalité du passif a pu être imputée ainsi, aucun droit de mutation n'est exigible.

- Si le montant des marchandises n'a pas suffi à "éponger" la totalité du passif, le reliquat doit être imputé sur le fonds de commerce. Il sera alors soumis aux droits de mutation exigibles lors d'une cession de fonds de commerce, en application du barème progressif.

Précision : Si le reliquat de passif n'a pas absorbé le montant total du fonds de commerce, ce dernier se décompose en fait en deux apports différents :

. un apport à titre onéreux, à hauteur du passif imputé
. un apport à titre pur et simple pour le surplus.

Exemple de droits d'enregistrement dus en cas de création de société

- Conditions de constitution
Création en 1991 d'une SARL pour 4 associés

Apporteur n°1 :	Personne physique	
	Numéraire :	800.000 F
Apporteur n°2 :	Personne physique	
	Apport d'un fonds de commerce comprenant	
	. matériel d'exploitation :	250.000 F
	. clientèle :	40.000 F
	. passif commercial :	<300.000 F>
	. marchandises neuves :	150.000 F
Apporteur n°3 :	Personne morale (SA)	
	. brevets :	100.000 F
	. droit au bail :	200.000 F
Apporteur n°4 :	Personne physique	
	. un immeuble à usage commercial :	500.000 F
	(situé en Ile-de-France)	

- Remarques préalables

Il convient, avant tout calcul des droits, de relever que :

. l'un des apporteurs est une personne morale soumise à l'IS ;

. l'apport du fonds de commerce comprend un passif commercial qui doit être considéré comme un apport à titre onéreux. Il a été convenu de l'imputer en priorité sur les marchandises ;

. les apports à titre pur et simple peuvent faire l'objet d'une réduction si les associés s'engagent à conserver les titres reçus en contrepartie de leur apport pendant cinq ans.

- Liquidation des droits dus par chaque apporteur

Apporteur n°1 : Application du taux de 1 % pour tout apport en numéraire soit
800.000 F x 1 % = 8.000 F
mais plafonnement à 430 F depuis le 1er janvier 1989.

Apporteur n°2 :
Les parties ont décidé d'imputer le passif en priorité sur les marchandises neuves, soumises à la TVA.
Aucun droit d'enregistrement n'est donc dû.
Les marchandises ont une valeur de 150.000 F, elles ne suffisent pas à l'imputation de la totalité du passif.
Il faut donc imputer le reliquat de passif (300.000 - 150.000) F sur les autres éléments du fonds de commerce, tous taxés de façon uniforme.
Le fonds de commerce a une valeur de : (250.000 + 400.000) F.

L'apport du fonds se décompose en deux apports :

- Un apport à titre onéreux, à hauteur du passif imputé, soit 150.000 F, imposable comme une cession de fonds de commerce.
Les droits d'enregistrement dus sont, en vertu de la loi de finances pour 1990 calculés de la façon suivante :
. à hauteur de 100.000 F : 0 %
. entre 100.000 F et 300.000 F : 7 %

Soit :	100.000 x 0 %	=	0
	50.000 x 7 %	=	3.500 F

- Un apport à titre pur et simple pour le reste, soit (650.000 - 150.000) F = 500.000 F.
L'apport pur et simple d'un fonds de commerce effectué par une personne relevant de l'IR à une personne soumise à l'IS est taxé au taux de 11,40 %, ou, si l'apporteur s'engage à conserver les titres pendant cinq ans, au taux de 1,50 %.

Soit les droits d'enregistrement de :
11,40 % x 500.000 F = 57.000 F
ou
1,50 % x 500.000 F = 7.500 F

Apporteur n°3 :

L'apporteur étant une personne morale passible de l'IS, on applique, sans réserve d'exceptions, pour tous les types d'apport le taux de 1 %.

. Cependant les apports de brevet d'invention sont soumis au seul droit fixe des actes innommés pour lesquels le montant du droit proportionnel est limité au montant du droit fixe de 430 F (art. 731 CGI).

. Il y a donc liquidation de deux droits, l'un proportionnel pour l'apport du droit au bail :
200.000 F x 1 % = 2.000 F
l'autre fixe pour l'apport du brevet de 430 F.

Apporteur n°4 :

L'apport d'un immeuble à usage commercial constitue un apport à titre pur et simple soumis soit au droit proportionnel normal de 11,40 %, soit au droit réduit de 1,50 % en cas d'engagement de conservation des titres pendant une durée minimum de 5 ans.

A ce montant il convient de rajouter le paiement d'une taxe additionnelle régionale dont le taux est, pour l'Ile-de-France, de 1,4 %.

Soit des droits d'enregistrement de :

11,40 % x 500.000 F =	57.000 F
+ 1,40 % x 500/000 F =	7.000 F
TOTAL	64.000 F

1,50 % x 500.000 F	=	7.500 F
+ 1,4 % x 500.000 F	=	7.000 F
TOTAL	=	14.500 F

B. DROITS RELATIFS A L'AUGMENTATION DU CAPITAL DE LA SOCIETE

Il existe deux moyens pour une société, d'augmenter son capital :
- par des **apports nouveaux,**
- par **incorporation de réserves ou de bénéfices.**

Selon la méthode utilisée, les droits d'enregistrement sont différents.

1. Augmentation de capital par apports nouveaux

Les apports peuvent être effectués comme lors de la constitution de la société, soit en numéraire, soit en nature (immeubles, fonds de commerce...). Les apports nouveaux faits en numéraire sont exonérés de tout droit ; les autres suivent le régime propre à leur nature : ils sont soumis au droit de 1 % ou au droit de 11,40 % lorsqu'ils portent sur des immeubles (et fonds de commerce) et sont faits par une personne relevant de l'impôt sur le revenu à une personne soumise à l'impôt sur les sociétés. Quand une prime d'apport ou d'émission est versée par l'associé, le droit d'apport se calcule sur le total de l'apport plus le supplément et non pas uniquement sur la partie affectée au capital.
En contrepartie toutefois, la prime pourra bénéficier d'une exonération en cas d'incorporation ultérieure au capital.

2. Augmentation de capital par incorporation de réserves ou de bénéfices

Cette méthode est totalement différente de la précédente dans la mesure où l'augmentation se fait en "circuit fermé", sans l'intervention de nouveaux apporteurs "extérieurs". Ce sont donc des réserves, des bénéfices ou des provisions générés par la société qui vont "financer" l'opération.
Toute société, quel que soit le régime fiscal auquel elle est soumise, peut procéder à une augmentation de capital par incorporation de réserves ; en pratique cependant, il est rare que les **sociétés relevant de l'impôt sur le revenu** réalisent une telle opération. Le taux applicable est dans ce cas le **droit d'apport ordinaire de 1 %.**

S'agissant des **sociétés soumises à l'impôt sur les sociétés,** elles sont passibles d'un **droit d'apport de 3 %.**
Toutefois, ce principe connaît **certaines dérogations** :

- Les primes d'émission peuvent être incorporées au capital en franchise de droit, dès lors qu'elles ont déjà, lors de l'apport de constitution, subi une taxation.

- Lorsque l'incorporation de réserves complète ou accompagne une augmentation de capital en numéraire, aucun droit n'est dû. Il faut cependant, pour bénéficier de l'exonération, que les deux événements aient lieu au cours d'une seule période de douze mois, et que l'augmentation en numéraire soit d'un montant au moins égal à celle effectuée par incorporation de réserves.

C. DROITS RELATIFS A UNE REDUCTION DU CAPITAL DE LA SOCIETE

La réduction du capital social d'une société peut avoir deux objectifs : compenser des pertes, financer une distribution au profit des associés.

- Réduction du capital en vue de compenser des pertes

Le seul droit exigible est un droit fixe de 430 F.

- Réduction du capital entraînant distribution au profit des associés

L'opération s'analyse en **un partage de sociétés** et suit des règles applicables en la matière (CF partage).

Enfin, lorsque la réduction entraîne distribution au profit des associés et que l'un deux reçoit des biens d'une valeur supérieure à ses droits, il est redevable, sur la soulte qu'il doit verser, de droits de mutation à titre onéreux (dans la mesure où les biens sont soumis à de tels droits).

D. DROITS RELATIFS A UNE TRANSFORMATION DE LA SOCIETE

La transformation d'une société correspond à un **changement de sa forme juridique** (une société de personnes se transforme en société de capitaux, une SARL devient une SA...).
En principe, et en application du Code Civil (art. 1844-3) cette opération juridique n'entraîne pas la naissance d'une personne morale nouvelle, mais s'analyse en une modification des statuts. Ainsi, la transformation juridique n'entraîne que la perception d'un **droit d'enregistrement fixe, de 430 F**.

Toutefois, il existe **une dérogation** au principe de non création d'une personne morale nouvelle et au paiement d'un simple droit fixe : en effet, lorsque le **changement** de forme juridique **a pour effet de rendre la société passible de l'impôt sur les sociétés**, les droits de mutation à titre onéreux deviennent exigibles.

La loi de finances pour 1990 a, par son article 27-III, modifié les droits fixés avant cette date au taux de 11,40 % pour les immeubles et fonds de commerce appartenant à la société à la date du changement.
Désormais (à compter du 1er janvier 1990), les droits exigibles sont les mêmes que ceux applicables en matière d'apports purs et simples : un taux global de 4,80 % se décomposant comme suit :
. 3,80% de taxe d'Etat,
. 0,60 % de taxe départementale,
. 0,40 % de taxe communale.
Les droits sont calculés sur la valeur vénale des biens à la date du changement.

Ils sont dus sur :
- les immeubles ou droits immobiliers affectés à l'exploitation,
- les fonds de commerce, clientèle, droit au bail ou promesse de bail,
qui ont fait l'objet d'apports purs et simples par une société non soumise à l'impôt sur les sociétés, et appartenant à la société au jour de la transformation.

La loi pose une **condition au bénéfice de ce taux réduit** : les associés doivent s'engager, dans l'acte de changement de forme juridique, à conserver les titres détenus à cette date pendant une durée minimale de cinq ans. Le non-respect de cette obligation entraîne, au profit de l'Etat et comme en matière d'apport, le droit d'exiger immédiatement un complément de taxe, égal à la différence entre les deux taux de base : 8,60 % et 3,80 % (soit : 4,80 %).

E. DROITS RELATIFS A UNE PROROGATION DE LA SOCIETE

Lorsqu'une société décide de prolonger sa durée de vie, elle est redevable d'un **droit fixe**, d'un montant de **1.220 F**. Ces droits sont dus même si la société ne constate pas cette opération dans un acte.

F. DROITS RELATIFS A UNE DISSOLUTION ET AU PARTAGE

Il faut **distinguer les deux événements** : la dissolution de la société et son partage.

1. La dissolution
Elle entraîne l'exigibilité d'un **droit fixe de 1.220 F**, même en cas d'absence d'acte.

2. Le partage
Il obéit à des règles différentes selon que la société est soumise à l'impôt sur le revenu ou à l'impôt sur les sociétés.

- **Une société passible de l'impôt sur les sociétés** est soumise à un **droit de 1 %** quelles que soient la nature des biens et la qualité du bénéficiaire.

- **Une société relevant de l'impôt sur le revenu** est soumise à des règles propres à chaque catégorie de biens :
. **Les biens en nature** s'ils ont été apportés à titre pur et simple et s'ils sont restitués à l'apporteur, ne sont soumis à aucun droit.
En revanche, s'ils sont attribués à un autre associé, ils subissent une taxation, sous forme de droits de mutation à titre onéreux.

Le fondement de ces principes relève de la théorie de la *"mutation conditionnelle des apports"*, posée au XVIIIè siècle. Selon cette théorie, l'apport n'a pas pour effet de transférer la propriété du bien apporté à la société car celui-ci a vocation à être restitué à l'apporteur en cas de dissolution. Ce n'est donc que si, lors de la disparition de la société, les biens en nature ne sont pas répartis entre leur "propriétaire-apporteur" que l'on considère qu'il y a eu, dès constitution de la société, mutation à son profit, donc vente. La rétroactivité du transfert de propriété rend les droits de mutation onéreux non payés lors de la constitution,exigibles.

. **Tous les autres biens** sont soumis au **droit ordinaire de 1 %**.

G. DROITS RELATIFS A LA FUSION DE SOCIETES (ET OPERATIONS ASSIMILEES)

La loi assimile aux fusions de sociétés proprement dites deux opérations :
- la scission de sociétés
- l'apport partiel d'actif.

1. Fusion de sociétés

La fusion de sociétés peut se faire selon **deux procédés** :

- Une société absorbe une autre société existante
- Deux ou plusieurs sociétés décident de créer une nouvelle société, en lui apportant la totalité de leur actif (et en disparaissant).

Dans l'une ou l'autre de ces hypothèses, **l'opération de fusion** s'analyse comme un **apport** :
- de la société absorbée à la société absorbante
- des différentes sociétés qui "fusionnent" en apportant leur actif, à la société nouvelle qu'elles constituent.

En principe, les droits d'enregistrement dus à l'occasion de la **fusion** sont les **mêmes que ceux exigibles lors de la constitution** d'une société :
- Droits d'apports pour les apports faits à titre pur et simple
- Droits de mutation pour les apports faits à titre onéreux, correspondant à la prise en charge du passif par la société absorbante (ou nouvelle).

Toutefois, ces règles ne s'appliquent pas toujours en pratique. En effet, lorsque la **société absorbante est passible de l'impôt sur les sociétés** (la majorité des cas) elle bénéficie d'un **allègement des droits d'enregistrement** : elle n'est soumise qu'à un **droit d'apport de 1,20 %** calculé sur la différence entre le montant de l'actif net de la société absorbée et le montant du capital (libéré et non amorti) de celle-ci.

En pratique donc, l'importance de l'augmentation du capital de la société absorbante n'entraîne aucune variation sur le montant des droits dus, puisqu'on ne prend comme éléments de référence que des chiffres relatifs à la société absorbée.

Enfin, lorsque l'application du taux de 1,20 % fait apparaître un montant de droits inférieur à 1.220F, c'est ce droit fixe qui est exigible.

Exemple : Une société absorbée (A) au capital entièrement libéré de 850.000 F apporte à la société absorbante (B) un actif net de 910.000 F.
La société B va devoir payer, au titre des droits d'enregistrement, un montant égal à :
[montant actif net - capital libéré] X 1,20 %, soit (910.000 - 850.000) x 1,20 % = 720 F.
Les droits d'enregistrement (720 F) étant inférieurs au droit fixe de 1.220 F, c'est ce dernier qui est dû.

Précision : Le droit d'enregistrement de 1,20 % s'applique à toutes les fusions de sociétés (ou la société absorbante relève de l'IS), même lorsqu'elles ne bénéficient pas du régime de faveur prévu à l'article 210 A CGI (CF chapitre relatif aux fusions de sociétés) en matière d'impôt sur les sociétés.

2. Scission de société

La scission est assez proche de la fusion car elle consiste, pour une société, à apporter la totalité de son passif et à disparaître. En revanche, elle s'en distingue dans la mesure où elle n'apporte pas son actif à une seule société (absorbante ou nouvelle), mais le "scinde" et l'attribue à deux ou plusieurs sociétés.

Le régime applicable à une scission de société, en matière de droits d'enregistrement, diffère selon que l'opération bénéficie d'un agrément ministériel ou non :

- La scission est agréée par le ministre

L'opération est entièrement assimilée à une fusion de sociétés et est soumise, au plan des droits d'enregistrement, au **droit de 1,20 %**, calculé sur l'excédent d'actif net par rapport au capital (libéré et non amorti).

- La scission n'a pas reçu d'agrément

L'opération est considérée comme une dissolution de société et ne bénéficie donc pas des règles favorables des fusions, en matière d'impôts directs. En revanche, la scission ne déclenche, au titre des droits d'enregistrement, qu'un **droit fixe de 1.220 F.**

3. Apport partiel d'actif

L'apport partiel d'actif consiste pour une société, à apporter à une autre (existante ou créée à cet effet) une fraction de son actif en contrepartie de droits sociaux. Il constitue donc un apport à titre pur et simple, sauf si l'apport est grevé d'un passif pris en charge par la société bénéficiaire ; dans ce cas, le montant du passif est assimilé à un apport à titre onéreux.

Les droits d'enregistrement applicables à cette opération **varient** selon la ***"consistance"* de l'apport :**

- L'apport partiel d'actif porte sur une ***"branche complète d'activité"*** : un simple droit fixe de 1.220F est exigible.

- L'apport partiel d'actif ne constitue pas une ***"branche complète d'activité"***. On applique soit le droit ordinaire de 1 %, soit les droits de mutation lorsque l'apport est grevé d'un passif pris en charge par la société bénéficiaire.

Toutefois, même dans cette hypothèse, l'opération peut échapper à l'application de ces droits, lorsqu'elle a reçu un agrément ministériel. Elle n'est alors soumise qu'au droit fixe de 1.220 F.

La notion de *"branche complète d'activités"* recouvre un ensemble de biens d'une société pouvant être exploité de façon autonome et fonctionner selon les règles normales régissant le secteur d'activité en cause, sans aide de biens ou d'éléments "extérieurs".

H. DROITS RELATIFS A UNE CESSION DE DROITS SOCIAUX

Les **cessions de droits sociaux** sont soumises, en principe, par application de l'article 726 CGI à **un droit d'enregistrement de 4,80 %**. Toutefois, il existe des régimes dérogatoires pour certaines catégories de droits sociaux.

1. Principe : application d'un droit de 4,80 %

Les cessions soumises au droit de 4,80 % sont celles portant sur :
. des actions,
. des parts de fondateurs ou des parts bénéficiaires,
. des parts d'intérêts de sociétés non divisées en actions.

Cependant, toutes ces opérations ne subissent pas, effectivement, des droits d'enregistrement. En effet, certaines d'entre elles n'y sont soumises que si elles ont été constatées par un écrit : c'est le cas des cessions d'actions, des cessions de parts de fondateurs et des parts bénéficiaires.
Le droit exigible est dans ce cas (depuis la loi de finances pour 1991) un droit proportionnel de 1 %, plafonné à 20.000 F par mutation.

A l'inverse, certaines cessions sont soumises au droit de 4,80 % alors même qu'elles n'ont fait l'objet d'aucun écrit : ce sont celles portant sur des parts sociales.

Enfin, les cessions d'obligations n'entraînent aucun droit d'enregistrement, même lorsqu'elles ont été constatées dans un acte.

2. Dérogations : règles particulières

- Cessions de parts d'EURL :
Elles sont soumises, en principe, au droit de 4,80 % quel que soit le régime fiscal de l'entreprise. Toutefois, lorsque l'EURL relève de l'impôt sur le revenu et que la cession intervient dans un délai de trois ans, les droits de mutation à titre onéreux s'appliquent.

- Cessions de parts soumises à la "TVA immobilière" :
La TVA immobilière s'applique aux droits sociaux représentant des droits de proriété ou de jouissance d'immeubles neufs, à condition que ces derniers aient été achevés depuis moins de cinq ans et que la cession soit la première mutation.
Lorsque la TVA s'applique, aucun droit d'enregistrement n'est dû, sauf un droit de 0,6 % pour les immeubles.
Dès que la TVA immobilière ne joue plus, des droits d'enregistrement deviennent exigibles, au taux de droit commun.

- Cessions de parts représentatives d'apport en nature :
Lorsque l'apport est fait à une société relevant de l'IR, la cession est soumise au taux de droit commun, soit 4,80 %.
Toutefois, lorsque la cession a lieu dans un délai de trois ans, elle entraîne l'exigibilité de droits de mutation à titre onéreux, applicables à chaque bien, en fonction de sa nature (immeuble, fonds de commerce, etc.).

3. Rachat d'une entreprise par ses salariés

Inspiré du procédé américian du LMBO (Leverage Management Buy Out) le montage prévoit la constitution d'une société dans laquelle les salariés doivent détenir plus de 50 % des droits de vote et dont l'objectif est le rachat du capital de la société à reprendre.

Pour rendre ce mécanisme incitatif, le législateur a prévu des avantages fiscaux :

a) Octroi à la société holding d'un crédit d'impôt

Cette société dispose, au titre de chaque exercice, d'un crédit d'impôt égal à un pourcentage des intérêts d'emprunts contractés par le holding lors de la création.
Ce pourcentage correspond au taux de l'IS applicable aux bénéfices réalisés par la société rachetée au titre de l'exercice précédent. Le crédit d'impôt doit être obligatoirement limité en cas de dépassement au montant de l'IS acquitté par la société rachetée au titre dudit exercice dans la proportion des droits sociaux détenus par le holding dans la société rachetée.

Exercice 1989
Société holding obtient 80 % de la société rachetée
Intérêts payés 150.000 F en 1989 - 150.000 F en 1990
Autres charges 30.000 F

Société rachetée : IS dû au titre de 1989 : 120.000 F
Dividendes distribués à la société holding : 90.000 F

Exercice 1990
Résultat 1989
. Intérêts des emprunts (non déductibles)
. Autres charges : - 30.000 F
. Quote-part non déductible des dividendes perçus (90.000 + 45.000) x 5 % = + 6.750 F
Déficit : - 23.250 F
Crédit d'impôt dont bénéficie la société holding au titre de l'exercice 1990
150.000 x 39 % = 58.500 F
Le plafond ne joue pas : 120.000 x 80 % = 96.000 F.
La société holding n'ayant pas d'IS à payer en 1990 au titre de l'exercice 1989, le crédit d'impôt est entièrement restituable.

b) Déduction des intérêts des emprunts contractés par les salariés

Les salariés de la société rachetée peuvent déduire de leur revenu imposable les intérêts des emprunts contractés dans la double limite de 150.000 F ou du montant brut du salaire annuel versé.
. soit pour souscrire au capital de la société holding,
. soit pour l'acquisition d'actions de la société rachetée en exécution d'option à la condition que les titres ainsi acquis sont apportés au holding dès sa constitution.

c) Exonération des droits d'enregistrement

Sont exonérés des droits d'enregistrement :
. les apports en numéraire ou les apports en actions de la société rachetée effectués par les salariés à la société holding.

2 - LES DROITS D'ENREGISTREMENT DUS A L'OCCASION DE CERTAINES OPERATIONS

A. LA CESSION DE FONDS DE COMMERCE ET CONVENTIONS ASSIMILEES

La loi assimile aux cessions de fonds de commerce stricto sensu :
. Les cessions de clientèle (art. 719 CGI)
. Les conventions de successeur (art. 720 CGI)
. Les cessions d'offices publics et ministériels (art. 724 CGI)
. Les cessions de droit à un bail d'immeubles et conventions assimilées (art. 725 CGI).

Les droits d'enregistrement applicables à toutes ces cessions ont subi, depuis l'intervention de la loi de finances pour 1989, d'importantes modifications, allant dans le sens d'un "allègement fiscal".

- **Dans le régime en vigueur avant la loi de finances pour 1989**, les cessions de fonds de commerce et conventions assimilées étaient soumises à une **imposition globale de 16,60 %** se décomposant en :
. un droit d'Etat de 13,80 %
. une taxe additionnelle départementale de 1,60 %
. une taxe additionnelle communale de 1,20 %.

Des abattements étaient accordés, pour le calcul du droit de 13,80 % lorsque la valeur du fonds n'excédait pas 350.000 F.

- **La loi de finances pour 1989** a réduit le montant de ces droits, dans les proportions suivantes :
. Droit d'Etat abaissé à 11,80 %
. Taxe départementale réduite à 1,40 %
. Taxe communale réduite à 1 %.

D'où une **imposition globale ramenée de 16,60 % à 14,20 %**, sous réserve d'abattements (non modifiés par rapport au régime antérieur) pour le calcul du droit de 13,80 % :
. abattement de 100.000 F quand la valeur du fonds est inférieure à 250.000 F
. abattement de 50.000 F quand cette valeur est comprise entre 250.000 F et 350.000 F.

L'allègement de ces droits était motivé par l'échéance du 1er janvier 1993 et l'objectif d'un marché unique au sein de la Communauté Européenne ; il était nécessaire dans la mesure où la France taxait les cessions de fonds de commerce plus lourdement que ses alliés européens. Allant plus loin dans cette volonté d'allègement, la France a encore réduit ces droits d'enregistrement dans la loi de finances pour 1990.

- **Régime en vigueur depuis l'entrée en vigueur de la loi de finances pour 1990 :**
La modification apportée par ce texte est plus importante que les précédentes dans la mesure où celui-ci institue un système totalement différent et abandonne le principe d'un taux fixe (et d'abattement). En effet, **à compter du 1er octobre 1989**, les cessions de fonds de commerce sont soumises à une **imposition progressive par tranches** (comme en matière d'impôt sur le revenu) et ne bénéficient plus d'abattements.

Le **barème** établi par l'Administration est le suivant :

Fraction du Prix	Droit mutation (Etat)	Taxe départementale	Taxe communale
- N'excédant pas 100.000 F	0%	0%	0%
- Comprise entre 100.000 F et 300.000 F	6%	0,6%	0,4%
- Supérieure à 300.000 F	11,8%	1,4%	1%

Ce barème s'applique à toutes les cessions de fonds de commerce effectuées depuis le 1er octobre 1989.

Exemple de cession de fonds de commerce ayant lieu avant et après l'entrée en vigueur de la loi de finances pour 1990

Cession d'un fonds de commerce d'une valeur de 300.000 F.

	Droit mutation (Etat)	Taxe départementale	Taxe communale	TOTAL
ANCIEN REGIME	(300.000 - 50.000) 11,8 % = 29.500 F	300.000 x 1,4 % = 4.200 F	300.000 x 1 % = 3.000 F	36.700 F
NOUVEAU REGIME	100.000 X 0 % = 0 + 200.000 x 6 % = 12.000 F	100.000 X 0 % = 0 + 200.000 x 0,6 % = 1.200 F	100.000 X 0 % = 0 + 200.000 x 0,4 % = 800 F	14.000 F

La loi de finances pour 1990 réduit les droits d'enregistrement dus à l'occasion de la cession du fonds de commerce de : 36.700 F - 14.000 F, soit 22.700 F.

B. LA VENTE D'IMMEUBLES

1. **En principe** : les ventes d'immeubles sont soumises à des **droits d'enregistrement de 16,60 %**, qui se décomposent ainsi :

. Droit départemental : 15,40 % (avec des modifications possibles dans certains départements) ;
. Taxe additionnelle comunale : 1,20 %.

A ces deux taux "*de base*" s'ajoutent également :

. Une taxe régionale dont les taux sont de 1,40 % pour l'Ile-de-France et 1,60 % pour les autres régions ;
. Une majoration pour frais d'assiette, égale à 2,5 % du droit départemental. Ce supplément de droits est perçu au profit de l'Etat.

On constate, au regard des différentes taxes citées, que la vente d'un immeuble est lourdement taxée, davantage même que d'autres opérations telles que la cession de fonds de commerce. Néanmoins, le taux de 16,60 % (plus les autres taxes) ne s'applique pas à toutes les ventes d'immeubles, car nombre d'entre elles obéissent à des règles particulières, plus favorables.

Toutefois, les **principes qui régissent le calcul des droits sont identiques pour toutes les ventes d'immeubles**, quelle que soit leur imposition en matière de droits d'enregistrement.

Les droits sont calculés sur :

. le **prix convenu** entre les parties et stipulé au contrat, ou,
. **la valeur vénale réelle** de l'immeuble si elle est supérieure. En retenant éventuellement cette valeur, l'Administration se donne les moyens de contrôler la réalité du prix de l'immeuble et de vérifier s'il n'y a pas eu volonté des parties d'échapper en partie aux droits d'enregistrement, en stipulant un prix inférieur à celui du marché (CF insuffisance du prix).

2. Régimes dérogatoires applicables à certaines ventes d'immeubles

- Vente de constructions neuves :

Une construction neuve se définit comme :
. Une construction non encore achevée ;
. Une construction achevée depuis moins de 5 ans.

Lorsque la vente a lieu avant l'achèvement de la construction, ou dans un délai de 5 ans à compter de celui-ci à et à la condition que l'opération constitue la première mutation, elle est soumise à la TVA immobilière, et donc exonérée de droits d'enregistrement. Seule, la taxe foncière de 0,60 % est due ; elle est calculée sur le prix "hors taxe" de l'immeuble.

- Vente de constructions anciennes :
Elle porte sur des constructions achevées depuis plus de cinq ans, c'est-à-dire n'entrant plus dans le champ d'application de la TVA immobilière, et donc soumise aux droits d'enregistrement (cas également d'une vente d'immeuble achevé depuis moins de 5 ans mais ayant déjà fait l'objet de mutation).

Depuis le 1er janvier 1985, le droit de mutation exigible sur ces cessions (transféré aux départements) est, en principe, de 4,20 %, avec une variation possible entre 1 % et 10 %.
L'article 93 de la loi de finances pour 1991 met un frein à la possibilité de modifier chaque année le taux de droit commun de 4,20 %, et dispose qu'il est désormais plafonné à 7 % (il sera réduit à 6,5 % à compter du 1er juin 1992).

Il ne faut pas oublier que la taxe régionale et la majoration pour frais d'assiette sont également exigibles et viennent donc s'ajouter au droit départemental.

- Vente d'immeubles ruraux :
Elle bénéficie aussi d'une réduction du droit départemental, fixé à 13,40 % (au taux de 15,40 %), mais demeure soumise aux taxes communale et régionale et à la majoration pour frais d'assiette.

- Ventes réalisées par des marchands de biens :
Lorsque le marchand de biens est soumis à la TVA (calculée sur sa marge brute) il n'est pas redevable de droits d'enregistrement. L'exonération ne joue cependant que pour les achats de biens destinés à être revendus dans un délai de quatre ans. Elle n'est pas intégrale car la taxe de 0,60 % reste due pour les achats d'immeubles (non soumis à TVA).

C. LES BAUX

Le contrat de bail a pour effet de transférer la jouissance d'un bien meuble ou immeuble au locataire. C'est, d'après le code général des impôts, une "**mutation de jouissance**".

L'**exigibilité** de droits d'enregistrement à raison d'un bail dépend de l'**assujettissement du bien loué à la TVA.**

1. La location est soumise à la TVA

En application de l'article 740-1 CGI, les mutations de jouissance soumises à la TVA sont exonérées de droits d'enregistrement.

Sont concernés :

- De plein droit :
. les locations de locaux meublés,
. les locations de locaux professionnels équipés du matériel et du mobilier et donc prêts à l'exercice d'une activité,
. les locations d'emplacements de stationnement de véhicules,
. les locations de fonds de commerce.

- Sur option :
. les locations d'immeubles nus à usage commercial, industriel ou professionnel,
. les locations de terres et exploitations à usage agricole.

2. La location n'est pas soumise à la TVA

Lorsqu'une location n'est pas soumise à TVA, elle est, en principe, redevable de droits d'enregistrement.

Le "droit de bail" s'applique à toutes les mutations de jouissance d'immeubles, que l'opération ait été ou non constatée par un écrit.
En pratique donc, une location verbale d'immeuble entraîne l'exigibilité de droits proportionnels.

S'agissant des locations de biens meubles : elles sont exonérées de droit d'enregistrement, sauf si elles ont fait l'objet d'un acte notarié ou ont été enregistrées volontairement. Dans ces hypothèses, elles sont soumises au droit fixe des actes innommés de 430 F.

La même solution s'applique aux concessions de licence et brevets d'invention non encore exploitées.

a) Montant du droit de bail

Le droit de bail est calculé sur :
- le prix du loyer augmenté des charges supportées par le locataire, ou
. sur la valeur locative de l'immeuble, si elle est supérieure.

b) Tarif du droit de bail

Le droit est de 2,5 %. Il est dû sur le montant du loyer couru entre le 1er octobre de l'année précédente et le 30 septembre de l'année en cours.

c) Déclaration et paiement

La **déclaration** doit être produite au bureau des impôts du lieu de situation des biens, entre le 1er octobre et le 31 décembre de l'année en cours. C'est au propriétaire (ou à l'usufruitier) de l'immeuble au 1er octobre de l'année en cours de souscrire cette déclaration.

Le **paiement** du droit de bail doit intervenir **lors du dépôt** de la déclaration.

Des **sanctions** sont prévues en cas de retard ou de défaut de déclaration ou de paiement :
Conséquences d'un retard dans la déclaration :

- Si la déclaration déposée tardivement est accompagnée du paiement des droits : intérêt de retard de 0,75 % par mois, plus une majoration variant de 10 % à 80 %.

- Si aucun paiement n'est effectué : un intérêt de retard et une majoration de 5 % s'appliquent (au titre de pénalité d'assiette) plus un intérêt de retard et une majoration de 10 % à 80 % (au titre de pénalité de recouvrement).

- Si la déclaration a été déposée dans les délais mais sans paiement : un intérêt de retard est dû auquel s'ajoute une majoration de 5 %.

d) Taxe additionnelle au droit de bail

Certains immeubles sont soumis, **en plus du droit de bail**, à une **taxe additionnelle**. Au départ destinée à financer l'Agence Nationale pour l'Amélioration de l'Habitat, elle est, depuis le 1er octobre 1987, perçue au profit de l'Etat.

La taxe additionnelle s'applique essentiellement aux locaux suivants, dès lors qu'ils font l'objet d'une mutation de jouissance :
. locaux affectés à l'habitation
. locaux affectés à l'activité d'une profession libérale
. certains locaux à usage commercial.

Une **condition** est posée pour l'assujettissement à la taxe de tous ces immeubles. Ils doivent avoir été construits :
. soit avant le 1er octobre 1948
. soit entre le 1er octobre 1948 et le 31 décembre 1975.

Le **tarif** de la taxe additionnelle au droit de bail varie en fonction de la date d'achèvement de l'immeuble :
. avant le 1er octobre 1948 : **3,5 %**
. entre cette date et le 31 décembre 1975 : **0,50 %**.

La taxe additionnelle est due par le propriétaire (ou l'usufruitier) de l'immeuble, et ne peut pas être mise à la charge du locataire.

Les modalités relatives au paiement, à la déclaration et au contrôle de cette taxe sont identiques à celles prévues pour le droit de bail.

D. L'ECHANGE

Un échange consiste, pour deux personnes, **à se donner respectivement** une chose pour une autre. L'échange peut être de **deux formes** :

- **Pur et simple** : les choses échangées ont la même valeur.

- **Avec soulte** : les biens n'ont pas la même valeur. Le bénéficiaire de la chose ayant le plus de valeur donne à l'autre partie une somme d'argent destinée à combler la différence de prix. C'est ce complément de prix que l'on appelle la "soulte".

Un échange peut porter sur un bien meuble ou immeuble.

1. Echange d'immeubles

Il faut distinguer l'échange d'immeubles pur et simple de celui réalisé avec versement d'une soulte.

a) Echange pur et simple
Un droit de 8,60 % est dû, calculé sur la valeur vénale de l'un des deux immeubles au jour de l'opération.

b) Echange avec soulte
La loi assimile cet échange à deux opérations :
. un échange, à hauteur du bien ayant la valeur la plus faible,
. une vente pour l'excédent.

Conséquences de cette analyse :
. un droit de 8,60 % est dû sur la valeur vénale du bien ayant la plus faible valeur,
. des droits de mutation, relatifs aux ventes d'immeubles sont dus sur le montant de la soulte.

c) Certains échanges d'immeubles sont soumis à des règles particulières :

- **Echange d'immeubles ruraux** : l'échange est exonéré de droits s'il est effectué à titre individuel ou dans le cadre d'une opération de remembrement.

- **Echange d'immeubles soumis à la TVA** : cette opération s'analyse en une double vente. Différentes hypothèses doivent être examinées :

- Les deux immeubles sont soumis à la TVA : la TVA est due sur la cession de chaque bien (sauf si c'est un terrain à bâtir). La taxe de publicité foncière de 0,60 % est exigible.

- Un seul immeuble est soumis à la TVA : la TVA est due sur la cession du bien entrant dans son champ d'application.

- L'échange porte sur un immeuble soumis à la TVA, et un meuble non soumis à la taxe : l'échange est considéré comme une double vente.

Conséquences :
. la TVA est due sur la cession de l'immeuble,
. les droits d'enregistrement sont dus sur la cession du bien meuble.

2. Echange de meubles

Un échange de meubles est **en principe** soumis aux **mêmes droits que les mutations à titre onéreux.**

Cependant, lorsque les deux meubles échangés ne sont pas taxés de la même façon, on doit retenir l'imposition la plus élevée. C'est donc le bien ayant la plus forte valeur qui est censé être vendu, l'autre est reçu en échange.

D'autre part les échanges de meubles corporels, dont la cession ne donne pas lieu à des droits proportionnels, ne sont soumis à aucun droit ou au seul droit fixe de 430 F (lorsqu'ils sont constatés par actes notariés ou portent sur un brevet).

3. Echange d'un immeuble contre un meuble

Cet échange supporte les **droits de mutation à titre onéreux**. Le bien retenu pour le calcul des droits est celui soumis à l'imposition la plus forte.

E. LA CESSION (OU LA CONCESSION) DE PRODUITS DE LA PROPRIETE INDUSTRIELLE

Les brevets, marques de fabrique et autres produits de la propriété industrielle sont passibles de droits d'enregistrement lorsqu'ils font l'objet d'une vente ou d'une location.

1. Brevets d'invention

Un brevet d'invention peut être soit cédé, soit donné en location.

a) La cession de brevet : il faut distinguer deux situations :

- Le brevet est exploité : l'acte de cession doit obligatoirement être enregistré et il est soumis au droit fixe de 430 F. Le même droit est dû lorsque la cession du brevet s'accompagne de celle de tout le fonds de commerce.

- Le brevet n'est pas exploité : l'opération n'est pas soumise obligatoirement à la formalité de l'enregistrement. Ce n'est donc que dans l'hypothèse où il y a enregistrement volontaire qu'un droit est dû ; il est de 430 F.

b) Concession de licence d'exploitation

Le brevet fait l'objet d'une "location".

- Le brevet est exploité : la location est assimilée à une location de fonds de commerce, soumise à la TVA, et donc exonérée de tout droit.

- Le brevet n'est pas exploité . la location n'est pas obligatoirement soumise à enregistrement. Si la formalité est faite volontairement, le droit fixe de 430 F est dû.

2. Marques de fabrique

Comme les brevets d'invention, les marques de fabrique peuvent faire l'objet de vente ou de location.

a) Cession d'une marque

- La marque est exploitée : la cession est assimilée à une vente de fonds de commerce car elle entraîne immédiatement celle de la clientèle. Les droits dus sont ceux propres à la cession de fonds de commerce.

- La marque n'est pas exploitée : l'enregistrement est facultatif et le droit est de 430 F lorsqu'il est effectué.

b) Concession d'une marque

- La marque est exploitée : la concession est assimilée à une location de fonds de commerce et soumise uniquement à la TVA.

- La marque n'est pas exploitée : la concession est soumise à TVA et ne subit de droits que si elle est enregistrée : droit fixe de 430 F.

3. Droits de "possession industrielle"

Les droits de possession industrielle concernent des éléments de l'entreprise à caractère confidentiel tels que les secrets de fabrication, le savoir-faire..., concrétisés par des documents (schémas, plans...).

Très proches des brevets d'invention, notamment par leur aspect incorporel, ces droits sont soumis aux règles des brevets : un **droit fixe de 430 F**.

Une **exception** cependant à l'exigibilité d'un seul droit fixe : lorsque la cession de droits de possession industrielle a lieu en même temps que celle du fonds de commerce (à laquelle ceux-ci sont attachés), l'opération est soumise aux droits de mutation à titre onéreux.

3 - LES DROITS D'ENREGISTREMENT DUS EN CAS DE SUCCESSION OU DE DONATION

Le décès d'une personne entraîne, pour les bénéficiaires de la succession, de nombreuses obligations, dont deux principales au plan fiscal :

- L'obligation de **produire une déclaration**.

- L'obligation de **s'acquitter des droits dus** à raison du décès et de la transmission des biens du défunt.

C'est le décès qui est le "fait générateur" des droits de succession, et la déclaration de succession qui en fixe la base imposable.

Les droits de mutation par décès sont exigibles quel que soit le mode de transmission du patrimoine:

- Dévolution légale, "ab intestat" en l'absence de toutes dispositions précises du défunt.
- Dévolution testamentaire, lorsque le défunt a rédigé ses dernières volontés.
- Transmission par donation à cause de mort.

Droits de succession en chiffres :
- Taux maximum d'imposition en ligne directe : comparaison avec d'autres pays.

FRANCE : 40 %			
RFA :	35 %	G.B. :	40 %
Belgique :	30 %	Italie :	27 %
USA :	jusqu'à 64 %	Luxembourg :	2 %
Japon :	75 %	Pays-Bas :	27 %
Espagne :	36 %	Danemark :	32 %
Québec :	0 %		

A. *REGLES GENERALES*

1. La déclaration de succession

Les bénéficiaires d'une succession doivent obligatoirement déposer une déclaration dans un délai de six mois à compter du jour du décès. Tous ont vocation à la souscrire.
La déclaration doit détailler tous les biens appartenant au défunt, y compris ceux situés à l'étranger (même si ces derniers bénéficient d'une exonération en vertu de conventions internationales).

Elle doit être produite quel que soit le montant du patrimoine du de cujus à la recette des impôts de son domicile, ou au centre des impôts des non-résidents (s'il n'était pas fiscalement domicilié en France).

2. Les biens soumis à imposition

a) En principe, tous les biens appartenant au défunt sont soumis aux droits de succession sauf, quelques exonérations prévues expressément par la loi.

S'agissant des biens imposables, il faut faire une **distinction selon le lieu du domicile fiscal du défunt**.

- **Si le contribuable décédé était domicilié en France**, les droits frappent tous ses biens, meubles et immeubles situés en France ou à l'étranger (principe de l'imposition mondiale).

- A l'inverse, si le **défunt avait son domicile hors de France**, l'imposition ne porte que sur ses biens meubles et immeubles situés sur le territoire français (sous réserve de l'application des conventions internationales).

b) Le législateur a prévu des exonérations de droits de succession pour certains biens :

- Bois et forêts, parts de groupement forestier, sont exonérés à hauteur de 75 % de leur valeur vénale.

- Assurances-vies : elles ne sont pas imposables (en vertu de l'article 132.12 Code des Assurances) si elles ont été contractées au profit d'un bénéficiaire déterminé (ou de ses héritiers).

- Biens donnés à bail rural à long terme : ces biens sont exonérés de droits à hauteur de 75 % de leur valeur lorsque la transmission constitue la première mutation.

- Oeuvres d'art et de collection, objets ayant une valeur historique importante : leur exonération est subordonnée à la condition que ces biens soient donnés à l'Etat ou à des musées provinciaux, dans un délai de six mois.

- Monuments historiques : ils sont exonérés si les bénéficiaires de la succession signent une convention avec le ministre de la culture.

- Reversions de rentes viagères : elles ne sont pas imposables quand elles sont faites au profit de l'époux survivant ou d'un héritier en ligne directe.

- Libéralités, dons et legs faits au profit de l'Etat, des communes ou départements ou au profit d'établissements publics ou d'oeuvres reconnues d'utilité publique : ils sont exonérés dans tous les cas.

3. Les règles d'évaluation des biens imposables

En principe, l'évaluation se fait en fonction de la valeur vénale des biens au jour du décès du contribuable. C'est le cas pour les immeubles.

- S'agissant des biens mobiliers : ils peuvent être évalués selon trois méthodes, quand ils sont *"meublants"* :
. Prix de vente, lorsque le bien a été vendu aux enchères dans un délai de deux ans.
. Valeur mentionnée dans l'inventaire dressé par un notaire, lorsque celui-ci existe.
. Valeur forfaitaire fixée à 5 % de la valeur des biens meubles et immeubles (autres que ceux meublants) imposables en France, dans tous les autres cas.

- Pour les biens transmis en usufruit ou en nue-propriété : la valeur est fixée forfaitairement à une fraction de la valeur de la propriété entière, d'après l'âge de l'usufruitier, conformément au barème ci-après :

AGE DE L'USUFRUITIER	VALEUR DE L'USUFRUIT	VALEUR DE LA NUE-PROPRIETE
Moins de		
20 ans	7/10	3/10
30 ans	6/10	4/10
40 ans	5/10	5/10
50 ans	4/10	6/10
60 ans	3/10	7/10
70 ans	2/10	8/10
Plus de 70 ans	1/10	9/10

4. La déduction des dettes

Le montant de la succession du défunt servant de base au calcul des droits peut être diminué des dettes grevant le patrimoine, sous respect de certaines **conditions** :
. la dette doit exister au jour du décès et être à la charge exclusive du défunt,
. son existence à cette date doit être prouvée par des écrits ou des présomptions précises.

- Les principaux frais déductibles sont :
. Frais de dernière maladie ;
. Frais de testament ;
. Impôts : ils sont en principe déductibles, même s'ils sont mis en recouvrement après le décès du contribuable. Solution qui joue pour l'impôt sur le revenu, les rappels d'impôts et les éventuelles plus-values réalisées à l'occasion de la cessation de l'activité professionnelle ;
. Dettes contractées à l'étranger ;
. Droits de succession exigibles au jour du décès.

B. TARIFS ET PAIEMENT DES DROITS DE SUCCESSION

Les **droits de succession sont calculés sur le montant net de la part revenant à chacun des héritiers**, et non pas sur la masse globale du patrimoine du défunt.

Ainsi, chaque ayant droit supporte une partie des droits, variable selon le degré de parenté le liant au de cujus et le montant des biens reçus.

Les droits ne s'appliquent qu'après abattements accordés par la loi, et modulables en fonction du degré de parenté.
Enfin, certaines réductions de droits sont également prévues.

1. Les tarifs des droits de succession

a) Les abattements

Ils s'appliquent à la part nette revenant à chaque héritier, et varient selon la parenté :

- Entre époux ou en ligne directe : 275.000 F.
Cet abattement sera de 330.000 F sur la part du conjoint survivant et de 300.000 F sur celle de chacun des ascendants ou enfants vivants ou représentés à compter du 1er janvier 1992.

- Entre collatéraux :
. entre frères et sœurs : 100.000 F,
. entre oncles et neveux : 10.000 F.

Il existe un abattement spécial de 300.000 F au profit d'ayants droit infirmes et incapables d'exercer une activité professionnelle normale.

b) Les tarifs

Ils sont fixés, dans le tableau ci-après après prise en compte des différents abattements, pour toutes les successions ouvertes depuis le 1er janvier 1984.

Degré de Parenté	Fraction taxable	Taux applicable (%)
LIGNE DIRECTE	N'exédant pas 50.000 F	5
	Comprise entre 50.000 et 75.000 F	10
	Comprise entre 75.000 et 100.000 F	15
	Comprise entre 100.000 et 3.400.000 F	20
	Comprise entre 3.400.000 et 5.600.000 F	30
	Comprise entre 5.600.000 F et 11.200.000 F	35
	Supérieure à 11.200.000 F	40
ENTRE EPOUX	N'exédant pas 50.000 F	5
	Comprise entre 50.000 et 100.000 F	10
	Comprise entre 100.000 et 200.000 F	15
	Comprise entre 200.000 et 3.400.000 F	20
	Comprise entre 3.400.000 et 5.600.000 F	30
	Comprise entre 5.600.000 et 11.200.000 F	35
	Supérieure à 11.200.000 F	40
ENTRE FRERES ET SOEURS	N'excédant pas 150.000 F	35
	Supérieure à 150.000 F	45
ENTRE PARENTS JUSQU'AU 4è DEGRE	Quel que soit son montant	55
NON PARENTS OU PARENTS AU-DELA DU 4è DEGRE	Quel que soit son montant	60

c) Les réductions de droits

- **Une réduction de droits est accordée à l'héritier** (ou légataire) **qui a**, au jour du décès, **au moins 3 enfants vivants ou représentés**. La réduction est limitée à :

. 2.000 F par enfant au-delà du second, lorsque la succession s'effectue en ligne collatérale.
. 4.000 F par enfant au-delà du second, lorsque la succession se fait entre époux ou en ligne directe.

- Une réduction de droits limitée à 2.000 F est également accordée aux héritiers ou légataires mutilés de guerre et déclarés invalides à 50 % au moins.

Exemple de calcul de droits de succession

Succession de 1.600.000 F ouverte le 15 mars 1988 et dévolue :
- A l'époux survivant de 45 ans, usufruitier légal du 1/4, incidence 4/10
- A un enfant
- A trois petits enfants venant par représentation d'un enfant décédé.

a) Epoux survivant

Part recueillie : $\frac{1.600.000 \times 1/4}{4/10} = 160.000$

Abattement : 275.000 F
Exonération sans possibilité du report de l'abattement non utilisé de 115.000 F.

b) Enfant

Part recueillie : $\frac{1.600.000 - 160.000}{2} = 720.000$

Abattement	= 275.000
Imposable	= 445.000 F

c) Chacun des petits enfants

Part recueillie : 720.000/3	= 240.000
Abattement : 275.000/3	= 91.666
Imposable	= 148.334 F

2. Le paiement des droits de succession

a) En principe, les droits doivent être acquittés au jour du dépôt de la déclaration de succession, par les héritiers considérés par la loi comme "solidaires" pour le paiement.

b) Toutefois, dans certains cas, le paiement des droits peut être fractionné ou reporté.

- **Report de paiement** : il est possible lorsque la succession :

. contient des biens transmis en nue-propriété. Les droits ne sont dus que lors de la réunion de l'usufruit et de la nue-propriété.
. entraîne l'attribution préférentielle d'une exploitation agricole.

- **Fractionnement du paiement** : les droits peuvent faire l'objet d'un étalement sur une période maximale de cinq ans, par des versements semestriels.
Le délai est porté à 10 ans lorsque la succession est transmise au conjoint survivant ou en ligne directe et est composée d'au moins 50 % de biens non liquides.

- **Report et fractionnement des droits en cas de transmission à titre gratuit d'une entreprise individuelle** : dans ce cas, le paiement des droits est reporté de cinq ans et fractionné sur une période de 10 ans. Toutefois, certaines **conditions** sont posées à l'obtention de ce régime de faveur :

. La transmission doit porter sur l'intégralité des éléments affectés à l'exploitation individuelle.

. L'exploitation doit avoir une activité industrielle, commerciale, artisanale, agricole ou libérale.

. Elle doit être conduite par le défunt.

. La déclaration de succession doit mentionner la nature particulière du bien transmis et en estimer le montant de façon distincte, par rapport aux autres biens.

Enfin, le paiement des droits de succession présente une originalité (partagée avec l'ISF) : il peut être fait sous une autre forme que du numéraire :
- Don à l'Etat d'oeuvres ou d'objets d'art et de collection : ce procédé appelé *"dation en paiement"* est soumis à un agrément ministériel.
- Paiement en valeurs d'Etat.

C. REGLES PROPRES AUX DONATIONS

La **donation doit, en principe, être rédigée par un acte notarié**. Mais, au plan fiscal, l'Administration considère qu'une **telle opération, même constatée par acte sous seing privé, peut entraîner l'exigibilité de droits**.
Par ce biais, elle s'accorde la possibilité de taxer des donations déguisées ou indirectes, que leurs auteurs tentent d'exclure du domaine des droits de succession, en déqualifiant le contrat.

Pour l'essentiel, les donations suivent le régime des successions.

Toutefois, sur certains points, des **règles spécifiques sont prévues** :

1. L'évaluation des biens

- **Evaluation des biens meubles corporels** : l'estimation des biens par la méthode forfaitaire (5 % de la valeur des autres biens) ou par inventaire est interdite.
S'agissant des bijoux et objets d'art, ils peuvent être évalués à partir de leur valeur déclarée auprès de compagnies d'assurance. Leur estimation ne peut pas alors être inférieure à 60 % des montants indiqués dans les polices.

- **Les dettes ne sont pas déductibles** : les droits sont assis sur la valeur brute des biens donnés, sans possibilité de déduire les dettes existant au jour de la donation.

2. Le cas particulier de la donation-partage

La donation-partage est l'acte par lequel **des parents donnent et distribuent leurs biens à leurs enfants et descendants, de leur vivant**.

Les **règles applicables** en la matière sont les **mêmes que celles prévues pour les donations**, notamment en ce qui concerne les abattements et les tarifs.
Toutefois, la donation-partage bénéficie d'avantages fiscaux, qui lui confèrent un intérêt tout particulier en pratique :

En effet, **la loi de finances pour 1987** (art. 27) **accorde** :

- Une réduction de 25 % des droits normalement exigibles lorsque le donateur a moins de 65 ans.
- Une réduction de 15 % lorsqu'il a entre 65 ans révolus et 75 ans.

L'âge du donateur s'apprécie au jour où la donation est réalisée.

4 - LES DROITS DE TIMBRE

Les **droits de timbre sont dus à l'occasion de nombreux actes matériels**, écrits, rédigés en France ou lors **d'établissement de documents** tels que :
. écrits commerciaux,
. papiers d'identité : carte d'identité, passeport,
. documents relatifs à la conduite des automobiles...

A l'inverse des droits d'enregistrement, **les droits de timbre sont fixes**, et non pas proportionnels à la valeur de l'opération.

Les principaux droits de timbre sont les suivants :

A. LES TIMBRES DE DIMENSION

Ils sont perçus à l'occasion de la rédaction d'actes (sous seing privé ou authentiques) et sont fixés en fonction du format du papier utilisé (au minimum 32 F, ensuite, 64 F et 128 F).

B. LES TIMBRES D'EFFETS NEGOCIABLES OU DE COMMERCE

Les tarifs sont de : 3,50 F si l'effet est domicilié ; 11 F s'il ne l'est pas.

C. LES TIMBRES SUR PAPIERS D'IDENTITE

Le droit exigible pour une carte d'identité est de 115 F ; 350 F pour un passeport ; 160 F pour une carte de séjour d'étranger.

D. LES TIMBRES RELATIFS AUX AUTOMOBILES

On distingue les taxes d'Etat (droit d'examen pour un permis de conduire) et les taxes régionales (carte grise) dont la particularité est qu'elles sont proportionnelles au nombre des CV du véhicule.

CHAPITRE II

L'IMPÔT DE SOLIDARITE SUR LA FORTUNE

1 - CARACTERES GENERAUX DE L'ISF

2 - DOMAINE D'APPLICATION DE L'ISF

A. PERSONNES IMPOSABLES

B. TERRITORIALITE DE L'ISF

C. BIENS IMPOSABLES

3 - TARIF ET PAIEMENT DE L'ISF

4 - DECLARATION ET CONTRÔLE DE L'ISF

A. LA DECLARATION

B. LE CONTRÔLE DE LA DECLARATION

L'IMPOT DE SOLIDARITE SUR LA FORTUNE

L'impôt de solidarité sur la fortune (ISF) a été créé par la loi de finances pour 1989 (art. 26). Il reprend, dans les grandes lignes, l'Impôt sur les Grandes Fortunes institué par la loi du 30 décembre 1981 et supprimé en 1987.
L'originalité de cet impôt est son aspect "politique" avoué : il figurait en effet dans le programme du parti socialiste lors des élections présidentielles de 1981.

1 - CARACTERES GENERAUX DE L'ISF

Les caractéristiques principales de l'ISF sont les mêmes que celles de l'impôt sur les grandes fortunes (IGF), sauf sur certains points particuliers :

A. POINTS COMMUNS AVEC L'IGF

- L'ISF a un caractère **annuel** : on retient le 1er janvier de chaque année pour apprécier la composition du foyer et sa situation patrimoniale.

- **Il ne frappe que les "particuliers"**, personnes physiques. Aucune personne morale n'y est soumise.

- L'ISF est exigible, comme l'impôt sur le revenu, à raison du **foyer fiscal**. L'assiette est constituée de l'ensemble des éléments du patrimoine détenus par les époux et éventuellement les enfants mineurs. Il faut encore préciser que, contrairement aux principes fiscaux normalement applicables, les concubins notoires sont assimilés à des conjoints mariés, et donc imposables au sein du même foyer fiscal.

- Le **seuil d'imposition** est également **apprécié au niveau du foyer** et les enfants mineurs à charge ont pour effet d'élever cette limite à hauteur de 200.000 F pour chacun d'entre eux.

- L'ISF est un **impôt progressif par tranches.**

- C'est un **impôt déclaratif.**

B. SPECIFICITES DE L'ISF PAR RAPPORT A L'IGF

- **L'assiette** de l'impôt est **différente** : les biens professionnels sont exonérés de façon plus large. Les droits de propriété industrielle le sont totalement.

- **Le seuil** d'imposition **est relevé** et cinq taux sont applicables, compris entre 0,5 % et 1,5 %.

- Une réduction d'impôt de 1.000 F est accordée par personne à charge.

- Le montant cumulé de l'ISF et de l'impôt sur le revenu ne peut en aucun cas excéder 85 % du revenu net imposable, à l'impôt sur le revenu au titre de l'année précédente.

2 - DOMAINE D'APPLICATION DE L'ISF

Trois éléments à retenir : les personnes imposables , la territorialité de l'ISF et les biens imposables.

A. PERSONNES IMPOSABLES

Nous l'avons vu, seules les **personnes physiques sont passibles de l'ISF**, à l'exclusion de toutes les personnes morales, quelle que soit l'importance de leur patrimoine. Toutefois, les biens détenus par ces personnes peuvent être indirectement visés puisque les droits sociaux de sociétés peuvent être imposés entre les mains de leurs bénéficiaires.

B. TERRITORIALITE DE L'ISF

Dès lors qu'une **personne est réputée domiciliée fiscalement en France**, elle est imposable sur la totalité de son patrimoine, que les biens soient situés en France ou à l'étranger. Comme l'impôt sur le revenu, l'ISF frappe le **patrimoine "mondial"** du contribuable.

Néanmoins, cette règle subit un tempérament dans la mesure où l'article 754 A CGI prévoit que l'impôt sur le patrimoine payé dans un pays étranger s'impute sur l'ISF dû en France.

Enfin, quelques conventions fiscales signées par la France visent l'ISF et évitent donc les risques de double imposition (conventions avec les USA, Autriche, Norvège, Suède...)

En revanche, lorsqu'une personne est réputée domiciliée hors de France, elle n'est passible de l'ISF qu'à raison de ses biens situés en France (sauf les placements financiers), sous réserve de l'application de conventions internationales.

C. BIENS IMPOSABLES

Ce sont **tous les biens composant le patrimoine du foyer fiscal au 1er janvier de l'année** : ceux détenus par les conjoints et, éventuellement, par leurs enfants mineurs. Echappent à l'impôt les biens appartenant aux enfants mineurs émancipés et aux enfants majeurs.

S'agissant de **la nature des biens imposables** ce sont tous les *"biens, droits et valeurs"* appartenant au contribuable. Sont donc visés : les biens mobiliers et droits sociaux, les créances et l'ensemble des immeubles.

La loi a cependant prévu de nombreuses **exonérations**. Celles-ci concernent :
- Les objets d'art, d'antiquité ou de collection ;
- Les droits de la propriété littéraire et artistique ainsi que ceux relatifs à la propriété industrielle ;
- Les bois et forêts et les parts de groupement forestier ;
- Les sommes allouées en réparation d'un dommage corporel ;
- Les placements financiers de non-résidents ;
- Les rentes viagères assimilées aux pensions de retraite ;
- Certains baux ruraux à long terme ;
- Les biens professionnels.

Quelques **précisions sur l'exonération des biens professionnels** (qui était accordée beaucoup moins largement par l'IGF) : **la loi définit ces biens en deux rubriques** :

- Biens nécessaires à une exploitation individuelle de nature industrielle, commerciale, artisanale, agricole ou libérale lorsque cette activité est exercée à titre principal ;

- Les parts ou actions des sociétés, détenues par un contribuable à raison de sa profession au sein de la société.

La notion de *"biens professionnels"* diffère en fonction du régime fiscal de la société:

. *La société relève de l'impôt sur le revenu* : le contribuable doit y exercer une activité professionnelle à titre principal.

. *La société est une SARL* et le contribuable est gérant majoritaire : il doit être nommé régulièrement, exercer une activité, et recevoir en contrepartie une rémunération normale représentant plus de la moitié de ses revenus professionnels.
Il est gérant minoritaire : le contribuable doit en outre, détenir au moins 25 % des droits financiers et droits de vote de la société.

. *La société est une société anonyme* : le contribuable doit exercer réellement ses fonctions (de président, directeur général, président du conseil de surveillance ou de membre du directoire) et percevoir une rémunération normale. Il doit également détenir au moins 25 % des droits financiers et droits de vote de la société.

Evaluation des biens imposables : les biens doivent être retenus pour leur valeur nette au 1er janvier de l'année d'imposition. Il appartient au contribuable de procéder aux évaluations.

La "valeur déclarée" (et soumise au contrôle de l'administration) est constituée de :

- Pour les biens immobiliers : leur valeur vénale réelle c'est-à-dire celle à laquelle ils pourraient être vendus dans les conditions normales du marché (compte tenu notamment de leur état et d'une éventuelle dépréciation) ;

- Pour les biens meubles : leur valeur vénale sauf pour ceux "meublants" pour lesquels on retient un montant forfaitaire égal à 5 % de la valeur de l'ensemble des autres biens du patrimoine ;

- Pour les valeurs mobilières et droits sociaux : le coût moyen du dernier mois de bourse ou, pour les actions non cotées, leur valeur de négociation.

Seule la valeur "nette" est retenue ; cela signifie que les **dettes** existant au 1er janvier **doivent venir en déduction** du patrimoine imposable. Deux conditions cependant pour bénéficier de la déduction : les dettes doivent être à la charge personnelle du contribuable (ou d'un membre du foyer fiscal) ; elles doivent pouvoir être justifiées par un écrit.

3 - TARIF ET PAIEMENT DE L'ISF

Les tarifs applicables au 1er janvier 1991 sont les suivants :

Fraction de la valeur nette taxable du patrimoine	Taux applicable
N'excédant pas 4.260.000 F	0
Comprise entre 4.260.000 F et 6.920.000 F	0,5%
Comprise entre 6.920.000 F et 13.740.000 F	0,7%
Comprise entre 13.740.000 F et 21.320.000 F	0,9%
Comprise entre 21.320.000 F et 41.280.000 F	1,2%
Excédant 41.280.000 F	1,5%

Deux éléments ont pour effet d'**alléger l'imposition** :

- Les personnes à charge (enfants âgés de moins de 18 ans ou infirmes ; personnes titulaires de la carte vieillesse logeant sous le toit du contribuable) ouvrent droit à une réduction d'impôt égale à 1.000 F.

- L'article 16-I de la loi pour 1991 plafonne la charge fiscale cumulée de l'ISF et de l'impôt sur le revenu à 85 % des revenus nets mondiaux soumis à l'IR.
Concrètement, lorsque le montant total de ces deux impôts dépasse le plafond de 70 %, il y a réduction de l'ISF à concurrence de cette limite.
La notion d'impôt sur le revenu est ici assez large puisqu'elle englobe l'impôt dû en France, celui éventuellement acquitté à l'étranger, mais aussi les prélèvements libératoires supportés par certaines valeurs mobilières.

4 - DECLARATION ET CONTRÔLE DE L'ISF

A. LA DECLARATION

Les contribuables redevables de l'ISF doivent produire, au plus tard le 15 juin de chaque année, la déclaration de tous les biens qui composent leur patrimoine. Cette déclaration doit être signée par les deux conjoints (ou concubins) et déposée à la Recette des Impôts du domicile du redevable. Elle doit être accompagnée du paiement des sommes dues, lequel ne peut jamais être fractionné ou différé. Le paiement peut se faire en espèces, par effets bancaires ou encore par remise d'œuvres d'art ou d'objets de collection.

B. LE CONTROLE DE LA DECLARATION

Dans la mesure où elle est établie par le contribuable, **la déclaration peut faire l'objet d'un contrôle de l'Administration**, qui a, alors, la charge de la preuve des omissions ou inexactitudes relevées. Le redressement ne peut se faire, en conséquence, que selon une procédure contradictoire.

D'autre part, **en cas de défaut de déclaration**, l'Administration peut procéder à la **taxation d'office** ; elle doit alors commencer par adresser une mise en demeure au redevable de produire une déclaration. Ce n'est que si ce dernier ne se soumet pas à cette obligation dans un délai de 30 jours que l'Administration peut appliquer cette procédure.

Enfin, dans le but de renforcer le contrôle des déclarations, la loi impose aux sociétés d'assurances françaises et étrangères de produire à la Direction des Services Fiscaux, chaque année, un relevé mentionnant l'identité et les biens assurés par leurs clients, lorsque ceux-ci ont un montant supérieur à 100.000 F.
La non production de ce document entraîne pour ces sociétés l'application d'une amende égale à 5.000 F par renseignement omis.

Les sanctions encourues **en cas de retard de déclaration ou de paiement sont** :
- Une majoration d'impôt de 10 % ;
- Un intérêt de retard, égal à 0,75 % par mois ;
- Eventuellement, une majoration de 5 % lorsque la déclaration produite hors délai n'est pas accompagnée du paiement de l'impôt.

En outre, si l'administration apporte la preuve que le contribuable est de mauvaise foi, elle peut infliger, en sus de l'intérêt de retard, une pénalité de 40 %.

Enfin, en cas de contentieux, ce sont le Tribunal de Grande Instance et la Cour de Cassation qui sont seuls compétents, sauf lorsque le désaccord porte sur l'évaluation du patrimoine. Dans ce cas, la compétence revient à la commission départementale de conciliation.

4EME PARTIE

LE CONTRÔLE ET LE CONTENTIEUX

CHAPITRE

LE CONTRÔLE FISCAL ET LE CONTENTIEUX

1 - LES MOYENS D'INVESTIGATIONS DE L'ADMINISTRATION

A. LE DELAI DE REPRISE

B. LE DROIT DE COMMUNICATION

C. LES DEMANDES DE RENSEIGNEMENTS ET D'ECLAIRCISSEMENTS

D. LE DROIT DE VERIFICATION

E. LE DROIT DE VISITE

2 - LES DIFFERENTS CONTRÔLES

A. LE CONTRÔLE SUR PIECES

B. L'EXAMEN CONTRADICTOIRE DE L'ENSEMBLE DE LA SITUATION FISCALE PERSONNELLE : ESFP

C. LA VERIFICATION DE COMPTABILITE

3 - LES CONSEQUENCES DU CONTRÔLE

A. LES REDRESSEMENTS

B. LES SANCTIONS FISCALES ET PENALES

4 - LE CONTENTIEUX

A. LE RECOURS CONTENTIEUX

B. LE RECOURS GRACIEUX

C. LES DEGREVEMENTS ET RESTITUTIONS D'OFFICE

LES REDRESSEMENTS FISCAUX EN CHIFFRES (1988)

- 33, 5 milliards de propositions de redressement dont plus de 50 % ont fait l'objet de contentieux.

- Au moins 15.000 recours déposés devant le Tribunal Administratif tous les ans.

- Environ 3.500 redressements effectués à l'encontre de contribuables dont le revenu imposable n'excède pas 60.000 F.
Résultat : environ 14 millions de francs.

- Environ 2/3 des redressements faits sur des contribuables dont le revenu imposable est compris entre 100.000 F et 400.000 F.

- Les 2/3 du montant global des redressements proviennent de contribuables dont les revenus excèdent 400.000 F.

- Primes de rendement accordées à la Direction Générale des Impôts : (au profit des agents du fisc): 2 milliards de francs.

LE CONTRÔLE FISCAL ET LE CONTENTIEUX

Le système fiscal français est essentiellement à caractère déclaratif ce qui implique deux conséquences :

- d'une part, ce sont les contribuables qui sont "maîtres" de leur déclaration, et donc de leur imposition puisque ce sont eux qui évaluent leur base imposable (revenus ou patrimoine).

- d'autre part, l'Administration se réserve le droit de contrôler la véracité et l'exactitude des déclarations produites par les contribuables personnes physiques ou morales.

Les données pratiques relatives au contrôle fiscal dans son ensemble montrent que tous les contribuables sont susceptibles d'être un jour vérifiés, quels que soient leurs revenus, leur profession (CF contrôle fiscal en chiffres). En effet, aujourd'hui les contrôles sont beaucoup plus larges et même les salariés qui jusqu'à ces dernières années étaient relativement à l'abri, sont devenus des cibles pour le fisc, comme le sont les membres des professions libérales.

Les moyens du contrôle fiscal sont très étendus et l'Administration dispose de larges pouvoirs pour procéder à de telles opérations : notamment le droit de communication de dossiers ou pièces justificatives, le droit d'obtenir des renseignements auprès des banques ou compagnies d'assurance.

Face à ces prérogatives du fisc, le législateur a prévu d'accorder à tout contribuable vérifié des garanties et des droits lui permettant de suivre et de répondre aux contrôles ou redressements dont il fait l'objet.

Plus, depuis 1988, est publiée une "charte du contribuable", petit guide du contribuable vérifié dans lequel les principes de base sont posés en matière de contrôle fiscal. Le but de cette publication est, d'un côté, de préciser quels sont les droits et garanties dont peut se prévaloir le contribuable (assistance d'un Conseil, débat contradictoire...) et, de l'autre côté, quelles sont les obligations et règles de procédure que doit respecter le contrôleur des impôts lors d'un contrôle (délai de contrôle, notification des redressements...).

Le contrôle fiscal, qui se traduit dans la plupart des cas par un redressement à l'encontre du contribuable, entraîne souvent une phase de contentieux, au cours de laquelle celui-ci va demander à une autorité supérieure la remise en cause ou la dénonciation des redressements.

Dès l'instant où le contribuable vérifié conteste l'opportunité ou le montant du redressement "proposé" par le vérificateur, le dossier passe entre les mains d'une commission des impôts, voire d'un tribunal qui, seul, décide des suites à donner au dossier.

1 - LES MOYENS D'INVESTIGATIONS DE L'ADMINISTRATION

L'Administration fiscale dispose, pour pouvoir exercer pleinement son contrôle, de moyens d'investigations très larges et principalement :

- Le délai de reprise.
- Un droit de communication.
- Le pouvoir de demander des renseignements et des justifications au contribuable vérifié.
- Le droit de vérification.
- Le droit de visite.

A. LE DELAI DE REPRISE

Le délai de reprise est le temps pendant lequel l'Administration a le droit de corriger des déclarations contenant des erreurs, omissions ou insuffisances.
Tant que ce délai n'est pas expiré, l'Administration a donc la possibilité de mettre en recouvrement de nouvelles impositions, assises sur les éléments corrigés des déclarations litigieuses.

a) Le délai de reprise a une durée précise, fixée pour chaque type d'impôt :
- Impôt sur le revenu et impôt sur les sociétés : le délai est de trois ans ; il prend fin au 31 décembre de la troisième année suivant celle de l'imposition en cause.

- TVA : le délai est également de trois ans. Le point de départ est l'année de réalisation des opérations.

- Droits d'enregistrement et de timbre : le délai de reprise est de trois ans lorsqu'il y a eu enregistrement; dix ans dans les cas où il n'y a eu aucune formalité effectuée.

b) *Les délais de droit commun peuvent être prolongés* lorsque l'Administration prouve qu'il y a eu des agissements frauduleux (notamment en cas de plainte).
Dans cette hypothèse, celle-ci peut procéder à des redressements au titre des deux années qui excèdent le délai normal de prescription.

c) La prescription peut être interrompue lors de la survenance de certains éléments

L'interruption entraîne pour l'Administration le droit de faire courir un nouveau délai de reprise, d'une durée égale à celui interrompu.
Les principaux événements qui provoquent l'interruption de la prescription sont :

. la notification de redressement adressée au contribuable,
. la notification d'un avis de mise en recouvrement,
. la notification de procès-verbaux,
. une citation en justice.

B. LE DROIT DE COMMUNICATION

Le droit de communication est un pouvoir dont dispose l'Administration fiscale qui joue à l'encontre du contribuable vérifié mais aussi à l'égard de tiers (non concernés par la vérification) notamment:
- Les organismes publics.
- Les tribunaux.
- Les caisses de sécurité sociale.

a) Objet et modalités du droit de communication

- L'objet du droit de communication est de prendre connaissance, auprès de tiers, de documents nécessaires à la détermination de l'assiette, au contrôle et au recouvrement d'impôts dus par un contribuable.
Bien sûr, ce droit s'exerce aussi à l'encontre du contribuable, qui doit répondre et communiquer les informations demandées à l'Administration, laquelle pourra alors confronter tous les éléments dont elle dispose.

- **Les modalités du droit de communication**

. L'utilisation du droit de communication par l'Administration est en principe précédée d'un *"avis de passage"* adressé au contribuable, dans lequel sont précisés la date de l'intervention et les documents contrôlés.

. Le droit s'exerce sur place, aux lieux où sont détenus les documents (le plus souvent au siège des entreprises: siège social, siège de direction).

. Les documents qui font l'objet du droit de communication sont tous ceux qui ont une relation directe avec la tenue d'une comptabilité commerciale (livres et pièces comptables ; livres de recettes et de dépenses, documents annexes...) même s'ils n'ont pas un caractère purement comptable.

Depuis une loi du 31 décembre 1981, le droit de communication est étendu aux administrations des pays membres de la Communauté Européenne, pour l'assiette, le recouvrement et le contrôle de l'impôt sur le revenu, de la TVA et de l'impôt sur la fortune.

Ainsi, les administrations de tous ces Etats s'assurent une "assistance mutuelle" qui leur permet de lutter plus efficacement contre la fraude et l'évasion fiscales internationales.

b) Le refus de communication

Le refus de communiquer les documents demandés par l'Administration est sanctionné par :
. une amende fixe de 1.000 F
. une astreinte de 10 F par jour de retard dans la communication.

Les sanctions sont majorées lorsque le refus de communication émane d'une banque ou d'un établissement financier, et porte sur des sommes transférées à l'étranger ou en provenance d'un pays tiers.
L'amende est dans ce cas égale à 50 % du montant des sommes non communiquées, à moins que le contribuable ne prouve que le Trésor n'a subi aucune perte de ce fait (l'amende est alors abaissée à 5 %, et limitée à 5.000 F).

C. LES DEMANDES DE RENSEIGNEMENTS ET D'ECLAIRCISSEMENTS

En application de l'article 10 LPF l'Administration peut demander à un contribuable de lui fournir tous renseignements, justifications ou éclaircissements relatifs aux déclarations souscrites.

1. La demande de renseignements

La demande de renseignements joue en matière d'impôt sur le revenu et porte sur tous les points de la déclaration générale (2042) (frais professionnels, charges déductibles...) ainsi que sur la détermination des revenus catégoriels (BIC, BA, traitements et salaires...).

La demande est adressée par écrit au contribuable, qui dispose d'un délai minimum de réponse de 30 jours.

Contrairement aux autres demandes, le refus de donner les renseignements n'entraîne ni taxation ni sanction.

2. Les demandes d'éclaircissements et de justifications

a) La demande d'éclaircissements porte sur tous les éléments de la déclaration de revenus souscrite par un contribuable. Elle a pour objet d'éclaircir les incohérences qui apparaissent, soit entre différentes rubriques de la déclaration, soit entre deux déclarations successives.

b) La demande de justifications porte elle aussi sur l'impôt sur le revenu, mais a un domaine d'application plus limité que celui de la demande d'éclaircissements.
En effet, les points pouvant faire l'objet d'une demande de justifications sont limitatifs et énumérés par la loi. Ce sont :

- **En matière d'impôt sur le revenu** :
. la situation et les charges de famille du contribuable
. les charges déductibles du revenu ou ouvrant droit à réduction
. les avoirs ou revenus d'avoirs détenus à l'étranger (depuis la loi du 29 décembre 1989)
. le montant du revenu global, quand l'Administration soupçonne (à l'aide d'éléments précis) des dissimulations de revenus.

- **En matière de revenus fonciers** : la demande peut porter sur tous les éléments qui servent à la détermination du bénéfice imposable.

c) Modalités des deux demandes

Les demandes d'éclaircissements et de justifications doivent faire l'objet d'une lettre recommandée avec accusé de réception adressée au contribuable. Elles doivent mentionner très clairement les points sur lesquels elles portent ainsi que le délai de réponse accordé au contribuable : minimum deux mois à compter du jour de réception de la lettre.

En cas de réponse incomplète, l'administration envoie au contribuable un avis de mise en demeure, auquel il doit être répondu (de façon suffisante) dans les 30 jours.

Si le contribuable ne répond pas (ou répond de façon insatisfaisante), l'administration a le pouvoir de procéder à une imposition d'office.

D. LE DROIT DE VERIFICATION

Le droit de vérification permet à l'administration de comparer la comptabilité et tous les éléments extérieurs **aux déclarations d'un contribuable,** avec les déclarations souscrites par lui.

Il s'exerce aussi bien lors d'une vérification de comptabilité que d'un examen contradictoire de l'ensemble de la situation fiscale personnelle (ESFP).

E. LE DROIT DE VISITE

Le **droit de visite** de l'administration fiscale **doit être autorisé par l'autorité judiciaire**, et s'effectue sous le contrôle du président du Tribunal de Grande Instance.

Il est déclenché lorsque l'autorité judiciaire "soupçonne" un contribuable de s'être soustrait à l'établissement ou au paiement d'un impôt (IR, IS ou TVA).

- **Modalités d'exercice du droit de visite**

Les inspecteurs des impôts, habilités par le directeur de la Direction Générale des Impôts, peuvent effectuer toutes les **visites nécessaires** à la preuve des agissements frauduleux, **dans tous les lieux, professionnels ou privés**, où les documents sont susceptibles d'être déposés.

La visite doit se faire en présence de l'occupant des lieux vérifiés ou de son représentant.

Elle doit se concrétiser par un **procès-verbal** constatant le déroulement de l'opération et par un **inventaire** des pièces et documents saisis.

Les **documents** appréhendés par les agents des impôts **doivent être restitués dans un délai de 6 mois** au contribuable. Ce n'est qu'après leur restitution que l'administration pourra déclencher une procédure de vérification, laquelle ne peut se faire d'après les seules informations collectées lors de la visite.

2 - LES DIFFERENTS CONTROLES

A. LE CONTRÔLE SUR PIECES

Le contrôle sur pièces est exercé par les agents des impôts, au vu des déclarations souscrites par les contribuables, dans leur bureau.

Il n'entraîne, en principe, aucune recherche extérieure auprès de tiers ou du contribuable lui-même. Toutefois, l'agent des impôts peut demander certains renseignements ou justifications (CF demande de renseignements et de justifications).

1. Objet du contrôle sur pièces

Le contrôle sur pièces a **trois objets** précis :

- Vérifier le bien-fondé des exonérations, déductions et abattements mentionnés dans les déclarations.

- Rectifier les erreurs, omissions, insuffisances ou dissimulations contenues dans les éléments qui servent de base au calcul de l'impôt et, éventuellement procéder à des redressements, directement, au seul examen de la déclaration.

- S'assurer, en matière d'impôt sur le revenu, que le revenu déclaré par le contribuable correspond à sa situation patrimoniale et notamment à son train de vie.

2. Modalités du contrôle

Le contrôle est exercé dans les bureaux du service des impôts qui possède le dossier du contribuable. L'agent responsable du contrôle peut demander des renseignements complémentaires et des justifications.

Enfin, vu le nombre très important des documents et déclarations individuelles adressés à l'administration fiscale chaque année, celle-ci utilise aujourd'hui des **moyens informatiques** pour trier et sélectionner les informations relatives à un contribuable. Grâce à un procédé de recoupement de documents, le contrôle sur pièces s'effectue de façon beaucoup plus rapide et efficace.
Tout ce nouveau système de traitement informatisé prend la dénomination de SIR, réglementé par un arrêté ministériel du 28 avril 1987.

Le **contrôle sur pièces peut entraîner** pour les années non encore prescrites :

. une vérification de comptabilité,
. un examen contradictoire de l'ensemble de la situation fiscale personnelle (ESFP).

B. L'EXAMEN CONTRADICTOIRE DE L'ENSEMBLE DE LA SITUATION FISCALE PERSONNELLE : ESFP
(Art. L.12 LPF)

L'examen contradictoire de l'ensemble de la situation fiscale personnelle (qui remplace la VASFE) a pour but d'apprécier la situation patrimoniale d'ensemble du contribuable, et la sincérité de sa déclaration générale de revenus.

C'est un contrôle très large, qui permet à l'administration fiscale de **vérifier la cohérence entre les revenus déclarés et le train de vie du contribuable**, et qui peut intervenir à la suite d'un contrôle sur pièces ou d'une vérification de comptabilité.

De nombreux moyens sont donnés aux agents du fisc pour exercer cette vérification mais, en contrepartie, le contribuable contrôlé bénéficie de droits et garanties.

1. Les garanties du contribuable

- Comme en matière de vérification de comptabilité, le contrôle doit être précédé d'un **avis de vérification** adressé au contribuable.

- Cet avis doit contenir certaines **informations obligatoires** :
. années d'imposition concernées
. faculté de se faire assister d'un conseil de son choix
De plus, doit être joint un exemplaire de la "charte du contribuable vérifié".

- A la suite de l'envoi de l'avis de vérification le fisc doit attendre **"un délai suffisant"** avant de procéder véritablement au contrôle ; délai qui doit permettre au contribuable de se faire aider d'un conseil et dont la durée varie au cas par cas. Le conseil a déjà considéré qu'un délai de deux jours peut être "suffisant"; l'administration préconise elle, un délai de quinze jours.

Toutefois, ce délai peut être supprimé dans certains cas :

- Des vérifications inopinées sont permises par la loi, lorsqu'il s'agit de simples vérifications matérielles.

- Des demandes de relevés bancaires peuvent être jointes directement à l'avis de vérification (mais le contribuable n'est pas tenu d'y répondre).

- **Le contrôle** ne doit **pas durer plus d'un an** à compter de la date de remise de l'avis de vérification, sous peine de nullité de l'imposition.

- Au terme de l'examen d'ensemble, le fisc a l'obligation d'adresser au contribuable :
. soit un avis de non redressement
. soit un avis de redressement, qui doit être motivé et en préciser le montant.

- Lorsqu'un tel contrôle a été exercé, sur plusieurs années, il est ensuite **interdit au fisc de procéder à un nouvel examen portant sur la même période**. Une **exception** à cette règle : lorsque l'agent vérificateur découvre, après le contrôle, de nouveaux éléments démontrant le caractère inexact ou incomplet des déclarations, il peut reprendre le contrôle.

2. Le déroulement de l'ESFP

En principe, le contrôle s'effectue **dans les locaux du service des impôts**, mais il peut également se dérouler au siège de l'entreprise, au bureau du conseil ou même au domicile du contribuable, si celui-ci en fait la demande expresse.

Le contrôle de la cohérence entre les revenus déclarés et le train de vie du contribuable se fait à partir d'une **"balance de trésorerie"** qui retrace d'une part le montant des encaissements (salaires, profits, divers...) et d'autre part le montant des décaissements (dépenses courantes, acquisition de biens mobiliers et immobiliers...).

Si, au vu de la balance de trésorerie, apparaît un excédent de décaissements, le contribuable est tenu de **justifier l'origine des fonds** ayant permis de telles dépenses. Jusqu'à ce qu'il apporte cette preuve, le contribuable est soupçonné d'avoir dissimulé certains revenus et risque de faire l'objet d'une taxation d'office.

Il existe cependant un tempérament à l'obligation pour le contribuable de répondre aux demandes de justifications ou d'éclaircissements puisque le Conseil d'Etat (arrêt du 19 décembre 1984) considère que la vérification ne présente *"aucun caractère contraignant"* pour celui-ci.

Ainsi, le contribuable n'est donc pas obligé de fournir au fisc ses relevés bancaires. Mais en fait, cette latitude laissée au particulier vérifié ne joue pas pleinement puisque : d'une part le fisc pourra en demander la communication à la banque ; d'autre part, il aura la possibilité de prolonger la durée maximale du contrôle (un an) afin d'obtenir les documents.

3. Le non-respect des garanties du contribuable par le fisc

Deux hypothèses :

- La garantie bafouée concerne directement les principes de la vérification : les redressements proposés par l'Administration sont nuls et aucun moyen n'est possible pour les régulariser.

- La garantie non respectée a trait à la notification de redressement : l'Administration peut régulariser la situation en adressant au contribuable une nouvelle notification en bonne et due forme.

C. LA VERIFICATION DE COMPTABILITE
(Art L.13 LPF)

La vérification de comptabilité peut être **engagée dans tous les cas où les impositions sont établies à partir de documents comptables** c'est-à-dire en matière de :

- Bénéfices industriels et commerciaux
- Bénéfices non commerciaux
- Impôt sur les sociétés
- Taxe sur le chiffre d'affaires.

Le but de ce contrôle est de comparer les documents comptables avec les déclarations du contribuable, et de vérifier que les deux coïncident.

1. Garanties du contribuable

- Le contribuable doit être averti du contrôle de comptabilité par un "avis de vérification" mentionnant :
. les années d'imposition en cause
. la faculté de se faire assister d'un conseil
Il doit également recevoir la "charte du contribuable vérifié".

- Une seconde vérification de comptabilité ne peut jamais être effectuée sur une période et un impôt déjà contrôlés.

- **La vérification ne peut pas excéder trois mois** dès lors que le chiffre d'affaires du contribuable n'excède pas :
. 3 millions de francs pour une entreprise dont l'activité consiste à vendre des marchandises,
. 900.000 F pour les entreprises prestataires de services,
. 900.000 F pour une personne ayant une activité non commerciale.
Dans les autres cas, le contrôle peut durer plus longtemps, mais le fisc conseille à ses agents de respecter ce délai.

- La vérification doit donner lieu à un vrai débat contradictoire avec le vérificateur.

2. Le déroulement de la vérification

La vérification de comptabilité s'effectue **"sur place"** au siège de l'entreprise ou au domicile du contribuable.

Le vérificateur doit examiner les documents comptables sur le lieu d'exploitation et ne peut les emporter à son bureau qu'après accord écrit du contribuable, et rédaction d'un reçu détaillé.

Cette obligation d'exercer la vérification sur place est très importante car elle doit permettre au vérificateur et au contribuable de dialoguer. C'est la raison pour laquelle la loi prévoit un nombre de visites minimal du vérificateur chez le contribuable.

Le contrôle proprement dit porte essentiellement sur la comptabilité, mais il s'étend également aux décisions de gestion prises par l'exploitant.

- L'administration peut, pour apprécier l'exactitude de la comptabilité, demander tous les documents comptables qu'elle estime nécessaires.
Le refus de la part du contribuable de fournir les renseignements demandés est assimilé à une opposition à contrôle et entraîne pour celui-ci l'obligation de supporter le fardeau de la preuve.

- Le fisc peut étendre ses recherches à la politique de gestion de l'exploitant afin d'examiner si les décisions prises correspondent à l'intérêt exclusif de l'entreprise et respectent les règles élémentaires de gestion. Le contrôle porte sur les *"actes anormaux de gestion"* éventuellement commis par le contribuable et qui ont pour effet de mettre à la charge de l'entreprise une dépense non nécessaire ou une perte de recettes injustifiées ainsi que sur les décisions irrégulières.

A la fin du contrôle, le vérificateur doit communiquer au contribuable les erreurs ou omissions qu'il a constatées ainsi que les redressements qu'il envisage.
En principe, ces redressements sont calculés à l'aide des différents documents comptables de l'entreprise mais le vérificateur peut les rejeter et se baser sur les éléments dont il a eu connaissance. Ce sera le cas notamment lorsque la comptabilité décèle des irrégularités ou encore lorsque le vérificateur est convaincu de son aspect frauduleux et inexact.

3 - LES CONSEQUENCES DU CONTROLE

Au terme du contrôle exercé par l'agent des impôts, des redressements sont souvent notifiés au contribuable en vue de corriger les erreurs ou insuffisances de déclaration.

A. LES REDRESSEMENTS

Deux procédures de redressement sont envisagées dans le Code Général des Impôts :

- **Une procédure contradictoire**
- **Une procédure d'office.**

En outre, des **procédures spéciales** peuvent être engagées dans certains cas particuliers.

1. La procédure contradictoire

La procédure de redressement contradictoire est la **procédure normale de redressement**, applicable lorsque l'administration a constaté des insuffisances, omissions ou erreurs dans les déclarations des contribuables.

Toutefois, elle ne joue pas dans les cas suivants :
. en matière d'impôts directs locaux
. en matière de taxation ou évaluation d'office des bases d'imposition
. lorsque la procédure de règlement simplifié s'applique.

- **Modalités de la procédure**

L'administration doit obligatoirement notifier au contribuable les redressements, par l'envoi d'une notification (lettre recommandée avec accusé de réception) préalable.

Cette lettre doit contenir certaines dispositions, sous peine d'irrégularité de procédure :

. possibilité de se faire assister d'un conseil,
. nature et années de l'impôt en cause,
. motifs du redressement (le contribuable doit pouvoir répondre à la décision de redressement en connaissance de cause),
. délai de 30 jours pour faire des observations,
. signature de l'agent compétent,
. montant des redressements.

A la réception de la notification, le **contribuable** dispose de **30 jours pour répondre à l'administration** :

- Il ne répond pas dans le délai : le contribuable est réputé accepter le redressement.

- Il accepte de façon expresse : l'administration établit les nouvelles bases d'imposition et opère les redressements.

- Il fait des observations : les observations peuvent se traduire par un refus global des redressements notifiés ou par un désaccord sur certains points précis.

2. La procédure d'office

La **procédure d'imposition d'office** est une **procédure "d'exception"**, qui a pour effet de diminuer sensiblement les droits du contribuable, notamment en lui retirant la possibilité d'avoir un débat contradictoire avec l'agent compétent.

Elle prend **deux formes** différentes, selon la nature des infractions :

- **L'évaluation d'office**, applicable en cas de :

. défaut ou retard de production dans le délai légal des déclarations spéciales relatives aux BIC, bénéfices agricoles ou BNC.

. non réponse aux demandes de justifications en matière de bénéfices agricoles.

. opposition au contrôle fiscal.

- **La taxation d'office**, applicable en cas de :

. défaut ou retard de production dans le délai légal de la déclaration générale de revenus, de bénéfices ou de taxes sur le chiffre d'affaires.

. non réponse aux demandes de justifications relatives à la déclaration générale.

Lorsque la procédure d'office est engagée, l'administration fixe de nouvelles bases d'imposition à partir des éléments en sa possession, et impose le contribuable sur ces données. Il n'y a pas de dialogue possible entre l'agent et le contribuable, ni d'intervention de la commission départementale. L'administration doit toujours, cependant, motiver et notifier au contribuable sa décision.

Enfin, le contribuable peut faire une réclamation lorsque l'imposition est mise en recouvrement. Il supporte alors la charge de la preuve de l'exagération du redressement.

3. Les procédures spéciales

a) La procédure de règlement particulière

Elle s'applique à trois conditions :

- Les redressements font suite à une vérification de comptabilité.

- Le chiffre d'affaires (hors taxe) de l'un des exercices vérifiés n'excède pas 3.000.000 F pour les entreprises de vente et fourniture de logements, 900.000 F pour les autres redevables.

- Aucune infraction exclusive de mauvaise foi n'a été relevée.

Elle a pour objet de simplifier les modalités de procédure et de redressement, et d'éviter la phase contentieuse.

Elle a un caractère facultatif, seul le contribuable vérifié peut demander l'application de cette procédure, avant la notification de redressement.

Concrètement, le contribuable procède à la rectification des erreurs, omissions ou insuffisances contenues dans sa déclaration et s'engage à acquitter dans un délai de deux mois les compléments d'impôts, majorés d'un intérêt de retard de 0,75 % par mois.

b) La procédure d'abus de droit

Lorsque l'administration constate qu'un contrat ou une convention passé entre deux personnes dissimule une réalisation ou un transfert de revenus (ou de bénéfices) afin d'échapper aux droits ou taxes normalement dus, elle est en droit de sanctionner l'opération et de requalifier le contrat.

L'abus de droit, réprimé ici, doit être prouvé de façon stricte par l'administration.

En cas de désaccord entre le contribuable et l'administration, le litige peut être porté devant le Comité Consultatif pour la répression des abus de droit.

L'abus de droit est sanctionné par une pénalité égale à 80 % des compléments d'imposition, à laquelle s'ajoute un intérêt de retard (0,75 % par mois).

B. LES SANCTIONS FISCALES ET PENALES

1. Les sanctions fiscales

Elles se traduisent par des pénalités infligées en sus de l'impôt déjà payé, dont les montants varient en fonction de la nature de l'infraction :

- **Retard dans le paiement de l'impôt** : une pénalité de 10 % s'applique, dès le premier jour de retard et quelle que soit la date ultérieure de paiement.

- **Retard dans le dépôt de déclaration** : les sanctions varient selon l'importance du retard :

. dépôt au plus tard dans les trente jours suivant une première mise en demeure : une amende de 10% et un intérêt de retard de 0,75 % par mois sont infligés au contribuable.
. dépôt après une seconde mise en demeure : la pénalité est portée à 40 % ; l'intérêt reste identique.
. dépôt au-delà de cette date : la pénalité est de 80 %.

- **Insuffisance de déclaration** : les sanctions varient en fonction de la bonne ou mauvaise foi du contribuable :
. la bonne foi est établie : un intérêt de retard de 0,75 % par mois est dû.
. la mauvaise foi est reconnue : une amende de 40 % peut être infligée en plus de l'intérêt de retard.

2. Les sanctions pénales

Le Code Pénal sanctionne certains agissements frauduleux :
. le délit de fraude fiscale
. l'escroquerie en matière de TVA
. l'opposition au contrôle fiscal

Tous ces agissements sont sanctionnés par des peines de prison ou des amendes :

- Les peines d'emprisonnement allant jusqu'à 5 ans, voire le double en cas de récidive.
- Les amendes jusqu'à 500.000 F, ou plus en cas de récidive.

4 - LE CONTENTIEUX

A. LE RECOURS CONTENTIEUX

Le recours contentieux est une réclamation formée par un contribuable en vue d'obtenir :

- Soit la réparation d'une erreur commise à son préjudice dans le calcul ou l'assiette de l'impôt,
- Soit l'application d'une disposition législative ou réglementaire dont il a le droit de bénéficier,
- Soit la remise en cause du bien-fondé d'une imposition supplémentaire mise à sa charge.

1. Modalité du recours

Le recours en contentieux se décompose en **deux phases** :

- Une **réclamation écrite auprès du service des impôts** compétent :
Cette phase est le préalable obligatoire à toute procédure contentieuse. Le délai pour former une réclamation prend fin au 31 décembre de la seconde année suivant celle de la mise en recouvrement, du versement de l'impôt ou encore de la notification de l'avis de recouvrement.

La réclamation peut être formulée par tout contribuable ou par un mandataire dûment mandaté. Elle doit mentionner obligatoirement l'imposition en cause ainsi que les moyens justifiant la demande. Elle doit être accompagnée de l'avis d'imposition.

La réclamation ne fait pas, en elle-même, obstacle à l'obligation de payer l'impôt contesté dans le délai légal, toutefois le contribuable peut demander à l'administration un *"sursis à paiement"*. Ce sursis est même automatique lorsque le contribuable donne des garanties assurant le recouvrement des sommes au Trésor.

Lorsqu'il est accordé, le sursis à paiement s'applique jusqu'à la décision rendue par le Tribunal Administratif.

- **Une instance devant le juge de l'impôt**, lorsque la décision du Directeur des impôts ne satisfait pas le contribuable. La juridiction compétente varie en fonction de la nature de l'impôt contesté :

. En matière d'impôts directs et de taxes sur le chiffre d'affaires, c'est le Tribunal Administratif qui est compétent en première instance ; la Cour Administrative d'Appel en appel, et le Conseil d'Etat en cassation.

. En matière de droits d'enregistrement, timbre et contributions indirectes, la compétence revient au Tribunal de Grande Instance et à la Cour de Cassation en matière de cassation. Il n'y a pas d'appel possible.

2. Processus en matière d'impôts directs et taxes sur le chiffre d'affaires

Le contribuable dispose d'un délai de deux mois à compter de la notification de la décision administrative pour saisir le Tribunal Administratif.

La demande, formulée sur papier libre, doit détailler l'imposition contestée et être justifiée par tout moyen de fait ou de droit. Ensuite, la procédure prend la forme d'échange de mémoires entre le contribuable (ou son mandataire) et le directeur des services fiscaux. La décision du tribunal est enfin notifiée au contribuable, au vu des différents éléments contenus dans les mémoires.

Le juge peut ordonner le sursis à exécution de l'imposition lorsque la demande du contribuable lui semble fondée.

Si la décision rendue par le Tribunal Administratif ne satisfait pas le contribuable, celui-ci a la possibilité de faire appel devant la "cour administrative d'appel", dans un délai de deux mois à compter de la notification du jugement du Tribunal Administratif.

Enfin, dernière étape possible pour le contribuable : **le pourvoi en cassation** devant le Conseil d'Etat.
Le pourvoi en cassation ne peut être formé que par l'intermédiaire d'un avocat du Conseil d'Etat et sa mise en oeuvre est limitée à quelques cas très précis.
En cas de cassation de la décision de laCour d'Appel,le litige est renvoyé devant une juridiction de même nature.

3. Processus en matière de droits d'enregistrement et contributions indirectes

La réclamation formée contre la décision administrative doit être produite auprès du Tribunal de Grande Instance, dans un délai de deux mois à compter de la notification de celle-ci.

La décision rendue par le Tribunal de Grande Instance n'est pas susceptible d'appel et seul un pourvoi en cassation est possible, déposé par un avocat près la Cour de Cassation.

B. LE RECOURS GRACIEUX

Le recours gracieux est une demande écrite présentée par un contribuable, dans le but d'obtenir l'atténuation ou la suppression d'imposition dont le bien-fondé n'est pas contesté, ou de pénalités mises à sa charge.

Ce recours peut être déposé conjointement à un recours contentieux.

Le recours gracieux est **formé devant le directeur des services fiscaux** compétent sans être soumis à aucun délai ni formalisme.

La décision rendue par le directeur des impôts n'a pas à être motivée ; elle est susceptible d'appel devant le directeur général des impôts, qui "statue" en dernier ressort (sauf cas exceptionnels de recours en excès de pouvoir devant la juridiction administrative).

C. LES DEGREVEMENTS ET RESTITUTIONS D'OFFICE

Sans attendre une contestation du contribuable, l'Administration est autorisée à pratiquer d'elle-même des dégrèvements et restitutions d'office au profit d'un contribuable victime d'erreurs de l'Administration.

Ainsi, celle-ci peut corriger des impositions mises indûment à la charge d'un contribuable dans un délai de quatre années suivant celle au cours de laquelle le délai de réclamation a pris fin (expiration du délai au 31 décembre).

5EME PARTIE

LES CONVENTIONS FISCALES INTERNATIONALES

CHAPITRE

LES CONVENTIONS FISCALES INTERNATIONALES

1 - DOMAINE D'APPLICATION DES CONVENTIONS FISCALES

A. LES IMPÔTS VISES

B. LES PERSONNES VISEES

C. LE TERRITOIRE GEOGRAPHIQUE D'APPLICATION DE LA CONVENTION

2 - MODALITES POUR EVITER LES DOUBLES IMPOSITIONS

A. DROIT EXCLUSIF POUR L'UN DES DEUX ETATS CONTRACTANTS D'IMPOSER

B. PARTAGE DU DROIT D'IMPOSER ENTRE LES DEUX ETATS

3- MOYENS DE LUTTE CONTRE L'EVASION ET LA FRAUDE FISCALE INTERNATIONALE

LES CONVENTIONS FISCALES INTERNATIONALES

Les conventions fiscales internationales sont des accords bilatéraux signés entre deux Etats ayant deux objectifs principaux :

- **Eviter les doubles impositions.**
- **Lutter contre la fraude et l'évasion.**

Ces conventions sont devenues nécessaires dès l'instant où les échanges internationaux et l'élargissement territorial des activités se sont multipliés, entraînant des conflits entre les législations des Etats concernés.

En effet, chaque Etat étant totalement souverain sur son territoire en matière de législation fiscale, il suffit qu'intervienne un élément d'extranéité pour qu'il y ait conflit et opposition entre deux textes; conflit entraînant dans la plupart des cas une double imposition pour un même revenu ou un même contribuable.

Il a donc paru indispensable d'instaurer des accords entre Etats, afin d'harmoniser les différentes législations nationales et de donner une certaine cohérence au droit fiscal international.
C'est, au départ sous l'impulsion de l'OCDE que les conventions internationales ont été créées, à partir d'un texte modèle regroupant les principes de base essentiels en la matière.
Bien sûr, tous les textes conventionnels ne reprennent pas intégralement les dispositions de la Convention modèle OCDE (qui date de 1977) mais la plupart en sont largement inspirés, notamment en ce qui concerne les définitions de certains termes techniques, les méthodes utilisées pour éviter les doubles impositions ainsi que celles nécessaires pour lutter contre la fraude fiscale internationale.

Aujourd'hui, les objectifs prioritaires des conventions fiscales sont en quelque sorte inversés et le problème essentiel que les Etats ont à résoudre est davantage la lutte contre la fraude que le risque de double imposition. C'est la raison pour laquelle la grande majorité des conventions contiennent des dispositions relatives à "l'assistance mutuelle" entre les Etats signataires et les autorités compétentes, et prévoient des moyens pour sanctionner de tels agissements.

1 - DOMAINE D'APPLICATION DES CONVENTIONS FISCALES

A. LES IMPÔTS VISES

Les conventions fiscales ne couvrent pas forcément tous les impôts en vigueur dans un Etat. Certaines ne visent qu'une sorte d'impôts : l'impôt sur le revenu (IS et IR) ou simplement les droits de succession...
A l'inverse, d'autres regroupent plusieurs catégories d'impôts : impôt sur les revenus et droits de succession.

En matière d'impôt sur le revenu des personnes physiques, les conventions visent expressément chaque catégorie de revenus et posent les règles de taxation qui leur sont applicables.
Elles distinguent, pour l'attribution du droit d'imposer entre les deux Etats signataires :

- L'Etat de résidence : Etat dans lequel le bénéficiaire du revenu en cause a son domicile fiscal, sa résidence ou son siège.

- L'Etat de la source : Etat d'origine des revenus, défini comme l'Etat où s'exerce l'activité rémunératrice ou encore celui où sont situés les biens ou les capitaux.

Pour chaque type de revenus, la convention prévoit donc lequel des deux Etats (Etat de résidence ou Etat de la source) a le droit d'imposer ou, lorsque les deux Etats se partagent ce droit, comment se répartit l'imposition.

B. LES PERSONNES VISEES

Les conventions s'appliquent de la même façon aux **personnes physiques et aux personnes morales**.

S'agissant de la France, elle retient comme **critère de rattachement la notion de domicile fiscal** ou de résidence pour déterminer si une personne physique entre dans le champ d'application de la convention. Pour les personnes morales, elle tient compte du lieu de direction effective.

C. LE TERRITOIRE GEOGRAPHIQUE D'APPLICATION DE LA CONVENTION

Chaque Etat signataire d'une convention définit unilatéralement le territoire géographique sur lequel le texte conventionnel s'applique. La France se limitait jusqu'à une date assez récente à son territoire métropolitain ; elle a tendance, aujourd'hui,à intégrer les départements d'outre-mer.

2 - MODALITES POUR EVITER LES DOUBLES IMPOSITIONS

Deux méthodes sont utilisées pour éviter qu'un contribuable subisse une double imposition à raison d'un même revenu :

- L'attribution exclusive du droit d'imposer à l'un des deux Etats signataires.
- Le partage du droit d'imposer entre les deux Etats.

Plus, en pratique, une troisième méthode qui consiste à combiner les deux premières évoquées ci-dessus.

A. DROIT EXCLUSIF POUR L'UN DES DEUX ETATS CONTRACTANTS D'IMPOSER

Par cette méthode, **un seul des deux Etats a le droit d'imposer**, l'autre y renonçant de façon expresse.
Ainsi, selon la nature du revenu ou du bien imposable, il appartient soit à l'Etat de la source soit à l'Etat de résidence du bénéficiaire de procéder à l'imposition.

Toutefois, cette méthode d'imposition réservée exclusivement à un Etat connaît des dérogations. En effet, certaines conventions prévoient que l'Etat qui n'a pas le droit d'imposer peut quand même tenir compte des revenus (ou biens) imposés dans l'autre Etat contractant.
On ne parle plus alors d'imposition exclusive ni d'exonération intégrale, mais *"d'exemption avec progressivité"* : chacun des deux Etats peut, pour le calcul de l'impôt du contribuable, prendre en compte l'intégralité de ses revenus, de source française ou étrangère.

Cette méthode prend également le nom de ***"règle du taux effectif"***, et a pour objet de maintenir la progressivité de l'impôt.

L'application de la règle du taux effectif se fait en trois étapes :

- On calcule l'impôt dû en application des seules règles de droit interne, sans tenir compte des dispositions conventionnelles et en intégrant dans le revenu imposable les revenus taxés à l'étranger.

- On calcule l'impôt dû en application des dispositions de la convention, en excluant les revenus imposés à l'étranger.

- Enfin, on calcule l'impôt final exigible, en multipliant le montant de l'impôt dû selon le droit interne, par le rapport entre le montant des revenus calculé d'après la convention et le montant des revenus calculé selon le droit interne.

$$\text{Impôt dû} = \text{impôt/droit interne} \times \frac{\text{revenus imposables/ convention}}{\text{revenus imposables/droit interne (revenus mondiaux)}}$$

Le montant d'impôt finalement obtenu doit encore être corrigé par les diverses réfactions ou réductions d'impôt accordées par le droit interne.

Exemple : Un contribuable célibataire a perçu, au cours de l'année 1990 :

- salaire imposable pour son activité en France :	310.000 F
- revenus fonciers tirés de son immeuble situé en Espagne (nets) :	124.000 F

En vertu de la convention franco-espagnole, les revenus fonciers sont imposés exclusivement dans l'Etat de situs de l'immeuble.

Calcul de l'impôt exigible

a) En vertu du droit interne

. Revenu imposable :

Salaires perçus en France :	310.000 F
Revenus fonciers de l'immeuble sis en Espagne :	124.000 F
Revenu imposable =	434.000 F

. Impôt brut (1 part) : 195.011 F

b) En application de la règle du taux effectif

$$\text{. impôt dû} = 195.011 \times \frac{310.000}{434.000} = 139.294 \text{ F}$$

B. PARTAGE DU DROIT D'IMPOSER ENTRE LES DEUX ETATS

Par cette méthode, chacun des deux Etats contractants impose un même revenu ou bien, en application de ses textes de droit interne et des dispositions conventionnelles.

Ensuite, l'Etat de résidence, c'est-à-dire celui dans lequel le contribuable est imposable à raison de son domicile fiscal, déduit de son impôt exigible le montant de l'impôt (de même nature) déjà supporté à l'étranger, dans l'Etat de la source : c'est la technique du "*crédit d'impôt*". On évite ainsi la double imposition.

Toutefois, cette méthode connaît, comme la précédente des modulations.
En effet, toutes les conventions internationales ne prévoient pas la déduction intégrale de l'impôt étranger et n'acceptent qu'une déduction limitée au montant de l'impôt qui aurait été dû dans l'Etat de résidence pour ce revenu (ou bien).
L'imputation de l'impôt supporté dans l'Etat de la source n'est alors que partielle et le contribuable subit, sur la fraction d'impôt non déductible, une double imposition.

3 - MOYENS DE LUTTE CONTRE L'EVASION ET LA FRAUDE FISCALE INTERNATIONALE

Les conventions fiscales contiennent aujourd'hui, pour la plupart, des dispositions tendant à lutter contre la fraude fiscale.

Le principal moyen mis en place par ces accords est une procédure *"d'assistance administrative mutuelle"* conclue entre les deux Etats signataires, par laquelle ceux-ci s'engagent à transmettre tous les renseignements fiscaux en leur possession.

Cet échange de renseignements entre les Etats ou les administrations compétentes permet d'élargir le domaine d'application de la lutte contre la fraude internationale et d'appréhender plus facilement les contribuables en infraction.

Il est prévu sous deux formes :

- L'échange automatique : il se fait de plein droit en vertu d'une disposition de la convention. Chacun des deux Etats transmet tous les renseignements relatifs aux investissements ou acquisitions effectués sur son territoire par un contribuable résident de l'autre Etat, immédiatement après la réalisation de l'opération.

- L'échange sur demande : de portée beaucoup plus restreinte, il permet à un Etat de demander à l'autre Etat signataire des informations ponctuelles sur une opération (ou revenu) précise réalisée par un contribuable déterminé.

A côté de la procédure d'échange de renseignements, a été instauré, ces dernières années,un système pour lutter contre l'utilisation abusive des conventions.

Les autorités compétentes en matière fiscale des différents Etats se sont en effet rendu compte que certaines personnes, physiques ou morales, utilisaient les conventions internationales pour échapper à l'impôt, détournant ainsi l'objectif de ces textes dans un but frauduleux. C'est ce que l'on appelle le *"treaty shopping"*.

Des mesures sont donc prévues, interdisant l'accès aux dispositions conventionnelles à toutes personnes cherchant à utiliser les conventions les plus avantageuses fiscalement, dans le but de ne pas subir d'imposition.

N° 2042
cerfa
N° 30-2535

Déclaration des revenus 1989

Envoyez un exemplaire de votre déclaration au centre des impôts de votre domicile.

VOTRE ETAT CIVIL (écrivez en capitales d'imprimerie). Pour l'épouse : lignes A, B et C

- Nom, prénom (du mari pour un couple) **1** M, MME, MLE .... nom
  rayez les mentions inutiles
  .... prénom
- Nom d'usage (facultatif) **2** ....
- Date de naissance **3** └┴┴┴┴┴┴┴┘ Lieu de naissance **4** └┴┘ dépt. .... commune
- Si vous êtes veuve divorcée ou séparée | Nom de naissance et prénom .... **5** ....
- Epouse | Nom de naissance et prénom .... **A** ....
  | Date de naissance **B** └┴┴┴┴┴┴┴┘ Lieu de naissance **C** └┴┘ dépt. .... commune

VOTRE ADRESSE AU 1er JANVIER 1990

Si vous souscrivez la déclaration pour la première fois, cochez ☐

Si vous êtes logé à titre gratuit (par ex. chez vos parents), cochez ☐

- Bâtiment, appartement .. **6** RÉS. .... BAT. .... ESC. .... ÉTAGE .... APP. N° ....
- N° et nom de la rue .... **7** N° ....
- Ville et code postal ..... ♦ CODE POSTAL └┴┴┴┴┘ COMMUNE de domicile .... COMMUNE de rattachement le cas échéant ....

Ø insp-spe D.C. Réservé à l'Administration **8** └┴┴┴┴┴┴┴┴┴┘ **9** └┴┴┴┘ * ☒ **A**

SI VOUS AVEZ DES **PERSONNES A CHARGE**, COCHEZ LA CASE B ⟶ ☐ **B**
et indiquez toutes ces personnes au cadre B page 2

VOTRE ADRESSE AU 1er JANVIER 1989 SI VOUS AVEZ DEMENAGE EN 1989

- Bâtiment, appartement .. RÉS. .... BAT. .... ESC. .... ÉTAGE .... APP. N° ....
- N° et nom de la rue .... N° ....
- Ville et code postal ..... ♦ CODE POSTAL └┴┴┴┴┘ COMMUNE de domicile .... COMMUNE de rattachement le cas échéant ....

A .... LE 1990

Signature
(pour un couple, signatures des deux époux)

Votre n° de téléphone (facultatif) : ....

H L Réservé à l'Administration — AFF — OCC — TAX — GAR — AFF — OCC — TAX — GAR

A └┘└──┘└┘ └┘ └┘ └┘ └┘ B └┘└──┘└┘ └┘ └┘ └┘ └┘

C └┘└──┘└┘ └┘ └┘ └┘ └┘ D └┘└──┘└┘ └┘ └┘ └┘ └┘

R └┘ S └┘ V └┘ Ent Acc W └┴┴┘ X └┴┴┘ Ø └┘ Cjt └┘ Z └┴┴┘

N° 2042 - Imprimerie Nationale 0404091 L 85 [37] - Décembre 1989

A SITUATION DE FAMILLE EN 1989. (voir notice, p. 5 à 7)

COCHEZ LA CASE CORRESPONDANT A VOTRE SITUATION

Mariés : .... M

Célibataire (ou vivant en union libre) : C

Divorcé(e) ou séparé(e) : .... D

Veuf ou veuve : V

• Vous avez (ou, dans un couple marié, le mari a) une pension d'invalidité d'au moins 40 % (militaire ou d'accident du travail) ou une carte d'invalidité d'au moins 80 %. P

n° et date de la carte

• L'épouse remplit une des conditions ci-dessus. F

n° et date de la carte

• Vous êtes mariés et vous ou votre épouse avez plus de 75 ans et êtes titulaire de la carte du combattant (voir notice p. 7) .... S

Mariage, divorce, séparation ou décès de votre conjoint en 1989 :

Date du mariage : jour mois année X 1 9

Date du divorce ou de la séparation : jour mois année Y 1 9

Date du décès du conjoint : jour mois année Z 1 9

Dans les cas ci-dessus, vous devez souscrire une déclaration pour chaque période d'imposition.

Vous êtes célibataire, divorcé(e), séparé(e), veuf(ve) :

• Vous avez un ou des enfants qui ne sont pas comptés à votre charge (mariés ou majeurs ou mineurs imposés distinctement) .... E

• Vous remplissez au moins une des conditions ci-dessous : soit avoir une pension de veuve de guerre ou avoir eu un enfant décédé après l'âge de 16 ans ou par suite de faits de guerre ; soit avoir plus de 75 ans et être titulaire de la carte du combattant ou de pensions servies en vertu du Code des pensions militaires d'invalidité et des victimes de guerre ; soit être veuve, âgée de plus de 75 ans et avoir eu un époux qui remplissait la condition précédente.......... K

• Un au moins de vos enfants à charge est issu du mariage avec votre conjoint décédé L

B PERSONNES A CHARGE EN 1989 (ne remplir que si vous avez coché la case B, p. 1. Voir notice p. 7 et 8)

Si vous avez coché la case "B", page 1, précisez ci-dessous toutes les personnes à votre charge, en indiquant pour chacune les 2 derniers chiffres de son année de naissance. Ne comptez pas les enfants qui souscrivent une déclaration séparée ou qui sont déclarés à charge par une autre personne.

Indiquez les 2 derniers chiffres de leurs années de naissance

• **Nombre d'enfants non mariés de moins de 18 ans au 1.1.1989, ou nés en 1989, ou infirmes quel que soit leur âge** F

Si vous avez des enfants infirmes | Combien sont titulaires de la carte d'invalidité ? .. G — Années de naissance (2 chiffres)

Combien ne sont pas titulaires de la carte d'invalidité ? H — Années de naissance (2 chiffres)

• **Nombre d'enfants majeurs ou mariés** (y compris conjoint et enfants) **qui demandent leur rattachement**

âgés de moins de 21 ans au 1.1.89 ou âgés de moins de 25 ans s'ils poursuivent leurs études ; quel que soit leur âge s'ils effectuent leur service militaire

Célibataires (ou veufs ou divorcés) majeurs sans enfant ... J — Années de naissance (2 chiffres)

Mariés (ou non mariés, chargés de famille) .... N — Années de naissance (2 chiffres)

• **Nombre de personnes (autres que vos enfants) vivant sous votre toit et titulaires de la carte d'invalidité d'au moins 80 %** .... R — Années de naissance (2 chiffres)

• ***Nom et prénom de vos enfants et des autres personnes comptés à charge***

DEMANDE DE RATTACHEMENT D'UN ENFANT MAJEUR OU MARIÉ*

Je soussigné(e), ...

(nom, prénom, profession ou qualité, date et lieu de naissance, adresse personnelle si elle est différente)

(ainsi que mon conjoint) ....

(nom de jeune fille, prénom, profession ou qualité, date et lieu de naissance)

(avec mon ou mes enfants,) ....

(nom, prénom, date et lieu de naissance)

demande à être rattaché(e) pour le calcul de l'impôt sur le revenu de l'année 1989 au foyer de mes parents, beaux-parents, à mon père, à ma mère, à mon beau-père, à ma belle-mère (rayez les mentions inutiles).

Nom et adresse du ou des parents auxquels vous ne demandez pas le rattachement | ....

A.........., le..........

Signature(s)

*S'il y a plusieurs enfants rattachés, déposez les autres demandes selon le même modèle. Joignez le certificat de scolarité ou de présence au service national pour les enfants ayant au moins 21 ans au 1.1.89.

PROFESSION OU QUALITE. Noms et adresses des employeurs ou des organismes payeurs. Lieu d'exercice de l'activité.

VOUS : ....

CONJOINT : ....

PERSONNES A CHARGE : (Précisez les prénoms) ....

Professions non salariées ; si vous déposez une déclaration de résultats, cochez

• 1 TRAITEMENTS, SALAIRES

Ne portez jamais les centimes. Ne déduisez aucun abattement.

VOIR NOTICE P. 9 à 11		Vos salaires, droits d'auteur, avantages en nature et indemnités journalières (faites le total)	Frais réels (donnez la liste détaillée à la page 6 de la déclaration)	Montant des salaires inscrits colonne J bénéficiant d'une déduction supplémentaire	Taux		Taux	Montant des droits d'auteur inscrits colonne J bénéficiant de la déduction supplémentaire
VOUS	A	J	K	L	M	N	P	R
CONJOINT	B	J	K	L	M	N	P	R
PERSONNES A CHARGE : indiquez leurs noms et prénoms ▼	C	J	K	L	M	N	P	R
	D	J	K	L	M	N	P	
	E	J	K	L	M	N	P	
	F	J	K	L	M	N	P	

ASSOCIÉS DÉTENANT PLUS DE 35 % DES DROITS SOCIAUX, déclarez les salaires correspondants lignes G et H. (VOIR NOTICE P. 10).

VOUS	G	J	K	L	M	N	P
CONJOINT	H	J	K	L	M	N	P

■ PENSIONS, RETRAITES, RENTES

Y compris pensions alimentaires et retraits d'un Plan d'Epargne Retraite. (VOIR NOTICE P. 11)

Ne déduisez aucun abattement		Vos pensions, avantages en nature et retraits d'un P.E.R. bénéficiant des abattements	Retraits d'un P.E.R. ne bénéficiant pas des abattements
VOUS	A	S	T
CONJOINT	B	S	T
PERSONNES A CHARGE : indiquez leurs noms et prénoms ▼	C	S	
	D	S	

■ RENTES VIAGÈRES A TITRE ONÉREUX

(VOIR NOTICE P. 11)

Attention : mentionnez case V, X ou Z l'âge que vous aviez lors de l'entrée en jouissance de la rente. L'ordinateur calculera le taux.

	Montant brut	Age	Montant brut	Age	Montant brut	Age
VOUS, CONJOINT	U	V	W	X	Y	Z
	U	V	W	X	Y	Z
PERSONNES A CHARGE, AUTRES RENTES RELATIVES A VOUS MÊME OU A VOTRE CONJOINT	U	V	W	X	Y	Z
	U	V	W	X	Y	Z

COTISATIONS SYNDICALES des salariés et pensionnés **OUVRANT DROIT A RÉDUCTION D'IMPÔT** (voir notice p. 11 et 20)

				PERSONNES A CHARGE : Indiquez leurs noms et prénoms ▼			Indiquez leurs noms et prénoms ▼		
VOUS	A	C	D		E	F		G	H
CONJOINT	B	C	D		E	F		G	H

• 2 REVENUS DES VALEURS ET CAPITAUX MOBILIERS

Ne portez pas les centimes

VOIR NOTICE P. 12

- Montant brut des revenus de créances, dépôts, cautionnements et comptes courants . . . . AB
- Revenus des titres de l'emprunt d'état 8,80 % 1977 (ne déduisez pas l'abattement) . . . . DE
- Revenus (crédit d'impôt inclus) des obligations ouvrant droit à l'abattement (ne le déduisez pas) . . . . FG
- Revenus (avoir fiscal inclus) des actions ouvrant droit à l'abattement (ne déduisez pas cet abattement) . . . . HF
- Autres revenus (avoir fiscal ou crédit d'impôt inclus) n'ouvrant pas droit à l'abattement . . . . JK
- Montant des frais venant en déduction (autres que les frais d'encaissement des revenus de valeurs mobilières) . . . . CA
- Montant total des avoirs fiscaux ou des crédits d'impôt (arrondi au franc supérieur) . . . . EY
- Revenus des obligations soumis au prélèvement libératoire : à remplir dans le cas où il y a eu un excédent de prélèvement. . FZ

• 3 REVENUS FONCIERS (loyers, fermages, affichage : voir notice p. 12)

	REVENU	DÉFICIT
■ Revenus de 1989 (reportez les résultats apparaissant ligne 59 de la déclaration n° 2044)	CD	CE
■ Déficits antérieurs non encore imputés (report de la ligne 61 de la déclaration 2044)	»	CF
■ Cas particuliers (report de la ligne 60 de la déclaration n° 2044)	CG	CH

•4 REVENUS ET PLUS-VALUES DES PROFESSIONS NON SALARIÉES

VOIR NOTICE P. 13 à 15

A REGIME DU FORFAIT OU DE L'EVALUATION ADMINISTRATIVE
Inscrivez le bénéfice ; s'il n'est pas fixé, cochez la case correspondante.

☐ REGIMES SPECIAUX : indiquez les recettes brutes

	Bénéfices agricoles	Bénéfices industriels et commerciaux	Bénéfices non commerciaux	Locations meublées non professionnelles	Activités non commerciales accessoires	Tourisme et travaux forestiers Agriculteurs au forfait
VOUS E	S ☐	T ☐	U ☐	V	W	X
CONJOINT F	S ☐	T ☐	U ☐	V	W	X
PERSONNES A CHARGE G	S ☐	T ☐	U ☐	V	W	X

B REGIME DU BENEFICE REEL, TRANSITOIRE OU DE LA DECLARATION CONTROLEE : bénéfices ou plus-values (déficits : cadre C)

ACTIVITÉS NE BÉNÉFICIANT PAS DE l'ABATTEMENT CENTRE OU ASSOCIATION AGRÉÉ

	Bénéfices agricoles			
	Cas général, régime transitoire (ou option pour la moyenne triennale)	Bénéfices exceptionnels (quotient du 1/5e)	Plus-values de cession taxables à 16 %	Plus-values de cession taxables à 26 %
VOUS F	A	B	C	D
CONJOINT G	A	B	C	D
PERSONNES A CHARGE H	A	B	C	D

	Bénéfices industriels et commerciaux				Bénéfices non commerciaux	
	Régime normal	Régime simplifié	Plus-values de cession taxables à 16 %	Plus-values de cession taxables à 26 %	Bénéfices	Plus-values de cession taxables à 11 %
VOUS J	A	B	C	D	E	F
CONJOINT K	A	B	C	D	E	F
PERSONNES A CHARGE L	A	B	C	D	E	F

ACTIVITÉS BÉNÉFICIANT DE l'ABATTEMENT CENTRE OU ASSOCIATION AGRÉÉ

	Bénéfices agricoles			
	Cas général, régime transitoire (ou option pour la moyenne triennale)	Bénéfices exceptionnels (quotient du 1/5e)	Plus-values de cession taxables à 16 %	Plus-values de cession taxables à 26 %
VOUS M	A	B	C	D
CONJOINT N	A	B	C	D
PERSONNES A CHARGE P	A	B	C	D

L'abattement ne doit pas être déduit. Il sera calculé automatiquement

	Bénéfices industriels et commerciaux				Bénéfices non commerciaux	
	Régime normal	Régime simplifié	Plus-values de cession taxables à 16 %	Plus-values de cession taxables à 26 %	Bénéfices	Plus-values de cession taxables à 11 %
VOUS R	A	B	C	D	E	F
CONJOINT S	A	B	C	D	E	F
PERSONNES A CHARGE T	A	B	C	D	E	F

C REGIME DU BENEFICE REEL, TRANSITOIRE OU DE LA DECLARATION CONTROLEE : déficits

☐ REVENUS DES GERANTS ET ASSOCIES

ACTIVITÉS NE RELEVANT PAS D'UN CENTRE OU D'UNE ASSOCIATION AGRÉÉ

	Déficits agricoles	Déficits industriels et commerciaux Régime normal	Déficits industriels et commerciaux Régime simplifié	Déficits non commerciaux	Revenus des gérants et associés détenant plus de 35 % du capital	Revenus des gérants et associés n'ayant pas plus de 35 % du capital
VOUS U	A	B	C	D	E	F
CONJOINT V	A	B	C	D	E	F
PERSONNES A CHARGE W	A	B	C	D	E	F

ACTIVITÉS RELEVANT D'UN CENTRE OU D'UNE ASSOCIATION AGRÉÉ

					Déficits des gérants et associés
VOUS X	A	B	C	D	E
CONJOINT Y	A	B	C	D	E
PERSONNES A CHARGE Z	A	B	C	D	E

D CAS PARTICULIERS - voir notice pages 14 et 15

	Locations meublées (régime du bénéfice réel normal ou simplifié)	Activités non commerciales non professionnelles		Déficits agricoles des années antérieures non encore déduits
		Bénéfices	Plus-values taxables à 16 %	
BÉNÉFICES D	A	B	C	
DÉFICITS E	A	B		D

CESSION OU CESSATION D'ENTREPRISE EN 198[illegible] par un membre quelconque du foyer — Cochez cette case ☐

• 5 PLUS-VALUES ET GAINS DIVERS • AUTRES GAINS TAXABLES A UN TAUX PROPORTIONNEL

■ Plus-values sur biens meubles et immeubles (reports de la déclaration n° 2049) VOIR NOTICE P. 16

	A court terme	A long terme — Paiement fractionné non demandé	A long terme — Paiement fractionné demandé
J	M	N	P ....

■ Gains de cessions de valeurs mobilières et profits sur marchés à terme et sur marchés d'options négociables taxables à 16 % (reports de la déclaration n° 2074)
■ Profits sur marchés à terme taxables à 32 % (report 2074)
■ Plus-values de cession de droits sociaux à 16 %
■ Gains de sociétés à capital risque à 16 %

	Gains	Pertes	Profits à 32 %	Plus-values de cession de droits sociaux	Gains de sociétés à capital risque
K	M	N	P	S	T ....

■ Gains résultant de la levée d'options de souscription ou d'achat d'actions par les salariés en cas de revente dans le délai d'indisponibilité.

	Moins de 2 ans	Entre 2 et 3 ans	Entre 3 et 4 ans	Entre 4 et 5 ans
L	M	N	P	R ....

Inscrire le gain sur la ligne correspondant au temps écoulé entre l'option et la cession

• 6 CHARGES A DÉDUIRE DU REVENU ou reventes à ajouter au revenu

(inscrivez vos dépenses) VOIR NOTICE P. 17 à 19

■ PENSIONS ALIMENTAIRES

- Versées à des enfants majeurs non comptés à charge MG ....
- Nombre d'enfants ...... MH ....

Part des pensions de la ligne MG versée à des enfants inscrits dans l'enseignement supérieur :
- 1er enfant MJ ....
- 2e enfant MK ....
- 3e enfant ML ....

- Versées à d'autres personnes (enfants mineurs, parents) MZ ....

■ PLAN D'ÉPARGNE EN VUE DE LA RETRAITE

Nombre d'organismes gestionnaires de vos comptes ☐

Joignez les états annuels

Montant des versements .... BA ....

■ FRAIS D'ACCUEIL sous votre toit d'une personne de plus de 75 ans dans le besoin .... JG ....

Nombre de personnes ... JH ....

■ PERTES EN CAPITAL (Sociétés créées en 1987 et 1988 et en cessation de paiement) .... CB ....

■ DÉDUCTIONS DIVERSES .... EZ ....

■ DÉTAXATION DU REVENU INVESTI EN ACTIONS si vous êtes né avant 1932 (voir notice n° 2041 A)

Nombre de dépositaires de vos valeurs ☐

Joignez les états annuels

- Excédents d'achats .... DF ....
- Sommes désinvesties à ajouter au revenu imposable .. DG ....
- Année où vous avez obtenu votre première déduction .... DH 19 ....

■ SOUSCRIPTIONS EN FAVEUR DU CINÉMA OU DE L'AUDIOVISUEL .... JL ....

Joignez l'attestation de la société

■ REVENTES DE TITRES (cinéma, sociétés DOM-TOM) à ajouter au revenu .... GH ....

■ DÉFICITS GLOBAUX DES ANNÉES ANTÉRIEURES non encore déduits les années précédentes

1984	1985	1986	1987	1988
JU	JV	JW	JX	JY ....

• 7 CHARGES OUVRANT DROIT A DES RÉDUCTIONS D'IMPÔT

(inscrivez vos dépenses) (VOIR NOTICE P. 19 à 23)

■ DONS AFFECTÉS A LA FOURNITURE GRATUITE DE REPAS ET AU LOGEMENT DES PERSONNES EN DIFFICULTÉ .... HS ....

(Maximum 500 F. Joignez obligatoirement les reçus)

HT ....

■ DONS VERSÉS AUX ŒUVRES autres que ceux de la ligne HS

- Reconnues d'utilité publique ou fiscalement assimilées en matière de dons .... HU ....
- Oeuvres d'intérêt général .... HV ....

Joignez obligatoirement les reçus HW ....

HX ....

■ FRAIS DE GARDE DES ENFANTS DE MOINS DE 7 ANS au 31/12/89 .... LG ....

Nombre d'enfants ..... LH ....

■ SOMMES VERSÉES A UNE AIDE A DOMICILE ET DÉPENSES D'HÉBERGEMENT DANS UN ÉTABLISSEMENT DE LONG SÉJOUR OU UNE SECTION DE CURE MÉDICALE (voir notice) ...... FY ....

■ COMPTE D'ÉPARGNE EN ACTIONS (C.E.A.) : (report de la déclaration n° 2048)

Reprise d'impôt .... HG ....

■ FRAIS DE COMPTABILITÉ et adhésion à un centre de gestion .... FH ....

■ SOUSCRIPTIONS AU CAPITAL DE SOCIÉTÉS NOUVELLES .... GF ....

■ VERSEMENT A UN FONDS SALARIAL :

Joignez l'état annuel obligatoire

vous	conjoint	personnes à charge
EF	EG	EH ....

■ DÉPENSES AFFÉRENTES A L'HABITATION PRINCIPALE :

- Intérêts versés en 1989 des emprunts contractés
  - de 1979 à 1983 .... KG ....
  - en 1984 .... KH ....
  - à partir de 1985 (sauf ceux ci-dessous) .... KJ ....
  - à partir du 1/6/1986 pour un logement neuf et si vous êtes mariés KL ....
- Dépenses de ravalement .... KU ....
- Dépenses de grosses réparations payées en 1989 ...... KV ....

Joignez les factures

Excédent éventuel 1988 de dépenses de grosses réparations à reporter .... KW ....

■ PART D'EPARGNE DES PRIMES D'ASSURANCE VIE .... HY ....

Joignez les certificats

■ PRIMES DES RENTES SURVIE CONTRATS D'ÉPARGNE HANDICAP (voir notice) .... HZ ....

Joignez les certificats

■ LOGEMENT ACQUIS, CONSTRUIT OU RECONSTRUIT EN 1989 EN VUE DE SA LOCATION

Joignez les justificatifs

- Prix de revient ou d'achat des logements acquis .... LJ ....
- Prix d'achat des actions ou parts souscrites .... LK ....

■ INVESTISSEMENTS DANS LES DOM-TOM - Montant des investissements réalisés en :

Joignez les justificatifs

1986	1987	1988	1989
LU	LV	LW	LX ....

UTILISEZ LA PAGE 6 DE VOTRE DECLARATION POUR DETAILLER LES JUSTIFICATIFS DE VOS CHARGES

•8 AUTRES IMPUTATIONS, REPRISES D'IMPÔT, TAUX EFFECTIF

	RETENUE A LA SOURCE	CRÉDIT D'IMPÔT EN FAVEUR DE LA RECHERCHE	REPRISE D'IMPÔT sur dépenses de recherche	CRÉDIT D'IMPÔT FORMATION	CRÉDIT D'IMPÔT PLAN D'ÉPARGNE RETRAITE	REPRISES D'IMPÔT (dépenses d'économie d'énergie, retraits fonds salarial ; investissements locatifs ou dans les DOM-TOM, souscriptions au capital de sociétés nouvelles)
N	G	H	J	K	L	M

CONVENTIONS INTERNATIONALES, FONCTIONNAIRES INTERNATIONAUX, TRAVAIL A L'ÉTRANGER

N P .... ← Portez ci-contre ligne P vos revenus, autres que ceux déclarés §§ 1 à 5, lorsqu'ils doivent être pris en compte pour le calcul du taux effectif d'imposition. Donnez le détail ci-dessous p. 6.

Réservé a l'administration

•9

Réservé à l'administration

Y F G H K T W X

JUSTIFICATIFS DE VOS CHARGES

Précisez la nature, par exemple :	Indiquez les nom et adresse du bénéficiaire de votre versement, de l'entrepreneur, du fournisseur, du prêteur	Date de la facture du versement ou du contrat	Détail des sommes versées
FRAIS DE GARDE			
PENSIONS ALIMENTAIRES			
SOMMES VERSEES A UNE AIDE A DOMICILE OU A UN ETS DE LONG SÉJOUR			
FRAIS D'ACCUEIL			
DÉDUCTIONS DIVERSES			
INTÉRÊTS D'EMPRUNTS			
RAVALEMENT			

AUTRES RENSEIGNEMENTS

(détail des sommes ou frais réels déduits sur option du salaire, demande d'étalement ou de report d'imposition, décomptes explicatifs de votre déclaration...)

SOUSCRIPTION DE LA DÉCLARATION POUR UNE AUTRE PERSONNE	DÉMÉNAGEMENT EN 1990
Indiquez vos nom, prénom et adresse si vous souscrivez la déclaration au nom de la succession d'un contribuable, en cas de tutelle...	Indiquez votre dernière adresse si vous avez déménagé depuis le 1er janvier 1990.

Les dispositions des articles 34, 35 et 36 de la loi n° 78-17 du 6 janvier 1978 relative à l'informatique, aux fichiers et aux libertés s'appliquent ; elles garantissent pour les données vous concernant auprès du service expéditeur, un droit d'accès lorsqu'il ne porte pas atteinte à la recherche d'infractions fiscales et un droit de rectification sous réserve des procédures prévues au code général des impôts et au livre des procédures fiscales. Le service expéditeur est le centre des impôts dont vous dépendez.

cerfa

N° 30-2508

Formulaire obligatoire (art. 53 A ou 302 septies A bis du Code général des impôts)

Cachet du service

Direction Générale des Impôts

IMPÔT SUR LE REVENU
Bénéfices industriels et commerciaux

N° 2031
(janvier 1990)

Timbre à date du service

Exercice ouvert le ______ et clos le ______

RÉGIME "SIMPLIFIÉ D'IMPOSITION" ☐ ou **"RÉEL NORMAL"** ☐ (cochez la case)

A IDENTIFICATION DE L'ENTREPRISE

N° SIRET du siège de la Direction de l'entreprise	Code APE

Désignation de l'exploitant (nom et prénom ou dénomination et forme de la société)

Adresse de la Direction de l'entreprise (téléphone)

Adresse du domicile de l'exploitant (si elle est différente de l'adresse ci-dessus)

Ancienne adresse en cas de changement

Activités exercées (souligner l'activité principale)

Si vous êtes inscrit au répertoire des métiers, cochez la case ☐ Si vous avez changé d'activité, cochez la case ☐

B RÉCAPITULATION DES ÉLÉMENTS D'IMPOSITION
(voir renvois page 4)

			Col. 1	Col. 2
1 **Résultat fiscal** Bénéfice col. 1, Déficit col. 2 (report des lignes XN ou XO, 370 ou 372 des tableaux n° 2058-A ou n° 2033-B)				
2 **Revenus de valeurs et capitaux mobiliers** (compris dans les résultats ci-dessus)				
— **Revenus exonérés** de l'impôt sur le revenu	a			
à déduire : quote-part des frais et charges y afférents (1)	b			
revenus **nets** exonérés (a − b)	c			
— **Revenus soumis** à l'impôt sur le revenu (2)	d			
Total (c + d) à reporter col. 2	e			
3 **Total**				
4 **Bénéfice imposable** (col. 1 − col. 2) ou **Déficit déductible** (col. 2 − col. 1) (3) (à reporter sur la déclaration de revenus n° 2042) (2)				

5 **Plus-values**	à long terme (2) imposables au taux de 16 % (4)		à long terme (2) imposables au taux de 26 % (4)		taxées selon les règles prévues (4) pour les particuliers	
6 **Entreprises nouvelles** — exonération ou (5) abattement pratiqué	sur les plus-values à long terme imposables au taux de 16 %		sur les plus-values à long terme imposables au taux de 26 %		sur le bénéfice	
7 **Imputations** — Afférentes	aux revenus (2) (6) de valeurs mobilières		Montant du crédit d'impôt en faveur de la recherche ou du reversement (7)		Montant du crédit formation (8)	
8 **Loueurs en meublés** — Calcul effectué sur le tableau n° 2031 ter	BÉNÉFICE		DÉFICIT			

(A reporter sur la déclaration de revenus n° 2042) (2)

Si vous participez à la Procédure de Transfert des données fiscales et comptables, cochez la case ☐

Nom et adresse du comptable : (9) ☐
Téléphone :

du conseil : (9) ☐
Téléphone :

du C.G.A. :

VISA
et cachet
des membres de l'Ordre des experts comptables
et des comptables agréés

A ...., le ....
Signature et qualité du déclarant

(9) Préciser dans le cadre ci-dessus, s'il fait ou non partie du personnel salarié de l'entreprise (S : Salarié, I : Indépendant).

La loi n° 78-17 du 6 janvier 1978 relative à l'informatique, aux fichiers et aux libertés s'applique aux réponses faites à ce formulaire par les entreprises individuelles. Elle leur garantit un droit d'accès et de rectification pour les données les concernant auprès du centre des impôts dont elles relèvent.

N° 2031 - Imprimerie Nationale 0404120.0.41 (50) - Novembre 1989

IMPOT SUR LE REVENU

N° 2031 BIS
(janvier 1990)

ANNEXE A LA DÉCLARATION N° 2031

Formulaire obligatoire (art. 53 A ou 302 septies A bis du Code général des impôts)

RÉSERVÉE AUX SOCIÉTÉS

Désignation de l'entreprise :

(A ne remplir que sur les exemplaires en continu)

C REPARTITION DES BENEFICES ET DES DEFICITS DES SOCIETES

Ce cadre ne concerne que les sociétés en nom collectif et assimilées, les sociétés en commandite simple, les sociétés en participation et les sociétés créées de fait qui n'ont pas opté pour le régime fiscal des sociétés de capitaux, les sociétés à responsabilité limitée et les sociétés en commandite simple de caractère familial ayant opté pour le régime fiscal des sociétés de personnes, ainsi que les groupements d'intérêt économique et les sociétés de copropriétaires de navires.

(Si ce cadre est insuffisant, joindre à la présente déclaration un état du même modèle)

Nom, prénoms, domicile, qualité (associé, associé-gérant, etc.) des associés (1) 1	Part du bénéfice net ou du déficit (2) à prendre en considération pour le calcul de la base d'imposition à l'impôt sur le revenu ou, éventuellement à l'impôt sur les sociétés 2
Total	

Sociétés en commandite simple (3) montant des bénéfices distribués aux commanditaires au cours de l'année 19 _____ _____ F

(1) Veuiller indiquer ici les noms, prénoms et qualité de tous les associés, gérants ou non, avec indication de leur profession, pour les sociétés en participation, de tous les associés pour les sociétés créées de fait, les sociétés en nom collectif, les sociétés en commandite simple ou à responsabilité limitée de caractère familial ayant opté pour le régime fiscal des sociétés de personnes, de tous les membres pour les groupements d'intérêt économique et les sociétés de copropriétaires de navires.

(2) Mentionner la part respective de chacun des associés dans le bénéfice net ou le déficit mentionné cadre B4 et/ou B8 de la déclaration 2031 compte tenu de leurs droits, non seulement sur les résultats ressortant des écritures sociales, mais aussi sur les intérêts et appointements qui ont été portés en déduction pour la détermination de ces résultats et réintégrés pour l'évaluation du bénéfice ou du déficit fiscal.

(3) Les sociétés en commandite simple doivent, en outre, remplir le cadre D-4 de l'imprimé n° 2065 Bis.

NB : La part revenant à chaque associé dans le montant des revenus de valeurs et capitaux mobiliers avant déduction de la quote-part des frais et charges y afférents doit figurer sur le formulaire individuel visé à l'article 49 H de l'annexe III au C.G.I.

IMPOT SUR LE REVENU

N° 2031 Ter
(janvier 1990)

ANNEXE A LA DÉCLARATION N° 2031

Formulaire obligatoire (art. 53 A ou 302 septies A bis du Code général des impôts)

Désignation de l'entreprise :
(A ne remplir que sur les exemplaires en continu)

D LOUEURS EN MEUBLÉ NON PROFESSIONNELS

RÉSULTAT des locations, par les LOUEURS NON PROFESSIONNELS, de locaux d'habitation meublés ou destinés à être loués meublés. (Préciser, **dans une note jointe à la présente déclaration**, les éléments retenus pour la détermination de ce résultat lorsque ceux-ci ont été portés aux lignes WQ et XG du tableau n° 2058-A ou lignes 330 et 350 du tableau n° 2033-B.)

	Col. 1	Col. 2
• Résultat de l'exercice { Bénéfice col. 1 ; déficit col. 2		
• Report des déficits antérieurs		
• Total		
• Bénéfice (col. 1 − col. 2) ou Déficit (col. 2 − col. 1)		

Ce cadre concerne les loueurs en meublés non professionnels, c'est-à-dire les personnes non inscrites en cette qualité au registre du commerce ou qui, inscrites au registre du commerce, réalisent des recettes annuelles au plus égales à 150 000 francs et retirent de cette activité moins de 50 % de leur revenu global. Depuis le 1er janvier 1982, les déficits résultant de la location directe ou indirecte à titre non professionnel de locaux d'habitation meublés ou destinés à être loués meublés ne peuvent être imputés sur le revenu global mais seulement sur les revenus ultérieurs tirés de cette même activité, au cours des années suivantes jusqu'à la cinquième inclusivement. En outre, les plus-values réalisées lors de la cession de tels locaux sont taxées selon les règles prévues pour les particuliers.

E RELEVÉ DE CERTAINS FRAIS GÉNÉRAUX

Cette rubrique ne concerne que les entreprises individuelles (1) elle doit être remplie lorsque ces frais excèdent, par exercice ; 10 000 F pour les cadeaux ou 26 000 F pour les frais de réception

(1) Ces limites sont applicables aux exercices clos à compter du 31 décembre 1988.
Les autres entreprises doivent utiliser le cas échéant le relevé de frais généraux n° 2067.

Montant des :	Exercice 198___
- Cadeaux de toute nature, à l'exception des objets conçus spécialement pour la publicité, et dont la valeur unitaire ne dépasse pas 200 F par bénéficiaire (toutes taxes comprises).	
- Frais de réception, y compris les frais de restaurant et de spectacles, qui se rattachent à la gestion de l'entreprise et dont la charge lui incombe normalement.	

F AFFECTATION DES VOITURES DE TOURISME

figurant à l'actif de l'entreprise ou dont celle-ci a assumé les frais d'entretien.
Si ce cadre est insuffisant, joindre un état du même modèle.

Voitures affectées aux dirigeants ou aux cadres			Voitures utilisées pour les besoins généraux de l'exploitation		
Caractéristiques (2)	Nom, qualité et adresse de la personne à laquelle la voiture est affectée	Propriétaire (3)	Caractéristiques (2)	Service auquel la voiture est affectée	Propriétaire (3)

(2) Veuillez indiquer la marque et la puissance de la voiture. (3) Veuillez préciser si l'entreprise est ou non propriétaire du véhicule (mention P ou NP, selon le cas).

G DIVERS

NOM ET ADRESSE DU PROPRIÉTAIRE DU FONDS (en cas de gérance libre)

ADRESSES DES AUTRES ÉTABLISSEMENTS. (Si ce cadre est insuffisant, joindre un état du même modèle)

H CADRE NE CONCERNANT QUE LES ENTREPRISES PLACÉES SOUS LE RÉGIME SIMPLIFIÉ D'IMPOSITION

RÉMUNÉRATIONS	Montant brut des salaires, **abstraction faite des sommes comprises dans les D.A.D.S. et versées aux apprentis sous contrat et aux handicapés**, figurant : - **soit sur la DADS 1 ou modèle 2460 de 1989**, montant total des bases brutes fiscales inscrites dans les colonnes 20, **majoré**, le cas échéant, des indemnités exonérées de la taxe sur les salaires, telles notamment les sommes portées dans les colonnes 24 au titre de la contribution de l'employeur à l'acquisition des chèques-vacances par les salariés ; - **soit sur la DADS 1 simplifiée**, montant total des sommes inscrites colonne 25 ou, à défaut, colonne 16.	
	Rétrocessions d'honoraires, de commissions et de courtages	
	Montant des prélèvements financiers effectués à titre personnel au cours de l'exercice (*)...........................	
	Montant des apports en capital ou des versements en compte courant faits au cours de l'exercice (*) .... (*) A remplir par les entreprises passibles de l'impôt sur le revenu et dispensées de bilan.	

PLUS-VALUES ACQUISES EN FRANCHISE D'IMPÔT

Cette rubrique concerne les entreprises qui optent pour le régime simplifié d'imposition et qui entendent se placer sous le régime d'exonération des plus-values. En exerçant pour la première fois l'option pour le régime simplifié elles peuvent déterminer, en franchise d'impôt, les plus-values acquises à la date de prise d'effet de cette option pour les éléments non amortissables de leur actif immobilisé.

Dans cette hypothèse, il conviendra de joindre à la déclaration 2031 une note rédigée sur papier libre portant indication détaillée de la nature et de la valeur des éléments non amortissables réévalués et de la méthode de réévaluation.

Nature des immobilisations non amortissables	Valeur réévaluée	Prix d'acquisition	Plus-value (4)

(4) Il convient de reporter chaque année le montant de la plus-value acquise en franchise d'impôt.

OBSERVATIONS

Il n'existe qu'un seul modèle de déclaration de résultat, quel que soit le régime d'imposition.

— **Si vous remplissez votre déclaration 2031 par ordinateur,** vous pouvez utiliser les formats simples compatibles avec ce matériel. Vous adresserez en outre à l'administration les feuillets 2031 bis et 2031 ter qui constituent des annexes à la déclaration proprement dite.

— **Si votre déclaration est manuscrite ou dactylographiée,** vous utiliserez ce modèle d'imprimé qui comprend la déclaration proprement dite et les annexes.

Vous devez de toutes façons joindre à la déclaration (et aux annexes) les tableaux 2050 à 2059-C si vous relevez du régime réel normal ou 2033-A-B-C et D si vous relevez du régime simplifié.

Le recours à l'un ou l'autre des régimes d'imposition de réel se matérialise par une mention portée en tête de la déclaration et par le choix d'une liasse particulière de tableaux.

Les entreprises placées sous le régime simplifié d'imposition, de droit ou sur option, dont le chiffre d'affaires n'excède pas le double des limites prévues pour l'application du régime du forfait, sont dispensées de fournir à l'Administration le bilan à l'appui de leurs déclarations de résultats.

Recommandations importantes

— **Arrondir les sommes au franc inférieur.**
— Cette déclaration, établie en un seul exemplaire, est à adresser avec les documents dont la liste est donnée ci-dessus et ci-après, au service des impôts mentionné en tête du formulaire ou, à défaut, à celui du lieu où l'entreprise a soit le siège de sa direction soit son principal établissement.
— La femme mariée souscrit elle-même sa déclaration lorsqu'elle excerce personnellement l'activité imposable.
— Si la déclaration est faite au nom de la succession d'un contribuable décédé, veuillez indiquer au-dessous de votre signature (page 1) vos nom, prénoms et adresse.

AUTRES DOCUMENTS A JOINDRE

— Demande de crédit d'impôt en faveur de la recherche n° 2069 A ou n° 2069 V.
— Demande de crédit formation n° 2068 ;
— Note relative aux modalités de constitution de la provision pour fluctuation des cours ;
— Éléments de calcul de la provision pour hausse des prix ;
— Fiche indiquant les modalités de calcul de l'amortissement accéléré accordé aux entreprises exportatrices ;
— Documents exigés des entreprises ayant obtenu l'agrément ouvrant droit aux provisions pour investissements à l'étranger ;
— Relevé de frais généraux n° 2067 concernant les entreprises autres qu'individuelles ;
— Déclaration complémentaire n° 2036 bis pour les sociétés de moyens.

L'envoi de la déclaration et des documents annexes ne bénéficie pas de la franchise postale.
Une demande d'accusé de réception peut être présentée au Service par le déclarant.

Adhérents d'un centre de gestion agréé

Les adhérents à un centre de gestion agréé bénéficient d'un abattement sur leurs bénéfices déclarés dans la catégorie des bénéfices industriels et commerciaux dans la mesure ou ils relèvent d'un régime réel d'imposition.
L'abattement est calculé sur la totalité du revenu net professionnel déclaré par une même personne physique dans une même catégorie de revenus. Il est égal à 20 % pour la fraction de bénéfice n'excédant pas 413 200 F et à 10 % pour la fraction comprise entre 413 200 F et 588 000 F.
Il est réparti le cas échéant en proportion du bénéfice et des plus-values professionnelles imposables à un taux proportionnel.
Le revenu brut est porté directement sur la déclaration d'ensemble des revenus n° 2042, rubriques 4B (bénéfices ou plus-values) et 4C (déficits) avant « Abattement ». Ne déduisez pas l'abattement, il sera automatiquement calculé sur la déclaration d'ensemble des revenus.

RÉCAPITULATION DES ÉLÉMENTS D'IMPOSITION (Détails de la page 1 : 2031)

(1) A titre de règle pratique, cette quote-part peut être estimée à 10% du montant net des revenus du portefeuille ou à 30% du même montant en ce qui concerne les sociétés de personnes dont les investissements en titres, en participation ou en créances ont, à la clôture de l'exercice, une valeur supérieure à la moitié du capital social.
(2) Le bénéfice ou le déficit ainsi que le montant des revenus de capitaux mobiliers, des plus-values à long terme et des impôts déjà versés au Trésor (avoir fiscal, crédit d'impôt, prélèvement non libératoire sur les profits de construction) sont à reporter sur la déclaration des revenus n° 2042. Il est précisé que les loueurs en meublés non professionnels (voir tableau n° 2031 ter cadre D) doivent servir les lignes DA (bénéfice) ou EA (déficit) de la rubrique 4 D de la déclaration n° 2042.
(3) Profits de construction réalisés à titre habituel par les particuliers et par les sociétés de personnes.
Les déficits qui se rapportent à des opérations placées dans le champ d'application du prélèvement libératoire ne sont imputables que sur les profits de même nature réalisés au cours des cinq années qui suivent celle au cours de laquelle le déficit a été subi. Bien entendu, cette imputation est limitée au montant des déficits qui n'ont pas pu être reportés sur des profits soumis au prélèvement libératoire pendant la période d'application de ce prélèvement.
Les contribuables qui souhaitent bénéficier de cette solution, doivent préciser, dans une note jointe à la présente déclaration, les éléments retenus pour la détermination de ce résultat, notamment l'imputation des déficits antérieurs relevant du régime des profits de construction soumis au prélèvement libératoire sur des profits de construction réalisés à titre habituel après le 31 décembre 1986.
(4) Les plus-values à long terme provenant de la cession de terrains ou biens assimilés sont imposables au taux de 26%. Toutefois, sous réserve des conditions fixées par les articles 238 octies A et 239 bis B du CGI, les plus-values réalisées lors de la cession de terrains d'assiette de bâtiments destinés à être démolis et de terrains formant une dépendance indispensable et immédiate de ces constructions peuvent être soumises au taux de 16 %. Ces dernières, qui ne se compensent pas avec des moins-values à 16 % afférentes aux autres éléments de l'actif immobilisé, devront être distinguées au cadre B5. Le total indiqué dans ces cases correspond en principe au montant de la ligne WV de l'imprimé n° 2058-A. Toutefois, en cas de décalage entre l'exercice de réalisation des plus-values et l'exercice au titre duquel elles doivent être imposées (plus-values réalisées à la suite de la perception d'indemnités d'assurances ou de l'expropriation d'immeubles), les plus-values ne sont indiquées que sur la déclaration afférente à l'exercice au titre duquel elles doivent être effectivement imposées. Il est précisé que les plus-values de cession réalisées par les loueurs en meublés non professionnels (Tableau n° 2031 ter, cadre D) sont taxées selon les conditions prévues pour les particuliers et doivent être déclarées en souscrivant une déclaration de plus-values n° 2049.
(5) Cette rubrique est destinée à être utilisée par les entreprises nouvelles qui, sous certaines conditions, sont exonérées d'impôt sur le revenu. Ces entreprises doivent joindre à la déclaration une note permettant d'apprécier la nature de leur activité (les entreprises créées du 1er janvier 1983 au 31 décembre 1986 joignent un état exposant le calcul de la proportion de certains biens amortissables selon le mode dégressif qu'elles détiennent). Les sociétés indiquent également les nom - ou dénomination - et adresse des associés ainsi que les droits de vote détenus par chacun d'eux. Le total des montants inscrits dans ces trois cases est égal au montant porté à la ligne XF de l'imprimé n° 2058-A, ou à la ligne 342 de l'imprimé n° 2033-B. Il est donc déjà inclus dans le résultat porté au cadre B 4 de la présente déclaration.
(6) Montant de l'impôt déjà versé au trésor (avoir fiscal ou crédit d'impôt) afférent aux revenus de capitaux mobiliers indiqués cadre B2 ligne e.
(7) Déterminé sur l'imprimé n° 2069 A ou n° 2069 V, selon le cas.
(8) Déterminé sur l'imprimé n° 2068.

cerfa

N° 30-2478

Formulaire obligatoire (article 39 F de l'annexe II au Code général des impôts).

DIRECTION GÉNÉRALE DES IMPÔTS

Impôt sur le revenu

Bénéfices non commerciaux

N° 2074

Timbre à date du Service

DÉCLARATION DES GAINS NETS EN CAPITAL RÉALISÉS A L'OCCASION DE CESSIONS DE VALEURS MOBILIÈRES ET DE DROITS SOCIAUX ET DE CERTAINS PROFITS RÉALISÉS SUR LE MATIF (MARCHÉ A TERME INTERNATIONAL DE FRANCE) ET SUR LES MARCHÉS D'OPTIONS NÉGOCIABLES

RENSEIGNEMENTS RELATIFS A L'ANNÉE 1989

Nom et prénoms ou dénomination et adresse de l'établissement	N° SIRET de l'établissement	Code APE

Cette déclaration est à souscrire par les contribuables qui, au cours de l'année 1989, ont effectué, directement ou par personne interposée :

— pour un montant excédant 298 000 F, des cessions de valeurs mobilières (dispense de déclaration : cf. notice).

— quel que soit leur montant, des opérations réalisées à titre occasionnel sur les marchés à terme d'instruments financiers ou de marchandises ou sur les marchés d'options négociables.

I. Total des cessions de valeurs mobilières réalisées en 1989 : .... F

II. Option retenue en ce qui concerne la détermination du prix d'acquisition des titres acquis avant le 1er janvier 1979 (cocher la case correspondant à l'option choisie)

Prix effectif d'acquisition : ☐ Prix forfaitaire : ☐

En cas d'option pour le prix forfaitaire, indiquer le cours de référence choisi pour les valeurs françaises à revenu variable.

Cours moyen 1972 : ☐ Cours le plus élevé de 1978 : ☐

RÉCAPITULATION DES ÉLÉMENTS D'IMPOSITION

I - PASSIBLES DU TAUX DE 16 % (article 200 A du CGI)

		OPÉRATIONS SUR VALEURS MOBILIÈRES ET INSTRUMENTS FINANCIERS			OPÉRATIONS SUR MARCHANDISES			OPÉRATIONS SUR OPTIONS NÉGOCIABLES	
		Gain ou profit net (col. 1)	Perte (col. 2)		Profit net (col. 3)	Perte (col. 4)		Profit net (col. 5)	Perte (col. 6)
1 - Report des cadres :	A	F	F	E	F	F	F	F	F
	B			E1			F1		
	C								
	D								
	D1								
Total									

2 - Gain ou profit net ou perte nette (col. 1 − 2) ...... [1] F (col. 3 − 4) ... [2] F

3 - Imputation du déficit des années antérieures (report du cadre H). (H col. 1) ... [1] F (H col. 2) ... [2] F

4 - Revenu net à déclarer ou perte (lignes 2 − 3) ..... [1] F (lig. 2 − 3) ... [2] F (col. 5 − 6) ... [3] F

II - PASSIBLES DU TAUX DE 32 % (article 150 sexies du CGI)

	Profit net (col. 1)	Perte (col. 2)
1 - Report du ou des cadres G :	F	F
G1 :		
Total		

2 - Profit net ou perte nette (col. 1 − col. 2) .... F

3 - Imputation du déficit des années antérieures (report du cadre H col. 3) .... F

4 - Revenu net à déclarer ou perte (ligne 2 − ligne 3) .... F

A.............................., le.............................. Signature

N° 2074 - Imprimerie Nationale 0404062.O.74 (50) - Novembre 1989

TAXATI(

A - OPÉRATIONS DE BOURSE AU COMPTANT OU AU COMPTANT DIFFÉRÉ AVEC LIVRAISON DES ... DE TITRES REPRÉSENTATIFS DE TELLES VALEURS. (Si ce cadre est insuffisant, joindre un état établi sur l...

Date de cession 1	Désignation des titres 2	Nombre de titres 3	Prix de cession: Valeur unitaire 4	Prix de cession: Montant global 5	Prix de cession: Frais de cessio[n] 6
			F	F	F

B - Opérations réalisées sur le marché à règlement mensuel figurant sur les comptes de liquidation autres que les opérations au comptant différé avec livraison de titres.

Liquidation du mois de :	Gain net	Perte		Gain net	Perte		Gain net	Perte		Gain net	Perte
	F	F		F	F		F	F		F	F
			Report			Report			Report		
Janvier			Avril			Juillet			Octobre		
Février			Mai			Août			Novembre		
Mars			Juin			Septembre			Décembre		
Total			**Total**			**Total**			**Total**		

D - Produits des opérations réalisées sur les marchés à terme d'instruments financiers portant sur des contrats se référant à des emprunts obligataires ou à des actions (joindre les documents établis par les teneurs de comptes).

Noms et adresses des teneurs de comptes :	Profit net	Perte
	F	F
Total		

E - Produits des opérations réalisées sur les marchés à terme de marchandises (joindre les documents établis par les teneurs de comptes).

Noms et adresses des teneurs de comptes :	Profit net	Perte
	F	F
Total		

F - Produits des opérations réalisées sur les marchés d'options négociables (joindre les documents établis par les teneurs de comptes).

Noms et adresses des teneurs de comptes :	Profit net	Perte
	F	F
Total		

ƆN A 16 %

TITRES ET CESSIONS DIRECTES DE VALEURS MOBILIÈRES, DE DROITS PORTANT SUR CES VALEURS OU le même modèle).

; ɪn	Montant net 7	Prix d'acquisition				Résultat net	
		Prix d'acquisition moyen pondéré (31) 8	Montant global 9	Frais d'acquisition 10	Prix de revient 11	Gain (col. 7 – col. 11) 12	Perte (col. 11 – col. 7) 13
	F	F	F	F	F	F	F
					Total		

C - Résultats déterminés directement par un intermédiaire financier (banque ou agent de change) ayant les titres en dépôt (joindre à la présente déclaration les documents établis par les intermédiaires).

Noms et adresses des intermédiaires financiers :	Gain net	Perte
	F	F
Total		

D1 - Produits déterminés par une personne interposée (société ou groupement réalisant des opérations de bourse ou sur instruments financiers visés au cadre D, pour le compte de ses membres) : part vous revenant dans les résultats de la société ou du groupement.

Noms et adresses des personnes interposées :	Gain ou profit net	Perte
	F	F
Total		

E1 - Produits déterminés par une personne interposée (société ou groupement réalisant des opérations sur des marchés à terme de marchandises visés au cadre E, pour le compte de ses membres) : part vous revenant dans les résultats.

Noms et adresses des personnes interposées :	Profit net	Perte
	F	F
Total		

F1 - Produits déterminés par une personne interposée (société ou groupement réalisant des opérations sur les marchés d'options négociables visés au cadre F, pour le compte de ses membres) : part vous revenant dans les résultats.

Noms et adresses des personnes interposées :	Profit net	Perte
	F	F
Total		

TAXATION A 32 %

G - Produits des opérations réalisées sur les marchés à terme d'instruments financiers portant sur des contrats ne se référant pas à des emprunts obligataires ou à des actions (joindre les documents établis par les teneurs de comptes).

Noms et adresses des teneurs de comptes :	Profit net	Perte
	F	F
Total		

G1 - Produits déterminés par une personne interposée (société ou groupement réalisant des opérations sur instruments financiers visés au cadre G, pour le compte de ses membres) : part vous revenant dans les résultats de la société ou du groupement.

Noms et adresses des personnes interposées :	Profit net	Perte
	F	F
Total		

H DÉTERMINATION DU DÉFICIT DES ANNÉES ANTÉRIEURES

PERTES NETTES RESTANT A REPORTER : (1)	SUR LES OPÉRATIONS SUR VALEURS MOBILIÈRES ET INSTRUMENTS FINANCIERS (cadres A à D1) col. 1	SUR LES OPÉRATIONS SUR MARCHANDISES (cadres E à E1) col. 2	SUR LES OPÉRATIONS TAXABLES A 32 % (cadres G à G1) col. 3
subies en — 1984			
subies en — 1985			
subies en — 1986			
subies en — 1987			
subies en — 1988			
Total			

(1) Seule la fraction des pertes subies au cours de ces années non encore absorbée au 31décembre 1988 est à mentionner.

La présente déclaration est à souscrire avant le 1er mars, auprès du service des impôts du domicile ou du principal établissement.

N° 2035

Timbre à date du service

cerfa

N° 30-2498

Formulaire obligatoire (article 40 A de l'annexe III au Code général des impôts)

Cachet du service

DIRECTION GÉNÉRALE DES IMPÔTS

IMPÔT SUR LE REVENU

REVENUS NON COMMERCIAUX ET ASSIMILÉS (régime de la déclaration contrôlée)

- Déclaration relative à l'année 19______

ou à la période du ______________ **19**______ **au** ______________ **19**______

RENSEIGNEMENTS RELATIFS AU DÉCLARANT

NOM et PRENOM ou DÉNOMINATION et adresse du Cabinet principal au 1er janvier de la présente année.	Numéro SIRET (s'il a été notifié par l'I.N.S.E.E.).
Tél. :	*En cas de changement, adresse au 1er janvier précédent*
ADRESSE des Cabinets secondaires	ADRESSE du domicile du déclarant
Nature de l'activité :	Année de début d'exercice de la profession :

SI VOUS ÊTES MEMBRE :	Dénomination et adresse du groupement, de la société ou de l'association agréée
• d'une société ou d'un groupement exerçant une activité libérale et non soumis à l'impôt sur les sociétés • d'une société de moyens • d'une association agréée	

▶ En cas d'adhésion à une association agréée (1), de retrait (2) ou de changement d'association (3), portez le chiffre correspondant à votre situation dans la case ci-contre. ☐

Les résultats de la présente déclaration sont-ils déterminés (cochez la case si la réponse est oui) :

- d'après les règles « recettes-dépenses » ? .... ☐
- d'après les règles de la comptabilité commerciale « créances-dettes » ? .... ☐
- d'après une comptabilité tenue hors T.V.A. ? .... ☐

RÉCAPITULATION DES ÉLÉMENTS D'IMPOSITION

BÉNÉFICE IMPOSABLE (report de la ligne 46 du tableau n° 2035 B) .... ______ F

DÉFICIT DÉDUCTIBLE (report de la ligne 47 du tableau n° 2035 B) .... ______ F

PLUS-VALUES NETTES A LONG TERME imposables au taux de 11 % ______ F de 16 % ______ F

CRÉDIT FORMATION (montant déterminé sur l'imprimé n° 2068) .... ______ F

Nom et adresse du conseil :
du comptable :

CACHET
de l'association agréée :

A ______________, le ______________

Signature :

N° 2035 - Imprimerie Nationale 0404059.L.20 (49) - Novembre 1989

La loi n° 78-17 du 6 janvier 1978 relative à l'informatique, aux fichiers et aux libertés s'applique aux réponses faites à ce formulaire par les personnes physiques. Elle leur garantit un droit d'accès et de rectification pour les données les concernant auprès du centre des impôts destinataire de leur déclaration.

Les informations contenues dans les déclarations ne peuvent être cédées à l'INSEE ou aux autres services ministériels que pour l'établissement de statistiques (loi n° 86-1305 du 23-12-1986).

DIRECTION GÉNÉRALE DES IMPÔTS

N° 2035 A

RÉGIME DE LA DÉCLARATION CONTRÔLÉE

ANNEXE A LA DÉCLARATION N° 2035

Renseignements relatifs à l'année 19 ______ ou à la période du ______ au ______

NOM et PRÉNOM ou dénomination ______

Adresse ______

SERVICES ASSURÉS de façon régulière et rémunérés par des salaires :

Désignation de l'employeur	Nature des services	Montant des salaires

PERSONNEL SALARIÉ (1)

Nombre total des salariés : ______ dont handicapés : ______ dont apprentis : ______

Montant brut des salaires : (extrait de la déclaration DADS 1 normale ou simplifiée de 1989) : ______

Immobilisations et amortissements (Si ce cadre est insuffisant, joindre un état du même modèle) (2)

N° d'ordre	Nature des immobilisations	Date d'acquisition ou de mise en service	Prix total payé T.V.A. comprise	Montant de la T.V.A. déductible	Valeur hors T.V.A. déductible	Taux d'amortissement	Montant des amortissements	
							antérieurs	de l'année
	1	2	3	4	5	6	7	8
				TOTAL......				

Détermination des plus-values et moins-values (3)

N° d'ordre	Nature des immobilisations	Date de cession	Prix de cession	Plus-values		Moins-values	
				à court terme	à long terme	à court terme	à long terme
	9	10	11	12	13	14	15
		TOTAL					

N° 2035 B

COMPTE DE RÉSULTAT FISCAL

ANNEXE A LA DÉCLARATION N° 2035

1

Nom et prénom du déclarant ou dénomination ....
Adresse professionnelle ....
....
Nature de l'activité ....
Date de début d'activité ....
Renseignements relatifs
à l'année 1 9
ou à la période du
au
nombre de salariés
nombre d'associés (en cas de société)

2 CADRE RÉSERVÉ A L'ADMINISTRATION

Activité exercée (C ou P) ....
Numéro de l'association agréée ....
Année d'adhésion 1 9
Montant des salaires perçus ....
Année de vérification 1 9

Cachet du service

Code profession ....

N° FRP	Recette	Numéro de dossier	Clé

3 Recettes

Ligne	Libellé	Code	F	Code	F
1	Recettes encaissées y compris les remboursements de frais ①	AA			
2	A déduire : débours payés pour le compte des clients ②	AB			
3	A déduire : honoraires rétrocédés ③	AC			
4	Montant net des recettes			AD	
5	Produits financiers ④			AE	
6	Gains divers ⑤			AF	
7	TOTAL (lignes 4 à 6)			AG	

4 Dépenses professionnelles

Ligne	Libellé	Détail	Code	Montant
8	Achats ⑥		BA	
9	Frais de personnel : Salaires nets et avantages en nature ⑦		BB	
10	Frais de personnel : Charges sociales sur salaires (parts patronale et ouvrière)		BC	
11	Impôts et taxes ⑧ : Taxe sur la valeur ajoutée		BD	
12	Impôts et taxes ⑧ : Taxe professionnelle et autres impôts		BE	
13	Loyer et charges locatives		BF	
14	Location de matériel et de mobilier		BG	
15	Entretien et réparations			
16	Personnel intérimaire			
17	Petit outillage ⑨			
18	Chauffage, eau, gaz, électricité			
19	Honoraires ne constituant pas des rétrocessions ⑩			
20	Primes d'assurances			
15 à 20	TOTAL : TRAVAUX FOURNITURES ET SERVICES EXTÉRIEURS		BH	
21	Frais de voiture automobile ⑪			
22	Autres frais de déplacement (voyages...)			
21 à 22	TOTAL : TRANSPORTS ET DÉPLACEMENTS		BJ	
23	Charges sociales personnelles ⑫		BK	
24	Frais de réception, de représentation et de congrès		BL	
25	Fournitures de bureau, documentation, PTT			
26	Frais d'actes et de contentieux			
27	Cotisations syndicales et professionnelles			
28	Autres frais divers de gestion			
25 à 28	TOTAL : FRAIS DIVERS DE GESTION		BM	
29	Frais financiers ⑬		BN	
30	Pertes diverses		BP	
31	TOTAL (lignes 8 à 30)		BR	

5 Détermination du résultat

Ligne	Libellé	Code	Montant	Ligne	Libellé	Code	Montant
32	Excédent (ligne 7 - ligne 31)	CA		37	Insuffisance (ligne 31 – ligne 7)	CF	
33	Plus-values à court terme ⑭	CB		38	Frais d'établissement ⑰	CG	
34	Divers à réintégrer ⑮	CC		39	Dotation aux amortissements ⑱	CH	
35	Bénéfice Sté Civile de moyens ⑯	CD		40	Provision pour dépréciation des immobilisations non amortissables ⑲	CJ	
				41	Moins-values à court terme	CK	
				42	Divers à déduire ⑳	CL	
				43	Déficit Sté Civile de moyens ⑯	CM	
				44	TOTAL (lignes 37 à 43)	CN	
36	TOTAL (lignes 32 à 35)	CE					

46	Bénéfice (ligne 36 – ligne 44) →	CP	
47	Déficit (ligne 44 – ligne 36) →	CR	

6

- Montant des immobilisations hors T.V.A. déductible (total col. 5 du tableau de la page 2) DA

	Code	Comptabilité tenue HORS TAXE	Code	Comptabilité tenue TAXE INCLUSE
- Montant de la T.V.A. afférente aux recettes	DB	F	DD	F
- Montant de la T.V.A. déductible afférente aux dépenses	DC	F	DE	F

COMPTE DE RÉSULTAT FISCAL

N° 2035 B

ANNEXE A LA DÉCLARATION N° 2035

1

Nom et prénom du déclarant ou dénomination ....

Adresse professionnelle ....

Nature de l'activité ....

Date de début d'activité ....

Renseignements relatifs à l'année 19..

ou à la période du .... au ....

nombre de salariés

nombre d'associés (en cas de société)

2 CADRE RÉSERVÉ A L'ADMINISTRATION

Activité exercée (C ou P) ....

Numéro de l'association agréée ....

Année d'adhésion .... 19..

Montant des salaires perçus ....

Année de vérification .... 19..

Cachet du service

Code profession ....

N° FRP — Recette — Numéro de dossier — Clé

3 Recettes

1	Recettes encaissées y compris les remboursements de frais ①	AA	F
2	A déduire : débours payés pour le compte des clients ②	AB	
3	A déduire : honoraires rétrocédés ③	AC	
4	Montant net des recettes	AD	F
5	Produits financiers ④	AE	
6	Gains divers ⑤	AF	
7	TOTAL (lignes 4 à 6)	AG	

4 Dépenses professionnelles

8	Achats ⑥	BA
9	Frais de personnel : Salaires nets et avantages en nature ⑦	BB
10	Frais de personnel : Charges sociales sur salaires (parts patronale et ouvrière)	BC
11	Impôts et taxes ⑧ : Taxe sur la valeur ajoutée	BD
12	Impôts et taxes ⑧ : Taxe professionnelle et autres impôts	BE
13	Loyer et charges locatives	BF
14	Location de matériel et de mobilier	BG
15	Entretien et réparations	
16	Personnel intérimaire	
17	Petit outillage ⑨	
18	Chauffage, eau, gaz, électricité	
19	Honoraires ne constituant pas des rétrocessions ⑩	
20	Primes d'assurances	
15–20	TOTAL : TRAVAUX FOURNITURES ET SERVICES EXTÉRIEURS	BH
21	Frais de voiture automobile ⑪	
22	Autres frais de déplacement (voyages...)	
21–22	TOTAL : TRANSPORTS ET DÉPLACEMENTS	BJ
23	Charges sociales personnelles ⑫	BK
24	Frais de réception, de représentation et de congrès	BL
25	Fournitures de bureau, documentation, PTT	
26	Frais d'actes et de contentieux	
27	Cotisations syndicales et professionnelles	
28	Autres frais divers de gestion	
25–28	TOTAL : FRAIS DIVERS DE GESTION	BM
29	Frais financiers ⑬	BN
30	Pertes diverses	BP
31	TOTAL (lignes 8 à 30)	BR

5 Détermination du résultat

32	Excédent (ligne 7 - ligne 31)	CA	37	Insuffisance (ligne 31 – ligne 7)	CF
33	Plus-values à court terme ⑭	CB	38	Frais d'établissement ⑰	CG
34	Divers à réintégrer ⑮	CC	39	Dotation aux amortissements ⑱	CH
35	Bénéfice Sté Civile de moyens ⑯	CD	40	Provision pour dépréciation des immobilisations non amortissables ⑲	CJ
			41	Moins-values à court terme	CK
			42	Divers à déduire ⑳	CL
			43	Déficit Sté Civile de moyens ⑯	CM
			44	TOTAL (lignes 37 à 43)	CN
36	TOTAL (lignes 32 à 35)	CE			

46	Bénéfice (ligne 36 – ligne 44) →	CP
47	Déficit (ligne 44 – ligne 36) →	CR

6

- Montant des immobilisations hors T.V.A. déductible (total col. 5 du tableau de la page 2) — DA

	Comptabilité tenue HORS TAXE		Comptabilité tenue TAXE INCLUSE	
- Montant de la T.V.A. afférente aux recettes	DB	F	DD	F
- Montant de la T.V.A. déductible afférente aux dépenses	DC	F	DE	F

Département et Commune : ....

N° 2047
cerfa
N° 30-2485

Déclaration
des revenus encaissés hors de la France métropolitaine et des départements d'Outre-Mer
1989

■ **Nom, prénoms** : ....
....

■ **Adresse** complète du domicile : ....
....

■ *Pour remplir la déclaration, qui est une annexe à la déclaration des revenus, veuillez vous reporter à la notice explicative n° 2047 bis (renvois ① à ㉒).*

I REVENUS FONCIERS

Adresse des immeubles concernés ①	Nom du pays ou du territoire où chaque revenu a été encaissé
....	....
....	....
....	....
....	....
....	....

▶ SOUSCRIVEZ UNE DÉCLARATION DES REVENUS FONCIERS N° 2044

II REVENUS DES PROFESSIONS NON SALARIÉES ②

	Nom du pays ou territoire où chaque revenu a été encaissé	Montant du bénéfice (portez le signe +) ou du déficit (portez le signe −) Rappel : ces sommes sont à ajouter, le cas échéant, aux revenus de même nature perçus en France et dans les D.O.M.
■ **Bénéfices des exploitations agricoles.**		
Vous		
Conjoint		
Personnes à charge		
■ **Bénéfices des professions industrielles, commerciales ou artisanales** ⑲		
Vous		
Conjoint		
Personnes à charge		
■ **Bénéfices des professions non commerciales** ⑲		
Vous		
Conjoint		
Personnes à charge		
■ **Rémunérations des gérants et associés.** ⑲		
Vous		
Conjoint		
Personnes à charge		

▶ A REPORTER SUR LA DÉCLARATION DES REVENUS • 4 « REVENUS DES PROFESSIONS NON SALARIÉES »

III PLUS-VALUES (à détailler) ⑲

....
....

▶ A REPORTER SUR LA DÉCLARATION DES REVENUS • 4 et • 5

N° 2047 - Série G - Imprimerie Nationale 0404111.O.42 (50) - Octobre 1989

IV REVENUS DES VALEURS ET CAPITAUX MOBILIERS ET REVENUS ASSIMILÉS

(③ Rappel : ces sommes sont à ajouter, le cas échéant, aux revenus de même nature perçus en France et dans les D.O.M.)

	Pays où le revenu a été perçu 1	Montant net encaissé, en F. 2	Avoir Fiscal Crédit d'impôt 3	Montant du revenu imposable (col. 2 + col. 3)	
■ Revenus des créances, dépôts, cautionnements et comptes courants ⑲					AB
■ Avances, prêts ou acomptes reçus en tant qu'associé de sociétés de capitaux					JK
■ Revenus des valeurs mobilières françaises et revenus assimilés ④.					
Revenus y compris l'avoir fiscal ou le crédit d'impôt — des titres de l'emprunt d'État 8,80 %, 1977					DE
d'obligations ouvrant droit à l'abattement					FG
d'actions ouvrant droit à l'abattement					HF
n'ouvrant pas droit à l'abattement					JK

Total de la colonne 3 A = ... (à reporter, ligne EY)

Chacun des montants AB à JK est à reporter sur la déclaration des revenus • 2 lignes AB à JK

■ Revenus des valeurs mobilières étrangères et revenus assimilés ⑤

• OUVRANT DROIT A UN CRÉDIT D'IMPÔT

Pays d'émission des valeurs 1	DIVIDENDES — Montant net encaissé en F (en monnaie française) 2	DIVIDENDES — Détermination du crédit d'impot — Pourcentage à appliquer 3	DIVIDENDES — Crédit d'impôt (avec centimes) (col. 2 × col. 3) 4	INTÉRÊTS — Montant net encaissé en F (en monnaie française) 5	INTÉRÊTS — Détermination du crédit d'impot — Pourcentage à appliquer 6	INTÉRÊTS — Crédit d'impôt (avec centimes) (col. 5 × col. 6) 7	TANTIÈMES — Montant net encaissé en F (en monnaie française) 8	TANTIÈMES — Détermination du crédit d'impot — Pourcentage à appliquer 9	TANTIÈMES — Crédit d'impôt (avec centimes) (col. 8 × col. 9) 10
Algérie		⑧⑰			⑥		»	»	»
Allemagne		18 %		»	»	»			
Arabie Saoudite		⑥			⑥		»	⑰ »	»
Argentine		18 %			⑥⑦25 %			⑥	
Australie		18 %			11 %			⑥	
Autriche		18 %		»	»	»	»	»	»
Belgique		18 %			⑦ 18 %		»	»	»
Bénin		⑪⑫36 %			⑥			⑥	
Bangladesh		23,50 %			⑥22,20 %			⑥	
Brésil	⑩	25 %		⑩	25 %			⑥	
Bulgarie		18 %		»	»	»		⑱	
Cameroun		33;33 %			⑥			⑥	
Canada		18 %			11 %			⑥	
Chine		⑨			⑨			⑥	
Chypre		⑦ 18 %			⑦ 11 %			⑥	
Congo ㉑		⑧⑪⑫36 %			13,70 %			⑫13,70 %	
㉒		25 %		»	»	»		⑱	
Corée		⑥			⑥			⑥	
Égypte		33,33 %			⑥			⑥	
Espagne		18 %			⑥ 11 %		»	»	»
État-Unis	⑯	18 %		»	»	»	»	⑰ »	»
Finlande	»	»	»		11 %			⑥	
Grèce		32 %			11 %		»	»	»
Hongrie		18 %		»	»	»		⑥	
Inde		43 %			⑥⑦			⑥	
Indonésie		⑥⑦			⑥⑦			⑥	
Iran		⑦ 25 %			18 %			⑥	
Irlande		32 %		»	»	»	»	»	»
Israël		50 %			18 %		»	»	»

Italie		18 %			18 %		»	»	»
Japon		18 %			11 %		»	»	»
Jordanie		18 %			(9) 18 %			18 %	
Koweit		(6)		»	»	»		(6)	
Liban	»	»	»	»	»	»		(6)	
Luxembourg		18 %			(6)		»	»	»
Madagascar		33,33 %			18 %			(6)	
Malaisie	»	»	»		(7) 18 %			(6)	
Malte		18 %			11 %			(6)	
Maroc		(8) 33,33 %			(6)(9)		»	»	»
Maurice		(6)			(6)			(6)	
Norvège		18 %			11 %			(6)	
Nouvelle-Zélande		18 %			11 %			(6)	
Pakistan		50 %		»	»	»	»	»	»
Pays-Bas		18 %			(7) 11 %			(6)	
Philippines		(6)(7)			(6)(7)			(6)	
Pologne		18 %		»	»	»		(6)	
Portugal		18 %			(14)			(6)	
Roumanie		11 %			(7) 11 %			(6)	
Saint-Pierre et Miquelon		18 %		»	»	»	»	»	»
Royaume-Uni		18 %		»	»	»	»	»	»
Sénégal		(11)(12) 36 %			(6)			(6)	
Singapour		(7)			11 %			(6)	
Sri Lanka		(9)			(9)			(6)	
Suisse		5,30 %			11 %		»	»	»
Tchécoslovaquie		11 %		»	»	»		(6)	
Thaïlande		(6)			(6)			(6)	
Tunisie		(11)(12)(15)			13,70 %			(6)	
URSS		18 %			11 %		»	»	»
Yougoslavie		18 %		»	»	»		(6)	
Bourkina, Rép. de Centrafrique, Côte-d'Ivoire, Gabon, Mali, Mauritanie, Niger, Togo et Territoires d'Outre-Mer (autres que la Nouvelle-Calédonie)		(8)(11)(12) 36 %			13,70 %			(12) 13,70 %	
Nouvelle-Calédonie		(11) 36 %		»	»	»		(6)	
Guinée		(13)			(13)			(13)	
Totaux									

Total des revenus (col. 2+5+8) .... B ....

Total des crédits d'impôt (col. 4+7+10) (arrondi) .... C + ...

• TOUS AUTRES REVENUS IMPOSABLES N'OUVRANT PAS DROIT A UN CRÉDIT D'IMPÔT (en francs) (17) .... D + ...

• REVENU IMPOSABLE DES VALEURS ÉTRANGÈRES (total des 3 sommes ci-dessus B, C et D) .... ▶ .... JK

■ Frais et charges venant en déduction .... ▶ .... CA

■ Montant total des avoirs fiscaux et crédits d'impôts (total des sommes A + C) .... ▶ .... EY

Chacun des montants JK-CA-EY est à reporter sur la déclaration des revenus • 2 lignes JK à EY.

V TRAITEMENTS, SALAIRES, PENSIONS ET RENTES

	Nom du pays ou territoire où chaque revenu a été encaissé	Montant du revenu (19) Rappel : ces sommes sont à ajouter, le cas échéant, aux revenus de même nature perçus en France et dans les D.O.M.	
▪ **Traitements, salaires.**			
– Total des salaires, avantages en nature et indemnités journalières de maladie.			
Vous			
Conjoint			
Personnes à charge			
▪ **Salaires versés par les sociétés dans lesquelles vous détenez plus de 35 % de droits sociaux.**			A REPORTER SUR LA DÉCLARATION DES REVENUS AU • **1** « TRAITEMENTS SALAIRES »
– Total des salaires, avantages en nature et indemnités journalières de maladie.			
Vous			
Conjoint			
▪ **Pensions, retraites, rentes.**			
– Total des pensions et avantages en nature.			A REPORTER SUR LA DÉCLARATION DES REVENUS AU • **1** « PENSIONS, RETRAITES, RENTES »
Vous			
Conjoint			
Personnes à charges			
▪ **Rentes viagères à titre onéreux.**			
Vous			A REPORTER SUR LA DÉCLARATION DES REVENUS AU • **1** « RENTES VIAGÈRES A TITRE ONÉREUX »
Conjoint			
Personnes à charges			

VI REVENUS EXONERES PRIS EN COMPTE POUR LE CALCUL DU TAUX EFFECTIF (20)

Indiquez le bénéficiaire des revenus : - vous ou conjoint ou personnes à charge (1)	Nom du pays ou du territoire ou chaque revenu a été réalisé. (2)	Nature du Revenu (3)	Montant brut du revenu (4)	Nature et Montant de l'impôt éventuellement acquitté à l'étranger. (5)	Montant des charges afférentes au revenu. (6)

TOTAL [ ]

A reporter ligne 8 NP
de la déclaration des revenus

A** .... **le** .... **signature :

Département et Commune ....

N° 2049
cerfa
N° 30-2486

Déclaration des plus-values 1989

■ NOM, PRÉNOMS : ....
ou dénomination
....

■ ADRESSE complète du domicile : ....
....
....

■ Pour remplir la déclaration, veuillez vous reporter à la notice explicative n° 2049 bis.
■ Vous devez déclarer les plus-values réalisées lors de la cession de biens meubles, immeubles et de droits immobiliers ou mobiliers sur des immeubles.
■ Cette déclaration est obligatoire en vertu de l'article 150 S du Code Général des Impôts.

■ IDENTIFICATION DU BIEN CÉDÉ.

— IMMEUBLE (bâti ou non bâti) :
- Nature : ....
(construction, terrain à bâtir, terre agricole, etc.)
- Situation : ....
(département, commune, rue, n°, lieudit)
- Pour un terrain : superficie : ....

— DROITS SOCIAUX afférents à des immeubles :
- Dénomination de la société dont vous détenez les titres : ....
- Siège social : ....
- Nombre de titres cédés : .... Numéros des titres : ....

— MEUBLE : précisez sa nature : ....

— BIJOU, OBJET d'ART, de COLLECTION ou d'ANTIQUITÉ, si vous avez opté pour l'assujettissement à l'impôt sur le revenu (voir notice page 1 § I) :
- Nature du bien : ....

— Pour une PLUS-VALUE PROFESSIONNELLE, ou réalisée comme ASSOCIÉ d'une société :
- Nom et adresse de l'exploitation ou de la société : ....
....

■ RENSEIGNEMENTS RELATIFS A LA CESSION OU AU TRANSFERT DE PROPRIÉTÉ.

— Nature et date de la cession (ou du transfert de propriété) : ....

— Nom et adresse du notaire ou du rédacteur de l'acte : ....
....

— Nom, prénoms et adresse de l'acquéreur : ....
....

■ NATURE ET DATE DE L'ACQUISITION OU DE LA CONSTRUCTION.

— Date d'acquisition du bien cédé (Pour un bien acquis à l'issue d'une opération de remembrement : voir notice page 3 (2) cas particuliers) : ....
- Avez-vous acquis le bien cédé* : à titre onéreux ☐, par succession ☐, par donation ☐
- Si la donation a été faite moins de 5 ans avant la date de la vente du bien, précisez :
  — si celui-ci a été acquis par le donateur* : à titre onéreux ☐, à titre gratuit ☐.
  — la date d'acquisition du bien par le donateur : ....

— Date du début des travaux de construction : ....
- date d'acquisition du terrain : ....
- mode d'acquisition du terrain* : à titre onéreux ☐, par succession ☐, par donation ☐.

* Cochez la case correspondante.

N° 2049 - Série G - Imprimerie Nationale 0404108.O.85 [50] - Novembre 1989

En cas de cession d'un immeuble ou de droits portant sur des immeubles, vous pouvez, le cas échéant, bénéficier d'une exonération si vous disposez d'un patrimoine immobilier n'excédant pas certaines limites : consultez la notice p. 2, § 8; vous n'avez pas alors à remplir les pages 2 et 3 de la déclaration, mais n'omettez pas de compléter la page 4.

I. DÉTERMINATION DE LA PLUS-VALUE NETTE.

Plus-value à court terme (notice p.2 § III)

- BIENS MEUBLES DÉTENUS DEPUIS MOINS D'1 AN
- BIENS IMMOBILIERS ET DROITS SOCIAUX ASSIMILÉS DÉTENUS DEPUIS MOINS DE 2 ANS.

■ PRIX DE CESSION ou INDEMNITÉ D'EXPROPRIATION (notice ①) ....

A déduire : Commissions versées à des intermédiaires (remplir le cadre IV), autres frais et taxes : .... –

RESTE NET .... A

■ PRIX DE REVIENT (notice ② à ⑦) :

Prix d'acquisition ou valeur vénale ②	Frais d'acquisition ③	Dépenses de construction ou d'amélioration ④	Frais de voirie ⑤	Honoraires ⑥	Intérêts d'emprunts ⑦
	+	+	+	+	+

= B

■ RÉDUCTION APPLICABLE POUR DURÉE DE DÉTENTION D'UN CHEVAL DE COURSE (notice ⑨)

Plus-value nette (A – B) 1	Montant de la réduction Col. 1 × 15 % 2

C (A reporter ci-contre)

- Fraction de plus-value réalisée comme *associé* d'une société de personnes ou d'une société immobilière non transparente .. X
- *Rapatriés d'outre-mer :* fraction non encore imputée des moins-values subies au titre de l'indemnisation (notice ⑫) ...... G

PLUS-VALUE NETTE A COURT TERME [(A – B – C) + X] – G (à reporter cadre II). = D

Plus-value à long terme (notice p.2 § III)

- BIENS MEUBLES DÉTENUS DEPUIS PLUS D'1 AN
- IMMEUBLES ET DROITS SOCIAUX ASSIMILÉS DÉTENUS DEPUIS PLUS DE 2 ANS.

■ PRIX DE CESSION ou INDEMNITÉ D'EXPROPRIATION (notice ①) ....

A déduire : Commissions versées à des intermédiaires (remplir le cadre IV), autres frais et taxes : .... –

RESTE NET .... E

■ PRIX DE REVIENT CORRIGÉ (notice ② à ⑧) :

Reportez, par rubrique, en indiquant leur nature, les éléments du prix de revient en autant de lignes qu'il y a d'années d'acquisition ou de paiement des dépenses. 1	Montant 2	Année d'acquisition ou de paiement de la dépense 3	Coefficient d'érosion monétaire ⑧ 4	Montant révisé (col. 2 × col. 4) 5
PRIX D'ACQUISITION ou VALEUR VÉNALE ②				
FRAIS D'ACQUISITION ③				
DÉPENSES DE CONSTRUCTION ou D'AMÉLIORATION ④				
FRAIS DE VOIRIE ⑤				
HONORAIRES ⑥				
INTÉRÊTS DES EMPRUNTS ⑦		»	1	
		Total col. 5 à reporter ligne F =		

F

■ RÉDUCTION APPLICABLE POUR DURÉE DE DÉTENTION (notice ⑨ ⑩ et ⑪)

Plus-value nette (E – F) 1	Nombre d'années de possession au-delà de la 2ᵉ (immeuble) ou 1ʳᵉ (meuble) 2 ⑩	Taux de la réduction (col. 2 × 5 %) 3 ⑪	Montant de la réduction (col. 1 × col. 3) 4	Réduction supplémentaire ⑨ pour détention d'un cheval de course: Nombre d'années de détention d'un cheval de course 5	Taux de la réduction (col. 5 × 15 %) 6	Montant de la réduction (col. 1 × col. 6) 7	Plus-value nette après réduction (col. 1 – (col. 4 + 7) 8

H (à reporter ci-contre)

- Fraction de plus-value réalisée comme *associé* d'une société de personnes ou d'une société immobilière non transparente ..... Y
- *Rapatriés d'outre-mer :* fraction non encore imputée des moins-values subies au titre de l'indemnisation (notice ⑫) I

PLUS VALUE NETTE A LONG TERME [(H + Y) – I] (à reporter cadre II) = J

II. DÉTERMINATION DE LA PLUS-VALUE IMPOSABLE

En cas de pluralité de cessions et de souscription de plusieurs déclarations, reportez l'ensemble des plus-values dans le cadre II de la déclaration afférente à la dernière opération intervenue et ne remplissez pas le cadre II des autres déclarations.

■ - VOUS BÉNÉFICIEZ D'UN ABATTEMENT FAMILIAL POUR LA PREMIÈRE CESSION D'UNE RÉSIDENCE SECONDAIRE IMPOSABLE (cf. notice ⑬).

Portez ci-dessous le montant de la plus-value nette correspondante (ligne J)	Nombre d'enfants vivants ou représentés	Vous pouvez déduire un ABATTEMENT familial de :		Votre plus-value imposable s'élève à (col. 1 − col. 3) :
1	2	3		4
			N	Chiffre à reporter ci-dessous cadre 1 ou 2 selon le cas

■ - VOUS BÉNÉFICIEZ DANS TOUS LES CAS (après application éventuelle de l'abattement familial précédent) :

1 - SOIT DE L'ABATTEMENT GÉNÉRAL DE 6 000 F (cf. notice ⑭) :

Nature des plus-values réalisées	Reportez les chiffres des lignes D, J ou N selon la nature des plus-values :	Déduisez dans l'ordre ci-dessous et jusqu'à concurrence de 6.000 F l'abattement général :		Votre plus-value imposable s'élève à (col. 2 − col. 3) :
1	2	3		4
Plus-values à court terme			P	
Plus-values à long terme			R	

2 - SOIT DE L'ABATTEMENT SPÉCIAL DE 75.000 F EN CAS D'EXPROPRIATION OU DE CESSION AMIABLE A UNE COLLECTIVITÉ PUBLIQUE (cf. notice ⑮) :

Nature des plus-values réalisées à l'occasion d'une expropriation	Portez les chiffres des lignes D, J ou N selon la nature des plus-values :	Déduisez dans l'ordre ci-dessous et jusqu'à concurrence de 75 000 F l'abattement spécial		Votre plus-value imposable s'élève à (col. 2 − col. 3) :
1	2	3		4
Plus-values à court terme			S	
Plus-values à long terme			T	

■ TOTALISEZ CI-DESSOUS VOS PLUS-VALUES IMPOSABLES :

A REPORTER SUR LA DÉCLARATION n° 2042. AU • 5

— Plus-values à COURT TERME (lignes P + S) : .... F ► ligne J.M.

— Plus-values à LONG TERME (lignes R + T) : .... F ► ligne J.N. ou J.P.

III. MODALITÉS PARTICULIÈRES D'IMPOSITION

Sous certaines conditions, vous pouvez bénéficier de modalités particulières d'imposition : cochez la (ou les) case(s) correspondant à l'option choisie.

- ☐ Je demande le paiement fractionné de l'imposition (notice ⑯) ; (NB : dans ce cas portez le montant de la plus-value ligne J.P. de la déclaration 2042) ;
- ☐ Je demande le report de l'imposition en cas de cession de terrain à bâtir à une collectivité publique (notice ⑰ a) ;
- ☐ Je demande l'imposition au titre de l'année du transfert de propriété en cas d'apports ou de cessions de terrains à bâtir réalisés dans le cadre de la loi d'Orientation foncière du 30-12-1967 (notice ⑰ b) ;
- ☐ Je demande l'imposition au titre de l'année du transfert de propriété en cas d'expropriation (notice ⑱) ;
- ☐ Je demande les versements provisionnels en matière de bail à construction (notice ⑲) ;

IV. COMMISSIONS VERSÉES A DES INTERMÉDIAIRES : remplir le cadre ci-après.

Nom et adresse des bénéficiaires	Montant des sommes payées	Date des paiements

A .... le .... *Signature*

■ **ÉTAT DU PATRIMOINE** (notice p. 2, § 8) — Ce tableau ne doit être rempli que lorsque vous demandez à bénéficier de l'exonération des plus-values immobilières prévue en faveur des personnes dont le patrimoine immobilier n'excède pas 400 000 F augmenté de 100 000 F par enfant à charge à partir du troisième enfant.

Après avoir rempli la page I, portez ci-dessous tous les immeubles et les droits assimilés, y compris les biens cédés, dont vous-même et les personnes composant votre foyer fiscal êtes propriétaires en France ou à l'étranger.

SITUATION DES IMMEUBLES	NATURE DES IMMEUBLES OU DES DROITS ASSIMILÉS	DESCRIPTION SOMMAIRE OU CONTENANCE	VALEUR VÉNALE RÉELLE au jour de la cession	EMPRUNTS RESTANT A REMBOURSER		VALEUR RETENUE (col. 4 – col. 5)
				MONTANT	NOM et ADRESSE du PRÊTEUR	
1	2	3	4	5	6	7

Col. 1 : Situation : département, commune, rue, n°, lieudit et en outre, pour les terrains, désignation cadastrale.

Col. 2 : Pour les immeubles : « bâti » ou « non bâti » et affectation ou utilisation principale;
pour les droits assimilés : désignation (indivision, usufruit, nue-propriété, parts de sociétés immobilières transparentes, de sociétés immobilières...).

Col. 3 : Pour les immeubles : nombre de pièces ou superficie développée;
pour les terrains : superficie, pour les droits sur immeubles : nombre de titres ou pourcentage de participation.

Col. 4 : Valeur vénale réelle : prix normal de vente.

Col. 5 : Emprunts (capital restant à rembourser) contractés pour l'acquisition, la construction ou la réparation de l'immeuble, et dûment justifiés.

A .... *le* ....

(Signature)

Déclaration des revenus fonciers 1989

■ **Nom, prénoms** ....

....

■ **Domicile : N°** .... **Rue** ....

....

|_|_|_|_|_| **Commune** ....
Code postal

N° 2044
cerfa
N° 30-2479

• *Cette déclaration est une annexe à votre déclaration n°2042. Pour la remplir, veuillez vous reportez aux renvois (1) à (23) et à la page 4 de la notice explicative (n° 2044 bis).*
• *Monuments historiques - Secteurs sauvegardés - Nues-propriétés : à déclarer en dernière page lorsque les déficits éventuels sont imputables sur le revenu global. Si les déficits ne sont déductibles que des revenus fonciers, utilisez les pages 1 et 2.*

I PROPRIÉTÉS RURALES

■ **Adresses des propriétés :** *Indiquez pour chacune de vos propriétés : son adresse complète, sa superficie et le montant brut du fermage. Si ce cadre est insuffisant, joignez un état sur le même modèle. En cas de pluralité de propriétés : voir notice (1)*

	superficie	montant brut du fermage.
....	....	....
....	....	....
....	....	....

		Cas général	Cas particulier (3)
	■ **Revenu brut** (5) *y compris celui des bâtiments d'exploitation* (2).		
1	Recettes brutes encaissées (6)		
1	Remboursement par vos locataires des dépenses acquittées par vos soins		
2	Recettes qu'auraient pu produire les propriétés dont vous vous réservez la jouissance (7)		
3	Dépenses vous incombant normalement, mises par convention à la charge des locataires (8)		
4	Recettes brutes diverses (9) et (10)		
5	TOTAL (lignes 1 à 4)		
6	Dépenses incombant normalement aux locataires et acquittées par vos soins (11)		
7	REVENU BRUT (lignes 5 − 6)		
	■ **Frais et charges à déduire** (12)		
8	Frais divers — 10 % du revenu brut figurant ligne 7 (1re col.) (cf. cas particulier (4) et (13))		
8	Frais divers — 15 % du revenu brut figurant ligne 7 (2e col.) (cf. cas particulier (4) et (13))		
9	Frais réels de gérance et frais de rémunération des gardes (14)		
10	Paiements effectués sur travaux d'amélioration, de réparation et d'entretien (15) (remplir en outre le cadre A page 2)		
11	Primes d'assurances afférentes aux immeubles (13)		
12	Intérêts des emprunts (16) (remplir également le cadre B page 2)		
13	Taxes foncières et taxes annexes de 1989 (17)		
14	TOTAL DES FRAIS ET CHARGES		
15	REVENU NET (+) (lignes 7 − 14) OU DÉFICIT (−) (lignes 14 − 7)		

■ **Revenu net total (+) ou déficit (−) des propriétés rurales** |________| **R1**
Totalisez case R1 les sommes de la ligne 15, 1re col. + 2e col.
A reporter RÉCAPITULATION p. 4.

N° 2044 · Imprimerie Nationale 0404105.O.64 [50] · Octobre 1989

II PROPRIÉTÉS URBAINES

Si le nombre de ces colonnes est insuffisant, joignez un état établi

■ **Adresses des propriétés :**

- Indiquez l'adresse complète de chaque immeuble sur la ligne portant le numéro de la colonne où sont détaillés les revenus correspondants.
- Pour les immeubles bénéficiant de la déduction forfaitaire de 35 %, indiquez leur date d'acquisition ou de construction.

	code département :	commune :	adresse :
1			
2			
3			
4			
5			

■ **Si vous avez demandé à bénéficier, de 1985 à 1989, d'une réduction d'impôt pour l'achat d'un logement neuf, précisez les nom et prénom du ou des locataires dans les emplacements ci-contre ④ .**

		1	2	3
	■ **Revenu brut ⑤**			
20	Recettes brutes encaissées ⑥			
21	Remboursement par vos locataires des dépenses acquittées par vos soins ⑥			
22	Dépenses vous incombant normalement mises à la charge des locataires ⑧			
23	Recettes brutes diverses (affichage,...etc.) ⑨			
24	TOTAL (lignes 20 à 23)			
25	Dépenses incombant normalement aux locataires et acquittées par vos soins ⑪			
26	Taxe additionnelle au droit de bail			
27	REVENU BRUT [LIGNES 24 – (25 + 26)]			
	■ **Frais et charges à déduire ⑫**			
28	Frais divers : cas général : 10 % du revenu brut ligne 27 ⑬			
	cas particulier ④ et ⑬ : 35 % du revenu brut ligne 27			
29	Frais réels de gérance et frais de rémunération des concierges ⑭			
30	Paiements effectués sur travaux d'amélioration, de réparation et d'entretien ⑮ (remplir en outre le cadre PAIEMENTS SUR TRAVAUX ci-dessous)			
31	Intérêts des emprunts ⑯ (remplir le cadre INTÉRÊTS DES DETTES ci-dessous)			
32	Taxes foncières et taxes annexes de 1989 ⑰			
33	TOTAL DES FRAIS ET CHARGES			
34	REVENU NET (+) (lignes 27 – 33) ou DÉFICIT (–) (lignes 33 – 27) par immeuble			
35	RÉINTÉGRATION DU SUPPLÉMENT DE DÉDUCTION PRATIQUÉ EN 1986, 1987 et 1988 (20 % du revenu brut ligne 27 de la déclaration de 1986, 1987 et 1988) ⑱			

■ **Revenu net total** (+) **ou déficit** (–) **des propriétés urbaines**
Totalisez case R2 les sommes des lignes 34 + 35 (colonnes 1 à 10)

A PAIEMENTS SUR TRAVAUX

figurant sur les lignes 10, 30 et 51. Indiquez pour chaque facture le numéro de la l'immeuble ayant fait l'objet de travaux. Si ce cadre est insuffisant, joignez un état

N° de colonne	Nature des travaux	Nom et adresse des entrepreneurs	Date de paiement

B INTÉRÊTS DES DETTES

figurant sur les lignes 12, 31 et 53.

N° de colonne	Personne ou organisme prêteur (nom et adresse)	Date du prêt	

sur le même modèle.

	date d'acquisition ou de construction	code département :	commune :	adresse :	date d'acquisition ou de construction
		6			
		7			
		8			
		9			
		10			

4	5	6	7	8	9	10

Si vous donnez en location des emplacements pour le stationnement de véhicules cochez la case ci-dessous.

☐

R2
A reporter RÉCAPITULATION p. 4.

colonne dans laquelle est inscrit sur le même modèle.

Mode de paiement	Montant

Montant des intérêts versés

III PARTS DE SOCIÉTÉS IMMOBILIÈRES

non passibles de l'impôt sur les sociétés (19) Revenu (+) Déficit (−)

Nom et adresse des sociétés immobilières	Prop. rurales	Prop. urbaines	Monuments Historiques Secteur Sauvegardé Nue-Propriété

Revenu net total ou déficit des propriétés rurales R3
A reporter RÉCAPITULATION p. 4.

Revenu net total ou déficit des propriétés urbaines R4
A reporter RÉCAPITULATION p. 4.

Revenu net total ou déficit des monuments historiques, secteur sauvegardé, nue-propriété . R5
A reporter RÉCAPITULATION p. 4.

IV IMMEUBLES • CLASSÉS MONUMENTS HISTORIQUES (21) • SECTEUR SAUVEGARDÉ (22) • NUE-PROPRIÉTÉ (23)

■ **Adresses des propriétés** (20) **11** ....
12 ....
13 ....

		11	12	13
■	**Revenu brut** (5) *y compris celui des bâtiments d'exploitation* (2)			
40	Recettes brutes encaissées (6)			
41	Remboursement par vos locataires des dépenses acquittées par vos soins (6)			
42	Recettes qu'auraient pu produire les propriétés rurales dont vous vous réservez la jouissance (7)			
43	Dépenses vous incombant normalement mises à la charge des locataires (8)			
44	Recettes brutes diverses (affichage,... etc.) (9) et (10)			
45	TOTAL (lignes 40 à 44)			
46	Dépenses incombant normalement aux locataires et acquittées par vos soins (11)			
47	Taxe additionnelle au droit de bail des immeubles urbains			
48	REVENU BRUT [lignes 45 − (46 + 47)]			
■	**Frais et charges à déduire** (12)			
49	Frais divers : (13) propriétés urbaines : 10 % / propriétés rurales (cas général) : 10 % / propriétés rurales (cas particulier (4)) : 15 % du revenu brut			
50	Frais réels de gérance et rémunération des concierges et des gardes (14)			
51	Paiements effectués sur travaux d'amélioration, de réparation et d'entretien (remplir en outre le cadre A page 2) (15)			
52	Primes d'assurances afférentes aux immeubles ruraux (13)			
53	Intérêts des emprunts (remplir le cadre B page 2) (16)			
54	Taxes foncières et taxes annexes de 1989 (17)			
55	TOTAL DES FRAIS ET CHARGES			
56	REVENU NET (+) (lignes 48 − 55) ou DÉFICIT (−) (lignes 55 − 48) par immeuble ..			

■ **Revenu net total (+) ou déficit (−) des immeubles ci-dessus.**
Totalisez case R6 les sommes de la ligne 56 colonnes 11 à 13. .... R6
A reporter ci-dessous RECAPITULATION

RÉCAPITULATION

■ **Revenu net total ou déficit des propriétés rurales** report **R1** page 1 ..

■ **Revenu net total ou déficit des propriétés urbaines** report **R2** page 3

■ **Revenus des parts de sociétés immobilières**
• **propriétés rurales** report **R3** page 3 .
• **propriétés urbaines** report **R4** page 3

59 **Résultat net global annuel** Total ou différence des 4 lignes précédentes — **59** — A reporter sur la déclaration n° 2042 ligne CD (ou CE en cas de déficit)

■ **Revenu des parts de sociétés immobilières** report **R5** page 3 ..
(Monuments historiques, secteur sauvegardé, nue-propriété)

■ **Revenu net total des immeubles classés** report **R6** page 4 .....
Monuments historiques, secteur sauvegardé, nue-propriété

60 **Résultat net global annuel** Total ou différence des 2 lignes précédentes — **60** — A reporter sur la déclaration n° 2042 ligne CG (ou CH en cas de déficit)

61 **Déficits des années antérieures restant à imputer**
Reportez ci-dessous, par année d'origine, la partie des déficits de vos immeubles urbains et ruraux non encore imputée sur vos revenus fonciers antérieurs. Reportez le total dans la case ci-contre :

urbains : 1984 : .... ;1985 : .... ; 1986 : .... ; 1987 : .... ; 1988 : .... ;
ruraux : 1980 : .... ;1981 : .... ; 1982 : .... ; 1983 : .... ; 1984 : .... ;
1985 : .... ; 1986 : .... ; 1987 : .... ; 1988 : .... ;

61 — A reporter sur la déclaration n° 2042 ligne CF

A .... , le .... Signature :

cerfa

N° 30-2527

Formulaire obligatoire
(art. 223 du Code général des impôts)

Direction Générale des Impôts

IMPÔT SUR LES SOCIETES

N° 2065
(janvier 1990)

Timbre à date du service

Cachet du service

Exercice ouvert le   et clos le

RÉGIME "SIMPLIFIÉ D'IMPOSITION" ☐ ou "RÉEL NORMAL" ☐
(cochez la case)

N° SIRET du principal établissement de l'entreprise | Code APE

A IDENTIFICATION DE L'ENTREPRISE

Désignation de la Société
(dénomination et forme)

Adresse du principal établissement
(téléphone)

Adresse du siège social
(si elle est différente de l'adresse ci-dessus)

Ancienne adresse en cas de changement

Activités exercées (souligner l'activité principale)
Si vous avez changé d'activité, cochez la case ☐

B RÉCAPITULATION DES ÉLÉMENTS D'IMPOSITION
(voir renvois page 4)

Sommes réputées distribuées soumises au supplément d'impôt sur les sociétés (art. 219-I du C.G.I.) (report du cadre D de l'annexe n° 2065 bis)

1 Résultat fiscal
(report des lignes XN ou XO, 370 ou 372 des tableaux n° 2058-A ou n° 2033-B) BÉNÉFICE ☐ DÉFICIT ☐

2 Plus-values à long terme imposables au taux de 15 % (1) ☐ — (1) à long terme imposables au taux de 19 % ☐ — à long terme imposables (1)(2) au taux de 25 % ☐

3 Entreprises nouvelles : bénéfice ou déficit (3) (Indiquer + ou – selon le cas)
CGI Article 44 quater ☐ 44 sexies ☐ 44 septies ☐
créées en Corse du 1/01/88 au 31/12/90 ☐ **ou Zones d'entreprises** ☐ (Cocher la case selon le cas)

☐ plus-values à long terme imposables au taux de 15 % ☐ plus-values à long terme imposables au taux de 19 % ☐ plus-values à long terme imposables au taux de 25 % ☐

C IMPUTATIONS
(voir renvois page 4)

Les crédits d'impôts et avoirs fiscaux indiqués aux 1 et 2 ci-dessous ne sont imputables que pour partie s'ils n'ont pas été comptabilisés par l'entreprise (61 %) ou si l'entreprise les utilise au paiement du supplément d'IS (58 %).

1. **Au titre des revenus mobiliers de source française ou étrangère, ayant donné lieu à la délivrance d'un certificat de crédit d'impôt** (4)
Impôt déjà versé au Trésor (Crédit d'impôt et avoirs fiscaux) indiqué sur les certificats joints à la présente déclaration ou afférents aux primes de remboursement ☐

2. **Au titre des revenus de source étrangère encaissés dans un Etat étranger ou un territoire d'Outre-Mer ou reçus d'un tel Etat ou Territoire** (5) Total figurant en cartouche au cadre VII de l'imprimé n° 2066 ☐

3. **Au titre du précompte** acquitté au moment des distributions prélevées sur la réserve spéciale des plus-values à long terme. (6)
somme prélevée sur la réserve spéciale ☐ montant du précompte à imputer sur l'impôt sur les sociétés (52/58e) ☐

4. **Crédit d'impôt** crédit formation ☐ en faveur de la recherche ou montant du reversement ☐ rachat d'une entreprise par ses salariés (7) ☐

Si vous participez à la Procédure de Transfert des données fiscales et comptables, cochez la case ☐

Nom et adresse du comptable : (8) ☐
Téléphone :

du conseil : (8) ☐
Téléphone :

du C.G.A. :

A .... le ....
Signature et qualité du déclarant

et cachet
des membres de l'Ordre des experts comptables
et des comptables agréés

(8) Préciser dans le cadre ci-dessus s'il fait ou non partie du personnel salarié de l'entreprise (S : Salarié, I : Indépendant).

N° 2065 - Imprimerie Nationale 0404124.O.69 [50] - Novembre 1989

IMPÔT SUR LES SOCIÉTÉS

ANNEXE A LA DÉCLARATION N° 2065

N° 2065 Bis
(janvier 1990)

Formulaire obligatoire
(art. 223 du Code général des impôts)

Désignation de l'entreprise
(A ne remplir que sur les exemplaires "en continu")

D RÉPARTITION DES PRODUITS DES ACTIONS ET PARTS SOCIALES, AINSI QUE DES REVENUS ASSIMILÉS DISTRIBUÉS

(Voir renvois en page 4)

1. Montant global brut des distributions correspondant aux intérêts, dividendes, revenus et autres produits des actions et parts sociales payables aux associés, actionnaires et porteurs de parts (8)	Payées par la société elle-même .... (a)		
	Payées par un établissement chargé du service des titres .... (b)		
2. Montant des distributions correspondant à des rémunérations ou avantages dont la société ne désigne par le (les) bénéficiaire(s) (10)	.... (c)		sommes réputées distribuées soumises au supplément d'impôt sur les sociétés (art. 219-I du C.G.I.)
3. Montant des prêts, avances ou acomptes consentis aux associés, actionnaires et porteurs de parts, soit directement, soit par personnes ou sociétés interposées	.... (d)		
4. Montant des distributions autres que celles visées en "(a), (b), (c) et (d)" ci-dessus (11) (A préciser par nature sur les lignes e à h)	(e)		total des lignes c à h
	(f)		
	(g)		à reporter cadre B de la déclaration 2065
	(h)		
Montant des revenus répartis (12)	.... (total a à h)		

Suivi des résultats comptables en vue de la détermination de l'assiette du supplément d'impôt sur les sociétés (CGI Art. 219-I)

Suivi de l'assiette maximale reportable (Rubrique à remplir par toutes les sociétés)		Suivi de l'exonération maximale reportable (Rubrique à remplir par les sociétés membres d'un groupe)	
Assiette maximale reportée (N-1) (i)		Base de l'exonération maximale reportée (N-1) (l)	
Résultat comptable de l'exercice (N) (j)		Résultat comptable de l'exercice (N) (m)	
Assiette maximale reportable (i + j) (k)		Base de l'exonération maximale reportable (l + m) (n)	

E RÉMUNÉRATIONS NETTES VERSÉES AUX MEMBRES DE CERTAINES SOCIÉTÉS

Ce cadre concerne les sociétés à responsabilité limitée (S.R.L.) n'ayant pas opté pour le régime fiscal des sociétés de personnes, les sociétés à responsabilité limitée à associé unique passibles de l'IS de droit ou sur option, les sociétés en commandite par actions (S.C.A.) et les sociétés de personnes, sociétés en nom collectif (S.N.C.), sociétés en commandite simple (S.C.S.), sociétés créées de fait et sociétés en participation (S.P.) ayant opté pour le régime fiscal des sociétés de capitaux. S'il est insuffisant, joindre à la présente déclaration un état du même modèle.

Nom, prénoms, domicile et qualité (associé, associé gérant) : — de tous les associés pour les S.R.L., S.N.C. ou S.C.S. ; — de tous les associés gérants pour les S.C.A. ; — de tous les associés, gérants ou non avec indication de leur profession pour les sociétés en participation, de tous les associés pour les sociétés créées de fait.	Pour les S.R.L.	Sommes versées, au cours de la période retenue pour l'assiette de l'impôt sur les sociétés, à chaque associé, gérant ou non, désigné col. 1 à titre de traitements, émoluments, indemnités, remboursements forfaitaires de frais ou autres rémunérations de ses fonctions dans la société.					
			Montant des sommes versées :				
	Nombre de parts sociales appartenant à chaque associé en toute propriété ou en usufruit.	Année au cours de laquelle le versement a été effectué.	à titre de traitements émoluments et indemnités proprement dits.	à titre de frais de représentation, de mission et de déplacement. Indemnités forfaitaires.	à titre de frais de représentation, de mission et de déplacement. Rembour-sements.	à titre de frais professionnels autres que ceux visés dans les colonnes 5 et 6. Indemnités forfaitaires.	à titre de frais professionnels autres que ceux visés dans les colonnes 5 et 6. Rembour-sements.
1	2	3	4	5	6	7	8

IMPÔT SUR LES SOCIÉTÉS

ANNEXE A LA DÉCLARATION N° 2065

D.G.I. N° 2065 Ter
(janvier 1990)

Formulaire obligatoire
(art. 223 du Code général des impôts)

Désignation de l'entreprise
(A ne remplir que sur les exemplaires "en continu")

F AFFECTATION DES VOITURES DE TOURISME

figurant à l'actif de l'entreprise ou dont celle-ci a assumé les frais d'entretien.
Si ce cadre est insuffisant, joindre un état du même modèle.

Voitures affectées aux dirigeants ou aux cadres			Voitures utilisées pour les besoins généraux de l'exploitation		
Caractéristiques (1)	Nom, qualité et adresse de la personne à laquelle la voiture est affectée	Propriétaire (2)	Caractéristiques (1)	Service auquel la voiture est affectée	Propriétaire (2)

(1) Veuillez indiquer la marque et la puissance de la voiture. (2) Veuillez préciser si l'entreprise est ou non propriétaire du véhicule (mention P ou NP, selon le cas).

G DIVERS

NOM ET ADRESSE DU PROPRIÉTAIRE DU FONDS (en cas de gérance libre)

ADRESSES DES AUTRES ÉTABLISSEMENTS (Si ce cadre est insuffisant, joindre un état du même modèle)

H CADRE NE CONCERNANT QUE LES ENTREPRISES PLACÉES SOUS LE RÉGIME SIMPLIFIÉ D'IMPOSITION

RÉMUNÉRATIONS	Montant brut des salaires, **abstraction faite des sommes comprises dans les DADS et versées aux apprentis sous contrat et aux handicapés**, figurant : - **soit sur la DADS 1 ou modèle 2460 de 1989**, montant total des bases brutes fiscales inscrites dans les colonnes 20, **majoré**, le cas échéant, des indemnités exonérées de la taxe sur les salaires, telles notamment les sommes portées dans les colonnes 24 au titre de la contribution de l'employeur à l'acquisition des chèques-vacances par les salariés ; - **soit sur la DADS 1 simplifiée**, montant total des sommes inscrites colonne 25 ou, à défaut, colonne 16.	
	Rétrocessions d'honoraires, de commissions et de courtages	

PLUS-VALUES (voir les explications figurant page 3 de la notice n°2033 bis, rubrique 130)

Inscription des plus-values à long terme à la réserve spéciale			taxées à 15 %	taxées à 25 %	Total
Plus-values réalisées au cours de l'exercice précédent	N-1	1			
Plus-values des exercices antérieurs restant à affecter à la réserve spéciale et réalisées au cours des exercices	N-2	2			
	N-3	3			
Sommes affectées à la réserve spéciale au cours de l'exercice		4			
Sommes non affectées à imposer (voir notice n° 2033 bis page 2)		5			
Montant restant à affecter(1 + 2 + 3) – (4 + 5)		6			

I RÉGIME FISCAL DES GROUPES DE SOCIÉTÉS

(Articles 223 A à U du C.G.I.)

– Date d'entrée dans le groupe de la société déclarante :

– Résultat fiscal de cette société déterminé comme si elle n'était pas membre du groupe (report du résultat figurant sur le tableau n° 2058 A bis) :

bénéfice ou déficit (indiquer + ou - selon le cas)		plus ou moins-values à long terme imposables au taux de 15 %		plus ou moins-values à long terme imposables au taux de 19 %		plus ou moins-values à long terme imposables au taux de 25 %	

– Pour les sociétés filiales, désignation et adresse du lieu d'imposition de la société mère.

OBSERVATIONS

Il n'existe qu'un seul modèle de déclaration de résultat, quel que soit le régime d'imposition.

— **Si vous remplissez votre déclaration 2065 par ordinateur,** vous pouvez utiliser les formats simples compatibles avec ce matériel. Vous adresserez en outre à l'administration les feuillets 2065 bis et 2065 ter qui constituent des annexes à la déclaration proprement dite.

— **Si votre déclaration est manuscrite ou dactylographiée,** vous utiliserez ce modèle d'imprimé qui comprend la déclaration proprement dite et les annexes.

Vous devez de toutes façons joindre à la déclaration (et aux annexes) les tableaux 2050 à 2059-C si vous relevez du régime réel normal ou 2033-A-B-C et D si vous relevez du régime simplifié.

Le recours à l'un ou l'autre des régimes d'imposition de réel se matérialise par une mention portée en tête de la déclaration et par le choix d'une liasse particulière de tableaux.

Recommandations importantes

— Arrondir les sommes au franc inférieur.
— Cette déclaration, établie en un seul exemplaire [à l'exception des entreprises placées sous le régime de groupe (articles 223 A à U du C.G.I.) qui la souscrivent en double exemplaire], est à adresser avec les documents dont la liste est donnée ci-dessus et ci-après, au service des impôts mentionné en tête du formulaire ou, à défaut, à celui du lieu où l'entreprise a son principal établissement.

AUTRES DOCUMENTS A JOINDRE

— Demande de crédit d'impôt en faveur de la recherche n° 2069 A ou n° 2069 V.
— Demande de crédit formation n° 2068.
— Copie des comptes rendus et extraits des délibérations des conseils d'administration et des assemblées d'actionnaires ;
— Note relative aux modalités de constitution de la provision pour fluctuation des cours ;
— Éléments de calcul de la provision pour hausse des prix ;
— Fiche indiquant les modalités de calcul de l'amortissement accéléré accordé aux entreprises exportatrices ;
— Documents exigés des entreprises ayant obtenu l'agrément ouvrant droit aux provisions pour investissement à l'étranger ;
— Relevé de frais généraux n° 2067 ;
— Tableau de réinvestissement des profits réalisés par les entreprises dont la construction de logements ne constitue par l'activité exclusive n° 2073 ;
— Déclaration complémentaire n° 2038 concernant les personnes morales passibles de l'impôt sur les sociétés ayant pour objet de transmettre gratuitement à leurs membres la jouissance d'un bien meuble ou immeuble.
— Déclaration n° 2039 relative au report en arrière des déficits.
— Relevé délivré par la Sofica pour pouvoir bénéficier de l'amortissement exceptionnel (article 46 quindecies E de l'annexe III au C.G.I.).
— Tableaux 2058 FC et suivants lorsque la société est placée sous le régime de groupe défini aux articles 223 A à U du CGI.

L'envoi de la déclaration et des documents annexes ne bénéficie pas de la franchise postale.
Une demande d'accusé de réception peut être présentée au Service par le déclarant.

RÉCAPITULATION DES ÉLÉMENTS D'IMPOSITION

(1) Le total indiqué dans ces deux cases correspond en principe au montant de la ligne WV de l'imprimé n° 2058-A. Toutefois, en cas de décalage entre l'exercice de réalisation des plus-values et l'exercice au titre duquel elles doivent être imposées (plus-values réalisées à la suite de la perception d'indemnités d'assurances ou de l'expropriation d'immeubles), les plus-values ne sont indiquées que sur la déclaration afférente à l'exercice au titre duquel elles doivent être effectivement imposées.

(2) Sont imposables au taux de 25 % les plus-values à long terme provenant de la cession de terrains ou biens assimilés. Toutefois, sous réserve des conditions fixées par l'article 238 Octies A du CGI les plus-values réalisées lors de la cession de terrains d'assiette de bâtiments destinés à être démolis et de terrains formant une dépendance indispensable et immédiate de ces constructions peuvent être soumises au taux de 15 %. Ces dernières qui ne se compensent pas avec des plus-values à 15 % afférentes aux autres éléments de l'actif immobilisé, devront être distinguées au cadre B3.

(3) Cette rubrique concerne les sociétés créées dans les zones d'entreprises et certaines entreprises nouvelles. Les entreprises nouvelles crées du 1/01/83 au 31/12/86 doivent joindre à la déclaration une note permettant d'apprécier la nature de leur activité ainsi qu'un état exposant le calcul de la proportion de certains biens amortissables selon le mode dégressif qu'elles détiennent. Cf. notice n° 2032 § XF ou notice n° 2033 bis § 342.
Elles indiquent également les nom - ou dénomination - et adresse des associés ainsi que les droits de vote détenus par chacun d'eux.
Le total des montants inscrits dans les trois cases de cette rubrique est égal à celui porté à la ligne XF de l'imprimé n° 2058-A, ou à la ligne 342 de l'imprimé n° 2033-B.
Les sociétés créées dans les zones d'entreprises joignent à la déclaration un état qui précise l'effectif salarié au cours de l'exercice au sens de l'article 5-3° de l'ordonnance n° 86.1113 du 5 octobre 1986.
Elles font également apparaître la ventilation du résultat de l'exercice entre le bénéfice exonéré et les produits exclus et, le cas échéant, entre les déficits reportables correspondant à chaque part du résultat. A cet effet, les entreprises souscrivent des tableaux n° 2058 A et B, 2059 A à C ou 2033 B à D supplémentaires, en servant les rubriques nécessaires au suivi des résultats, des déficits reportables et des plus et moins-values du seul secteur exonéré.
Les éléments rappelés dans la rubrique B 3 ne doivent pas être retranchés des résultats figurant dans les rubriques B1 et B2, ces opérations ayant déjà été effectuées dans le tableau n° 2058 A.

IMPUTATIONS

(4) A l'exclusion :
— des revenus encaissés par les sociétés mères ;
— des avances, prêts ou acomptes reçus, en tant qu'associé des sociétés de capitaux ;
— des revenus ouvrant droit à une imputation accordée par application des conventions internationales et qui sont repris au cadre C.2.
Pour les revenus mis en paiement au cours de l'exercice, joindre à la présente déclaration les certificats correspondant à l'impôt déjà versé au Trésor (avoir fiscal ou crédit d'impôt).

(5) Les bases de calcul des droits à imputation, accordés par application des conventions internationales, sont déterminées sur un imprimé spécial n° 2066 adressé sur leur demande aux sociétés intéressées par le service des impôts compétent pour recevoir leur déclaration.

(6) S'agissant de distributions faites en cours de société, le précompte peut s'imputer sur le montant de l'impôt sur les sociétés dû au titre de l'exercice au cours duquel les sommes correspondantes sont réintégrées dans le bénéfice imposable.

(7) Il s'agit du crédit d'impôt dégagé par le rachat d'une entreprise par ses salariés (Article 220 quater A du CGI).

RÉPARTITION DES PRODUITS DES ACTIONS ET PARTS SOCIALES, AINSI QUE DES REVENUS ASSIMILÉS DISTRIBUÉS

(9) Il s'agit notamment - des intérêts, dividendes, revenus et autres produits des actions et parts sociales dont le paiement donne lieu à l'établissement d'un relevé de coupons,
- des produits des parts sociales dans les sociétés à responsabilité limitée et des dividendes payés aux commanditaires dans les sociétés en commandite simple.
Les sociétés en nom collectif, les sociétés en commandite simple, les sociétés créées de fait et les sociétés en participation qui ont opté pour leur assujettissement à l'impôt par prélèvement sur les bénéfices des exercices clos avant que l'option ou la transformation ait pris effet (ou sur des réserves constituées au moyen de ces bénéfices) et qui ont supporté l'impôt sur le revenu, au nom des associés, commandités ou participants.

(10) Il convient de porter dans ce cadre le montant des sommes versées ou des avantages alloués au titre de ces distributions au cours de l'exercice.

(11) Ces distributions comprennent essentiellement :
Les rémunérations allouées aux administrateurs et non déductibles pour le calcul du bénéfice ;
les distributions ne résultant pas de décisions régulières des organes compétents de la société, notamment : intérêts excédentaires des comptes courants d'associés, dons et subventions non admis dans les charges, dépenses de caractère somptuaire, rémunérations excessives ou non déclarées, exclues des charges déductibles.

(12) La société fournit par ailleurs les formulaires individuels visés aux articles 242 ter du C.G.I. et 49 H de l'annexe III au même code.

N° 30-2499
Formulaire obligatoire (article 54 quater du code général des impôts)

DIRECTION GÉNÉRALE DES IMPÔTS

N° 2067
(Janvier 1990)

RELEVÉ DE FRAIS GÉNÉRAUX

Timbre à date du Service

Déclaration relative à l'année 198___

ou à l'exercice du __________ au __________

A IDENTIFICATION DE L'ENTREPRISE

DÉSIGNATION DE LA SOCIÉTÉ (Forme et dénomination) ADRESSE de la direction de l'entreprise (entreprise relevant de l'impôt sur le revenu) ou du principal établissement (entreprise relevant de l'impôt sur les sociétés)	N° SIRET	Code APE
tél. :	ADRESSE du siège social (Si elle est différente de l'adresse ci-contre)	

ACTIVITÉS EXERCÉES (souligner l'activité principale) : ______________________

ENTREPRISES CONCERNÉES

Le présent relevé de frais concerne les entreprises, à l'exclusion des entreprises individuelles, exerçant une activité industrielle ou commerciale et soumises à l'impôt sur le revenu d'après le régime simplifié d'imposition ou celui du bénéfice réel, ainsi que les entreprises passibles de l'impôt sur les sociétés lorsque ces frais excèdent, pour une ou plusieurs desdites catégories, l'un des chiffres suivants :

— 1 600 000 F ou 800 000 F pour l'ensemble des rémunérations directes et indirectes versées aux dix ou cinq personnes les mieux rémunérées (suivant que l'effectif du personnel dépasse ou non 200 salariés) ou 260 000 F pour l'une d'entre elles prise individuellement (sans qu'il y ait lieu de distinguer le nombre de collaborateurs) ;

— 60 000 F pour les frais de voyage et de déplacement exposés par ces personnes ;

— 100 000 F pour le total, d'une part des dépenses et charges afférentes aux véhicules et autres biens dont ces mêmes personnes peuvent disposer en dehors des locaux professionnels, et d'autre part des dépenses et charges afférentes aux immeubles qui ne sont pas affectés à l'exploitation (ces frais, pris en compte globalement au regard du chiffre limite applicable, doivent être respectivement ventilés aux colonnes 12 et 13 du cadre B du présent imprimé) ;

— 10 000 F pour les cadeaux de toute nature, à l'exception des objets conçus spécialement pour la publicité et dont la valeur unitaire ne dépasse pas 200 F (TTC) par bénéficiaire ;

— 26 000 F pour les frais de réception, y compris les frais de restaurant et de spectacles.

MODALITÉS D'ENVOI

Le relevé, établi en un seul exemplaire, est destiné à être joint aux déclarations n°s 2031 ou 2065, suivant le cas. Il doit être adressé au service des impôts du lieu où l'entreprise a le siège de sa direction (entreprise relevant de l'impôt sur le revenu) ou son principal établissement (entreprises passibles de l'impôt sur les sociétés). **L'envoi de ces différents documents ne bénéficie pas de la franchise postale.**

N° 2067 - Série G - Imprimerie Nationale 0404125.O.76 (50) - Novembre 1989

RECOMMANDATIO

Les renseignements à mentionner sont ceux qui se rapportent à l'exercice pour lequel le relevé est fourni.

Il est à noter que l'absence de production du présent relevé entraine l'application des amendes prév

Avant de remplir les cadres ci-dessous, veuillez consultez la notice qui se trouve en quatrième page. Si les
que vous pourriez éprouver, n'hésitez pas à prendre contact avec le service des impôts compétent.

Le montant des sommes à indiquer doit être arrondi au franc inférieur.

B | FRAIS ALLOUÉS DIRECTEMENT OU INDIRECTEMENT AUX PERSONNES LES MIEUX RÉMUNÉRÉES (cf notice (1

	NOM ET PRÉNOM	EMPLOI OCCUPÉ	ADRESSE COMPLÈTE		
			Ville ou commune (ajouter le département s'il diffère de celui où est souscrite la déclaration).	Rue ou lieu-dit.	Numéro dans la rue.
	1	2	3	4	5
1					
2					
3					
4					
5					
6					
7					
8					
9					
10					
11			TOTAUX		

C | AUTRES FRAIS

12 — Cadeaux de toute nature, à l'exception des objets conçus spécialement pour la publicité, et dont la valeu

13 — Frais de réception, y compris les frais de restaurant et de spectacles, qui se rattachent à la gestion de

14

D | ÉLÉMENTS DE RÉFÉRENCE

15 Total des dépenses — De l'exercice 198___ *(ligne 11, col. 14 + ligne 14, col. 15)* .... F

16 — De l'exercice précédent *(cf. déclaration précédente : ligne 11, col. 14 + ligne 14, col. 15)* .... F

(1) Il s'agit du résultat fiscal déclaré par l'entreprise, abstraction faite des plus-values ou moins-values provenant de la cession des éléments de l'actif immobilisé et des déficits reportables des ex

(2) Les deux exercices à prendre en considération s'entendent d'une part, de celui pour lequel le relevé est fourni, d'autre part, de l'exercice immédiatement précédent. Lorsque les deux exerc
comparaison est effectuée.

NS IMPORTANTES

ues à l'article 1734 bis du Code Général des Impôts.

xplications qui y sont données ne vous paraissent pas suffisantes pour vous permettre de régler les difficultés

)

RÉMUNÉRATIONS DIRECTES ou INDIRECTES						DÉPENSES ET CHARGES AFFÉRENTES		
lontant des rému- érations de toute nature (v. notice ②) 6	Montant des indemnités et allocations diverses (v. notice ③) 7	Valeur des avantages en nature (v. notice ④) 8	Montant des remboursements de dépenses à caractère personnel (v. notice ⑤) 9	Total des colonnes 6 à 9 10	FRAIS DE voyages et de déplacements (v. notice ⑥) 11	aux véhicules et autres biens (v. notice ⑦) 12	aux immeubles non affectés à l'exploitation (v. notice ⑧) 13	Total des colonnes 10 à 13 14
F	F	F	F	F	F	F	F	F

	Total 15
unitaire ne dépasse pas 200 F par bénéficiaire (toutes taxes comprises)	
entreprise et dont la charge lui incombe normalement	
Total	

A ____________________

le ____________________

signature,

Bénéfices imposables ①
- — De l'exercice 198__ ② . . . . F
- — De l'exercice précédent . . . . F

cices antérieurs.

es ont une durée différente, les chiffres afférents à l'exercice de référence sont ajustés au prorata de la durée de l'exercice pour lequel la

NOTICE

❶ Personnes les mieux rémunérées.

Il s'agit, suivant que l'effectif du personnel excède ou non 200 salariés, des dix ou cinq personnes, à l'exclusion de celles qui relèvent de l'impôt sur le revenu dans la catégorie des bénéfices industriels et commerciaux à raison de leur activité dans l'entreprise, dont les rémunérations globales, directes et indirectes, y compris les remboursements de frais, ont été les plus importantes au cours de la période correspondante. Les personnes n'ayant pas la qualité de salarié telles que gérants majoritaires de sociétés à responsabilité limitée, gérants de sociétés en commandite, de même que les personnes qui, exerçant des activités non commerciales (avocats-conseils, conseillers techniques, etc.), prêtent leur concours exclusif et permanent aux entreprises intéressées, doivent être comprises éventuellement parmi les personnes les mieux rémunérées.
Il est admis, à titre de règle pratique, que la désignation des personnes les mieux rémunérées peut, si l'entreprise le désire, être effectuée en fonction des dépenses exposées au cours de l'exercice précédent. Mention de ce choix doit être faite sur chacun des relevés produits dans le cadre D, sous la forme suivante : « relevé établi en fonction des personnes les mieux rémunérées de l'exercice 19_ ».
Toutefois, si l'un des cinq ou dix collaborateurs les mieux rémunérés aû titre d'un exercice donné vient à cesser ses fonctions au cours de l'exercice suivant, c'est en fonction des dépenses exposées par son successeur ou, à défaut, par le sixième ou onzième collaborateur le mieux rétribué de l'exercice précédent, qu'il y a lieu, en principe, d'établir le relevé.

❷ Montant des rémunérations de toute nature.

Cette rubrique englobe le montant total des rémunérations de toute nature fixes ou proportionnelles, les commissions ou honoraires, ainsi que les indemnités ou allocations diverses, autres que les indemnités professionnelles, admis en déduction des bénéfices imposables de l'employeur. En particulier, aucun abattement ou déduction pour frais professionnels ne doit être opéré sur les sommes qui ont été allouées aux personnes dont il s'agit. Doivent être également compris dans la présente colonne les montants des indemnités, remboursements et allocations forfaitaires pour frais versés aux dirigeants salariés de sociétés ainsi qu'aux personnes occupant un emploi salarié et dont la rémunération totale excède la plus faible des rémunérations allouées à ces dirigeants. En revanche, sont à exclure les indemnités versées à l'occasion du départ d'un collaborateur de l'entreprise sous forme d'indemnité de congédiement, de prime de mise à la retraite, d'indemnité de non-concurrence ou pour rupture de contrat.

❸ Montant des indemnités et allocations diverses.

Il s'agit des indemnités et allocations professionnelles allouées aux personnes les mieux rémunérées, à l'exclusion des sommes qui doivent être mentionnées colonne 6 (cf. ②), c'est-à-dire des indemnités, remboursements et allocations forfaitaires pour frais versés aux dirigeants salariés de sociétés ainsi qu'aux personnes occupant un emploi salarié et dont la rémunération totale excède la plus faible des rémunérations allouées à ces dirigeants.

❹ Valeur des avantages en nature.

Les avantages fournis en nature doivent être évalués, dans tous les cas, d'après leur valeur intrinsèque et réelle.

❺ Montant des remboursements de dépenses de caractère personnel.

Les remboursements à déclarer concernent les dépenses de caractère strictement personnel (loyer de l'immeuble d'habitation, impôts, etc.), à l'exclusion de tous autres remboursements.

Remarque concernant les rémunérations directes ou indirectes et les remboursements de frais.

Le montant des sommes à déclarer sur le relevé peut différer de celui qui doit être mentionné sur la déclaration DADS 1 ou n° 2460 de l'employeur pour les 5 ou 10 personnes les mieux rémunérées. En effet, cette dernière déclaration ne fait état que des salaires, avantages et indemnités perçus par chaque bénéficiaire. Au contraire les frais à déclarer sur le présent imprimé doivent correspondre aux charges effectivement déduites des bénéfices imposables, y compris, le cas échéant, celles restant à payer à la clôture de l'exercice.

❻ Frais de voyage et déplacements.

Tous les frais de voyage et de déplacements engagés par les personnes les mieux rémunérées doivent figurer sous cette rubrique, qu'il s'agisse de frais habituels ou de frais exceptionnels, à l'exclusion des allocations forfaitaires attribuées pour couvrir les frais de l'espèce et qui doivent être mentionnées, selon le cas, colonne 6 ou 7 (cf. ② et ③ ci-dessus). Il n'y a pas lieu de rechercher si ces dépenses sont inhérentes à l'emploi ou exposées dans le cadre de la gestion de l'entreprise, ni de distinguer suivant que leur règlement a été assuré directement par l'employeur ou sous forme de remboursement de frais.

❼ Dépenses et charges afférentes aux véhicules et autres biens.

Les dépenses à prendre en considération à ce titre s'entendent des charges afférentes aux véhicules automobiles, avions de tourisme, bateaux ou navires de plaisance, mis par l'entreprise à la disposition des personnes les mieux rémunérées sans qu'il y ait lieu de rechercher si cette mise à la disposition comporte ou non une contrepartie. Mais il convient d'exclure de cette rubrique les dépenses qui, incombant normalement à ces personnes, ont été prises en charge par l'entreprise sous forme de rémunérations indirectes et comprises, à ce titre, dans les sommes portées dans les colonnes 7 à 9 (frais d'essence et de réparation d'un véhicule mis gratuitement à la disposition d'un dirigeant ou d'un cadre pour son usage personnel, par exemple).

❽ Dépenses et charges afférentes aux immeubles non affectés à l'exploitation.

Il s'agit des dépenses et charges de toute nature, y compris les amortissements, afférentes aux immeubles d'habitation, mis par l'entreprise à la disposition des personnes les mieux rémunérées. Le montant de ces dépenses et charges est diminué, le cas échéant, du montant des rémunérations indirectes correspondant à l'avantage en nature résultant de la mise à la disposition de ces immeubles en faveur desdites personnes.

cerfa N° 30-2513

Formulaire obligatoire (article 53 A du code général des impôts)

(1) BILAN – ACTIF

D.G.I. N° 2050 [0]
(Janvier 1990)

Désignation de l'entreprise : ____________________ Durée de l'exercice exprimée en nombre de mois* ___

Adresse de l'entreprise ____________________ Durée de l'exercice précédent* ___

Numéro SIRET* ____________________ Code APE ______

Exercice précédent (N-1) clos le :

		(Ne pas reporter le montant des centimes)*		Exercice N, clos le : Brut 1		Amortissements, provisions 2	Net 3	Net 4
		Capital souscrit non appelé (0)	AA					
ACTIF IMMOBILISÉ*	IMMOBILISATIONS INCORPORELLES	Frais d'établissement*	AB		AC			
		Frais de recherche et développement*	AD		AE			
		Concessions, brevets et droits similaires	AF		AG			
		Fonds commercial (1)	AH		AI			
		Autres immobilisations incorporelles	AJ		AK			
		Avances et acomptes sur immobilisations incorporelles	AL		AM			
	IMMOBILISATIONS CORPORELLES	Terrains	AN		AO			
		Constructions	AP		AQ			
		Installations techniques, matériel et outillage industriels	AR		AS			
		Autres immobilisations corporelles	AT		AU			
		Immobilisations en cours	AV		AW			
		Avances et acomptes	AX		AY			
	IMMOBILISATIONS FINANCIÈRES (2)	Participations évaluées selon la méthode de mise en équivalence	CS		CT			
		Autres participations	CU		CV			
		Créances rattachées à des participations	BB		BC			
		Autres titres immobilisés	BD		BE			
		Prêts	BF		BG			
		Autres immobilisations financières*	BH		BI			
		TOTAL (I)	BJ		BK			
ACTIF CIRCULANT	STOCKS*	Matières premières, approvisionnements	BL		BM			
		En cours de production de biens	BN		BO			
		En cours de production de services	BP		BQ			
		Produits intermédiaires et finis	BR		BS			
		Marchandises	BT		BU			
		Avances et acomptes versés sur commandes	BV		BW			
	CRÉANCES	Clients et comptes rattachés (3)*	BX		BY			
		Autres créances (3)	BZ		CA			
		Capital souscrit et appelé, non versé	CB		CC			
	DIVERS	Valeurs mobilières de placement (dont actions propres : ....)	CD		CE			
		Disponibilités	CF		CG			
Comptes de régularisation		Charges constatées d'avance (3)*	CH		CI			
		TOTAL (II)	CJ		CK			
		Charges à répartir sur plusieurs exercices* (III)	CL					
		Primes de remboursement des obligations (IV)	CM					
		Ecarts de conversion actif* (V)	CN					
		TOTAL GÉNÉRAL (0 à V)	CO		1A			

Renvois : (1) Dont droit au bail :		(2) part à moins d'un an des immobilisations financières nettes : CP		(3) Part à plus d'un an : CR
Clause de réserve de propriété :*	Immobilisations :	Stocks :		Créances :

* Des explications concernant cette rubrique sont données dans la notice n° 2032

1er EXEMPLAIRE DESTINÉ À L'ADMINISTRATION

N° 2050 - Série G - Imprimerie Nationale 0404003.L.45 (49) - Novembre 1989

cerfa N° 30-2514
Formulaire obligatoire (article 53 A du Code général des impôts)

② **BILAN — PASSIF** avant répartition

D.G.I. N° 2051 [0]
(Janvier 1990)

Désignation de l'entreprise ____________

	(Ne pas reporter le montant des centimes) *		Exercice N 1	Exercice N − 1 2
CAPITAUX PROPRES	Capital social ou individuel (1)* (Dont versé : ....)	DA		
	Primes d'émission, de fusion, d'apport, ...	DB		
	Ecarts de réévaluation (2)* (dont écart d'équivalence EK)	DC		
	Réserve légale (3)	DD		
	Réserves statutaires ou contractuelles	DE		
	Réserves réglementées (3) (4)	DF		
	Autres réserves	DG		
	Report à nouveau	DH		
	RÉSULTAT DE L'EXERCICE (bénéfice ou perte)	DI		
	Subventions d'investissement	DJ		
	Provisions réglementées *	DK		
	TOTAL (I)	DL		
Autres fonds propres	Produit des émissions de titres participatifs	DM		
	Avances conditionnées	DN		
	TOTAL (II)	DO		
Provisions pour risques et charges	Provisions pour risques	DP		
	Provisions pour charges	DQ		
	TOTAL (III)	DR		
DETTES (5)	Emprunts obligataires convertibles	DS		
	Autres emprunts obligataires	DT		
	Emprunts et dettes auprès des établissements de crédit (6)	DU		
	Emprunts et dettes financières divers (7)	DV		
	Avances et acomptes reçus sur commandes en cours	DW		
	Dettes fournisseurs et comptes rattachés	DX		
	Dettes fiscales et sociales	DY		
	Dettes sur immobilisations et comptes rattachés	DZ		
	Autres dettes	EA		
Compte régul.	Produits constatés d'avance (5)	EB		
	TOTAL (IV)	EC		
	Ecarts de conversion passif* **(V)**	ED		
	TOTAL GÉNÉRAL (I à V)	EE		

Total du bilan de l'exercice N en francs et centimes *

RENVOIS	(1)	Écart de réévaluation incorporé au capital	1B		
	(2)	Dont Réserve spéciale de réévaluation (1959)	1C		
		Dont Ecart de réévaluation libre	1D		
		Dont Réserve de réévaluation (1976)	1E		
	(3)	Dont réserve réglementée des plus-values à long terme *	EF		
	(4)	Dont réserve relative à l'achat d'œuvres originales d'artistes vivants	EJ		
	(5)	Dettes et produits constatés d'avance à moins d'un an	EG		
	(6)	Dont concours bancaires courants, et soldes créditeurs de banques et CCP	EH		
	(7)	Dont emprunts participatifs	EI		

* Des explications concernant cette rubrique sont données dans la notice n° 2032.

1er EXEMPLAIRE DESTINÉ À L'ADMINISTRATION

N° 2051 - Série G - Imprimerie Nationale 0404004.L.52 (49) - Novembre 1989

cerfa N° 30-2515

Formulaire obligatoire (article 53 A du Code général des impôts).

③ COMPTE DE RÉSULTAT DE L'EXERCICE (En liste)

D.G.I. N° 2052 [0]
(Janvier 1990)

Désignation de l'entreprise : ______

(Ne pas reporter le montant des centimes)*		Exercice N — France 1	Exercice N — Exportation 2	Exercice N — Total 3	Exercice (N-1) 4
PRODUITS D'EXPLOITATION	Ventes de marchandises*	FA	FB	FC	
	Production vendue — biens	FD	FE	FF	
	Production vendue — services*	FG	FH	FI	
	Chiffres d'affaires nets*	FJ	FK	FL	
	Production stockée*			FM	
	Production immobilisée*			FN	
	Subventions d'exploitation			FO	
	Reprises sur amortissements et provisions, transfert de charges*			FP	
	Autres produits (1)			FQ	
	Total des produits d'exploitation (2) (I)			FR	
CHARGES D'EXPLOITATION	Achats de marchandises (y compris droits de douane)*			FS	
	Variation de stock (marchandises)*			FT	
	Achats de matières premières et autres approvisionnements (y compris droits de douane)*			FU	
	Variation de stock (matières premières et approvisionnements)*			FV	
	Autres achats et charges externes (3)*			FW	
	Impôts, taxes et versements assimilés*			FX	
	Salaires et traitements*			FY	
	Charges sociales			FZ	
	DOTATIONS D'EXPLOITATION — Sur immobilisations - dotations aux amortissements*			GA	
	DOTATIONS D'EXPLOITATION — Sur immobilisations - dotations aux provisions			GB	
	DOTATIONS D'EXPLOITATION — Sur actif circulant : dotations aux provisions			GC	
	DOTATIONS D'EXPLOITATION — Pour risques et charges : dotations aux provisions			GD	
	Autres charges			GE	
	Total des charges d'exploitation (4) (II)			GF	
1 - RÉSULTAT D'EXPLOITATION (I - II)				GG	
opérations en commun	Bénéfice attribué ou perte transférée* (III)			GH	
	Perte supportée ou bénéfice transféré* (IV)			GI	
PRODUITS FINANCIERS	Produits financiers de participations (5)			GJ	
	Produits des autres valeurs mobilières et créances de l'actif immobilisé (5)			GK	
	Autres intérêts et produits assimilés (5)			GL	
	Reprises sur provisions et transferts de charges			GM	
	Différences positives de change			GN	
	Produits nets sur cessions de valeurs mobilières de placement			GO	
	Total des produits financiers (V)			GP	
CHARGES FINANCIÈRES	Dotations financières aux amortissements et provisions*			GQ	
	Intérêts et charges assimilées (6)			GR	
	Différences négatives de change			GS	
	Charges nettes sur cessions de valeurs mobilières de placement			GT	
	Total des charges financières (VI)			GU	
2 - RÉSULTAT FINANCIER (V — VI)				GV	
3 - RÉSULTAT COURANT AVANT IMPÔTS (I — II + III — IV + V — VI)				GW	

(RENVOIS : voir tableau n° 2053) * Des explications concernant cette rubrique sont données dans la notice n° 2032.

1er EXEMPLAIRE DESTINÉ A L'ADMINISTRATION

N° 2052 - Série G - Imprimerie Nationale 0404005.L.59 (49) - Octobre 1989

cerfa N° 30-2516

Formulaire obligatoire (article 53 A du Code général des impôts)

(4) COMPTE DE RÉSULTAT DE L'EXERCICE (Suite)

D.G.I. N° 2053 (Janvier 1990) [0]

Désignation de l'entreprise

(Ne pas reporter le montant des centimes) *			Exercice N 1	Exercice N − 1 2
PRODUITS EXCEPTIONNELS	Produits exceptionnels sur opérations de gestion	HA		
	Produits exceptionnels sur opérations en capital *	HB		
	Reprises sur provisions et transferts de charges	HC		
	Total des produits exceptionnels (7) **(VII)**	HD		
CHARGES EXCEPTIONNELLES	Charges exceptionnelles sur opérations de gestion	HE		
	Charges exceptionnelles sur opérations en capital *	HF		
	Dotations exceptionnelles aux amortissements et provisions	HG		
	Total des charges exceptionnelles (7) **(VIII)**	HH		
3 — RÉSULTAT EXCEPTIONNEL (VII — VIII)		HI		
Participation des salariés aux résultats de l'entreprise **(IX)**		HJ		
Impôts sur les bénéfices * **(X)**		HK		
TOTAL DES PRODUITS (I + III + V + VII)		HL		
TOTAL DES CHARGES (II + IV + VI + VIII + IX + X)		HM		
4 — BÉNÉFICE OU PERTE (total des produits — total des charges)		HN		

RENVOIS				
(1)	Dont produits nets partiels sur opérations à long terme	HO		
(2)	Dont produits d'exploitation afférents à des exercices antérieurs (à détailler au (8) ci-dessous)	1G		
(3) Dont	— Crédit-bail mobilier	HP		
	— Crédit-bail immobilier	HQ		
(4)	Dont charges d'exploitation afférentes à des exercices antérieurs (à détailler au (8) ci-dessous)	1H		
(5)	Dont produits concernant les entreprises liées	1J		
(6)	Dont intérêts concernant les entreprises liées	1K		

(7) Détail des produits et charges exceptionnels (Si ce cadre est insuffisant, joindre un état du même modèle) :	Exercice N	
	Charges exceptionnelles	Produits exceptionnels

(8) Détail des produits et charges sur exercices antérieurs :	Exercice N	
	Charges antérieures	Produits antérieurs

* Des explications concernant cette rubrique sont données dans la notice n° 2032.

1er EXEMPLAIRE DESTINÉ À L'ADMINISTRATION

N° 2053 - Série G - Imprimerie Nationale 0404052.L.58 [39] - Octobre 1989

cerfa N° 30-2517

Formulaire obligatoire (article 53 A du Code général des impôts)

⑤ IMMOBILISATIONS

D.G.I. N° 2054 [0]
(janvier 1990)

Désignation de l'entreprise ____________________

(Ne pas reporter le montant des centimes) *

1er EXEMPLAIRE DESTINÉ À L'ADMINISTRATION

CADRE A	IMMOBILISATIONS		Valeur brute des immobilisations au début de l'exercice (1)	Augmentations : Consécutives à une réévaluation pratiquée au cours de l'exercice ou résultant d'une mise en équivalence (2)	Augmentations : Acquisitions, créations, apports et virements de poste à poste (3)
INCORP.	Frais d'établissement, de recherche et de développement **TOTAL I**		KA	KB	KC
INCORP.	Autres postes d'immobilisations incorporelles **TOTAL II**		KD	KE	KF
CORPORELLES	Terrains		KG	KH	KI
CORPORELLES	Constructions	Sur sol propre	KJ	KK	KL
CORPORELLES	Constructions	Sur sol d'autrui	KM	KN	KO
CORPORELLES	Constructions	Installations générales, agencements et aménagements des constructions *	KP	KQ	KR
CORPORELLES	Installations techniques, matériel et outillage industriels		KS	KT	KU
CORPORELLES	Autres immobilisations corporelles	Installations générales, agencements, aménagements divers *	KV	KW	KX
CORPORELLES	Autres immobilisations corporelles	Matériel de transport *	KY	KZ	LA
CORPORELLES	Autres immobilisations corporelles	Matériel de bureau et informatique, mobilier	LB	LC	LD
CORPORELLES	Autres immobilisations corporelles	Emballages récupérables et divers *	LE	LF	LG
CORPORELLES	Immobilisations corporelles en cours		LH	LI	LJ
CORPORELLES	Avances et acomptes		LK	LL	LM
CORPORELLES	**TOTAL III**		LN	LO	LP
FINANCIÈRES	Participations évaluées par mise en équivalence		8G	8M	8T
FINANCIÈRES	Autres participations		8U	8V	8W
FINANCIÈRES	Autres titres immobilisés		1P	1R	1S
FINANCIÈRES	Prêts et autres immobilisations financières		1T	1U	1V
FINANCIÈRES	**TOTAL IV**		LQ	LR	LS
TOTAL GÉNÉRAL (I + II + III + IV)			ØG	ØH	ØJ

CADRE B	IMMOBILISATIONS		Diminutions : par virements de poste à poste (1)	Diminutions : par cessions à des tiers ou mises hors service ou résultant d'une mise en équivalence (2)	Valeur brute des immobilisations à la fin de l'exercice (3)	Réévaluation légale * ou évaluation par mise en équivalence : Valeur d'origine des immobilisations en fin d'exercice (4)
INCORP.	Frais d'établissement, de recherche et de développement **TOTAL I**			LT	LU	1W
INCORP.	Autres postes d'immobilisations incorporelles **TOTAL II**			LV	LW	1X
CORPORELLES	Terrains			LX	LY	LZ
CORPORELLES	Constructions	Sur sol propre		MA	MB	MC
CORPORELLES	Constructions	Sur sol d'autrui		MD	ME	MF
CORPORELLES	Constructions	Inst. gales, agencts et am. des constructions		MG	MH	MI
CORPORELLES	Installations techniques, matériel et outillage industriels			MJ	MK	ML
CORPORELLES	Autres immobilisations corporelles	Inst. gales., agencts, aménagements divers		MM	MN	MO
CORPORELLES	Autres immobilisations corporelles	Matériel de transport		MP	MQ	MR
CORPORELLES	Autres immobilisations corporelles	Matériel de bureau et informatique, mobilier		MS	MT	MU
CORPORELLES	Autres immobilisations corporelles	Emballages récupérables et divers*		MV	MW	MX
CORPORELLES	Immobilisations corporelles en cours		MY	MZ	NA	NB
CORPORELLES	Avances et acomptes		NC	ND	NE	NF
CORPORELLES	**TOTAL III**			NG	NH	NI
FINANCIÈRES	Participations évaluées par mise en équivalence			ØU	ØV	ØW
FINANCIÈRES	Autres participations			ØX	ØY	ØZ
FINANCIÈRES	Autres titres immobilisés			2B	2C	2D
FINANCIÈRES	Prêts et autres immobilisations financières			2E	2F	2G
FINANCIÈRES	**TOTAL IV**			NJ	NK	2H
TOTAL GÉNÉRAL (I + II + III + IV)				ØK	ØL	ØM

* Des explications concernant cette rubrique sont données dans la notice n° 2032

N° 2054 - Série G - Imprimerie Nationale 0404006.L.88 (39) - Novembre 1989

cerfa N° 30-2518

Formulaire obligatoire (article 53 A du Code général des impôts)

⑥ **AMORTISSEMENTS**

D.G.I. N° 2055 [0]
(janvier 1990)

Désignation de l'entreprise ____________________

(Ne pas reporter le montant des centimes) *

CADRE A — **SITUATIONS ET MOUVEMENTS DE L'EXERCICE***

IMMOBILISATIONS AMORTISSABLES			Montant des amortissements au début de l'exercice 1	Augmentations : dotations de l'exercice 2	Diminutions : amortissements afférents aux éléments sortis de l'actif et reprises 3	Montant des amortissements à la fin de l'exercice 4
Frais d'établissement, de recherche et de développement		TOTAL I	PA	PB	PC	PD
Autres immobilisations incorporelles		TOTAL II	PE	PF	PG	PH
Terrains			PI	PJ	PK	PL
Constructions	Sur sol propre		PM	PN	PO	PQ
	Sur sol d'autrui		PR	PS	PT	PU
	Inst. générales, agencements et aménagements des constructions		PV	PW	PX	PY
Installations techniques, matériel et outillage industriels			PZ	QA	QB	QC
Autres immobilisations corporelles	Inst. générales, agencements, aménagements divers		QD	QE	QF	QG
	Matériel de transport		QH	QI	QJ	QK
	Matériel de bureau et informatique, mobilier		QL	QM	QN	QO
	Emballages récupérables et divers		QP	QR	QS	QT
		TOTAL III	QU	QV	QW	QX
		TOTAL GÉNÉRAL (I+II+III)	ØN	ØP	ØQ	ØR

CADRE B — **VENTILATION DES DOTATIONS AUX AMORTISSEMENTS DE L'EXERCICE*** — **CADRE C** — **MOUVEMENTS AFFECTANT LA PROVISION POUR AMORTISSEMENTS DÉROGATOIRES***

Immobilisations amortissables		Amortissements linéaires 1	Amortissements dégressifs 2	Amortissements exceptionnels 3	Dotations 4	Reprises 5
Frais établissement et recherche TOTAL I		QY	2J	2K	2L	2M
Immob. incorporelles TOTAL II		QZ	2N	2P	2R	2S
Terrains		RA	RB	RC	2T	2U
Constructions	Sur sol propre	RD	RE	RF	2V	2W
	Sur sol d'autrui	RG	RH	RI	2X	2Y
	Inst. gales, agenc. et am. des const.	RJ	RK	RL	2Z	3A
Inst. techniques mat. et outillage		RM	RN	RO	3B	3C
Autres immobilisations corporelles	Ins. gales, agenc. am. divers	RP	RQ	RR	3D	3E
	Matériel de transport	RS	RT	RU	3F	3G
	Mat. bureau et inform. mobilier	RV	RW	RX	3H	3J
	Emballages récup. et divers	RY	RZ	SA	3K	3L
TOTAL III		SB	SC	SD	SE	SF
Total général (I+II+III)		SG	SH	SJ	SK	SL

CADRE D

MOUVEMENTS DE L'EXERCICE AFFECTANT LES CHARGES RÉPARTIES SUR PLUSIEURS EXERCICES*	Montant net au début de l'exercice 1	Augmentations 2	Dotations de l'exercice aux amortissements 3	Montant net à la fin de l'exercice 4
Charges à répartir sur plusieurs exercices			SM	SN
Primes de remboursement des obligations			SP	SR

* Des explications concernant cette rubrique sont données dans la notice N° 2032

1er EXEMPLAIRE DESTINÉ À L'ADMINISTRATION

N° 2055 - Série G - Imprimerie Nationale 0404008.L.90 [39] - Novembre 1989 cerfa N° 30 -2519

Formulaire obligatoire (article 53 A du Code général des impôts)

⑦ PROVISIONS INSCRITES AU BILAN

D.G.I. N° 2056 [0]
(janvier 1990)

Désignation de l'entreprise ______________________________

(Ne pas reporter le montant des centimes) *

	Nature des provisions	Montant au début de l'exercice (1)	AUGMENTATIONS : Dotations de l'exercice (2)	DIMINUTIONS : Reprises de l'exercice (3)	Montant à la fin de l'exercice * (4)
Provisions réglementées	Provisions pour reconstitution des gisements miniers et pétroliers	3T	TA	TB	TC
	Provisions pour investissement (1)	3U	TD	TE	TF
	Provisions pour hausse des prix (2)	3V	TG	TH	TI
	Provisions pour fluctuation des cours	3W	TJ	TK	TL
	Amortissements dérogatoires	3X	TM	TN	TO
	Provisions fiscales pour implantations dans la CEE	00	HR	HS	HT
	Autres provisions fiscales pour implantations à l'étranger	01	HU	HV	HW
	Autres provisions réglementées (3)	3Y	TP	TQ	TR
	TOTAL I	3Z	TS	TT	TU
Provisions pour risques et charges	Provisions pour litiges	4A	4B	4C	4D
	Provisions pour garanties données aux clients	4E	4F	4G	4H
	Provisions pour pertes sur marchés à terme	4J	4K	4L	4M
	Provisions pour amendes et pénalités	4N	4P	4R	4S
	Provisions pour pertes de change	4T	4U	4V	4W
	Provisions pour pensions et obligations similaires	4X	4Y	4Z	5A
	Provisions pour impôts (3)	5B	5C	5D	5E
	Provisions pour renouvellement des immobilisations	5F	5H	5J	5K
	Provisions pour grosses réparations	5L	5M	5N	5P
	Provisions pour charges sociales et fiscales sur congés à payer *	5R	5S	5T	5U
	Autres provisions pour risques et charges (3)	5V	5W	5X	5Y
	TOTAL II	5Z	TV	TW	TX
Provisions pour dépréciation	sur immobilisations - incorporelles	6A	6B	6C	6D
	sur immobilisations - corporelles	6E	6F	6G	6H
	sur immobilisations - titres mis en équivalence	02	03	04	05
	sur immobilisations - autres immobilisations financières	06	07	08	09
	Sur stocks et en cours	6N	6P	6R	6S
	Sur comptes clients	6T	6U	6V	6W
	Autres provisions pour dépréciation (3)	6X	6Y	6Z	7A
	TOTAL III	7B	TY	TZ	UA
	TOTAL GÉNÉRAL (I + II + III)	7C	UB	UC	UD
	Dont dotations et reprises	— d'exploitation	UE	UF	
		— financières	UG	UH	
		— exceptionnelles	UJ	UK	

Titres mis en équivalence : montant de la dépréciation à la clôture de l'exercice calculée selon les règles prévues à l'article 39-1-5° du C.G.I. [10]

(1) provisions réservées aux entreprises faisant participer leurs salariés aux résultats de l'entreprise (ordonnance n° 86-1134 du 21 octobre 1986)
(2) à détailler sur feuillet séparé selon l'année de constitution de la provision.
(3) à détailler sur feuillet séparé selon l'objet des provisions.

NOTA : Les charges à payer ne doivent pas être mentionnées sur ce tableau mais être ventilées sur l'état détaillé des charges à payer dont la production est prévue par l'article 38 II de l'annexe III au CGI.

* Des explications concernant cette rubrique sont données dans la notice n° 2032

1er EXEMPLAIRE DESTINÉ A L'ADMINISTRATION

N° 2056 - Série G - Imprimerie Nationale 0404009.L.87 (39) - Novembre 1989

cerfa N° 30-2520

Formulaire obligatoire (article 53 A du Code général des impôts). (ne pas reporter le montant des centimes *)

(8)

ÉTAT DES ÉCHÉANCES DES CRÉANCES ET DES DETTES A LA CLOTURE DE L'EXERCICE*

D.G.I. N° 2057 [0]
(Janvier 1990)

Désignation de l'entreprise : ______________________

	CADRE A — ÉTAT DES CRÉANCES	Code	Montant brut 1	Code	A 1 an au plus 2	Code	A plus d'un an 3
DE L'ACTIF IMMOBILISÉ	Créances rattachées à des participations	UL		UM		UN	
	Prêts (1) (2)	UP		UR		US	
	Autres immobilisations financières	UT		UV		UW	
DE L'ACTIF-CIRCULANT	Clients douteux ou litigieux	VA					
	Autres créances clients	UX					
	Créance représentative de titres prêtés * (Provision pour dépréciation antérieurement constituée* UQ)	UU					
	Personnel et comptes rattachés	UY					
	Sécurité sociale et autres organismes sociaux	UZ					
	Etat et autres collectivités publiques — Impôts sur les bénéfices	VM					
	Etat et autres collectivités publiques — Taxe sur la valeur ajoutée	VB					
	Etat et autres collectivités publiques — Autres impôts, taxes et versements assimilés	VN					
	Etat et autres collectivités publiques — Divers	VP					
	Groupe et associés (2)	VC					
	Débiteurs divers	VR					
	Charges constatées d'avance	VS					
	TOTAUX	VT		VU		VV	

RENVOIS			Code	
(1)	Montant des	- Prêts accordés en cours d'exercice	VD	
		- Remboursements obtenus en cours d'exercice	VE	
(2)	Prêts et avances consentis aux associés (personnes physiques)		VF	

CADRE B — ÉTAT DES DETTES		Code	Montant brut 1	A 1 an au plus 2	A plus d'1 an et 5 ans au plus 3	A plus de 5 ans 4
Emprunts obligataires convertibles (1)		7Y				
Autres emprunts obligataires (1)		7Z				
Emprunts et dettes auprès des établissements de crédit (1)	à 2 ans maximum à l'origine	VG				
	à plus de 2 ans à l'origine	VH				
Emprunts et dettes financières divers (1) (2)		8A				
Fournisseurs et comptes rattachés		8B				
Personnel et comptes rattachés		8C				
Sécurité sociale et autres organismes sociaux		8D				
État et autres collectivités publiques	Impôts sur les bénéfices	8E				
	Taxe sur la valeur ajoutée	VW				
	Obligations cautionnées	VX				
	Autres impôts, taxes et assimilés	8H				
Dettes sur immobilisations et comptes rattachés		8J				
Groupe et associés (2)		VI				
Autres dettes		8K				
Dette représentative de titres empruntés *		SZ				
Produits constatés d'avance		8L				
TOTAUX		VY		VZ		

RENVOIS			Code	
(1)	Emprunts souscrits en cours d'exercice		VJ	
	Emprunts remboursés en cours d'exercice		VK	
(2)	Montant des divers emprunts et dettes contractés auprès des associés personnes physiques		VL	

* Des explications concernant cette rubrique sont données dans la notice n° 2032

1er EXEMPLAIRE DESTINÉ A L'ADMINISTRATION

N° 2057 - Série G - Imprimerie Nationale 0404011.L.37 (33) - Octobre 1989

cerfa N° 30-2521
Formulaire obligatoire (article 53 A du Code général des impôts)

9 DÉTERMINATION DU RÉSULTAT FISCAL

D.G.I. N° 2058-A (janvier 1990) 0

Exercice N, clos le :

(Ne pas reporter les centimes)* Désignation de l'entreprise :

1er EXEMPLAIRE DESTINE A L'ADMINISTRATION

I. RÉINTÉGRATIONS

BÉNÉFICE COMPTABLE DE L'EXERCICE	WA	
Rémunération du travail (1) – de l'exploitant ou des associés de sociétés soumises à l'impôt sur le revenu	WB	
Rémunération du travail (1) – de son conjoint [ ] moins part déductible* [ ] à réintégrer :	WC	
Charges non admises en déduction du résultat fiscal – Avantages personnels non déductibles * (sauf amortissements à porter ligne ci-dessous)	WD	
Amortissements excédentaires (art. 39-4 du C.G.I.) et autres amortissements non déductibles	WE	
Autres charges et dépenses somptuaires visées à l'art. 39-4 du C.G.I.*	WF	
Taxe sur les voitures particulières des sociétés (2)	WG	
Provisions et charges à payer non déductibles (cf. tableau 2058-B, cadre III)	WI	
Amendes et pénalités (nature :)	WJ	
Impôt sur les sociétés et imposition forfaitaire annuelle (2) (dont supplément d'IS SI)	WK	
Quote-part dans les bénéfices réalisés par une société de personnes ou un G.I.E.	WL	
Régimes d'imposition particuliers et impositions différées – Moins-values nettes à long terme	WM	
Fraction imposable des plus-values réalisées au cours d'exercices antérieurs* – Plus-values nettes à court terme	WN	
Fraction imposable des plus-values réalisées au cours d'exercices antérieurs* – Plus-values soumises au régime des fusions	WO	
Prélèvements opérés sur la réserve spéciale des profits de construction (art. 209 quater A du C.G.I.)	WP	
Réintégrations diverses (3) (dont : Zones d'entreprises* (activité exonérée) SW)	WQ	
TOTAL I	WR	

II. DÉDUCTIONS

PERTE COMPTABLE DE L'EXERCICE	WS	
Quote-part dans les pertes subies par une société de personnes ou un G.I.E.	WT	
Provisions et charges à payer non déductibles, antérieurement taxées, et réintégrées dans les résultats comptables de l'exercice (cf. tableau 2058-B, cadre III)	WU	
Régimes d'imposition particuliers et impositions différées – Plus-values nettes à long terme – imposées aux taux de 15, 19 ou 25% (16 ou 26% pour les entreprises soumises à l'impôt sur le revenu)*	WV	
Plus-values nettes à long terme – imputées sur les moins-values nettes à long terme antérieures	WW	
Plus-values nettes à long terme – imputées sur les déficits antérieurs	WX	
Plus-values nettes à long terme – imputées sur les amortissements réputés différés (à reporter au tableau 2058-B, ligne 8P)	WY	
Fraction des plus values nettes à court terme de l'exercice dont l'imposition est différée*	WZ	
Régime des sociétés mères et des filiales * Produit net des actions et parts d'intérêts : [ ] Quote-part des frais à déduire : [ ]	XA	
Déduction autorisée au titre des investissements réalisés dans les départements et territoires d'Outre-mer.	ZY	
Mesures d'incitation – Majoration d'amortissement*	XD	
Dividendes déductibles*	XE	
Abattement sur le bénéfice et exonérations (dont : entreprises nouvelles * SX Zones d'entreprises* (activité exonérée) SY)	XF	
Déductions diverses (à détailler sur feuillet séparé) (dont créance dégagée par le report en arrière du déficit* ZI)	XG	
TOTAL II	XH	

III. RÉSULTAT FISCAL

Résultat fiscal avant imputation des déficits reportables et des amortissements réputés différés : bénéfice (I moins II)	XI			
Résultat fiscal avant imputation des déficits reportables et des amortissements réputés différés : déficit (II moins I)			XJ	
Déficit de l'exercice reporté en arrière	ZL			
Amortissements réputés différés créés au titre de l'exercice (à reporter au tableau 2058-B, ligne 8S)*	XK			
Déficits antérieurs imputés sur les résultats de l'exercice (à détailler au tableau 2058-B, cadre I-A, lignes XU à YF)			XL	
Amortissements réputés différés imputés à la clôture de l'exercice (à reporter au tableau 2058-B, ligne 8R)			XM	
RÉSULTAT FISCAL – BÉNÉFICE	XN			
RÉSULTAT FISCAL – DÉFICIT reportable en avant			XO	

(1) ne concerne que les entreprises soumises à l'impôt sur le revenu
(2) ne concerne que les entreprises soumises à l'impôt sur les sociétés
(3) à détailler sur feuillet séparé

* Des explications concernant cette rubrique sont données dans la notice n° 2032

N° 2058-A - Imprimerie Nationale 0404012.L.44 (33) - Novembre 1989

cerfa N° 30-2522
Formulaire obligatoire (article 53 A du Code général des impôts)

(10)

DÉFICITS INDEMNITÉS POUR CONGÉS A PAYER ET PROVISIONS NON DÉDUCTIBLES

D.G.I. N° 2058-B (Janvier 1990) [0]

Désignation de l'entreprise ______

(Ne pas reporter le montant des centimes) *

I. SUIVI DES DÉFICITS ORDINAIRES ET DES AMORTISSEMENTS RÉPUTÉS DIFFÉRÉS

A — Déficits ordinaires : déficits reportables autres que ceux correspondant à des amortissements réputés différés en période déficitaire.

	Date de clôture des 5 derniers exercices 1	Déficits imputables 2	Déficits imputés (ligne XL du 2058-A (1)* 3	Déficits reportables col. 2 – col. 3 4
N-5		XT	XU	
N-4		XV	XW	XX
N-3		XY	XZ	YA
N-2		YB	YC	YD
N-1		YE	YF	YG
TOTAL		YH	YI	
Déficit de l'exercice (tableau 2058-A, ligne XO)				YJ
TOTAL des déficits restant à reporter (lignes XX à YJ)				YK

(1) Et, le cas échéant, ligne WX du 2058 A.

B — Amortissements réputés différés

Dotations de l'exercice susceptibles d'être admises au régime des amortissements réputés différés * 8N

Amortissements réputés différés, reportables au titre des exercices antérieurs			YL
Imputations opérées à la clôture de l'exercice	sur la plus-value nette à long terme (tableau 2058-A ligne WY)	8P	
	sur le résultat de l'exercice (tableau 2058-A ligne XM)	8R	
Amortissements réputés différés, créés au titre de l'exercice (tableau 2058-A ligne XK) *			8S
Amortissements réputés différés restant à reporter *		YM	

II. INDEMNITÉS POUR CONGÉS A PAYER, CHARGES SOCIALES ET FISCALES CORRESPONDANTES

	Dotations de l'exercice
Montant déductible correspondant aux droits acquis par les salariés pour les entreprises placées sous le régime de l'article 39-1. 1° bis Al. 1er du CGI	ZT

III. PROVISIONS ET CHARGES A PAYER, NON DÉDUCTIBLES POUR L'ASSIETTE DE L'IMPÔT

(à détailler, en tant que de besoin, sur feuillet séparé)

	Dotations de l'exercice	Reprises sur l'exercice
Indemnités pour congés à payer, charges sociales et fiscales correspondantes non déductibles pour les entreprises placées sous le régime de l'article 39-1. 1° bis Al. 2 du CGI	ZV	ZW
Provisions pour risques et charges *		
	8X	8Y
	8Z	9A
	9B	9C
Provisions pour dépréciation *		
	9D	9E
	9F	9G
	9H	9J
Charges à payer		
	9K	9L
	9M	9N
	9P	9R
	9S	9T
TOTAUX à reporter au tableau 2058-A :	YN	YO
	ligne WI (YN = Total des lignes ZV à 9S)	ligne WU (YO = Total des lignes ZW à 9T)

* Des explications concernant cette rubrique sont données dans la notice n° 2032

1er EXEMPLAIRE DESTINÉ A L'ADMINISTRATION

N° 2058-BN - Série G - Imprimerie Nationale 0404013.L.51 [33] - Novembre 1989

cerfa N° 30-2523

Formulaire obligatoire (article 53 A du Code général des impôts)

(11)

TABLEAU D'AFFECTATION DU RÉSULTAT ET RENSEIGNEMENTS DIVERS

D.G.I. N° 2058-C [0]
(janvier 1990)
(Ne pas reporter le montant des centimes) *

Désignation de l'entreprise ______________________

1er EXEMPLAIRE DESTINE A L'ADMINISTRATION

TABLEAU D'AFFECTATION DU RÉSULTAT DE L'EXERCICE PRÉCÉDENT (Entreprises soumises à l'impôt sur les sociétés) (1)

ORIGINES	Report à nouveau figurant au bilan de l'exercice antérieur à celui pour lequel la déclaration est établie		ØC	
	Résultat de l'exercice précédant celui pour lequel la déclaration est établie		OD	
	Prélèvements sur les réserves (à détailler)			
	Sous-total (à reporter dans la colonne de droite)		ØE	
	TOTAL I		ØF	
AFFECTATIONS	Affectations aux réserves - Réserve légale		ZB	
	Affectations aux réserves - Réserve spéciale des plus-values à long terme		ZC	
	Affectations aux réserves - Autres réserves		ZD	
	Dividendes		ZE	
	Autres répartitions		ZF	
	Report à nouveau		ZG	
	(N.B. Le total I doit nécessairement être égal au total II) TOTAL II		ZH	

(1) Ce cadre est destiné à faire apparaître l'origine et le montant des sommes distribuées ou mises en réserve au cours de l'exercice dont les résultats font l'objet de la déclaration. Il ne concerne donc pas, en principe, les résultats de cet exercice mais ceux des exercices antérieurs, qu'ils aient ou non déjà fait l'objet d'une précédente affectation.

RENSEIGNEMENTS DIVERS

			Exercice N :	Exercice N – 1 :
ENGAGEMENTS (A)	– Engagements de crédit-bail mobilier	YQ		
	– Engagements de crédit-bail immobilier	YR		
	– Effets portés à l'escompte et non échus	YS		
DÉTAILS DES POSTES – AUTRES ACHATS ET CHARGES EXTERNES (B)	– Sous-traitance	YT		
	– Locations, charges locatives et de copropriété	9V		
	– Personnel extérieur à l'entreprise	YU		
	– Rémunérations d'intermédiaires et honoraires (hors rétrocessions)	9W		
	– Rétrocessions d'honoraires, commissions et courtages	YV		
	– Autres comptes	9X		
	Total du poste correspondant à la ligne FW du tableau n° 2052	ZJ		
IMPÔTS ET TAXES (C)	– Taxe professionnelle	YW		
	– Autres impôts, taxes et versements assimilés (dont taxe intérieure sur les produits pétroliers ZS)	9Z		
	Total du compte correspondant à la ligne FX du tableau n° 2052	YX		
T.V.A. (D)	– Montant de la T.V.A. collectée	YY		
	– Montant de la T.V.A. déductible comptabilisée au cours de l'exercice au titre des biens et services ne constituant pas des immobilisations	YZ		
DIVERS (E)	– Montant de l'avoir fiscal imputé sur l'impôt sur les sociétés et correspondant aux dividendes perçus *	ZA		
	– Montant brut des salaires (cf. dernière déclaration annuelle souscrite au titre des salaires DADS 1, DADS 1 simplifiée ou modèle 2460 de 1989). Voir notice	ØB		
	– Montant de la plus-value constatée en franchise d'impôt lors de la première option pour le régime simplifié d'imposition *	0S		

REGIME DE GROUPE (F)	**Société** : résultat comme si elle n'avait jamais été membre du groupe.	JA		plus values à 15, 19 ou 25 %	JB		Imputations	JC
	Groupe : résultat d'ensemble.	JD		plus values à 15, 19 ou 25 %	JE		Imputations	JF
	Si la société est placée sous le régime du bénéfice consolidé, intégré ou de groupe, indiquer 1, 2 ou 3 selon le cas.	JG		Indiquer 1 pour Société mère, 2 pour filiale	JH	N° SIRET de la société mère	JJ	

▶ En cas d'adhésion (1), de renonciation (2) à un centre de gestion agréé ou de changement de centre en cours d'année (3), portez le chiffre correspondant à votre situation dans la case ci-contre ZX

Effectif moyen du personnel * (dont : apprentis : ___ handicapés : ___)	YP		
– Taux d'intérêt le plus élevé servi aux associés à raison des sommes mises à la disposition de la société *	ZK	%	%
Filiales et participations La liste prévue par l'article 38 II de l'annexe III au C.G.I. est-elle jointe à la présente déclaration ? Si non, coder 0 Si oui, coder 1	ZR		

* Des explications concernant cette rubrique sont données dans la notice n° 2032.

N° 2058 C - Série G - Imprimerie Nationale 0404014.L.58 (33) - Novembre 1989

cerfa N° 30-2524
Formulaire obligatoire (article 53A du code général des impôts).

(12)

DÉTERMINATION DES PLUS ET MOINS-VALUES

D.G.I. N° 2059-A (janvier 1990) [0]

(ne pas reporter les centimes) * Désignation de l'entreprise : ______________________

A - DÉTERMINATION DE LA VALEUR RÉSIDUELLE

		Nature des éléments cédés* (1)	Valeur d'origine* (2)	Valeur nette réévaluée* (3)	Amortissements pratiqués en franchise d'impôt* (4)	Autres amortissements* (5)	Valeur résiduelle (6)
I - Terrains à bâtir et immeubles assimilés	1						
	2						
	3						
II - Autres immobilisations* — Imposables à 15 % (1)	4						
	5						
	6						
	7						
	8						
II - Autres immobilisations* — Imposables à 19 % (2)	9						
	10						
	11						
	12						

B - DÉTERMINATION DES PLUS-VALUES ET MOINS-VALUES RÉALISÉES

		Nature des éléments cédés* (report de la colonne (1)) (7)	Valeur résiduelle (report de la colonne (6)) (8)	Prix de vente* (9)	Montant global de la plus-value ou de la moins-value (10)	Qualification fiscale des plus et moins-values réalisées* — COURT TERME (11)	LONG TERME (12)
I - Terrains à bâtir et immeubles assimilés	1						
	2						
	3						
		A : Plus ou moins-value nette à long terme sur terrains à bâtir et assimilés (total algébrique des lignes 1 à 3 de la colonne 12)					
II - Autres immobilisations* — Imposables à 15 % (1)	4						
	5						
	6						
	7						
	8						
II - Autres immobilisations* — Imposables à 19 % (2)	9						
	10						
	11						
	12						

III - Autres éléments			COURT TERME (11)	LONG TERME (12)
Court terme	13	Fraction résiduelle de la provision spéciale de réévaluation afférente aux éléments cédés	+	à 15 % à 19 %
	14	Amortissements irrégulièrement différés se rapportant aux éléments cédés	+	
	15	Amortissements afférents aux éléments cédés mais exclus des charges déductibles par une disposition légale	+	
	16	Amortissements non pratiqués en comptabilité et correspondant à la déduction fiscale pour investissement, définie par les lois de 1966, 1968 et 1975, effectivement utilisée	+	
	17	Divers (détail à donner sur une note annexe) *	+	
		B : Plus ou moins-value nette à court terme (total algébrique des lignes 1 à 17 de la colonne (11))		
Long terme	18	Reports : col. 11 : total des lignes 4 à 8 de la col. 12 : total des lignes 9 à 12 de la col. 12		
	19	Produits de concession de licences d'exploitation de brevets faisant partie de l'actif immobilisé et n'ayant pas été acquis à titre onéreux depuis moins de deux ans	+	
	20	Provisions pour dépréciation du portefeuille devenues sans objet au cours de l'exercice		+
	21	Dotations de l'exercice aux comptes de provisions pour dépréciation du portefeuille		−
	22	Divers (détail à donner sur une note annexe)*	+	+
		Plus ou moins-value nette à long terme sur éléments autres que terrains et immeubles assimilés C : imposables à 15 % (1) (total algébrique des lignes 18 à 22 de la colonne 11) D : imposables à 19 % (2) (total algébrique des lignes 18 à 22 de la colonne 12)	C	D

(1) ou 16 % pour les entreprises soumises à l'impôt sur le revenu
(2) ne concerne que les entreprises soumises à l'impôt sur les sociétés

* Des explications concernant cette rubrique sont données dans la notice n° 2032

EXEMPLAIRE DESTINÉ À L'ADMINISTRATION

cerfa N° 30-2525
Formulaire obligatoire (article 53 A du Code général des impôts)

(13)

AFFECTATION DES PLUS-VALUES A COURT TERME ET DES PLUS-VALUES DE FUSION OU D'APPORT

D.G.I. N° 2059-B [0]
(janvier 1990)

(ne pas reporter les centimes) * Désignation de l'entreprise :

A Éléments assujettis au régime fiscal des plus-values à court terme
(à l'exclusion des plus-values de fusion dont l'imposition est prise en charge par les sociétés absorbantes (cf. cadre B)

Origine			Montant net des plus-values réalisées* (1)	Montant antérieurement réintégré (2)	Montant compris dans le résultat de l'exercice (3)	Montant restant à réintégrer (4)
Plus-values réalisées au cours de l'exercice 1989	Imposition répartie					
	sur 3 ans (1)					
	sur 10 ans					
	TOTAL 1					
	Imposition répartie		Montant net des (2) plus-values réalisées	Montant antérieurement réintégré	Montant rapporté au résultat de l'exercice	Montant restant à réintégrer
Plus-values réalisées au cours des exercices antérieurs	sur 3 ans au titre de	1988				
		1987				
	Sur 10 ans au titre de :	1988				
		1987				
		1986				
		1985				
		1984				
		1983				
		1982				
		1981				
		1980				
	TOTAL 2					

B PLUS-VALUES RÉINTÉGRÉES DANS LES RÉSULTATS DES SOCIÉTÉS BÉNÉFICIAIRES DES APPORTS (3)

☐ de fusion, d'apport partiel ou de scission (personnes morales soumises à l'impôt sur les sociétés seulement)

☐ d'apport à une société d'une activité professionnelle exercée à titre individuel (toutes sociétés)

Origine des plus-values et date des fusions ou des apports	Montant net des (2) plus-values réalisées (1)	Montant antérieurement réintégré (2)	Montant rapporté au résultat de l'exercice (3)	Montant restant à réintégrer (4)
TOTAL				

(1) « Ces dispositions ne sont pas applicables aux plus-values nettes à court terme réalisées par les entreprises soumises à l'impôt sur les sociétés au cours des exercices ouverts à compter du 1er janvier 1987. »
(2) Il s'agit du montant total de la plus-value réalisée à l'origine et non du solde restant à réintégrer à la clôture de l'exercice précédent.
(3) Cette rubrique ne comprend pas les plus-values afférentes aux biens non amortissables ou taxées lors des opérations de fusion ou d'apport.

* Des explications concernant cette rubrique sont données dans la notice n° 2032

N° 2059-B - Imprimerie Nationale 0404016.L.72 (60) - Novembre 1989 cerfa N° 30-2526 (14) **AFFECTATION DES PLUS ET MOINS-VALUES A LONG TERME**

(ne pas reporter les centimes) * Désignation de l'entreprise : ______________________ **D.G.I. N° 2059-C** [0]
(janvier 1990)

A Éléments assujettis au régime fiscal des moins-values à long terme

Origine		Montant			Imputations sur les plus-values à long terme de l'exercice		
		Moins-values sur terrains à bâtir et biens assimilés	Moins-values sur autres éléments		Afférentes aux terrains à bâtir et biens assimilés	afférentes aux autres éléments	
			concernées par le taux de 19 %	concernées par le taux de 15 %		imposables au taux de 19 %	imposables au taux de 15 %
(1)		(2)	(3)	(4)	(5)	(6)	(7)
Moins-values nettes	1989						
Moins-values nettes à long terme subies au cours des dix exercices antérieurs (montants restant à déduire à la clôture du dernier exercice)	1988						
	1987						
	1986						
	1985						
	1984						
	1983						
	1982						
	1981						
	1980						
	1979						

B Détermination de la réserve spéciale des plus-values à long terme (personnes morales soumises à l'impôt sur les sociétés seulement)*

I. - Détermination du montant à virer à la réserve spéciale au cours de l'exercice N+1 au titre des plus-values réalisées au cours de l'exercice N			lignes	Plus-values à long terme taxables		
				au taux de 15 % (0)	au taux de 19 % (1)	au taux de 25 % (2)
Montant NET des plus-values de l'exercice			1			
A imputer éventuellement	- déficit de l'exercice		2			
	- moins-values à long terme	- sur terrains à bâtir et biens assimilés (cadre A, col. 5)	3			
		- sur autres éléments (cadre A, col. 6 et 7)	4			
	- divers		5			
TOTAL des lignes 2 à 5			6			
Reste (ligne 1 – 6)			7			
Impôt correspondant			8			
Différence à porter à la réserve spéciale au cours de l'exercice N + 1 (ligne 7 – ligne 8)			9			

II - Situation du compte affecté à l'enregistrement de la réserve spéciale pour l'exercice N		lignes	Sous-comptes de la réserve spéciale des plus-values à long terme			Total
			taxées à 10 % (3)	taxées à 15 % (4)	taxées à 25 % (5)	(6)
Montant de la réserve spéciale à la clôture de l'exercice précédent (N – 1)		10				
Plus-values des exercices antérieurs affectées à la réserve spéciale au cours de l'exercice		11				
Plus-values figurant au bilan des sociétés absorbées au cours de l'exercice		12				
TOTAL (lignes 10 à 12)		13				
Prélèvements opérés	- donnant lieu à complément d'impôt sur les sociétés	14				
	- ne donnant pas lieu à complément d'impôt sur les sociétés	15				
TOTAL (lignes 14 et 15)		16				
Montant de la réserve spéciale à la clôture de l'exercice (ligne 13 – ligne 16)		17				
III - Inscription des plus-values à long terme à la réserve spéciale (Exercice N)		18	taxées à 10 % (7)	taxées à 15 % (8)	taxées à 25 % (9)	Total (10)
Plus-values réalisées au cours de l'exercice précédent (cadre B, ligne 9 du tableau n° 2059-C correspondant)	N-1	19				
Plus-values des exercices antérieurs restant à affecter à la réserve spéciale et réalisées au cours des exercices (cadre B des tableaux 2059-C correspondants)	N-2	20				
	N-3	21				
Sommes affectées à la réserve spéciale au cours de l'exercice (cadre B, ligne 11)		22				
Sommes non affectées à imposer (voir notice) l. 21 – l. 22		23				
Montant restant à affecter (l. 19 + l. 20 + l. 21) – (l. 22 + l. 23)		24				

* Des explications concernant cette rubrique sont données dans la notice n° 2032

TAXE SUR LA VALEUR AJOUTÉE - BÉNÉFICES INDUSTRIELS ET COMMERCIAUX

cerfa
N° 30-2269

Formulaire obligatoire en vertu des dispositions de l'article 302 sexies du code général des impôts.

DIRECTION GÉNÉRALE DES IMPÔTS
N° 951

RÉGIME DU FORFAIT

Renseignements relatifs à **l'année 1988** ou à la période du .... au **31 décembre 1988.**

I DÉSIGNATION ET CARACTÉRISTIQUES DE L'ENTREPRISE

1 NOM ET PRÉNOM DU DÉCLARANT (ou dénomination et forme de la société) et adresse de la direction de l'entreprise | N° SIRET de l'établissement | Code APE

au 1er janvier 1989 | En cas de changement, adresse au 1er janvier 1988

Tél. :

Date et lieu de naissance (ou date de la création de la société) : | Si vous êtes inscrit au répertoire des métiers

2 ACTIVITÉS EXERCÉES (souligner l'activité principale) : | Cochez la case : ☐

3 ADRESSES : des établissements secondaires / du domicile du déclarant (sociétés, voir cadre III)

II RENSEIGNEMENTS A FOURNIR PAR LES PERSONNES EXERÇANT A TITRE INDIVIDUEL

1 **MONTANT ANNUEL DES LOYERS AFFÉRENTS AUX LOCAUX PRIVÉS :** .... F

2 **LISTE DES PERSONNES VIVANT AU FOYER :**

Nom et prénom usuel	Date de naissance	Lien de parenté avec le déclarant	Profession ou activité (Dans le cas où elles n'exercent pas de profession, préciser si elle perçoivent par ailleurs des revenus personnels suffisants pour subvenir à leurs besoins).

III RENSEIGNEMENTS A FOURNIR PAR LES SOCIÉTÉS

RENSEIGNEMENTS CONCERNANT CHACUN DES ASSOCIÉS :

Nom et prénom usuel	Adresse	Quote-part des bénéfices revenant à chaque associé	Rémunérations diverses attribuées aux associés en 1988		
			Appointements	Avantages en nature	Intérêts de comptes courants
			F	F	F

IV AUTRES RENSEIGNEMENTS A FOURNIR

1 **NOM ET ADRESSE DU COMPTABLE OU DU CONSEIL :** ....
(dont le déclarant a utilisé éventuellement les services) .... Tél. : ....

2 **VÉHICULES UTILISÉS :**

	UTILITAIRES			DE TOURISME		
a) Marque et puissance						
b) Année d'acquisition						

N° 951 – Imprimerie Nationale – 8 473717 O 42 – Septembre 1988

IV AUTRES RENSEIGNEMENTS À FOURNIR (suite)

ATTENTION : Les achats et les opérations réalisées doivent obligatoirement être déclarés pour leur montant « T.V.A. comprise » case C des cadres 1 et 3. L'indication, case A et B, de leur montant « hors T.V.A. » et de la T.V.A. correspondante est recommandée.
Le stock peut être déclaré uniquement pour sa valeur « hors T.V.A. » si la valeur du stock a déjà été indiquée « hors T.V.A. » l'année précédente et si le montant « hors T.V.A. » des achats a été indiqué case A du cadre [1].

[1] ACHATS :
Total de l'année .... A ______ F (Montant hors T.V.A. (1)) B ______ F (Montant de la T.V.A.) C ______ F (Montant T.V.A. comprise)

(non compris les prélèvements personnels du déclarant estimés à ______ F)

RÉPARTITION DES ACHATS :

- Soit en valeur hors T.V.A. (ventilation du total A ci-dessus);
- Soit en valeur T.V.A. comprise (ventilation du total C ci-dessus).

a. Achats soumis à la T.V.A. de produits destinés à être :	Taux super réduit 5,5 % 1	Taux réduit 7 % 2	Taux intermédiaires et normal 18,60 % 3	Taux de 28 % 4	Taux majoré 33 1/3 % 5	Taux particuliers 6
– vendus en l'état	F	F	F	F	F	F
– vendus à consommer sur place						
– intégrés dans une fabrication						
– utilisés pour une prestation de services						
Total						

Total des colonnes 1 à 6 ci-dessus .... ______ F

b. Achats réalisés en franchise ....
c. Achats non soumis à la T.V.A. ....

[2] STOCK AU 31 DÉCEMBRE 1988
Valeur globale :......................Montant hors T.V.A (1) ______ F   Montant T.V.A comprise ______ F

[3] OPÉRATIONS RÉALISÉES :
Total de l'année .... A ______ F (Montant hors T.V.A. (1)) B ______ F (Montant de la T.V.A.) C ______ F (Montant T.V.A. comprise)

(1) Ce montant comprend les taxes spéciales et parafiscales.

OBSERVATIONS (voir notice)

	F
a. Ventes en l'état de produits et marchandises achetés	
b. Ventes de produits fabriqués	
c. Ventes à consommer sur place	
d. Prestations de services	
e. Fourniture de logement	
f. Travaux immobiliers	
g. Autres opérations imposables	
h. Exportations	
i. Opérations exonérées	

RÉPARTITION DES OPÉRATIONS RÉALISÉES
- soit en valeur hors T.V.A. (ventilation du total A ci-dessus)
- soit en valeur T.V.A. comprise (ventilation du total C ci-dessus).

[4] PERSONNEL DE L'ENTREPRISE : Nombre d'employés ___ d'ouvriers ___ d'apprentis ___ d'handicapés ___

Montant brut des salaires figurant soit colonne 20 de la DADS 1 (ou modèle 2460 de 1988), soit colonne 25 de la DADS 1 simplifiée (si celle-ci n'est pas servie, reporter la colonne 18, diminuée des sommes versées aux apprentis sous contrat et aux handicapés): .... F.

[5] FRAIS GÉNÉRAUX :

	Montant col. 1 F	Montant de la T.V.A. déductible col. 2	Montant hors T.V.A. déductible col. 3
a. Salaires bruts du personnel, payés ou non (à l'exclusion des rémunérations des associés et du salaire du conjoint de l'exploitant ou des associés)			
b. Salaire du conjoint de l'exploitant ou des conjoints d'associés			
c. Avantages en nature alloués au personnel (à l'exclusion des associés)			
d. Charges sociales patronales obligatoires			
e. Cotisations personnelles de l'exploitant, de son conjoint collaborateur non rémunéré ou des associés versées au titre des allocations familiales, de l'assurance vieillesse et de l'assurance maladie-maternité (y compris, le cas échéant, la contribution de solidarité due par les exploitants bénéficiaires de la retraite)			
f. Rétrocessions de commissions et de courtages (voir notice)			
g. Loyers professionnels (y compris, le cas échéant, la redevance de gérance)			
h. Biens et autres services constituant des frais généraux (**les amortissements sont à porter en [6] ci-dessous**)			
TOTAL	F	F	

Lignes f, g et h : indiquer col. 1 les montants « T.V.A. comprise » et col. 2 « T.V.A. déductible ». Porter col. 3 les montants « hors T.V.A. déductible » si la case A du [1] ci-dessus est servie.

i. T.V.A payée par le déclarant à la recette des impôts ______ F

[6] AMORTISSEMENTS. IMMOBILISATIONS affectées à l'exercice de la profession :
Si le cadre est insuffisant, joindre un état du même modèle.

Nature des immobilisations	Date d'acquisition	Prix total payé T.V.A. comprise	Montant de la T.V.A. déductible	Valeur hors T.V.A. déductible	Taux d'amortis-sement	Amortissement pour l'année	En cas de cession en 1988 date de cession	prix de cession
		F	F	F		F		F

Total des amortissements ______ F

[7] TAXES SPÉCIALES OU PARAFISCALES

Dénomination de la taxe		OPÉRATIONS TAXABLES Montant hors taxes ou montant taxes comprises	
Taxe I		F	F
Taxe II		F	F

À ....
le 1989
Signature :

cerfa

N° 30-2443
MODÈLE OBLIGATOIRE
(ARTICLE 287 du C.G.I.)

TAXE SUR LA VALEUR AJOUTÉE ET TAXES ASSIMILÉES

DIRECTION GÉNÉRALE DES IMPÔTS
N° 3310
CA 3

DÉCLARATION MENSUELLE OU TRIMESTRIELLE

CONSEILS POUR L'ÉTABLISSEMENT DE LA DÉCLARATION

■ Cette déclaration vous permet de **déterminer** les montants de la **taxe sur la valeur ajoutée** et des **taxes assimilées** à acquitter au titre du mois ou du trimestre. Elle est destinée à être exploitée par les **services informatiques.** Afin d'éviter des erreurs ou omissions susceptibles d'entraîner son irrégularité, vous êtes invité à respecter les **règles suivantes** :

— En période normale, vous devez utiliser **uniquement** l'imprimé qui vous est adressé **automatiquement chaque mois (ou trimestre)** en double exemplaire et qui comporte, préimprimés par ordinateur, l'identification de votre entreprise, le régime d'imposition sous lequel elle est enregistrée et l'identification de la période (mois ou trimestre) faisant l'objet de la déclaration. Vous avez toutefois la possibilité, à titre **exceptionnel,** d'utiliser le présent modèle de formulaire lorsque vous ne disposez pas de l'imprimé préidentifié. N'oubliez pas, dans ce cas, de remplir complètement **les cadres d'identification en bas des pages 2 et 3** et de **préciser**, en haut de ces pages, la période faisant l'objet de la déclaration.

— Ne **cumulez**, en aucun cas, plusieurs mois (ou trimestres) sur une même déclaration. Lorsqu'**aucune** opération n'a été **réalisée** au cours d'une période, une déclaration **signée** et portant la mention **"Néant"** doit être déposée.

■ **Lorsque vous déposez une demande de remboursement de crédit de taxe non imputable,** veuillez joindre à votre dossier **une photocopie de cette déclaration** ainsi que, le cas échéant, de celles des **deux mois précédents.**

■ **Pour établir la déclaration**, utilisez le ou les cadres correspondant à votre situation.

	Redevables de la T.V.A. — Cadres à remplir	Redevables de taxes assimilées — Cadres à remplir
- Entreprises placées sous le régime du chiffre d'affaires réel normal (y compris celles bénéficiant du régime des acomptes provisionnels), - Entreprises placées sous le régime simplifié d'imposition et ayant choisi de déclarer selon les modalités du régime réel normal, - Exploitants agricoles ayant opté pour le régime des déclarations trimestrielles.	A et E (éventuellement B, F et G)	F et H
- Entreprises placées sous le régime simplifié d'imposition et n'ayant pas choisi de déclarer selon les modalités du régime réel normal,	D (éventuellement F)	
- Entreprises nouvelles placées sous le régime du forfait (pendant la période précédant la fixation du premier forfait).	D ou A et E (éventuellement B, F et G)	

IMPORTANT : La présente déclaration **ne doit pas comporter de centimes** aussi bien au niveau du décompte de chaque taxe que de la somme à payer.
A titre de règle pratique :
— le calcul de la T.V.A. due au titre de chaque taux (ou du reversement) est arrondi au **franc inférieur,**
— la T.V.A. déductible est arrondie au **franc supérieur.**

■ **Opérations imposables à un taux particulier.**
Il s'agit des opérations qui bénéficiaient avant le 1er juillet 1986 de règles particulières d'assiette (réfaction, abattement...) et qui sont désormais soumises au taux réel de la taxe sur la valeur ajoutée qui résulte de l'application de ces règles particulières.

■ **Entreprises placées sous le régime du chiffre d'affaires réel, réalisant à la fois des opérations en Métropole et dans les départements d'Outre-Mer.**

Vous pouvez déclarer l'ensemble de ces opérations sur la **présente déclaration** :
— les opérations réalisées dans l'ensemble des **départements d'Outre-Mer,** éventuellement imposables à différents taux de T.V.A., sont déclarées globalement sur la déclaration CA 3 à la ligne 43 pour la T.V.A. et aux lignes 94 à 96 pour les taxes parafiscales ;
— les opérations réalisées **en Métropole** sont déclarées dans les conditions habituelles **(lignes 36 à 42).**

Dans ce cas, n'omettez pas de joindre à votre envoi, une **autre** déclaration CA 3 surchargée de la mention **D.O.M.** ventilant uniquement les encaissements ou livraisons réalisés dans les D.O.M. (aucun renseignement chiffré n'est à mentionner en matière de taxe déductible ou de somme à verser).

DÉMARCHAGES ABUSIFS EN PUBLICITÉ : MISE EN GARDE
Certains démarcheurs, usurpant parfois la qualité de fonctionnaire, proposent l'insertion de publicités dans des revues faussement présentées comme d'origine administrative.
La Direction Générale des Impôts recommande de ne pas donner suite à ces démarches et d'avertir les Services Fiscaux du département.

Si les indications qui vous sont données ne vous paraissent pas suffisantes pour vous permettre de régler les difficultés que vous pourriez éprouver pour remplir votre déclaration, veuillez consulter la **notice n° 3310 bis** ou prendre contact avec le centre des impôts compétent.

La loi n° 78-17 du 6 janvier 1978 relative à l'informatique, aux fichiers et aux libertés s'applique aux réponses faites à ce formulaire par les entreprises individuelles. Elle leur garantit un droit d'accès et de rectification pour les données les concernant auprès du centre des impôts dont elles relèvent.

N° 3310 CA 3 - Imprimerie Nationale 0403269.O.32 (50) - Mai 1990

- INDIQUER LA PÉRIODE POUR LAQUELLE EST ÉTABLIE LA DÉCLARATION .... (mois ou trimestre de réalisation des opérations)
- COCHER LA CASE CORRESPONDANT A VOTRE RÉGIME ....

Mois de.. 19..............				
ou.................................trimestre 19..............				
Régime simplifié	Entr. nouvel. forfaitaire	Régime du réel	Régime agriculture	Occasionnel

ENTREPRISES DEVANT REMPLIR LE CADRE D (Voir page 1) — Les mentions obligatoires sont signalées par des pointillés rouges.

A MONTANT DES OPÉRATIONS RÉALISÉES

Inscrire aux lignes correspondantes le montant, **hors taxe**, des opérations réalisées au cours de la période : lorsqu'elles ne sont que partiellement imposables, inscrire la partie imposable dans la colonne de gauche et la partie non imposable lignes 12 et 13 de la colonne de droite.

	• OPÉRATIONS IMPOSABLES A LA T.V.A.	F		• OPÉRATIONS NON IMPOSABLES A LA T.V.A.	F
01	Ventes, fourniture de logement, prestations de services, travaux immobiliers, etc.		10	Exportations	
02	Ventes d'immeubles		11	Autres opérations relevant du commerce extérieur, ventes en suspension de taxe	
03	TOTAL (lignes 01 et 02)		12	Pourboires exclus de la base	
04	Cessions d'immobilisations	+	13	Autres opérations non imposables	
05	Prestations de services à soi-même	+	14	TOTAL des opérations non imposables (**à reporter** ligne 35 du **cadre E**)	
06	Livraisons à soi-même	+			
07	Achats à des non-assujettis	+	15		+
08					
09	**TOTAL des opérations imposables (lignes 03 à 08).** (**à ventiler** par **taux au cadre E** et/ou au **cadre G**)		16	CHIFFRE D'AFFAIRES TOTAL	
			17		

S'IL Y A LIEU SEULEMENT, REMPLIR ÉGALEMENT LE CADRE B CI-DESSOUS

B AUTRES DÉDUCTIONS - UTILISATION DES CRÉDITS DE T.V.A.

	- Indiquer le pourcentage de déduction applicable pour la période	%
	- Déterminer éventuellement les autres déductions auxquelles peut prétendre l'entreprise :	F
18	• Report du crédit apparaissant à la ligne 28 du cadre B de la précédente déclaration	
19	• T.V.A. déductible sur investissements dont la mention a été omise sur les déclarations précédentes	
20	• T.V.A. déductible sur autres biens et services dont la mention a été omise sur les déclarations précédentes	
21	• T.V.A. acquittée sur ventes ou services qui demeurent impayés (créances définitivement irrécouvrables)	
22	• T.V.A. acquittée sur ventes ou services résiliés, annulés ou faisant l'objet de rabais - remises - ristournes	
23	• T.V.A. acquittée à tort (opérations non imposables) ou facturée à un taux supérieur au taux légal. Autre T.V.A. à déduire.	
24	• Transfert de droits à déduction reçus	
25	TOTAL DE LA T.V.A. déductible supplémentaire (à reporter ligne 49 du cadre E)	
	Préciser l'utilisation du crédit de T.V.A. déductible non imputée sur la présente déclaration :	
26	• Report du crédit apparaissant ligne 52 du cadre E	
27	• Remboursement demandé (sur imprimé 3519 à joindre à la présente déclaration)	
28	• Crédit à reporter ligne 18 du cadre B de la prochaine déclaration (ligne 26 — ligne 27)	
29	• T.V.A. déductible transférée à d'autres entreprises et non comprise dans les déductions au cadre E	

NE PAS SÉPARER LES DEUX FEUILLETS

C CADRE RÉSERVÉ A LA CORRESPONDANCE

Date de Réception

NOM, PRÉNOMS : ....
(ou dénomination)
ACTIVITÉ : ....
(profession)
ADRESSE : ....

N° 3310 CA 3 - Imprimerie Nationale 0403269.O.32 [50] - Mai 1990

ATTENTION. — NE PAS OMETTRE DE REMPLIR LE CADRE D'IDENTIFICATION DE CHACUN DES DEUX FEUILLETS.

Mois de.............................. 19............				
ou..............................trimestre 19............				
Régime simplifié	Entr. nouvel. forfaitaire	Régime du réel	Régime agriculture	Occasionnel

NE PAS OMETTRE DE PRÉCISER LA PÉRIODE.
NE REMPLIR QUE LES CADRES CORRESPONDANT AU RÉGIME INDIQUÉ.

D REGIME SIMPLIFIE — CALCUL DU VERSEMENT PROVISIONNEL

SOMME A VERSER

30 ● Appliquer au chiffre d'affaires global le coefficient de l'entreprise :..........F × [%] ⓐ..........F

31 ● Déduire – la T.V.A. déductible relative aux investissements :..........F TOTAL F

32 éventuellement – le crédit ⓓ dégagé sur la déclaration précédente :..........F A DÉDUIRE ⓑ..........F

33 SOMME A VERSER (ⓐ – ⓑ) → 0027 ⓒ

ou

34 CRÉDIT A REPORTER sur la prochaine déclaration (ⓑ – ⓐ) → ⓓ..........F

E REGIME DU REEL OU REEL SIMPLIFIE (tolérance réglementaire) DÉCOMPTE DE LA T.V.A. DUE

		Code	BASE HORS TAXE	TAXE DUE
35	● OPÉRATIONS NON IMPOSABLES (valeur globale)...............	0030	F	
	● OPÉRATIONS IMPOSABLES (ventilées par taux) :			
36	● Taux réduit 5,5 %........................	0100	F	F
37	● Taux intermédiaire et normal 18,6 %..............	0200		
38	● Taux majoré 25 %........................	0320		
39	● Anciens taux (7 %, 28 %, 33 1/3 %)...............	0800		
40	●			
41	● Opérations imposables à un taux particulier............... (Report de la ligne 73 du cadre G)	0950		
42	●			
43	● Opérations réalisées dans les D.O.M.	0920		
44	●			
45	● T.V.A. antérieurement déduite à reverser →		0600	
46	TOTAL (lignes 36 à 45) →			

		Code	VALEUR HORS TAXE	TAXE DÉDUCTIBLE
	● BIENS ET SERVICES OUVRANT DROIT A DÉDUCTION		F	F
47	● Biens constituant des immobilisations...............	0703		
48	● Autres biens et services...............	0702		
49	● Report du complément de T.V.A. déductible (dégagé ligne 25 du cadre B) →		0701	
50	TOTAL (lignes 47 à 49) →			

51 T.V.A. NETTE DUE (taxe due, ligne 46 — taxe déductible, ligne 50) →

52 ou CRÉDIT DE T.V.A. (taxe déductible ligne 50 — taxe due ligne 46) → 0705 F

F AUTRES TAXES — RÉGULARISATIONS DIVERSES

53	● Reporter le montant des autres taxes dues calculé au verso cadre H...............		
54	● Congés payés : versement de l'acompte / Régime des acomptes : montant positif g dégagé sur le bulletin n° 3515..............	0210	
55	● Congés payés : imputation de l'acompte / Régime des acomptes : montant négatif h dégagé sur le bulletin n° 3515..............	0220	
56	● Sommes à imputer...............	9989	
57	● Sommes à ajouter...............	9999	

PAIEMENT, DATE, SIGNATURE

TOTAL A PAYER → F

A remplir par le déclarant

0001	N° d'identification de l'établissement	Code activité	• Paiement par virement postal ou obligation cautionnée : Cocher la case correspondante.
			5 MANDAT VIREMENT POSTAL
			6 OBLIGATION CAUTIONNÉE

● Indiquer le numéro d'identification de l'établissement déclarant

Dater et signer

A .... Signature

le ....

● Établir impérativement les chèques à l'ordre du TRÉSOR PUBLIC

Réservé à l'Administration

Pénalités	Taux %	9000	Taux 5 %	9005
	Taux %	9001	Taux %	9006
	Taux %	9002	Taux %	9007

SOMME

dont O.C. : ....

Date : ....

N° R. : ....

N° R. 30 : ....

N° d'opération Médoc ....

NOM, PRÉNOMS : ....
(ou dénomination)

ACTIVITÉ : ....
(profession)

ADRESSE : ....

Date de réception

Recette	Numéro de dossier	Clé	Période	C.D.I.	Insp.	Régime

N° 3310 CA 3 - Imprimerie Nationale 0403269.O.32 (50) - Mai 1990

G REGIME DU REEL OU REEL SIMPLIFIE (tolérance réglementaire) DÉCOMPTE DE LA T.V.A. DUE A UN TAUX PARTICULIER

	OPÉRATIONS IMPOSABLES en France continentale à un taux particulier de :		BASE HORS TAXE F	TAXE DUE F
60	● Taux 2,10 %	1010		
61	● Ancien taux 4 %	1020		
62	● Taux 13 %	1030		
63	Total A →			
	OPÉRATIONS IMPOSABLES en Corse à un taux particulier de :			
64	● Taux 0,90 %	1040		
65	● Taux 2,10 %	1050		
66	● Ancien taux 3,15 %	1060		
67	● Taux 5,5 %	1070		
68	● Taux 8 %	1080		
69	● Taux 13 %	1090		
70	● Taux 21 %	1095		
71	● Ancien taux 25 %	1100		
72	Total B →			
73	Total A + B (à reporter ligne 41 du cadre E) →			

H DÉCOMPTE DES AUTRES TAXES

— Si vous êtes placé sous le régime simplifié, appliquer à la base imposable le coefficient particulier calculé sur votre déclaration annuelle.
— Pour les taxes nécessitant un décompte particulier, joindre un relevé annexe.

	Nature des taxes 1		Base d'imposition 2	Taux ou coefficient 3	Impôt brut 4	Impôt déductible 5	Net à payer 6	Crédit à reporter 7
			F		F	F	F	F
80	● Taxe Fonds forestier national	3100						
81	● Taxe produits forestiers B.A.P.S.A.	3210						
82								
83	● Taxe de l'habillement et de la maille	3410						
84	● Taxe du secteur textile	4000						
85	● Taxe sur l'horlogerie	3910						
86	● Redevance sur ouvrages de librairie édités	3510				→		
87	● Redevance sur l'emploi de la reprographie	3520				→		
88	● Taxe sur les betteraves	3230				→		
89	● Taxe sur l'ameublement	4100						
90	● Taxe sur les huiles	report de l'impôt décompté en annexe →				3240		
91	● Taxe sur la publicité radiodiffusée et télévisée	report de l'impôt décompté en annexe →				4200		
92	● Surtaxe sur les eaux minérales	report de l'impôt décompté en annexe →						
93	● Taxe de sûreté sur les aérodromes	report de l'impôt décompté en annexe →				4300		
94	● Taxe due par les services de communication audiovisuelle	report de l'impôt décompté en annexe →				1250		
95			F		F	F		
96								
	Total des lignes 80 à 96 (col. 6)	●	TOTAL DES AUTRES TAXES (à reporter à la ligne 53 du cadre F)				F	

N° 3310 CA 3 - Imprimerie Nationale 0403269.O.32 [50] - Mai 1990

cerfa

N° 30-2504

Formulaire obligatoire en vertu des dispositions de l'article 242 sexies de l'annexe II au Code général des impôts

TAXE SUR LA VALEUR AJOUTÉE ET TAXES ASSIMILÉES

RÉGIME SIMPLIFIÉ

DIRECTION GÉNÉRALE DES IMPÔTS

N° 3517 S

CA 12

DÉCLARATION POUR L'ANNÉE 1989

CONSEILS POUR L'ÉTABLISSEMENT DE LA DÉCLARATION

Cette déclaration permet de liquider le montant de la taxe sur la valeur ajoutée et des taxes spéciales et parafiscales dues par votre entreprise au titre de l'année 1989, de le comparer aux acomptes déclarés, puis de dégager soit la différence à acquitter, soit l'excédent que vous pouvez déduire de votre prochain versement périodique ou dont vous pouvez demander le remboursement.

■ **DATE ET LIEU DE DÉPÔT.** — Vous devez l'adresser, **avant le 1er avril 1990,** à la recette des Impôts dont relève votre entreprise en y joignant, le cas échéant, le versement correspondant.

■ **DÉTERMINATION DU VERSEMENT DE RÉGULARISATION.** — Procédez aux pages 2 et 3 à la détermination de l'impôt dû et à la régularisation de votre situation compte tenu des acomptes déclarés en observant les recommandations qui figurent au regard de chacune des rubriques.

IMPORTANT : La présente déclaration **ne doit pas comporter de centimes** aussi bien au niveau du décompte de chaque taxe que de la somme à payer.

A titre de règle pratique :
— le calcul de la T.V.A. due au titre de chaque taux (ou du reversement) est arrondi **au franc inférieur,**
— la T.V.A. déductible est arrondie au **franc supérieur.**

■ **OPÉRATIONS RÉALISÉES (cadre I).**

Ligne 00 : période d'activité : la période ne doit être indiquée que lorsque la déclaration est effectuée au titre d'une période inférieure à l'année.

■ **DÉCOMPTE DE L'IMPÔT BRUT (cadre II).**

Opérations imposables à un taux particulier : Il s'agit des opérations qui bénéficiaient avant le 1er juillet 1986 de règles particulières d'assiette (réfaction, abattement...) et qui sont désormais soumises au taux réel de la taxe sur la valeur ajoutée qui résulte de l'application de ces règles particulières.

Taux applicables dans les départements d'outre-mer : Martinique, Guadeloupe, Réunion.
Taux réduit : 2,10 % — Taux intermédiaire et normal : 7,50 % — Taux majoré : 14 %

Si votre entreprise réalise à la fois des opérations en Métropole et dans les D.O.M., vous pouvez déclarer l'ensemble de ces opérations sur cette déclaration. Dans ce cas n'omettez pas de joindre à votre envoi, une autre déclaration CA 12 surchargée de la mention D.O.M. (ou Métropole pour les entreprises situées dans les D.O.M.) ventilant uniquement les encaissements ou livraisons réalisés dans les D.O.M. (ou Métropole).

■ **FRANCHISE ET DÉCOTE (cadre IV).** — Si vous avez OPTÉ pour le régime simplifié, cette déclaration vous permet de calculer la franchise ou la décote dont vous pouvez éventuellement bénéficier. Appliquez les formules indiquées ci-après :

La déclaration est relative à l'année entière. — *Lorsque la T.V.A. exigible « D »* (page 2, ligne 16) n'excède pas :

— 1 350 F : elle n'a pas à être payée, indiquez 0 ligne 20 et passez directement au cadre V ;

— 5 400 F : indiquez ligne 18 le montant de la décote obtenu par la formule $\frac{5\,400 - D}{3}$;

— 20 000 F et que vous pouvez bénéficier de la décote spéciale (voir remarque ci-dessous) : indiquez ligne 19 le montant de la décote obtenu par la formule $D - (D \times \frac{D - 1\,350}{20\,000 - 1\,350})$.

Cas particulier des départements d'outre-mer. — Les limites applicables sont les suivantes :
1 013 F pour la franchise — 2 700 F pour la décote générale — 10 000 F pour la décote spéciale

Création ou cessation en cours d'année. — Les limites de 1 350 F, 5 400 F et 20 000 F (1 013 F, 2 700 F, 10 000 F dans les D.O.M.) sont ajustées en fonction de la durée de la période d'imposition.

Remarque. — *Les artisans susceptibles de bénéficier de la DÉCOTE SPÉCIALE doivent compléter le cadre ci-dessous.*

Indiquez les salaires de votre personnel, les cotisations sociales afférentes à ces salaires, vos cotisations sociales personnelles obligatoires versées au cours de l'année d'imposition, ainsi que les cotisations au régime complémentaire obligatoire de retraite des industriels et commerçants institué par le décret n° 78-321 du 14 mars 1978 ou au régime complémentaire obligatoire d'assurance vieillesse des artisans institué par le décret n° 78-351 du 14 mars 1978.

Indiquez également le bénéfice déclaré à l'impôt sur le revenu au titre de la même année. Si ce bénéfice est relatif à une période différente de l'année, son montant est ajusté de façon à ce qu'il corresponde à une période de douze mois.

ÉLÉMENTS permettant de bénéficier de la DÉCOTE SPÉCIALE :

1. NUMÉRO D'IMMATRICULATION AU RÉPERTOIRE DES MÉTIERS.
2. RÉMUNÉRATION de votre TRAVAIL et de celui de votre personnel en 1989.

Nature des éléments – 1 –		Ensemble des activités – 2 –		Activité artisanale – 3 –	Décote possible si : – 4 –
Salaire du personnel	a	....	a'	....	I Pas d'activité annexe : $\frac{d}{e}$ = ______ = ... > 0,35
Charges sociales obligatoires	b	....	b'	....	
Bénéfice imposable	c	....	c'	....	II Activité commerciale annexe :
Total	d		d'		et 1. c' = ... > 2/3 c
Montant des opérations réalisées (1)	e	....	e'	....	2. $\frac{d'}{e'}$ = ______ = ... > 0,35

(1) Tous droits et taxes compris. Les ventes d'essence, de super carburant et de gazole sont retenues à concurrence de 50 % de leur montant.

■ **TAXES PARAFISCALES (cadre X).** Le coefficient à utiliser pour l'année 1990 est égal au rapport entre le montant net annuel de la taxe parafiscale et, au choix, le chiffre d'affaires (taxe comprise ou hors taxe) retenu en matière de T.V.A. ou le chiffre d'affaires (taxe comprise ou hors taxe) propre à cette taxe.

● Si les indications qui vous sont données ne vous paraissent pas suffisantes pour vous permettre de régler les difficultés que vous pourriez éprouver pour remplir votre déclaration, prenez contact avec le Service des Impôts compétent.

● *La loi n° 78-17 du 6 janvier 1978 relative à l'informatique, aux fichiers et aux libertés s'applique aux réponses faites à ce formulaire par les entreprises individuelles. Elle leur garantit un droit d'accès et de rectification pour les données les concernant auprès du centre des impôts dont elles relèvent.*

CADRE RÉSERVÉ A LA CORRESPONDANCE

....

....

....

....

....

....

....

N° 3517 S CA 12 - Imprimerie Nationale 0404057.O.06 (50) - Novembre 1989

I. OPÉRATIONS RÉALISÉES

			MONTANT HORS TAXE
00	0002 DU ... AU ...		
01	Exportations et assimilés	0031	
02	Autres opérations non imposables ...	0030	
	dont pourboires exonérés : ....F		
03	Opérations imposables (à ventiler cadre II) . .		
04	TOTAL (lignes 1 à 3)	A	

II. DÉCOMPTE DE L'IMPÔT BRUT

			BASE HORS TAXE	TAUX %	TAXE DUE
05	Ventiler ci-contre par taux, les opérations imposables.	0100		5,5	
06		0200		18,6	
07		0320		25	
08		0350		28	
09	Anciens taux T.V.A. .	0900			
10	Opérations imposables à un taux particulier ...	0950			
11	Opérations réalisées dans les D.O.M.	0920			
12	TOTAL (lignes 5 à 11)			B	

III. T.V.A. DÉDUCTIBLE SUR SERVICES ET BIENS AUTRES QU'IMMOBILISATIONS

Vous pouvez :

- Soit indiquer à la **ligne 13** la valeur HORS TAXE et la T.V.A. déductible figurant sur TOUTES les factures de ces biens et services et indiquer NÉANT à la **ligne 14**.
- Soit adopter une déduction forfaitaire pour les frais généraux et dans ce cas indiquer **ligne 13** la valeur et la taxe déductible des seuls produits destinés à la revente et déduire **ligne 14** une somme égale à 0,20 % du total A (cadre I, ligne 4).

	Déduction :		VALEUR HORS TAXE	TAXE DÉDUCTIBLE
13	● Sur factures	0702		
14	● Forfaitaire ──────►		0704	
15	TOTAL (lignes 13 et 14) ──────►		C	

IV. CALCUL DE LA FRANCHISE OU DE LA DÉCOTE

La réduction d'impôt accordée aux redevables ayant opté pour le régime simplifié d'imposition est obtenue en appliquant les formules indiquées page 1.

16	T.V.A. exigible (B – C) ──────►		D
17	ou Crédit (C – B)................	0706	E
18	Décote générale ──────►		0014
19	Décote spéciale ──────►		0015
20	Impôt après décote (lignes 16 – 18) ou (lignes 16 – 19) ►	0016	F

V. T.V.A. DÉDUCTIBLE SUR IMMOBILISATIONS

Indiquez la valeur hors taxe des immobilisations acquises ou payées en 1989 et la T.V.A. déductible correspondante compte tenu éventuellement du pourcentage de déduction de l'entreprise.

Si la taxe exigible (ligne 16) est inférieure à 1 350 F, reportez cette somme **ligne 22** sinon portez 0.

Lorsque la somme figurant **ligne 22** est supérieure à celle inscrite **ligne 21** portez 0 **ligne 23**.

			VALEUR HORS TAXE	TAXE DÉDUCTIBLE
21	Biens ouvrant droit à déduction	0703		
	(compte tenu du pourcentage de déduction)..........		%	
22	Franchise obtenue ──────►			0017
23	Taxe déductible (lignes 21 – 22) ──────►		0708	G

VI. DÉCOMPTE DE LA T.V.A. NETTE ET CALCUL DU VERSEMENT DE RÉGULARISATION

Ligne 26 reportez les déductions complémentaires éventuellement dégagées page 3 (ligne 43).

Ligne 27 indiquez la T.V.A. antérieurement déduite à reverser (régularisation des déductions).

Calculez la T.V.A. nette due pour l'année, case L, ou le crédit case M.

Page 3 procédez à la récapitulation des acomptes déclarés et, s'il y a lieu seulement, au calcul des corrections à effectuer et des autres taxes dues.

Ligne 31 reportez le montant T dégagé au cadre IX.

Ligne 32 reportez le montant S dégagé ligne 49.

Ligne 33 imputez vos excédents de versement éventuels (avis d'erreur, excédent de versement de la précédente CA 12).

Lignes 37 et 38 indiquez **la dénomination et le montant des taxes dégagées au cadre X lignes 52 et 57.**

Si le décompte fait apparaître une somme à payer, n'omettez pas de joindre votre règlement à la déclaration.

Dans le cas contraire, voir cadre XII page 4.

			A DÉDUIRE	A AJOUTER
24	Différence (F – G) ──────►			H
25	Différence (G – F) ou total (E + G) ►	0707	I	
26	Complément T.V.A. déductible (ligne 43)	0701		
27	T.V.A. à reverser ──────►			0600
28	TOTAL (lignes 24 à 27)		J	K
29	T.V.A. nette due (K – J) ──────►			L
30	*ou* CRÉDIT DE T.V.A. (J – K)	0705	M	
31	ACOMPTES DÉCLARÉS	0018	T	
32	Somme à ajouter dégagée ligne 49 ──────►		9999	S
33	Somme à imputer	9989		
34	TOTAL (lignes 29 à 33)		N	O
35	SOMME A VERSER (O – N) ──────►		7777	P
36	*ou* EXCÉDENT (N – O)...........	0020	Q	
	Solde à payer au titre des autres taxes calculées au cadre X :			
37	— Taxe I. nature : ....Report ligne 52			+
38	— Taxe II. nature :..........................Report ligne 57			+
39	TOTAL A PAYER ──────►			R

VII. PAIEMENT, DATE, SIGNATURE.

A remplir par le déclarant

	N° d'identification de l'établissement	Code activité
0001		

- Indiquer le numéro d'identification de l'établissement déclarant

Dater et signer — Signature

A ....

le ....

- **Établir impérativement les chèques à l'ordre du TRÉSOR PUBLIC**

- Paiement par virement postal ou obligation cautionnée : Cocher la case correspondante.

5 MANDAT VIREMENT POSTAL

6 OBLIGATION CAUTIONNÉE

Réservé à l'Administration

Pénalités				
	Taux %	9000	Taux 5 %	9005
	Taux %	9001	Taux %	9006
	Taux %	9002	Taux %	9007

SOMME	
dont O.C. :	Date : ......
	N° R. : ......
	N° R. 30 : ......
	N° d'opération Médoc ......

NOM, PRÉNOMS : ....
(ou dénomination)

ACTIVITÉ : ....
(ou profession)

ADRESSE : ....

Date de réception

Recette	Numéro de dossier	Clé	Période	C.M.	O.P.T.	C.D.I.	Insp.	Régime

VIII. DÉCOMPTES COMPLÉMENTAIRES ÉVENTUELS

Si la déclaration CA 12 de 1988 a fait apparaître ligne 47 du cadre VIII un crédit imputé sur les déclarations de janvier et février 1989, reportez ce montant **ligne 40.**

Si cette même déclaration a fait apparaître, après remboursement, un crédit à la ligne h du cadre XII, ajoutez son montant à celui mentionné **ligne 40.**

Ligne 41 reportez les omissions de déduction éventuelles des années antérieures.

Ligne 42 reportez le montant de la taxe afférente à des opérations restées impayées (créances définitivement irrécouvrables).

Ligne 42 bis reportez le complément de déduction résultant des variations du pourcentage de déduction et le montant de la taxe afférente aux ventes ou services résiliés, annulés ou faisant l'objet de rabais - remises - ristournes ou de la taxe facturée à tort.

Les **lignes 44 à 47** doivent être utilisées lorsque la dernière déclaration CA3 de 1989 a fait apparaître un crédit (d) à la ligne 34.

Le crédit à reporter éventuellement ligne 32 de la prochaine déclaration CA3 aux lieu et place de celui apparaissant ligne 34 de la déclaration CA3 précédente est calculé sur la présente déclaration de régularisation. Il est égal au montant dégagé **ligne 46** éventuellement majoré du crédit non remboursable dégagé ligne h du cadre XII.

Si vous avez obtenu des remboursements provisionnels de crédits de T.V.A. en cours d'année, indiquez leur montant total **ligne 48** (cf. demandes n° 3519 ligne [R] du cadre III ou demandes n° 3518-S *bis,* ligne 10).

		TAXE DÉDUCTIBLE
	■ DÉDUCTIONS COMPLÉMENTAIRES	F
40	● Crédit apparaissant sur la précédente déclaration CA 12	
41	● T.V.A. déductible omise sur la précédente déclaration CA 12 .	
42	● T.V.A. acquittée sur ventes ou services qui demeurent impayés	
42 bis	● Complément de T.V.A. à déduire	
43	TOTAL à reporter (ligne 26).................	
	■ CORRECTIONS ÉVENTUELLES	
44	● Crédit reporté ligne 32 du CA3 de janvier 1990	
45	● Crédit dégagé ligne 34 du CA3 de février 1990	
46	● Crédit à reporter ligne 32 du prochain CA3 (lignes 45 – 44). .	
47	● Crédit de 1989 déjà utilisé en 1990 (lignes 44 – 45)	
48	● Remboursements provisionnels obtenus en 1989	
49	TOTAL (lignes 47 et 48 à reporter ligne 32) ...	S

IX. RÉCAPITULATION DES ACOMPTES DÉCLARÉS

Reportez colonne 1 les montants de la T.V.A. mentionnés à la ligne 33 (montant (c)) des déclarations CA3 déposées au titre de l'année 1989.

Le cas échéant reportez, col. 2 et 3, les autres taxes déclarées col. 4 du cadre H de ces mêmes déclarations CA3.

Mois de réalisation des opérations	T.V.A. mentionnée dans la déclaration abrégée 1	TAXE I mentionnée dans la déclaration abrégée 2	TAXE II mentionnée dans la déclaration abrégée 3
	F	F	F
Janvier			
Février			
Mars			
Avril			
Mai			
Juin			
Juillet			
Août			
Septembre			
Octobre			
Novembre			
Décembre			
TOTAL T			

X. DÉCOMPTE DES AUTRES TAXES ÉVENTUELLEMENT DUES

TAXE I Nature :

Ligne	Taux	BASE D'IMPOSITION	IMPÔT BRUT	IMPÔT DÉDUCTIBLE	IMPÔT NET
50		F	F	F	F
51	Montant des acomptes (total col. 2, cadre IX)				
52	Différence ou Solde à payer (à reporter ligne 37)				
53	Différence ou Trop versé (à imputer sur les prochains versements mensuels col. 5 de la CA3) .				
54	Coefficient à utiliser en 1990 .... × 100 = , %				

TAXE II Nature :

Ligne	Taux	BASE D'IMPOSITION	IMPÔT BRUT	IMPÔT DÉDUCTIBLE	IMPÔT NET
55		F	F	F	F
56	Montant des acomptes (total col. 3, cadre IX)				
57	Différence ou Solde à payer (à reporter ligne 38)				
58	Différence ou Trop versé (à imputer sur les prochains versements mensuels col. 5 de la CA3) .				
59	Coefficient à utiliser en 1990.................... × 100 = , %				

CADRE RÉSERVÉ A L'ADMINISTRATION

Taxe fonds forestier national	3100	Redevance sur ouvrages de librairie édités ..	3510
Taxe produits forestiers Bapsa	3210	Redevance sur l'emploi de la reprographie	3520
Taxe de l'habillement et de la maille	3410	Taxe sur l'ameublement	4100
Taxe sur l'horlogerie	3910		
Taxe du secteur textile	4000		

XI. CALCUL DU COEFFICIENT A UTILISER EN 1990

- Si vous désirez appliquer le coefficient au montant TAXE COMPRISE de vos opérations reportez dans les trois cases correspondantes, **les montants A, B et F dégagés page 2.**
- Si vous désirez l'appliquer au montant HORS TAXE de vos opérations, rayez la case B du dénominateur et remplissez les deux autres cases.

$$\frac{F}{A + B} \times 100 = \quad , \quad \%$$

ATTENTION. — NE PAS OMETTRE DE REMPLIR LE CADRE D'IDENTIFICATION DE CHACUN DES DEUX FEUILLETS

NOM, PRÉNOMS : ....
(ou dénomination)

ACTIVITÉ : ....
(ou profession)

ADRESSE : ....

Date de réception

Recette	Numéro de dossier	Clé	Période	C.D.I.	Insp.	Régime

NE PAS SÉPARER CES DEUX FEUILLETS

N° 3517 S CA 12 - Imprimerie Nationale 0404057.O.06 [50] - Novembre 1989

XII. DEMANDE DE REMBOURSEMENT

Si le décompte effectué au cadre VI (ligne 36) fait apparaître un solde en votre faveur, celui-ci est reporté pour imputation, ligne 56 du prochain CA3.

Vous avez toutefois la possibilité d'obtenir le remboursement de la totalité des excédents de versement qui ne peuvent être imputés rapidement, ainsi que le crédit dégagé s'il est supérieur à 1 000 F.

Si vous désirez bénéficier de ce remboursement, remplissez le cadre ci-contre en reportant les montants figurant aux lignes 30, 31 et 36 déterminés pages 2 et 3 (1).

Ne pas remplir la ligne c si le crédit encore remboursable au titre de 1989 est inférieur à 1 000 F.

Déposez votre déclaration en double exemplaire.

Joignez un relevé d'identité bancaire, postal ou de caisse d'épargne.

(1) Si vous désirez utiliser la procédure de remboursement spéciale "exportateurs", établissez votre demande sur formulaire n° 3518 S et ne remplissez pas ce cadre.

		F
Crédit remboursable dégagé au 31 décembre 1989 (ligne 30)	a	
Remboursements provisionnels obtenus en cours d'année	b	
Crédit encore remboursable au titre de 1989 (a – b)	c	
Acomptes déclarés en cours d'année (ligne 31)	d	
Maximum remboursable (c + d)	e	
Excédent (ligne 36)	f	
Remboursement demandé (plus petite des sommes e ou f)	g	
Crédit à reporter (f – g)	h	

Somme à reporter ligne 32 du prochain CA3 en plus du montant dégagé cadre VIII (ligne 46).

Le soussigné sollicite le remboursement de la somme de ....

A ...., le ....

Signature :

CADRE RÉSERVÉ A L'ADMINISTRATION

LE RECEVEUR .... des Impôts soussigné certifie que l'entreprise demanderesse ....

(1)
— ne figure à aucun titre comme reliquataire dans les écritures de la recette ;
— est redevable de la somme de : ....
au titre de : ....

Observations (2) : ....

Date d'envoi à l'ORDOC/TVA de l'un des exemplaires de la déclaration pour saisie (services MEDOC) : ....

A ...., le ....

Signature et cachet d'authenticité

(1) Rayer la mention qui ne convient pas.
(2) Indiquer, notamment, les raisons pour lesquelles il paraît opportun d'exiger une caution. Préciser, le cas échéant, qu'un avis de compensation n° 3382 est établi.

L'INSPECTEUR .... des Impôts soussigné émet un avis { favorable / défavorable } (1) au remboursement de la somme de : ....

Observations (2) : ....

Numéro d'enregistrement au registre n° 4000 : ....

A ...., le ....

Signature et cachet d'authenticité

(1) Rayer la mention qui ne convient pas.
(2) Indiquer, notamment, les raisons pour lesquelles il paraît opportun d'exiger une caution. Préciser, le cas échéant, les motifs de rejet total ou partiel du remboursement demandé.

LE DIRECTEUR des Services fiscaux soussigné :

(1)
- autorise le remboursement sollicité de la somme de : ....
- autorise le remboursement partiel de la somme de : ....
au profit de : ....
- refuse le remboursement demandé.

La présentation d'une caution - a été exigée (1) - n'a pas été exigée (1).

A ...., le ....

Signature et cachet d'authenticité :

(1) Rayer les mentions qui ne conviennent pas.

Procédure utilisée : Générale - Courte (1)

Remboursement ordonnancé : .... Cautionnement accepté : ....

(1) Rayer la mention qui ne convient pas.

INDEX

(E)

(F)

(G)

(H)

(I)

(J)

(L)

(M)

(N)

(0)

(P)

(P) suite

(Q)

(R)

(S)

(T)

(V)

Imprimé en France. - JOUVE, 18, rue Saint-Denis, 75001 PARIS
N° 61920. Dépôt légal : Septembre 1991
N° d'Editeur : 5340